José Martí

Escenas latinoamericanas

Barcelona **2024**
Linkgua-ediciones.com

Créditos

Título original: Escenas latinoamericanas.

e-mail: info@linkgua.com

Diseño de cubierta: Michel Mallard.

ISBN tapa dura: 978-84-9953-656-9.
ISBN rústica: 978-84-96290-27-3.
ISBN ebook: 978-84-9897-875-9.

Sumario

Brevísima presentación

La vida

José Martí (La Habana, 1853-Dos Ríos, 1898). Cuba.

Era hijo de Mariano Martí Navarro, valenciano, y Leonor Pérez Cabrera, de Santa Cruz de Tenerife.

Martí empezó su formación en el Colegio de San Anacleto, y luego estudió en la Escuela Municipal de Varones. En 1868 empezó a colaborar en un periódico independentista, lo que provocó su ingreso en prisión y más tarde su destierro a España. Vivió en Madrid y en 1871 publicó *El presidio político en Cuba*, su primer libro en prosa.

En 1873 se fue a Zaragoza y se licenció en derecho, y en filosofía y letras. Al año siguiente viajó a París, donde conoció a personajes como Víctor Hugo y Augusto Bacquerie.

Tras su estancia en Europa vivió dos años en México. Por esa época se casó con Carmen Zayas Bazán, aunque estaba enamorado de María García Granados, fuente de inspiración de sus poemas.

En 1878 regresó a La Habana y tuvo un hijo con Carmen. Un año después fue deportado otra vez a España (1879) y hacia 1880 vivió en Nueva York y organizó la Guerra de independencia de su país, siendo cónsul de Argentina, Uruguay y Paraguay en esa ciudad.

Las escenas

Este libro contiene principalmente textos sobre las relaciones entre Estados Unidos y Latinoamérica en la época del Congreso de Washington, convocado para intentar establecer una moneda única para todo el continente. Las crónicas de Martí acerca de este acontecimiento revelan las diferentes aristas de un mismo problema, el de las difíciles relaciones entre una América pujante y expansiva y otra atrapada por la carencia de industria nacional. Interesa también la agudeza martiana a la hora de desentrañar los entresijos de este proyecto grandioso y frustrado.

Martí cita a la prensa de su tiempo y comenta quiénes son los propietarios de esos periódicos, qué tendencia política siguen y cómo para conseguir esa moneda única es preciso no incurrir en ingenuidades. Por otra parte, cabe añadir que para Martí las relaciones entre las dos Américas pasaban también por un vínculo equilibrado y estrecho con Europa, otro de los mercados de referencia para el continente.

La segunda parte de las *Escenas latinoamericanas* comprende artículos de juventud en que Martí relata vida social del continente y en específico de México.

Nuestra América

Cree el aldeano vanidoso que el mundo entero es su aldea, y con tal que él quede de alcalde, o le mortifique al rival que le quitó la novia, o le crezcan en la alcancía los ahorros, ya da por bueno el orden universal, sin saber de los gigantes que llevan siete leguas en las botas y le pueden poner la bota encima, ni de la pelea de los cometas en el Cielo, que van por el aire dormidos engullendo mundos. Lo que quede de aldea en América ha de despertar. Estos tiempos no son para acostarse con el pañuelo en la cabeza, sino con las armas en la almohada, como los varones de Juan de Castellanos: las armas del juicio, que vencen a las otras. Trincheras de ideas valen más que trincheras de piedra.

No hay proa que taje una nube de ideas. Una idea enérgica, flameada a tiempo ante el mundo, para, como la bandera mística del juicio final, a un escuadrón de acorazados. Los pueblos que no se conocen han de darse prisa para conocerse, como quienes van a pelear juntos. Los que enseñan los puños, como hermanos celosos, que quieren los dos la misma tierra, o el de casa chica, que le tiene envidia al de casa mejor, han de encajar, de modo que sean una, las dos manos. Los que, al amparo de una tradición criminal, cercenaron, con el sable tinto en la sangre de sus mismas venas, la tierra del hermano vencido, del hermano castigado más allá de sus culpas, si no quieren que les llame el pueblo ladrones, devuélvanle sus tierras al hermano. Las deudas del honor no las cobra el honrado en dinero, a tanto por la bofetada. Ya no podemos ser el pueblo de hojas, que vive en el aire, con la copa cargada de flor, restallando o zumbando, según la acaricie el capricho de la luz, o la tundan y talen las tempestades; ¡los árboles se han de poner en fila para que no pase el gigante de las siete leguas! Es la hora del recuento, y de la marcha unida, y hemos de andar en cuadro apretado, como la plata en las raíces de los Andes.

A los sietemesinos solo les faltará el valor. Los que no tienen fe en su tierra son hombres de siete meses. Porque les falta el valor a ellos, se lo niegan a los demás. No les alcanza al árbol difícil el brazo canijo, el brazo de uñas pintadas y pulsera, el brazo de Madrid o de París, y dicen que no se puede alcanzar el árbol. Hay que cargar los barcos de esos insectos dañinos, que le roen el hueso a la patria que los nutre. Si son parisienses o madrileños, vayan al Prado, de faroles, o vayan a Tortoni, de sorbetes. ¡Estos hijos de carpintero, que se avergüenzan de que su padre sea carpintero! ¡Estos nacidos en América, que se avergüenzan, porque llevan delantal indio, de la madre que los crió, y reniegan, ¡bribones!, de la madre enferma, y la dejan sola en el lecho de las enfermedades! Pues, ¿quién es el hombre? ¿el que se queda con la madre, a curarle la enfermedad, o el que la pone a trabajar donde no la vean, y vive de su sustento en las tierras podridas con el gusano de corbata, maldiciendo del seno que lo cargó, paseando el letrero de traidor en la espalda de la casaca de papel? ¡Estos hijos de nuestra América, que ha de salvarse con sus indios, y va de menos a más; estos desertores que piden fusil en los ejércitos de la América del Norte, que ahoga en sangre a sus indios, y va de más a menos! ¡Estos delicados, que son hombres y no quieren hacer el trabajo de hombres! Pues el Washington que les hizo esta tierra ¿se fue a vivir con los ingleses, a vivir con los ingleses en los años en que los veía venir contra su tierra propia? ¡Estos «increíbles» del honor, que lo arrastran por el suelo extranjero, como los increíbles de la Revolución francesa, danzando y relamiéndose, arrastraban las erres!

Ni ¿en qué patria puede tener un hombre más orgullo que en nuestras repúblicas dolorosas de América, levantadas entre las masas mudas de indios, al ruido de pelea del libro con el cirial, sobre los brazos sangrientos de un centenar de apóstoles? De factores tan descompuestos, jamás, en menos tiempo histórico, se han creado naciones tan adelantadas y compactas. Cree el soberbio que la tierra fue hecha para servirle de pedestal, porque tiene la pluma fácil o la palabra de colores, y acusa de incapaz e irremediable a su república nativa, porque no le dan sus selvas nuevas modo continuo de ir por el mundo de gamonal famoso, guiando jacas de Persia y derramando champaña. La incapacidad no está en el país naciente, que pide formas que se le acomoden y grandeza útil, sino en los que quieren regir pueblos originales, de composición singular y violenta, con leyes heredadas de cuatro siglos de práctica libre en los Estados Unidos, de diecinueve siglos de monarquía en Francia. Con un decreto de Hamilton no se le para la pechada al potro del llanero. Con una frase de Sieyès no se desestanca la sangre cuajada de la raza india. A lo que es, allí donde se gobierna, hay que atender para gobernar bien; y el buen gobernante en América no es el que sabe cómo se gobierna el alemán o el francés, sino el que sabe con qué elementos está hecho su país, y cómo puede ir guiándolos en junto, para llegar, por métodos e instituciones nacidas del país mismo, a aquel estado apetecible donde cada hombre se conoce y ejerce, y disfrutan todos de la abundancia que la Naturaleza puso para todos en el pueblo que fecundan con su trabajo y defienden con sus vidas. El gobierno ha de nacer del país. El espíritu del gobierno ha de ser el del país. La forma de gobierno ha de avenirse a la constitución propia del país. El gobierno no es más que el equilibrio de los elementos naturales del país.

Por eso el libro importado ha sido vencido en América por el hombre natural. Los hombres naturales han vencido a los letrados artificiales. El mestizo autóctono ha vencido al criollo exótico. No hay batalla entre la civilización y la barbarie, sino entre la falsa erudición y la naturaleza. El hombre natural es bueno, y acata y premia la inteligencia superior, mientras esta no se vale de su sumisión para dañarle, o le ofende prescindiendo de él, que es cosa que no perdona el hombre natural, dispuesto a recobrar por la fuerza el respeto de quien le hiere la susceptibilidad o le perjudica el interés. Por esta conformidad con los elementos naturales desdeñados han subido los tiranos de América al poder; y han caído en cuanto les hicieron traición. Las repúblicas han purgado en las tiranías su incapacidad para conocer los elementos verdaderos del país, derivar de ellos la forma de gobierno y gobernar con ellos. Gobernante, en un pueblo nuevo, quiere decir creador.

En pueblos compuestos de elementos cultos e incultos, los incultos gobernarán, por su hábito de agredir y resolver las dudas con su mano, allí donde los cultos no aprendan el arte del gobierno. La masa inculta es perezosa, y tímida en las cosas de la inteligencia, y quiere que la gobiernen bien; pero si el gobierno le lastima, se lo sacude y gobierna ella. ¿Cómo han de salir de las universidades los gobernantes, si no hay universidad en América donde se enseñe lo rudimentario del arte del gobierno, que es el análisis de los elementos peculiares de los pueblos de América? A adivinar salen los jóvenes al mundo, con antiparras yanquis o francesas, y aspiran a dirigir un pueblo que no conocen. En la carrera de la política habría de negarse la entrada a los que desconocen los rudimentos de la política. El premio de los certámenes no ha de ser para la mejor oda, sino para el mejor estudio de los factores del país en que se vive. En el periódico, en la cátedra, en la academia, debe llevarse adelante el estudio de los factores reales del país. Conocerlos basta, sin vendas ni ambages; porque el que pone de lado, por voluntad u olvido, una parte de la verdad, cae a la larga por la verdad que le faltó, que crece en la negligencia, y derriba lo que se levanta sin ella. Resolver el problema después de conocer sus elementos, es más fácil que resolver el problema sin conocerlos. Viene el hombre natural, indignado y fuerte, y derriba la justicia acumulada de los libros, porque no se administra en acuerdos con las necesidades patentes del país. Conocer es resolver. Conocer el país, y gobernarlo conforme al conocimiento es el único modo de librarlo de tiranías. La universidad europea ha de ceder a la universidad americana. La historia de América, de los incas acá, ha de enseñarse al dedillo, aunque no se enseñe la de los arcontes de Grecia. Nuestra Grecia es preferible a la Grecia que no es nuestra. Nos es más necesaria. Los políticos nacionales han de reemplazar a los políticos exóticos. Injértese en nuestras repúblicas el mundo; pero el tronco ha de ser el de nuestras repúblicas. Y calle el pedante vencido; que no hay patria en que pueda tener el hombre más orgullo que en nuestras dolorosas repúblicas americanas.

Con los pies en el rosario, la cabeza blanca y el cuerpo pinto de indio y criollo, venimos, denodados, al mundo de las naciones. Con el estandarte de la Virgen salimos a la conquista de la libertad. Un cura, unos cuantos tenientes y una mujer alzan en México la república, en hombros de los indios. Un canónigo español, a la sombra de su capa, instruye la libertad francesa a unos cuantos bachilleres magníficos, que ponen de jefe de Centroamérica contra España al general de España. Con los hábitos monárquicos, y el Sol por pecho, se echaron a levantar pueblos los venezolanos por el Norte y los argentinos por el Sur. Cuando los dos héroes chocaron, y el continente iba a temblar, uno, que no fue el menos grande, volvió riendas. Y como el heroísmo en la paz es más escaso, porque es menos glorioso que el de la guerra; como al hombre le es más fácil morir con honra que pensar con orden; como gobernar con los sentimientos exaltados y unánimes es más hacedero que dirigir, después de la pelea, los pensamientos diversos, arrogantes, exóticos o ambiciosos; como los poderes arrollados en la arremetida épica zapaban, con la cautela felina de la especie y el peso de lo real, el edificio que habían izado, en las comarcas burdas y singulares de nuestra América mestiza, en los pueblos de pierna desnuda y casaca de París, la bandera de los pueblos nutridos de savia gobernante en la práctica continua de la razón y de la libertad; como la constitución jerárquica de las colonias resistía la organización democrática de la República, o las capitales de corbatín dejaban en el zaguán al campo de bota y potro, o los redentores bibliógenos no entendieron que la revolución que triunfó con el alma de la tierra había de gobernar, y no contra ella ni sin ella, entró a padecer América, y padece, de la fatiga de acomodación entre los elementos discordantes y hostiles que heredó de un colonizador despótico y avieso, y las ideas y formas importadas que han venido retardando, por su falta de realidad local, el gobierno lógico. El continente descoyuntado durante tres siglos por un mando que negaba el derecho del hombre al ejercicio de su razón, entró, desatendiendo o desoyendo a los ignorantes que lo habían ayudado a redimirse, en un gobierno que tenía por base la razón; la razón de todos en las cosas de todos, y no la razón universitaria de unos sobre la razón campestre de otros. El problema de la independencia no era el cambio de formas, sino el cambio de espíritu.

Con los oprimidos había que hacer una causa común, para afianzar el sistema opuesto a los intereses y hábitos de mando de los opresores. El tigre, espantado del fogonazo, vuelve de noche al lugar de la presa. Muere echando llamas por los ojos y con las zarpas al aire. No se le oye venir, sino que viene con zarpas de terciopelo. Cuando la presa despierta, tiene al tigre encima. La colonia continuó viviendo en la república; y nuestra América se está salvando de sus grandes yerros –de la soberbia de las ciudades capitales, del triunfo ciego de los campesinos desdeñados, de la importación excesiva de las ideas y fórmulas ajenas, del desdén inicuo e impolítico de la raza aborigen–, por la virtud superior, abonada con sangre necesaria, de la república que lucha contra la colonia. El tigre espera, detrás de cada árbol, acurrucado en cada esquina. Morirá, con las zarpas al aire, echando llamas por los ojos.

Pero «estos países se salvarán», como anunció Rivadavia el argentino, el que pecó de finura en tiempos crudos; al machete no le va vaina de seda, ni el país que se ganó con lanzón se puede echar el lanzón atrás, porque se enoja y se pone en la puerta del Congreso de Iturbide «a que le hagan emperador al rubio». Estos países se salvarán porque, con el genio de la moderación que parece imperar, por la armonía serena de la Naturaleza, en el continente de la luz, y por el influjo de la lectura crítica que ha sucedido en Europa a la lectura de tanteo y falansterio en que se empapó la generación anterior, le está naciendo a América, en estos tiempos reales, el hombre real.

Éramos una visión, con el pecho de atleta, las manos de petimetre y la frente de niño. Éramos una máscara, con los calzones de Inglaterra, el chaleco parisiense, el chaquetón de Norteamérica y la montera de España. El indio, mudo, nos daba vueltas alrededor, y se iba al monte, a la cumbre del monte, a bautizar a sus hijos. El negro, oteado, cantaba en la noche la música de su corazón, solo y desconocido, entre las olas y las fieras. El campesino, el creador, se revolvía, ciego de indignación, contra la ciudad desdeñosa, contra su criatura. Éramos charreteras y togas, en países que venían al mundo con la alpargata en los pies y la vincha en la cabeza. El genio hubiera estado en hermanar, con la caridad del corazón y con el atrevimiento de los fundadores, la vincha y la toga; en desestancar al indio; en ir haciendo lado al negro suficiente; en ajustar la libertad al cuerpo de los que se alzaron y vencieron por ella. Nos quedó el oidor, y el general, y el letrado, y el prebendado. La juventud angélica, como de los brazos de un pulpo, echaba al Cielo, para caer con gloria estéril, la cabeza, coronada de nubes. El pueblo natural, con el empuje del instinto, arrollaba, ciego de triunfo, los bastones de oro. Ni el libro europeo, ni el libro yanqui, daban la clave del enigma hispanoamericano. Se probó el odio, y los países venían cada año a menos. Cansados del odio inútil de la resistencia del libro contra la lanza, de la razón contra el cirial, de la ciudad contra el campo, del imperio imposible de las castas urbanas divididas sobre la nación natural, tempestuosa e inerte, se empieza, como sin saberlo, a probar el amor. Se ponen en pie los pueblos, y se saludan. «¿Cómo somos?» se preguntan; y unos a otros se van diciendo cómo son. Cuando aparece en Cojímar un problema, no van a buscar la solución a Dantzig. Las levitas son todavía de Francia, pero el pensamiento empieza a ser de América. Los jóvenes de América se ponen la camisa al codo, hunden las manos en la masa, y la levantan con la levadura del sudor. Entienden que se imita demasiado, y que la salvación está en crear. Crear es la palabra de pase de esta generación. El vino, de plátano; y si sale agrio, ¡es nuestro vino! Se entiende que las formas de gobierno de un país han de acomodarse a sus elementos naturales; que las ideas absolutas, para no caer por un yerro de forma, han de ponerse en formas relativas; que la libertad, para ser viable, tiene que ser sincera y plena; que si la república no abre los brazos a todos y adelanta con todos, muere la república. El tigre de adentro se echa por al hendija, y el tigre de afuera. El general sujeta en la marcha la caballería al paso de los infantes. O si deja a la zaga a los infantes, le envuelve el enemigo la caballería. Estrategia es política. Los pueblos han de vivir criticándose, porque la crítica es la salud; pero con un solo pecho y una sola mente. ¡Bajarse hasta los infelices y alzarlos en los brazos! ¡Con el fuego del corazón deshelar la América coagulada! ¡Echar, bullendo y rebotando, por las venas, la sangre natural del país! En pie, con los ojos alegres de los trabajadores, se saludan, de un pueblo a otro, los hombres nuevos americanos. Surgen los estadistas naturales del estudio directo de la Naturaleza. Leen para aplicar, pero no para copiar. Los economistas estudian la dificultad en sus orígenes. Los oradores empiezan a ser sobrios. Los dramaturgos traen los caracteres nativos a la escena. Las academias discuten temas viables. La poesía se corta la melena zorrillesca y cuelga del árbol glorioso el chaleco colorado. La prosa, centelleante y cernida, va cargada de idea. Los gobernadores, en las repúblicas de indios, aprenden indio.

De todos sus peligros se va salvando América. Sobre algunas repúblicas está durmiendo el pulpo. Otras, por la ley del equilibrio, se echan a pie a la mar, a recobrar, con prisa loca y sublime, los siglos perdidos. Otras, olvidando que Juárez paseaba en un coche de mulas, ponen coche de viento y de cochero a una pompa de jabón; el lujo venenoso, enemigo de la libertad, pudre al hombre liviano y abre la puerta al extranjero. Otras acendran, con el espíritu épico de la independencia amenazada, el carácter viril. Otras crían, en la guerra rapaz contra el vecino, la soldadesca que puede devorarlas. Pero otro peligro corre, acaso, nuestra América, que no le viene de sí, sino de la diferencia de orígenes, métodos e intereses entre los dos factores continentales, y es la hora próxima en que se le acerque, demandando relaciones íntimas, un pueblo emprendedor y pujante que la desconoce y la desdeña. Y como los pueblos viriles, que se han hecho de sí propios, con la escopeta y la ley, aman, y solo aman, a los pueblos viriles; como la hora del desenfreno y la ambición, de que acaso se libre, por el predominio de lo más puro de su sangre, la América del Norte, o en que pudieran lanzarla sus masas vengativas y sórdidas, la tradición de conquista y el interés de un caudillo hábil, no está tan cercana aún a los ojos del más espantadizo, que no dé tiempo a la prueba de altivez, continua y discreta, con que se la pudiera encarar y desviarla; como su decoro de república pone a la América del Norte, ante los pueblos atentos del Universo, un freno que no le ha de quitar la provocación pueril o la arrogancia ostentosa o la discordia parricida de nuestra

América, el deber urgente de nuestra América es enseñarse como es, una en alma e intento, vencedora veloz de un pasado sofocante, manchada solo con sangre de abono que arranca a las manos la pelea con las ruinas, y la de las venas que nos dejaron picadas nuestros dueños. El desdén del vecino formidable, que no la conoce, es el peligro mayor de nuestra América; y urge, porque el día de la visita está próximo, que el vecino la conozca, la conozca pronto, para que no la desdeñe. Por el respeto, luego que la conociese, sacaría de ella las manos. Se ha de tener fe en lo mejor del hombre y desconfiar de lo peor de él. Hay que dar ocasión a lo mejor para que se revele y prevalezca sobre lo peor. Si no, lo peor prevalece. Los pueblos han de tener una picota para quien les azuza a odios inútiles; y otra para quien no les dice a tiempo la verdad.

No hay odio de razas, porque no hay razas. Los pensadores canijos, los pensadores de lámparas, enhebran y recalientan las razas de librería, que el viajero justo y el observador cordial buscan en vano en la justicia de la Naturaleza, donde resalta en el amor victorioso y el apetito turbulento, la identidad universal del hombre. El alma emana, igual y eterna, de los cuerpos diversos en forma y en color. Peca contra la Humanidad el que fomente y propague la oposición y el odio de las razas. Pero en el amasijo de los pueblos se condensan, en la cercanía de otros pueblos diversos, caracteres peculiares y activos, de ideas y de hábitos, de ensanche y adquisición, de vanidad y de avaricia, que del estado latente de preocupaciones nacionales pudieran, en un período de desorden interno o de precipitación del carácter acumulado del país, trocarse en amenaza grave para las tierras vecinas, aisladas y débiles, que el país fuerte declara perecederas e inferiores. Pensar es servir. Ni ha de suponerse, por antipatía de aldea, una maldad ingénita y fatal al pueblo rubio del continente, porque no habla nuestro idioma, ni ve la casa como nosotros la vemos, ni se nos parece en sus lacras políticas, que son diferentes de las nuestras; ni tiene en mucho a los hombres biliosos y trigueños, ni mira caritativo, desde su eminencia aún mal segura, a los que, con menos favor de la historia, suben a tramos heroicos la vía de las repúblicas; ni se han de esconder los datos patentes del problema que puede resolverse, para la paz de los siglos, con el estudio oportuno y la unión tácita y urgente del alma continental. ¡Porque ya suena el himno unánime; la generación actual lleva a cuestas, por el camino abonado por los padres sublimes, la América trabajadora; del Bravo a Magallanes, sentado en el lomo del cóndor, regó el Gran Semí, por las naciones románticas del continente y por las islas dolorosas del mar, la semilla de la América nueva!

Publicado por primera vez en:

La Revista Ilustrada de Nueva York, 10 de enero de 1891.

Respeto a nuestra América

Nótase, con gozo, por cuantos estudian la prensa norteamericana, el creciente respeto que, solo con haber empezado a revelar su intención de vivir en acuerdo con las grandezas del tiempo, consiguen ya inspirar a este pueblo los hechos y tamaños de países que, acaso, no le servían ha poco más que para ocasión de mostrar desdenes y burlas.

Ya no se halla muy frecuentemente en los diarios aquella alusión impertinente, y solo en apariencia merecida, a nuestros cambios súbitos de gobierno y guerras, que era antes lugar común de todo artículo sobre nuestros países; sino noticias de contratos, entusiastas relaciones de nuestras riquezas, tributos de respeto a nuestros hacendistas y estadistas, y un tono general y afectuoso, mezclado aún de sorpresa y descreimiento. No bien desocupada apenas la América Latina de las contiendas que libran en su seno el espíritu joven y el antiguo, ya porque aquél entienda que vale más esperar a que el Sol nuevo funda y pulverice las venenosas ruinas, que gastar las fuerzas neciamente en lo que, al cabo, ha de hacer el Sol, ya que cedan los enconados hombres de antaño, amigos de casas solariegas y privilegios patriarcales, al noble decoro y generosa influencia que trae consigo el ejercicio reposado de la libertad, se ve adelantar, como cortejo de gente joven que saliese adolorida y sonriente de enfermedad grave, al séquito de pueblos que nacieron armados del pomo de la espada de Bolívar.

Vense en todos ellos señales comunes. Es una de ellas el espontáneo reconocimiento de los méritos sólidos y silenciosos de los hombres de la paz, empresarios osados, hacendados innovadores, creadores de ferrocarriles, ajustadores de tratados, movedores de fuerzas, constructores, creadores. Los hombres de armas van a menos, y los de agricultura, comercio y hacienda, a más. En tierras donde antes no esperaban los brillantes y desocupados mozos sino matrimonio rico o revolución vencedora que los pusiera, como a estatua sobre pedestal, sobre la vida, ahora se ve a los mozos ideando empresas, sirviendo comercios, zurciendo cambios, abogando por intereses de vías férreas, trabajando, contentos y orgullosos, por campos y por minas. Los que antes pesaban sobre su país, dormidos sobre él, ahora llevan a su país en sus hombros.

No hubiera más que esta razón, que con júbilo notamos a una en casi todas nuestras tierras, y ya serían dignas del creciente respeto de que hoy tomamos nota. Y esto es justo. Lo que acontece en la América española no puede verse como un hecho aislado, sino como una enérgica, madura y casi simultánea decisión de entrar de una vez con brío en este magnífico concierto de pueblos triunfantes y trabajadores, en que empieza a parecer menos velado el Cielo y viles los ociosos. Se está en un alba, y como en los umbrales de una vida luminosa. Se esparce tal claridad por sobre la Tierra, que parece que van todos los hombres coronados de astros.

Y astros los coronan: la estima de sí propios, el dominio de su razón, el goce de sus derechos, el conocimiento de la tierra de que viven. Ciencia y libertad son llaves maestras que han abierto las puertas por donde entran los hombres a torrentes, enamorados del mundo venidero. Diríase que al venir a tierra tantas coronas de cabezas de reyes, las cogieron los hombres en sus manos y se han ceñido a las sienes sus fragmentos.

La América, Nueva York, agosto de 1883

Mente latina

Entre los muchos libros que han venido a favorecer en lo que va de mes *La América*, uno hay que regocija, y no es más que el catálogo de un colegio. No nos place el catálogo porque nos dé asunto para huecas y fáciles celebraciones a las conquistas nuevas, que con trabajos arduos se celebran mejor que con palabras sin meollo, que de puro repetidas van quitando ya prestigio y energía a las ideas que envuelven; sino porque en las páginas del pequeño libro resalta gloriosa, en una prueba humilde y elocuente, la inteligencia latina.

No nos dio la Naturaleza en vano las palmas para nuestros bosques, y Amazonas y Orinocos para regar nuestras comarcas; de estos ríos la abundancia, y de aquellos palmares la eminencia, tiene la mente hispanoamericana, por lo que conserva el indio, cuerda; por lo que le viene de la tierra, fastuosa y volcánica; por lo que de árabe le trajo el español, perezosa y artística. ¡Oh!

El día en que empiece a brillar, brillará cerca del Sol; el día en que demos por finada nuestra actual existencia de aldea. Academias de indios; expediciones de cultivadores a los países agrícolas; viajes periódicos y constantes con propósitos serios a las tierras más adelantadas; ímpetu y ciencia en las siembras; oportuna presentación de nuestros frutos a los pueblos extranjeros; copiosa red de vías de conducción dentro de cada país, y de cada país a otros; absoluta e indispensable consagración del respeto al pensamiento ajeno; he ahí lo que ya viene, aunque en algunas tierras solo se ve de lejos; he ahí puesto ya en forma el espíritu nuevo.

Bríos no nos faltan. Véase el catálogo del colegio. Es un colegio norteamericano, donde apenas una sexta parte de los educandos es de raza española. Pero en premios no: allí la parte crece, y si por cada alumno hispanoparlante hay seis que hablan inglés, por cada seis americanos del Norte premiados hay otros seis americanos del Sur.

En esa mera lista de clases y nombres, por la que el ojo vulgar pasa con descuido, *La América* dilata sus miradas. En esta inmensa suma de analogías que componen el sistema universal, en cada hecho pequeño está un resumen, ya futuro o pasado; un hecho grande.

¿No ha de ponernos alegres ver que donde entra a lidiar un niño de nuestras tierras, pobre de carnes y de sangre acuosa, contra carnudos y sanguíneos rivales, vence?

En este colegio de que hablamos, apenas van los alumnos de raza española a más clases que a las de las elementales y a las de comercio. Pues en el elenco de las clases de comercio, de cada tres alumnos favorecidos dos son de nuestras tierras. El mejor tenedor de libros es un Vicente de la Hoz. El que más supo de leyes comerciales es un Esteban Viña. El que acaparó todos los premios de su clase, sin dejar migaja para los formidables yanquizuelos, es un Luciano Malabet; ¡y los tres premios de composición en inglés no son para un Smith, un O'Brien y un Sullivan, sino para un Guzmán, un Arellano y un Villa!

¡Oh! ¡si a estas inteligencias nuestras se las pusiese a nivel de su tiempo; si no se las educase para golillas y doctos de birrete de los tiempos de audiencias y gobernadores; si no se les dejase, en su anhelo de saber, nutrirse de vaga y galvánica literatura de pueblos extranjeros medio muertos; si se hiciese el consorcio venturoso de la inteligencia que ha de aplicarse a un país y el país a que ha de aplicarse; si se preparase a los sudamericanos, no para vivir en Francia, cuando no son franceses, ni en los Estados Unidos, que es la más fecunda de estas modas malas, cuando no son norteamericanos, ni en los tiempos coloniales, cuando están viviendo ya fuera de la colonia, en competencia con pueblos activos, creadores, vivos, libres, sino para vivir en la América del Sur!... Mata a su hijo en la América del Sur el que le da mera educación universitaria.

Se abren campañas por la libertad política debieran abrirse con mayor vigor por la libertad espiritual; por la acomodación del hombre a la tierra en que ha de vivir.

La América, Nueva York, noviembre de 1884

Las guerras civiles en Sudamérica

De nuestra América se sabe menos de lo que urge saber, aun por aquellos que fungen de opinadores en las cosas públicas y celebran a los Estados Unidos con tanta pasión cono la que ponen en denigrar a los demás pueblos de América, sin conocer de éstos ni aquéllos más que la engañosa superficie. Ignórase, generalmente, que ya hay en nuestra América pueblos que, en relación a su área útil y a sus habitantes, rinden tanto fruto al comercio humano como los Estados Unidos, y pagan más por la instrucción pública que ellos; que, en relación estricta a sus diversos antecedentes, los países de nuestra América ascienden a la libertad segura y generosa en la misma proporción en que los Estados Unidos descienden de ella; que las revueltas, siempre exageradas por censores ignorantes, de los pueblos hispanoamericanos, son el procedimiento forzoso de ajuste, igual en el mismo grado de desarrollo de todos los pueblos del orbe, entre las comarcas aisladas y rivales de las repúblicas nacientes y las reformas decisivas a que se opone, primero, la teocracia arraigada en las masas indias y el núcleo soberbio de la clase principal, y luego la vehemencia de los reformadores, inevitable ante la resistencia astuta y sorda, y el hábito, fatalmente nacido en los vaivenes de la lucha, de proveer a la vida con los frutos del gobierno. De nuestra sociología se sabe poco, y de esas leyes, tan precisas como esta otra: los pueblos de América son más libres y prósperos a medida que más se apartan de los Estados Unidos. Sobre el punto principal de las guerras civiles de nuestra América publicó un artículo, ya muy celebrado, en la North American Review, de Nueva York, el ministro de la República Argentina en Washington, el señor Estanislao Zeballos, y *Patria* traduce, con su idea y su fin, el trabajo, categórico y altivo, como los hijos de aquel país robusto, de un americano que, como Zeballos, une a la épica sencillez con que ha escrito la trilogía india de Painé el desembarazado poder de análisis y clarividencia de estadista que distinguen en su patria a los hombres de la magnífica generación de que es él tipo brillante y acabado.

Patria, Nueva York, 22 de septiembre de 1894

El Congreso de Washington

Llegada de los delegados argentinos. Preliminares. Notas e insinuaciones. Los miembros del Congreso. Banquete a los delegados argentinos y uruguayos

Nueva York, 28 de septiembre de 1889

Señor director de *La Nación*:

Estos días han sido de recepciones y visitas para los hispanoamericanos. Unos venían de Europa a presentar sus credenciales al Congreso que llaman aquí de Panamérica, aunque ya no será de toda, porque Haití, como que el gobierno de Washington exige que le den en dominio la península estratégica de San Nicolás, no muestra deseos de enviar sus negros elocuentes a la conferencia de naciones; ni Santo Domingo ha aceptado el convite, porque dice que no puede venir a sentarse a la mesa de los que le piden a mano armada su bahía de Samaná, y en castigo de su resistencia le imponen derechos subidos a la caoba.

Del Paraguay nadie ha llegado, aunque se publicó que venía con poderes de él Alberto Nin, el caballero juicioso que mandan de Montevideo. En los hoteles hay va y viene, y muchos cumplidos a la hora de pasar por las puertas, que es cosa que denuncia por estos pueblos la gente castellana. En el teatro del Casino, de yeso dorado que parece con las luces morería de mucha riqueza, todas las cabezas se vuelven a la vez, descuidando las arias del «Tambor Mayor», para ver entrar en su palco, con un ramo de rosas rojas, y majestad de casa real, a una sudamericana de ojos negros. Para luego el estudio, y el examen del Congreso de Panamérica y sus hilos. Ahora la tarjeta de visita, la llegada de los argentinos, el vapor que entra y el tren que se va: la crónica.

El programa ya está, y hasta mediados de noviembre no empezarán las sesiones. El 2 de octubre será el día de zalameos en la Casa Blanca, donde la Secretaría de Estado presentará los huéspedes panamericanos al presidente. El 5 saldrán de viaje de más de un mes los delegados, aunque no todos, porque México ya conoce el país, y de Chile, dicen que no va a la gira, ni está, por lo que se sabe hasta ahora, la Argentina en el paseo, que no es para decidir, sino para mostrar a los huéspedes la grandeza y esplendidez de las ciudades, y aquella parte de las industrias que se puede enseñar, a fin de que se les arraigue la convicción de que es de la conveniencia de sus pueblos comprar lo de éste y no de otros, aunque lo de éste sea más caro, sin ser en todo mejor, y aunque para comprar de él hayan de obligarse a no recibir ayuda ni aceptar tratos de ningún otro pueblo del mundo. En los paseos irán con los representantes de la otra América, algunos de los diez delegados que ha puesto en el Congreso la secretaría por los Estados Unidos, y dos militares que hablan español, y acaso vaya de guía principal el autor de las Capitales de Hispanoamérica, que es aquel caballero Curtis de cuyo artículo sobre la Argentina habló a su hora *La Nación*, aunque el saber la lengua y el haber sido secretario de la comisión que por encargo del Congreso de Washington visitó hace unos tres años las tierras de la otra América, no sean tal vez cosas de más peso que el desagrado con que los caballeros de Colombia han visto que el que los ha de acompañar como representante de la Secretaría de Estado y el secretario probable del Congreso sea quien publicó hace un mes en el Cosmopolitan un artículo en que tacha de tránsfuga y de maniquí impotente y quién sabe de qué más a Núñez, el presidente colombiano; y hay quien ve en este ataque el interés de los que quieren abrir el canal por Nicaragua y temen que Núñez arregle con Washington, a pesar de la grita de su país, la venta, a costo de la primogenitura, de los derechos sobre el canal de Panamá, con lo que se quedarían del lado del presidente que tales maravillas puede hacer, los burócratas beneficiados: y cuentan que los delegados de Colombia harán saber que no les place ir de bracero por toda esa gira con quien hace en público mofa y censura de su presidente. En la gira, con el consentimiento y amistad de la secretaría, irá un delegado de los navieros de Nueva York, y de algunos de sus comerciantes, que han levantado aquí, con raíces en Washington, la Unión Comercial hispanoamericana. Habrá al paso del tren de la delegación banquetes y recepciones numerosas, y más en Boston, Chicago y San Luis, donde el interés con México es ya cosa mayor. Filadelfia prepara fiestas, y Pittsburg un número de diario en español. Luego, a la vuelta, serán los debates sobre las ocho proposiciones, en que política y comercio andan unidos: cuando se encienda el árbol de Christmas, el día 24 de diciembre, vendrán los delegados a los festejos que disponen en Nueva York; y acaso para cuando termine en Washington la sesión de enero, vayan, de fin de viaje, a ver los naranjos de la Florida y admirar la riqueza del hotel moruno de Ponce de León.

Ya al acercarse el fin de este mes era frecuente leer y oír sobre el proyecto y los detalles del Congreso panamericano.

Las entrañas del Congreso están como todas las entrañas, donde no se las ve. Los periódicos del país hablan conforme a su política. Cada grupo de Hispanoamérica comenta lo de su república, e inquiere por qué vino este delegado y no otro, y desaprueba el Congreso, o espera de él más disturbios que felicidades, o lo ve con gusto, si está entre los que creen que los Estados Unidos son un gigante de azúcar, con un brazo de Wendell Phillips y otro de Lincoln, que va a poner en la riqueza y en la libertad a los pueblos que no la saben conquistar por sí propios, o es de los que han mudado ya para siempre domicilio e interés, y dice «mi país» cuando habla de los Estados Unidos, con los labios fríos como dos monedas de oro, dos labios de que se enjuga a escondidas, para que no se las conozcan sus nuevos compatricios, las últimas gotas de leche materna. Esto no es un estudio ahora: esto es crónica.

Se habla de las primeras noticias que llegan de cada país; de que el comercio no es pecado, pero ha de venir por sí, libre y natural, para provecho mutuo; de lo que no sería bien que Centroamérica se dejase unir con cemento de espinas, por la mano extranjera, que quiere echarle por el Sur un enemigo fuerte a México; de que hay en los Estados Unidos mucha opinión sensata, que no quiere perder, con atentados que las alarmen justamente, el comercio legítimo de las repúblicas del Sur, «donde el porvenir está preparando su asiento». «Ellos, dice un diario, tienen sus divisiones, de que nuestra gente lista se quiere aprovechar; pero también tienen ojos y no se dejarán aturdir por lo que quiera hacerles ver esta alianza de los barateros de nuestra política y de nuestro comercio. Ellos nos conocen y piensan de nosotros mejor de lo que merecemos. Nosotros, necesitamos de ellos hoy, y debemos estudiarlos y respetarlos.»

Y mientras unos se preparan para deslumbrar, para dividir, para intrigar, para llevarse el tajo con el pico del águila ladrona, otros se disponen a merecer el comercio apetecido con la honradez del trato y el respeto a la libertad ajena.

Ya para el 20, cuando llegaron los delegados del Plata, estaban en Nueva York los representantes de nuestras repúblicas. Entraban en amistad los unos: otros no ponían interés en conocerse.

Los de alma americana, los veían a todos con placer igual. En algún momento, padecían. ¡Qué! ¿que volverán para la América los tiempos en que entró Alvarado el Rubio en Guatemala porque lo dejaron entrar los odios entre los quichés y los zutujiles? Se hablaba más de los países de la vecindad que de los que andan lejos. Se preguntaba, con curiosidad mezclada a cierto asombro, por los delegados de la Argentina. En la memoria se llevaban las listas. Solo faltaba Amaral, Valente, del Brasil, Bolet Peraza, el de Venezuela, que estaba al llegar de su paseo francés; Romero, que no vuelve aún de París; y el de Uruguay, y los de la Argentina. Y se cambiaban datos breves de los delegados.

Matías Romero, el de México, es ministro residente en Washington de años atrás; cuando Grant cayó en miseria, él fue el que llevó a la casa el primer cheque: casó con norteamericana; escribe sin cesar, y no habla casi nunca; cree acaso que México está más seguro en la amistad vigilante con los Estados Unidos que en la hostilidad manifiesta; en su patria, nadie duda de él: en Washington, todos le tienen por amigo cordial, como que fue quien empujó el brazo de Grant en lo de los ferrocarriles: ahora lleva uniforme galoneado, y calzones hasta el tacón: hace quince años cuando levantaba en México su casa, piedra a piedra, venía todas las mañanitas de su quinta, jinete en una mula, con sombrero alto de pelo, levitón castaño, cartera al brazo izquierdo, y pantalones que tenían más que hacer con las rodillas que con los calcañales; pues en política, el que no es brillante, ¿no ha de ser singular?; no se ha olvidado la gente de México, ni el señorío ni la chinaca, del sombrero alto de Matías Romero; el que andaba en mula llevó los ferrocarriles. Dos más vienen por México; el uno es José Limantour, hijo de rico, que no desmigajó a los pies de las bailarinas la fortuna que allegó su padre con el trabajo, ni la empleó en deshonrarse, sino en mostrarse capaz y digno de ella: el otro es uno de los patriarcas mexicanos, el caballero indio Juan Navarro, compañero de Prieto, de Ramírez, de Payno, de los Lerdo, de todos los fundadores: es el cónsul de México en Nueva York: perdió su gran fortuna, y vive feliz con otra mayor, que es la de no lamentarla.

En Centroamérica, ¡son tan encontrados los intereses y tan vivos! De ahí, y de Colombia, pueden venir las dificultades. A Guatemala le representa Fernando Cruz, que es el ministro en Washington, hombre de idiomas y de leyes, autor de Las instituciones de derecho y de versos reales y sentidos, y mente tan poblada y capaz que no ha de errar sino en lo que quiera.

En el Salvador no es nombre nuevo el del delegado Jacinto Castellanos, Nicaragua manda a su ministro en Washington, Horacio Guzmán, amigo apasionado, según dicen, de estos canales de ahora. Costa Rica, que está en celos por lo del canal con los nicaragüenses, envía a un hombre de los nuevos y liberales del país, Manuel Aragón, que en su Congreso llegó a presidente y lleva en el rostro el poder y la luz del trabajo. Por Honduras viene Jerónimo Zelaya, que guía ahora el pensamiento del país, y tiene tiempo, con todas sus labores de ministro de la presidencia, para celebrar con elocuente pasión cuanto le parezca adelanto y beldad o fuerza que vaya poniendo a su patria centroamericana en el camino del mundo. Porque es de los que quieren resucitar de la tumba de Morazán a Centroamérica. De Colombia son tres los delegados, José María Hurtado, comerciante de paños, en Nueva York, y hombre de resolución y consejo; Clímaco Calderón, el cónsul en Nueva York, perito en hacienda; Carlos Martínez Silva, literato laborioso: «asistió ayer a misa el señor Martínez Silva con el presidente», dice un diario de Cartagena: redactaba el Repertorio colombiano: acaba de publicar la biografía del prócer de la independencia Fernández Madrid. Venezuela escogió, en estos tiempos de abierta rebelión contra Guzmán Blanco, al que de las filas de éste salió para combatirlas, y reveló a tiempo el interés e iniquidad del poderoso: a Nicanor Bolet Peraza, poeta en prosa, que escribe la Revista Ilustrada de Nueva York con pluma de colores. Por el Ecuador, cuyo presidente Flores se ha visto en batallas cerradas con Washington, viene, como para dar prueba viva de que aun allí van ya a menos las revoluciones porque en el Norte desdeñan la otra América, el presidente a quien Flores acaba de sustituir, incisivo con la pluma y poderoso en la costa liberal: José María Caamaño.

Chile dio su representación en el Congreso al que la tenía ya como ministro residente: a Emilio C. Varas, que tiene la diplomacia como oficio familiar y ganó en él la Gran Cruz de la Rosa Blanca del Brasil. José Alfonso es el otro delegado chileno: «su opinión era ley entre nosotros los jueces», dice quien lo conoce, «es de los que no se deslumbran y ve debajo de lo que le enseñan y sabe decidir: es de los de canas útiles». Zegarra, el ministro del Perú en Washington, representa a su país en la conferencia: quien lea de cosas americanas conoce su nombre: el haber estado en Washington en la juventud no le ha ofuscado el juicio ni entibió su entusiasmo y fe en la patria. De Bolivia viene con sus dos hijos criados en Buenos Aires, José Velarde, el padre del *Heraldo de Cochabamba* que habla de la Argentina con afecto y placer: es hombre de ojos claros y de franqueza que se entra por los corazones. Por el Brasil tienen asiento en el Congreso Lafayette Rodríguez, el presidente de la junta de arbitramento en los reclamos de aquella guerra en que no se puede pensar sin dolor: y Amaral Valente, que no era en Nueva York desconocido para los que saben de derecho internacional; y Salvador Mendonca el culto cónsul, amigo de cuadros y de libros, que dice en palabras breves lo que tiene que decir, y sabe allegar amigos a su patria, y a su emperador.

Estos delegados estaban ya en Nueva York, o casi todos cuando venía por la costa con la mayor suma de pasajeros de salón de que hay recuerdo, con setecientos once, el vapor en que es lujo ahora venir, porque lo tienen como palacio de la mar y ciudad que anda: El City of Paris: allí venía Alberto Nin, el delegado del Uruguay. Y eran las cinco y media de la mañana, mañana fría, y de lluvia, cuando del parque de la batería, de los carruajes, de la estación del ferrocarril aéreo que tiende su tronco al pie del parque antiguo fueron apreciando, camino del guardacostas que los esperaba piafando en el agua turbia, los que iban a recibir de media ceremonia, a los huéspedes de dos pueblos invitados. Las seis sería cuando entre los remolcadores, las goletas italianas de casco verde y rojo, los vapores del río, los carboneros desmantelados, los buques graneros, salió con su banderola del águila al aire el guardacostas de la aduana. Y fue, y vino, y volvió a ir. El City of Paris no debía entrar hasta las once.

Pereció el guardacostas por la bahía. El buen cocinero pudo hallar a bordo unas galletas y un tanto de café. Uno de los comisionados, hecho a campañas, se trajo de la despensa doméstica un par de codornices. Y hablando de las leyes y del crecimiento, y de las costumbres de las tierras del Sur, entretuvieron la mañana con el tanto de codorniz y de café los caballeros que iban de recepción: Charles Flint, comerciante neoyorquino y uno de los delegados del gobierno en el Congreso: William Hughes, jefe de la casa de vapores de Ward y de la Unión Comercial hispanoamericana, que iba en nombre de los comerciantes de Nueva York: Adolfo G. Calvo, el cónsul argentino que ostenta la ciudadanía como una medalla de honor; el vicecónsul, Félix L. de Castro, comerciante de los de honra y cabeza respetada en la casa de Carranza y Cía.; la casa argentina Ernesto Bosch, el secretario de la legación, que parece de más años por el peso de lo que hace y dice: Fidel Pierra, persona de comercio y de letras y secretario de la Unión Comercial; Charles Sawyer, caballero de Boston que venía en nombre de su ciudad, y el cónsul de Uruguay en Nueva York.

A una se pusieron todos en pie. El vapor estaba a la vista, cerca, al doblar del fuerte, al lado del guardacostas. El pasaje entero está viendo llegar al guardacostas. Otro llegó antes, cargado de amigos de los pasajeros, que lograron el privilegio de la aduana. ¿Y así se había de subir al vapor por esa escalera de manos? No llega a la borda la escalera; pero por ella se ha de subir. Delegados, comerciantes y cónsules suben por la escalerilla y entran a la baranda del vapor. De abajo les alcanzan los paraguas y los abrigos.

Por el gentío del puente se van abriendo paso hasta la biblioteca. Allí espera de pie un anciano noble, y entra a pocos instantes, con paso como de batalla, un joven vigoroso, señor don Manuel Quintana con Roque Sáenz Peña: Pinedo, el secretario activo, presenta y acerca: Hughes y Flint ofrecen a los delegados trasladarse al guardacostas: «aunque tal vez estén más cómodos si no se transbordan». No se transbordan. Se tienden todas las manos para dar la bienvenida a un hombre de rostro abierto y de sonrisa franca: Alberto Nin, el delegado del Uruguay. Un cónsul busca en vano flores que ofrecer a la dama argentina, la esposa de Sáenz Peña. La llegada está prevista; la aduana no abrirá el equipaje; los comisionados del gobierno y el comercio han preparado coches; se puede ir en calma al puente, a ver cómo se entra en Nueva York, en día de lluvia fina.

Rodea la comisión a los viajeros. Uno va de éste a aquél, hablando ya de negocios. Otros dejan ver en el rostro la alegría: «Es un buque bonaerense». «En esa cabeza joven hay una mente de poder.» «Es un Chesterfield.» «El joven ha debido ser militar.»

En la lluvia fina ancla el vapor, bajan los huéspedes distinguidos y se van con sus cónsules al Hotel Brunswick.

¿A qué contar los primeros festejos? Uno fue a todos los delegados, pero no todos fueron: no fueron los de la Argentina; una casa de seguros quería enseñarles su palacio y les dio un lunch suntuoso en el comedor de los abogados: «mucho lo agradecemos, mucho», dijo Mendonca el del Brasil «aunque no venimos aquí como personas oficiales»; y los llevaron a ver la arcada sombría con el techo de cristal de colores y la escalera de pórfido: y el mirador desde donde se ve toda la ciudad. A los brasileños les dio banquete Flint, que en el Brasil tiene comercio valioso. Hughes, el que representaba en la comisión a los comerciantes, invitó a los delegados de la Argentina y el Uruguay a una comida de próceres: estaba Flint, que funge como de comisionado especial del gobierno, y figura aquí en lo alto del comercio y la vida ostentosa: padre notable, esposa bella, verano en Tuxedo, invierno en Florida: estaba Cornelius Bliss, otro de los delegados del gobierno, persona presidencial, magnate proteccionista de Nueva York: estaba Plummer, príncipe del comercio de géneros, que bregó mucho y puso más porque el club de comerciantes que preside sacase electo a Harrison: estaba Ivins, demócrata a lo Cleveland, socio hasta ayer de los Grace que hacen el comercio con el Perú.

Estaba Adams, presidente del banco; el español Ceballos, que quiere llevar a la Argentina los vapores de la Compañía Trasatlántica, y preside, más de nombre que de hecho, la Unión Comercial hispanoamericana; Bosch, el secretario de la legación argentina; Pierra, el de la Unión Comercial; Calvo, el cónsul argentino, y el cónsul del Uruguay. Por la Argentina asistió Sáenz Peña y el secretario Pinedo; por el Uruguay, Alberto Nin. ¿A qué contar en detalles el banquete de negocios? Ante los delegados cruzaron argumentos, como chispas unos y como mandobles otros, los convidados principales. El anfitrión defendía sus vapores, «que han de llevar a esta gente en dieciséis días a Buenos Aires».

Plummer quería que hubiera dos grandes pueblos en América que dominaran el universo, uno del istmo al Norte, otro del istmo al Sur. Ivins opinó que con vapores vacíos y leyes violentas no se podía crear el comercio, sino abriendo créditos como los europeos, y conociéndose más los del Norte y del Sur, y respetándose. A lo que dijo Ivins de que el sistema de créditos era inseguro, contestó Pierra que no se podía tener por tales a pueblos como Buenos Aires, donde «no le queda al quebrado más recurso que arreglar sus baúles». Cruzado de brazos, oía Sáenz Peña: «Levanto mi copa, dijo a su hora, por la gran nación americana». Nin, convidado a hablar, dijo cómo su pueblo era próspero, dichoso y libre, y brindó «por todos los pueblos americanos». Al día siguiente, en carro especial, salieron, con pocas excepciones, los delegados para Washington. Como un patriarca, con la barba al pecho iba del brazo de Mendonca, Lafayette Rodríguez. Todo el mundo quería saber quién era; en el grupo de los argentinos, «el anciano noble».

José La Habana

La Nación, Buenos Aires, 8 de noviembre de 1889

El Congreso de Washington. La excursión en el tren palacio. Batalla preliminar. Actitud de los delegados argentinos. Blaine, presidente. Bastidores y detalles de la elección. La sesión inaugural. Las comidas oficiales. El tren palacio

Nueva York, 4 de octubre de 1889

Señor director de *La Nación*:

Se abre el *Mail and Express*, el diario vespertino de los republicanos de Nueva York, y se lee: «los huéspedes que vienen a seguir nuestra guía; la alianza que hemos solicitado y que vienen a ajustar nuestros huéspedes».

Se abre el *Herald*, y se lee: «Es un tanto curiosa la idea de echar a andar en ferrocarril, para que vean cómo machacamos el hierro y hacemos zapatos, a veintisiete diplomáticos, y hombres de marca, de países donde no se acaba de nacer». Se abre el *Post*, y se lee: «el discurso de Blaine, lleno de evasivas sonoras». El *Tribune* dice: «ha llegado la hora de hacer sentir nuestra influencia en América: el aplauso de los delegados al discurso de Blaine fue una ovación». Dice el *Star*: «el Congreso americano de Blaine». Y el *Sun* dice: «Están vendidos a los ingleses estos sudamericanos que se le oponen a Blaine». El tren palacio ha empezado, en tanto, a rodar en su camino de cinco mil cuatrocientas seis millas. De Washington a West Point, a ver lo militar, lo grave de los centinelas, lo austero de la disciplina: a Boston, a ver letrados y monumentos: a Portland, a ver cosas de mar: por las fábricas de New Haven y Hartford y Springfield, por la ciudad política de Albany; al Niágara, a templar para la grandeza el espíritu: en Buffalo verán las ferrerías y las balsas de madera, y el comercio del lago; en

Cleveland los pozos de petróleo; en Detroit los molinos y los hornos de cobre, y los talleres en Grand Rapids: pasarán por South-Sout, centro de los caminos, en Indiana: en Chicago visitarán los graneros; en Milwaukee y St. Paul y Miniápolis, todo lo del trigo y lo de la cerveza; en Omaha verán la capital del comercio de ríos; en San Luis «el jardín del mundo», la primera ciudad harinera, término de veinte días: en Indianápolis la cruz de los ferrocarriles, semillero de industrias y de políticos, y de abogados: en Louisville, el tabaco; los corrales y mataderos en Cincinnati; en Pittsburg el hierro bruto y el carbón, leguas de hierro, montes de carbón; y en Filadelfia, donde la excursión acaba, las fábricas de cueros y los tejidos y el hierro, y la Casa Pública, con los comedores sombríos y las razas del mundo en cariátides de mármol. Del 5 de octubre al 11 de noviembre habrán vivido los delegados en ferrocarril, en ferias, en convivialidades. Filadelfia, la de las manufacturas, les prepara festejos suntuosos. «Los huéspedes de esta excursión, dice el itinerario oficial, estarán libres de todo gasto.»

Pero antes de empezar la gira quedó el Congreso ceremoniosamente abierto en Washington. Ya ha habido esgrima, intriga, calumnia. Ya tiene el presidente el Congreso.

Ya tuvo un día de quehaceres oficiales. En los corredores del Arlington no se oía más que español: se quejaba uno del hotel: despedía otro con decoro a un negociante intruso: se buscaban otros con los ojos, como hermanos; otros, recelosos, creían ver un compromiso en el saludo: entraba Curtis, que de secretario se queda, aunque no place a Colombia: salía Trescott, cerebro de la Secretaría de Estado, delegado al Congreso por los Estados Unidos, señalado de antemano para la presidencia. Los negros van y vienen, diez para cada huésped, cepillo en mano.

En la casa cercana de Wallach, donde se va el Congreso a reunir, se juntaron los delegados para irse conociendo. A solas a esa hora, daba la ley Blaine en la secretaría a los diez delegados de los Estados Unidos que han de votar como uno. Pero ya entre los delegados de la otra América se sabía que Trescott no iba a ser el presidente.

¿Presidente nuestro, decían los diez, el que vendió a los confederados los papeles de la Secretaría cuando era Subsecretario de Estado? Blaine, que no es delegado, fue el propuesto. ¿Qué pasó en la sesión secreta de los delegados del Centro y del Sur? Toda la tarde estuvieron en debate; comieron agitados y deprisa; en el debate les sorprendió la medianoche. Al otro día, a las doce, fue la delegación en masa a la Secretaría de Estado. En la sala diplomática los esperaba, de pie, un hombre pálido, de ojo incisivo y cabello a la frente, de sonrisa imperial y mano suave. Y en el primer fulgor empezó su discurso, el discurso de la sentencia maravillosa, del *Mail and Express*, el discurso de las sonoras evasivas del *Evening Post*, «poder, comunicaciones más rápidas»: esto se oye dos veces, dicho en forma distinta, como para que quede en los que oyen, como queda en los que entran en un cielo nuevo la imagen de la primer ave que ven volar por él. Hay arte así: arte de ave. Lo que del discurso maravilla no es la grandeza, que no la hay, sino la prudencia y el modo sutil de responder a las objeciones previstas contra la persona del que habla, que no es el de salirles al frente, sino el de decir lo opuesto de lo que se espera, que a nadie se ha de engañar en el Congreso.

Que no ha de haber con nadie secreta inteligencia. Que en paz y sinceridad se juntan las diecisiete repúblicas. Y todo firme, insinuante, abierto, con cierto aire de fiereza contenida, que es un modo de conquistar con las palabras y de quedar como rey, y alma mayor ante las gentes débiles.

Cuanto podía hacerlo amable dijo. Rebanó del discurso cuanto confirmase lo que se pudiera temer de él. Del encanto de su persona fue de lo que quiso dejar impresión duradera. Con un gestó magnánimo de la mano derecha ofreció el país, en la última frase de su discurso, como «bienvenida de americanos a americanos». Y desapareció por una puerta a la espalda con el eco de su voz.

El *Tribune* es quien dice que el aplauso fue espontáneo, largo, nutrido. De Blaine es el *Tribune*.

Y comenzó entonces la sesión oficial. Elige el Congreso por presidente temporal a Henderson, el que preside por nombramiento de la Secretaría de Estado, la delegación de los Estados Unidos. Dice Henderson las suavidades naturales. Habla con empeño sobre las hermosuras de la excursión.

En todas partes les van a recibir con los brazos abiertos. Nombra a la junta de organización: Romero, el ministro de México; Lafayette Rodríguez, del Brasil; Nin, del Uruguay; Guzmán, de Nicaragua; Hurtado, de Colombia. A los pocos instantes, volvió la junta con los resultados de su deliberación; de la deliberación secreta de ayer. A Blaine propone para presidente del Congreso. Nombra Henderson una comisión que traiga a la silla al presidente. Bliss, de Nueva York; Hurtado, de Colombia; Aragón, de Costa Rica; Zegarra, del Perú; Velarde, de Bolivia. Mientras vienen, se acuerda nombrar una comisión que reparta en subcomisiones los trabajos del Congreso: se acuerda que, en la ausencia del presidente, presida en turno las sesiones, elegido por suerte, uno de los delegados; se acuerda dar las gracias al presidente de los Estados Unidos por la excursión con que obsequia al Congreso. Entra Blaine, y desde la silla presidencial, marcando con los ojos el influjo que no quiere poner en la voz, declara la sesión en receso hasta el 18 de noviembre. Los carruajes esperan a la puerta. El lunch está servido en la Casa Blanca. Y fue lunch cortés.

El gabinete estaba con sus damas. Vestía traje salmón la esposa del presidente. Eran jardines del trópico los tres salones, con palmas, con magueyes, con cactus de México; el salón azul era una gruta de palmas: en la mesa, la América, de flores rojas. Y las ostras del país, y el guayabate dulce de México, champaña en una botella y en la otra vino de Parras. El Brasil, de uniforme.

Por la noche fue la comida suntuosa, en el hotel donde Blaine vive, en espera de que le acaben la casa.

La mesa en cuadro, y en el centro un jardín tropical: la magnolia en botón, la begonia de pintada hoja, el jazmín doble de Malabar, el florón lila de las azaleas. Y por la mesa, piñas de luces eléctricas, con pantallas de colores. De afuera, con dulce música, los himnos de las repúblicas americanas. De pie Blaine, cerró la comida con este único brindis: «A la amistad perpetua y a la prosperidad de todos los Estados americanos».

Ya andaba en las calles impresa, a la salida de los huéspedes, la relación excesiva del debate secreto. Eran, pues, ciertos los rumores del día. No habían pasado inadvertidos los movimientos y las ansias de los anfitriones para los huéspedes recién llegados. Lo que de privado se dice en los círculos del país, parecían saberlo ellos.

Que Blaine toma por suya, como su idea y creación, la conferencia, y para sí quiere, y no quiere para los demás, el triunfo que espera de ella. Que por dentro tiene servidores, y por fuera látigos. Que Harrison no ve con malos ojos la extensión del poder del Norte, pero no quiere que Blaine use como instrumento suyo y derecho mayor a la presidencia que viene, el Congreso en que el interés de la nación ha de estar por encima del de Blaine. Que Blaine puso a Trescott de candidato para la presidencia del Congreso, porque de seguro el país no lo había de permitir, como no lo permitió, así que la candidatura vacante a última hora, había de caer en Blaine, que parecía no apetecerla.

Que el afán de Blaine estaba patente en el empeño con que de días atrás venía la prensa que lo favorece insistiendo en que la presidencia de todos los Congresos internacionales, del de Panamá en 1826, del de Lima en 1827, del de 1856 en París, de los de Berlín y Constantinopla en 1878, había sido del secretario de Estado del país que convocó al Congreso. Que a Henderson, el candidato de Harrison, lo sacó hábilmente Blaine en la competencia con la candidatura de Trescott, superior a Henderson en lenguas y diplomacia. Que tenía los lebreles preparados el secretario para que cayesen sobre cuantos, del país o de afuera, le estorbasen la candidatura.

Y en la relación del periódico se daba por cierta la versión del día. «El Congreso de Blaine, decía, se ha inaugurado con una tormenta. En enérgico castellano protestó Chile, por boca del ministro Varas, contra el conato de poner de presidente a Blaine, en un Congreso de que Blaine no es miembro: Chile cree indecoroso y ridículo que se dé semejante carácter, de coro de persona, a un concierto de naciones»; «Manuel Quintana y Roque Sáenz Peña, de la Argentina, dice el diario, y Varas y Alfonso, de Chile, capitanearon el ataque contra Blaine, con la simpatía y ayuda de muchos otros delegados». «Momento hubo, continúa el relato, en que se vio cerca el peligro de que las delegaciones hostiles a Blaine se retiraran, desde aquella sesión previa, del Congreso.»

Asomaron, dicen, obligaciones disimuladas. Callaron, cuentan, por temor los que por la mucha cercanía o la esperanza de caudales, no tienen las manos libres en las deliberaciones. Un diario publica que, al salir del debate agitado, muchos miembros del Congreso proclamaban que no asistirían al día siguiente a la sesión inaugural.

Otro periódico, casi todos, anunciaron que la Argentina y Chile se separaban del Congreso. «No es cierto, dice el *Post*, que se separen sino que Chile no ve con ojos serenos que presida donde él se sienta el que le quiso privar, con su política de negocios, del bien que tiene Chile por suyo: y la Argentina creyó que debía pensar como él; pero cedieron ambos cortésmente a la mayoría del Congreso.» Son acá levadura viva los celos de Inglaterra, y el *Sun* maligno, aliado demócrata de Blaine, denuncia a los que se le opusieron en la sesión como «empleados e instrumentos de Inglaterra». El tren palacio está rodando ya de vuelta de West Point: lleva siete coches, y uno con baño y barbería y biblioteca y salón de beber, y otro con comedor de cocina francesa y cinco criados, y otro con la prensa y la electricidad y cinco para habitación de los viajeros, con el criado al pie, y el colchón de plumas, y la luz eléctrica a la cabecera: la máquina es maravilla, por ligera y segura, y da el calor, y mueve los frenos: no mudaron de carros en las cinco mil cuatrocientas millas los viajeros, ni hubo tren palacio más cómodo y ostentoso. En él no van ni la Argentina, ni México, ni Chile, ni Lafayette Rodríguez, ni Bolivia.

Era largo el viaje para los delegados. Se han quedado en Washington.

José Martí
La Nación, Buenos Aires, 14 de noviembre de 1889

Congreso internacional de Washington. Su historia, sus elementos y sus tendencias

Nueva York, 2 de noviembre de 1889

Señor director de *La Nación*:

«Los panamericanos», dice un diario, «El Sueño de Clay», dice otro. Otro: «La justa influencia». Otro: «Todavía no». Otro: «Vapores a Sudamérica». Otro: «El destino manifiesto». Otro: «Ya es nuestro el golfo». Y otros: «¡Ese Congreso!», «Los cazadores de subvenciones», «Hechos contra candidaturas», «El Congreso de Blaine», «El paseo de los panes», «El mito de Blaine». Termina ya el paseo de los delegados, y están al abrirse las sesiones del Congreso internacional. Jamás hubo en América, de la independencia acá, asunto que requiera más sensatez, ni obligue a más vigilancia, ni pida examen más claro y minucioso, que el convite que los Estados Unidos potentes, repletos de productos invendibles, y determinados a extender sus dominios en América, hacen a las naciones americanas de menos poder, ligadas por el comercio libre y útil con los pueblos europeos, para ajustar una liga contra Europa, y cerrar tratos con el resto del mundo. De la tiranía de España supo salvarse la América española; y ahora, después de ver con ojos judiciales los antecedentes, causas y factores del convite, urge decir, porque es la verdad, que ha llegado para la América española la hora de declarar su segunda independencia.

En cosas de tanto interés, la alarma falsa fuera tan culpable como el disimulo. Ni se ha de exagerar lo que se ve, ni de torcerlo, ni de callarlo. Los peligros no se han de ver cuando se les tiene encima, sino cuando se los puede evitar. Lo primero en política, es aclarar y prever. Solo una respuesta unánime y viril, para la que todavía hay tiempo sin riesgo, puede libertar de una vez a los pueblos españoles de América de la inquietud y perturbación, fatales en su hora de desarrollo, en que les tendría sin cesar, con la complicidad posible de las repúblicas venales o débiles, la política secular y confesa de predominio de un vecino pujante y ambicioso, que no los ha querido fomentar jamás, ni se ha dirigido a ellos sino para impedir su extensión, como en Panamá, o apoderarse de su territorio, como en México, Nicaragua, Santo Domingo, Haití y Cuba, o para cortar por la intimidación sus tratos con el resto del universo, como en Colombia, o para obligarlos, como ahora, a comprar lo que no puede vender, y confederarse para su dominio.

De raíz hay que ver a los pueblos, que llevan sus raíces donde no se las ve, para no tener a maravilla estas mudanzas en apariencia súbitas, y esta cohabitación de las virtudes eminentes y las dotes rapaces. No fue nunca la de Norteamérica, ni aun en los descuidos generosos de la juventud, aquella libertad humana y comunicativa que echa a los pueblos, por sobre montes de nieve, a redimir un pueblo hermano, o los induce a morir en haces, sonriendo bajo la cuchilla, hasta que la especie se pueda guiar por los caminos de la redención con la luz de la hecatombe: Del holandés mercader, del alemán egoísta, y del inglés dominador se amasó con la levadura del ayuntamiento señorial, el pueblo que no vio crimen en dejar a una masa de hombres, so pretexto de la ignorancia en que la mantenían, bajo la esclavitud de los que se resistían a ser esclavos.

No se le había secado la espuma al caballo francés de Yorktown cuando con excusas de neutralidad continental se negaba a ayudar contra sus opresores a los que acudieron a libertarlo de ellos, el pueblo que después, en el siglo más equitativo de la historia, había de disputar a sus auxiliares de ayer, con la razón de su predominio geográfico, el derecho de amparar en el continente de la libertad, una obra neutral de beneficio humano. Sin tenderles los brazos, sino cuando ya no necesitaban de ellos, vio a sus puertas la guerra conmovedora de una raza épica que combatía, cuando estaba aún viva la mano que los escribió, por los principios de albedrío y decoro que el Norte levantó de pabellón contra el inglés: y cuando el Sur, libre por sí, lo convidó a la mesa de la amistad, no le puso los reparos que le hubiera podido poner, sino que con los labios que acaban de proclamar que en América no debía tener siervos ningún monarca de Europa, exigió que los ejércitos del Sur abandonasen su proyecto de ir a redimir las islas americanas del golfo, de la servidumbre de una monarquía europea. Acababan de unirse, con no menor dificultad que las colonias híbridas del Sur, los trece Estados del Norte y ya prohibían que se fortaleciese, como se hubiera fortalecido y puede fortalecerse aún, la unión necesaria de los pueblos meridionales, la unión posible de objeto y espíritu, con la independencia de las islas que la naturaleza les ha puesto de pórtico y guarda. Y cuando de la verdad de la vida, surgió, con el candor de las selvas y la sagacidad y. fuerza de las criaturas que por tener más territorio para esclavos, se entraron de guerra por un pueblo vecino, y le sajaron de la carne viva una comarca codiciada, aprovechándose del trastorno en que tenía al país amigo la lucha empeñada por una cohorte de evangelistas para hacer imperar sobre los restos envenenados de la colonia europea, los dogmas de libertad de los vecinos que los atacaban. Y cuando de la verdad de la pobreza, con el candor del bosque y la sagacidad y poder de las criaturas que lo habitan, surgió, en la hora del reajuste nacional, el guía bueno y triste, el leñador Lincoln, pudo oír sin ira que un demagogo le aconsejara comprar, para vertedero de los negros armados que le ayudaron a asegurar la unión, el pueblo de niños fervientes y de entusiastas vírgenes que, en su pasión por la libertad, había de ostentar poco después, sin miedo a los tenientes madrileños, el luto de Lincoln; pudo oír, y proveer de salvoconducto al mediador que iba a proponerle al Sur torcer sus armas sobre México, donde estaba el francés amenazante, y volver con crédito insigne a la República, con el botín de toda la tierra, desde el Bravo hasta el istmo. Desde la cuna soñó en estos dominios el pueblo del Norte, con el «nada sería más conveniente de Jefferson»; con «los trece gobiernos destinados» de Adams; con «la visión profética» de Clay; con «la gran luz del Norte» de Webster; con «el fin es cierto, y el comercio tributario» de Summer; con el verso de Sewall, que va de boca en boca, «vuestro es el continente entero y sin límites»; con «la unificación continental» de Everett; con la «unión comercial» de Douglas; con «el resultado inevitable» de Ingalls, «hasta el istmo y el polo»; con la «necesidad de extirpar en Cuba», de Blaine, «el foco de la fiebre amarilla»; y cuando un pueblo rapaz de raíz, criado en la esperanza y certidumbre de la posesión del continente, llega a serlo, con la espuela de los celos de Europa y de su ambición de pueblo universal, como la garantía indispensable de su poder futuro, y el mercado obligatorio y único de la producción falsa que cree necesario mantener, y aumentar para que no decaigan su influjo y su fausto, urge ponerle cuantos frenos se puedan fraguar, con el pudor de las ideas; el aumento rápido y hábil de los intereses opuestos, el ajuste franco y pronto de cuantos tengan la misma razón de temer, y la declaración de la verdad. La simpatía por los pueblos libres dura hasta que hacen traición a la libertad; o ponen en riesgo la de nuestra patria.

Pero si con esas conclusiones a que se llega, a pesar de hechos individuales y episodios felices, luego de estudiar la relación de las dos nacionalidades de América en su historia y elementos presentes, y en el carácter constante y renovado de los Estados Unidos, no se ha de afirmar por eso que no hay en ellos sobre estas cosas más opinión que la agresiva y temible, ni el caso concreto del Congreso, en que entran agentes contradictorios, se ha de ver como encarnación y prueba de ella, sino como resultado de la acción conjunta de factores domésticos afines, personales y públicos, en que han de influir resistiendo o sometiéndose los elementos hispanoamericanos de nacionalidad e interés; los privilegios locales y la opinión de la prensa, que según su bando o necesidad es atrevida en el deseo, o felina y cauta, o abyecta e incondicional, o censoria y burlona. No hubo cuando el discurso inaugural de Blaine quien dijese por el decoro con que conviene enseñarse al extranjero, que fue el discurso como un pisto imperial, hecho de retazos de arengas, del marqués de Landowne, y de Henry Clay; pero, vencida esta tregua de cortesía, mostró la prensa su variedad saludable, y en ella se descubre que la resistencia que el pudor y el interés imponen, frente a la tentativa extemporánea y violenta de fusión, tiene como aliados naturales los privilegios de la industria local que la fusión lastimará, y los diarios de más concepto, y pensamiento del país. Así que yerra quien habla en redondo, al tratar del Congreso, de estas o aquellas ideas, de los Estados Unidos, donde impera, sin duda, la idea continental y particularmente entre los que disponen hoy del mando, pero no sin la flagelación continua de los que ven en el Congreso, desde su asiento de los bastidores, el empuje marcado de las compañías que solicitan subvención para sus buques, o el instrumento de que se vale un político hábil y conocedor de sus huestes, para triunfar sobre sus rivales por el agasajo doble a las industrias ricas, ofreciéndoles, sin el trabajo lento de la preparación comercial, los mercados que apetecen, y a la preocupación nacional, que ve en Inglaterra su enemigo nato, y se regocija con lo mismo que complace a la masa irlandesa, potente en las urnas. Hay que ver; pues, cómo nació el Congreso, en qué manos ha caído, cuáles son sus relaciones ocasionales de actualidad con las condiciones del país, y qué puede venir a ser en virtud de ellas, y de los que influyen en el Congreso y lo administran.

Nació en días culpables, cuando la política del secretario Blaine en Chile y el Perú salía tachada del banco del reo donde la sentó Belmont, por la prueba patente de haber hecho de baratero para con Chile en las cosas del Perú, cuya gestión libre impedía con ofrecimiento que el juicio y el honor mandaban rechazar, como que en forma eran la dependencia del extraño, más temible siempre que la querella con los propios, y por base tuvo el interés privado de los negocios de Landreau a que servía de agente confeso el ministro de los Estados Unidos, que de raíz deslucieron, por manos del republicano Frelinghuysen, lo que «sin derecho ni prudencia» había mandado hacer, encontrándose de voceador en la casa ajena, el republicano Blaine, quién perturbaba y debilitaba a los vencidos, con promesas que no les había de cumplir, o traían el veneno del interés, y a los vencedores les daba derecho a desconocer una intervención que no tenía las defensas de la suya, y a la tacha de mercenaria unía la de invasora de los derechos americanos. Los políticos puros viven de la fama continua de su virtud y utilidad, que los excusa de escarceos deslumbrantes o atrevimientos innecesarios, pero los que no tienen ante el país esta autoridad y mérito recurren, para su preponderancia y brillo, a complicidades ocultas, con los pudientes, y a novedades osadas y halagadoras. A esos cortejos del vulgo hay que vigilar, porque por lo que les ve hacer se adivina lo que desea el vulgo. Las industrias estaban ya protegidas en los apuros de la plétora, y pedían política que les ayudase a vender y barcos donde llevar sus mercancías a costa de la nación. Las compañías de vapores, que a condición de reembolso anticipan a los partidos en las horas de aprieto, sumas recias, exigían, seguras de su presa, las subvenciones en lo privado otorgadas. El canal de Panamá, daba ocasión para que los que no habían sido capaces de abrirlo quisiesen impedir que «la caduca Europa» lo abriese, o remedar la política de «la caduca Europa» en Suez, y esperar a que otros lo rematasen para rodearlo. Los del guano de Landreau vieron que era posible convertir en su agencia particular la Secretaría de Estado de la nación. Se unieron el interés privado y político de un candidato sagaz, la necesidad exigente de los proveedores del partido, la tradición de dominio continental perpetuada en la república, y el caso de ponerla a prueba en un país revuelto y débil.

Surgió de la secretaría de Blaine el proyecto del Congreso americano, con el crédito de la leyenda, el estímulo oculto de los intereses y la magia que a los ojos del vulgo tienen siempre la novedad y la osadía.

Y eran tan claras sus únicas razones que el país, que hubiera debido agradecerlo, lo tachó de atentatorio e innecesario. Por la herida de Guiteau salió Blaine de la secretaría. Su mismo partido, luego de repudiarle la intervención en el Perú, nombró, no sin que pasasen tres años, una comisión de paz que fuera para la América, sin muchos aires políticos, a estudiar las causas de que fuera tan desigual el comercio, y tan poco animada la amistad entre las dos nacionalidades del continente. Hablaron del Congreso en el camino, y lo recomendaron a la casa y al senado a su vuelta.

Las causas de la poca amistad eran, según la comisión, la ignorancia y soberbia de los industriales del Norte, que no estudiaban ni complacían a los mercados del Sur; la poca confianza que les mostraban en los créditos en que es Europa pródiga; la falsificación europea de las marcas de los Estados Unidos; la falta de bancos y de tipos comunes de pesas y medidas; los «derechos enormes» de importación que «podrían removerse con concesiones recíprocas»; las muchas multas y trabas de aduana, y «sobre todo, la falta de comunicación por vapores».

Estas causas, y ninguna otra más. Estaba en el gobierno, a la vuelta de la comisión, el partido demócrata, que apenas podía mantener contra la mayoría de sus parciales, gracias a la bravura de su jefe, la tendencia a favorecer al comercio por el medio natural de la rebaja del costo de la producción; y es de creer, por cuanto los de esta fe dijeron entonces y hoy escriben, que no hubiera arrancado de los demócratas este plan del Congreso, nunca muy grato a sus ojos, por tener ellos en la mente, con la reducción nacional del costo de la vida y de la manufactura, el modo franco y legítimo de estrechar la amistad con los pueblos libres de América. Pero no puede oponerse impunemente un partido político a los proyectos que tienden, en todo lo que se ve, a robustecer el influjo y el tráfico del país; ni hubiera valido a los demócratas poner en claro los intereses censurables que originaron el proyecto, porque en sus mismas filas, ya muy trabajadas por la división de opiniones económicas, encontraban apoyo decisivo los industriales necesitados de consumidores, y las compañías de buques, que pagan con largueza en uno u otro partido, a quienes las ayudan. La autoridad creciente de Cleveland, caudillo de las reformas, apretaba la unión de los proteccionistas de ambos partidos, y preparaba la liga formidable de intereses que derrotó en un esfuerzo postrero su candidatura. La angustia de los industriales había crecido tanto desde 1881, cuando se tachó la idea del Congreso de osadía censurable, que en 1888, cuando aprobaron la convocatoria las dos casas, fue recibida por la mucha necesidad de vender, más natural y provechosa que antes.

Y de este modo vino a parecer unánime, y como acordado por los dos bandos del país, el proyecto nacido de la conjunción de los intereses proteccionistas con la necesidad política de un candidato astuto. Cabe preguntar si, despejados estos dos elementos del interés político del candidato, y el pecuniario de las empresas que lo mantienen, hubiera surgido la idea de un nuevo interés, y por sucesos favorables a la ampliación del plan, a un extremo político en que culminan, con la vehemencia de una candidatura desesperada, las leyendas de expansión y predominio a que han comenzado a dar cuerpo y fuerza de plan político, la guerra civil de un pueblo rudimentario, y los celos de repúblicas que debieran saber recatarlos de quien muestra la intención y la capacidad de aprovecharse de ellos.

Los caudales proteccionistas echaron a Cleveland de la Presidencia. Los magnates republicanos tienen parte confesa en las industrias amparadas por la protección. Los de la lana contribuyeron a las elecciones con sumas cuantiosas, porque los republicanos se obligaban a no rebajar los derechos de la lana. Los del plomo contribuyeron para que los republicanos cerrasen la frontera al plomo de México. Y los del azúcar. Y los del cobre. Y los de los cueros, que hicieron ofrecer la creación de un derecho de entrada. El Congreso estaba lejos. Se prometía a los manufactureros el mercado de las Américas: se hablaba, como con antifaz, de derechos misteriosos y de «resultados inevitables»: a los criadores y extractores se les prometió tener cerrado a los productos de afuera el mercado doméstico: no se decía que la compra de las manufacturas por los pueblos españoles habría de recompensarse comprándoles sus productos primos, o se decía que habría otro modo de hacérselos comprar, «el resultado inevitable», «el sueño de Clay», «el destino manifiesto»; el verso de Sewall, corría de diario en diario, como lema del canal de Nicaragua: «o por Panamá, o por Nicaragua, o por los dos, porque los dos serán nuestros»: «ya es nuestra la península de San Nicolás, en Haití, que es la llave del golfo», triunfó con la fuerza oculta de la leyenda, redoblada con la necesidad inmediata del poder, el partido que venía uniendo en sus promesas la una a la otra.

Y al realizarse el Congreso, y chocar los intereses de los manufactureros con los de los criadores y extractores, se ve de realce la imposibilidad de asegurar la venta al fabricante proteccionista sin cerrar en cambio el mercado de la nación, por la entrada libre de los frutos primos a los extractores y criadores proteccionistas; y la necesidad de salir del dilema de perder el poder en las elecciones próximas por falta de su apoyo, o conservar su apoyo por el prestigio de convenios artificiales, obtenidos a fuerza de poder, viene a juntarse, reuniendo el interés general del partido, al constante y creciente del candidato que busca programa a la ocasión de influjo excepcional que ofrece al pueblo que lo espera y prepara desde sus albores, el período de mudanza en que, por desesperación de su esclavitud unos, y por el empuje de la vida los otros, entran los pueblos más débiles e infelices de América, que son, fuera de México, tierra de fuerza original, los pueblos más cercanos a los Estados Unidos. Así el que comenzó por ser ardid prematuro de un aspirante diestro, viene a ser, por la conjunción de los cambios, y aspiraciones a la vida de los pueblos del golfo, de la necesidad urgente de los proteccionistas, y del interés de un candidato ágil que pone a su servicio la leyenda, el planteamiento desembozado de la era del predominio de los Estados Unidos sobre los pueblos de la América.

Y es lícito afirmar esto, a pesar de la aparente mansedumbre de la convocatoria, porque a ésta, que versa sobre las relaciones de los Estados Unidos con los demás pueblos americanos, no se la puede ver como desligada de las relaciones, y tentativas, y atentados confesos, de los Estados Unidos en la América, en los instantes mismos de la reunión de sus pueblos sino que por lo que son estas relaciones presentes se ha de entender cómo serán, y para qué, las venideras; y luego de inducir la naturaleza y objeto de las amistades proyectadas, habrá de estudiarse a cuál de las dos Américas convienen, y si son absolutamente necesarias para su paz y vida común, o si estarán mejor como amigas naturales sobre bases libres, que como coro sujeto a un pueblo de intereses distintos, composición híbrida y problemas pavorosos, resuelto a entrar, antes de tener arreglada su casa, en desafío arrogante, y acaso pueril, con el mundo. Y cuando se determine si los pueblos que han sabido fundarse por sí, y mejor mientras más lejos, deben abdicar su soberanía en favor del que con más obligación de ayudarles no les ayudó jamás, o si conviene poner clara, y donde el universo la vea, la determinación de vivir en la salud de la verdad, sin alianzas innecesarias con un pueblo agresivo de otra composición y fin, antes de que la demanda de alianza forzosa se encone y haga caso de vanidad y punto de honra nacional –lo que habrá de estudiarse serán los elementos del Congreso, en sí y en lo que de afuera influye él, para augurar si son más las probabilidades de que se reconozcan, siquiera sea para recomendación, los títulos de patrocinio y prominencia en el continente, de un pueblo que comienza a mirar como privilegio suyo la libertad, que es aspiración universal y perenne del hombre, y a invocarla para privar a los pueblos de ella–, o de que en esta primera tentativa de dominio, declarada en el exceso impropio de sus pretensiones, y en los trabajos coetáneos de expansión territorial e influencia desmedida, sean más, si no todos, como debieran ser los pueblos que, con la entereza de la razón y la seguridad en que están aún, den noticia decisiva de su renuncia a tomar señor, que los que por un miedo a que solo habrá causa cuando hayan empezado a ceder y reconocido la supremacía, se postren, en vez de esquivarlo con habilidad, al paso del Juggernaut desdeñoso, que adelanta en triunfo entre turiferarios alquilones de la tierra invasora aplastando cabezas de siervos.

El *Sun* de Nueva York, lo dijo ayer: «El que no quiera que lo aplaste el Juggernaut, súbase en su carro». Mejor será cerrarle al carro el camino.

Para eso es el genio: para vencer la fuerza con la habilidad. Al carro se subieron los tejanos, y con el incendio a la espalda, como zorros rabiosos, o con los muertos de la casa a la grupa, tuvieron que salir, descalzos y hambrientos, de su tierra de Texas.

José Martí
La Nación, Buenos Aires, 19 de diciembre de 1889

La conferencia americana. Sucesos varios. Noticias de América. La Argentina en la conferencia. Reconocimiento del Brasil. Crónica de la conferencia

Nueva York, 11 de diciembre de 1889

Señor director de *La Nación*

Diciembre está en sus últimos días hábiles, porque el fin del mes es aquí de pascuas todo, y no hay quien piense en más que en regalar o en recibir, ni mes del año en que las esquelas de amiga traigan más perfume, ni en que esquiven los galanes la presencia más, ni en que sean los niños tan obsequiosos y obedientes: luego, desconsolada, la esposa ligera dice a su amiga del corazón: «¡Y yo que hice tanto por tenerlo contento, y vea lo que me ha dado de pascuas, una lámpara!». Todos están en Washington de viaje, porque no hay representante ni senador, por canosa que tenga el alma, que no quiera ir a ver a quién le toca en el salón de su casa, a la campanada de la media noche, el beso a que da título el encuentro debajo de la rama del muérdago amoroso. El Sur entierra, con las ciudades vestidas de crespón a su guía y símbolo, al herido célebre de Buena Vista, al que a caballo, deshecha la cabellera, flotándole a la espalda la esclavina, hambriento y exangüe a sus pies la confederación, más parecía espíritu que hombre, semejante a un árbol acuchillado por el rayo, y rondaba, ahora a escape, luego a paso de quien muere, por las calles lúgubres de Richmond; al que solo arrió el pabellón de su causa vencida para morir envuelto en él: a Jefferson Davis. El Norte entierra, a tiempo que se levantan los «nuevos abolicionistas», los que quieren abolir la propiedad privada en los bienes de naturaleza pública, a uno de aquellos doce famosos, que sin más tesoro que su idea, ni más ejército que su voluntad, fundaron en Boston, befados y lapidados, la primera sociedad abolicionista de la esclavitud que fue el fundamento de la nueva nación. ¡Malhaya el que teme verse solo, o acompañado de los humildes, cuando tiene una idea noble que defender, y los de cuenta de banco y botín de charol están del lado de los que la sofocan o abandonan!: los que huían como de la peste, de Oliver Johnson, y le murmuraban la levita verde y el pelo revuelto, ahora, con epicedios y antífonas, han ido, sombrero en mano, a acompañarlo a la tumba. Los diarios hablan mucho de las víctimas de la luz eléctrica, que lleva en los alambres más poder que el que resiste la vida humana, o tiene gastada la cubierta aisladora, y abrasa y mata en segundos, a los pobres obreros, que mueren sobre los alambres, con un hilo ceñido a una pierna, y el opuesto en la mano, chirriándoles la carne, echando chispas la muñeca, comiéndoles la boca: un trabajador clava al poste en que murió su amigo, una alcancía, y a la mañana siguiente le echa en la falda a la viuda, que llora rodeada de sus tres hijos, 800 pesos: ¡pero muere un obrero cada día, y la caridad se cansa!

De la rapidez con que el presidente de la casa ha nombrado las comisiones, se habla mucho; de la agonía de la mujer que le cobró la honra a balazos al banquero, y ahora, deshecho el pulmón, cuentan que acaba en su celda; del padre que creía en lo que la Biblia dice sobre el poder de curar de la oración, y oró, y se le murieron sin medicina los dos hijos; de los discursos nobiliarios y aguileños del oráculo de la gente bolsuda; de Chauncey Depew, el que quiere «atar la América del Sur a la del Norte»; y para eso quiere «que sea aquí la Exposición»; del frenesí con que Chicago, anheloso de ganarse la voluntad del presidente, lo cercó y estrujó de manera, en su visita a la ciudad para el estreno del Auditorio, que las damas mismas del cortejo presidencial salieron de la muchedumbre sin plumas ni lazos.

Pero en Nueva York, como que ya están al llegar, lo de moda por la semana que entra, va a ser la excursión de los panamericanos. Tampoco parece que venga en masa a la gira la conferencia de naciones; aunque ya ondea desde ayer en la casa de las sesiones la bandera panamericana: —al fondo del campo azul, limpio de las estrellas usuales, la cruz de mayo: delante, cubriendo con las dos alas tendidas el Norte y Sur del continente, el águila: y el continente tiene alrededor un anillo de boda.

De los países de América se lee aquí en estos días mucho. En Haití, como que no halla fácil el camino el mulato Douglas para que Hyppolite, que ya es el dueño, cumpla lo que parece que ofreció, a los poderes del Norte que lo proveyeron de ánimo, y de armas: y han ido, a estrenarse por aquellos mares, cuatro buques de guerra. El *Tribune*, de Nueva York, que en estas cosas sale hecho de la Secretaría de Estado, dice, a propósito de un artículo donde se celebra la política de la Secretaría, «una política osada, original, definida, popular en la nación, que le asegure resultados de valor permanente», que «hay sus señales de la disposición del Departamento de Estado a tomar en cuenta la importancia de obtener estaciones de carbón en la punta Norte de Haití, y en otras partes».

Hawai tiene aquí a un ministro Carter, que viene a pedir el protectorado. «Del canal de Nicaragua», dice el *Tribune*, «parece que está dispuesto a cuidarse el Departamento de Estado». Todo lo de Nicaragua y Costa Rica, y de la Unión de Centroamérica, se publica aquí día a día, con los detalles más minuciosos y razones por las que Nicaragua, que va a tener canal, no debía unirse a Guatemala, «que se le va a echar encima»; –y notas de las opiniones anexionistas de un Jiménez Arícense, que «prefiere ver a su patria anexada a los Estados Unidos, que convertida en estado de: Centroamérica». Se publica mucho lo de la ciudad nueva del canal, que se va a llamar «América». «Este gobierno a la verdad», dice el *Times*, «habría de ver con mucho desagrado la entrada de Nicaragua en unión alguna, a menos que no quedase libre el canal de toda intervención del nuevo gobierno federal.» «¿En qué dirección se ha de mover nuestra bandera? –dice el *Sun* en un artículo odioso–, ¿sobre el Norte, o sobre el Sur, o sobre alguna de las Antillas?»

El senador Tall presenta en el Congreso una proposición para que los Estados Unidos procuren, mediante una garantía «de la remuneración, y que España consienta en permitir que sea la isla de Cuba una república libre e independiente» –«porque en la forma clara de venta» –dice un comentador– «pudiera España verse obligada a no entrar por decoro, a pesar de la venta antigua de la Florida, en una senda que con esta forma se le allana». ¿Y a qué ir a buscar lo real de la proposición, cuando el *Post* de Washington, que es diario de buenos informes, la titula, al dar cuenta de ella, «una proposición para adquirir la isla de Cuba», y es sabido que van a presentarse otras, en otras partes, con ese mismo disfraz, y el mismo objeto?

Y el *Tribune*, al fin de su artículo sobre «posibilidades diplomáticas», «no sabe si la administración está preparándose o no a una serie de golpes brillantes en las Antillas, Nicaragua, Hawai o los mares del Sur». Los delegados de la conferencia de Panamérica vienen en esta semana que entra a las fiestas de Nueva York, a ver la escuela normal, a visitar los paseos y los asilos y una joyería, a presenciar el ejercicio de un regimiento de milicias y de la policía, a la recepción del Club republicano «Union League», al banquete de la Unión Comercial hispanoamericana, a oír el Trovador en alemán en el Metropolitan, y la parodia de Robert Macaire en el Casino; —en una de las noches, fiel, en la nieve, los recibirá en sesión de honor, la Sociedad literaria hispanoamericana.

Y éstas son las primeras vacaciones de la conferencia, después de su sesión preparatoria. Entra en las fiestas con las comisiones nombradas. Del 18 de noviembre acá no ha habido más en la conferencia que los primeros codeos y reconocimientos; la prisa marcada, y puesta a raya pronto, de los que creían que la conferencia con «esa gente del Sur» era paseo libre; la resistencia tenaz y comedida a toda pretensión de inconformidad o predominio; y la labor regular de las comisiones de credenciales, de reglamento y de comisiones.

En la de credenciales presidió el ministro de México. En la de reglamento, México estuvo también, con don Manuel Quintana, de la Argentina, y el juez Alfonso, de Chile, y el ex presidente Caamaño, del Ecuador, y Jacinto Castellanos, salvadoreño, y Trescott, delegado a la conferencia ahora, y en otro tiempo agente de Estado en la época de Blaine, cuando su sucesor revocó por el cable las instrucciones que llevaba al Perú, de intervención y guerra. La de comisiones propuso las juntas de estudio en que la conferencia se ha de dividir: una es sobre la unión aduanera, y otra sobre vías de comunicación de tierra y mar: sobre la uniformidad de los derechos de puerto es una y otra sobro la de las pesas y medidas, y otra sobre disposiciones sanitarias: para privilegios y propiedad literaria hay comisión aparte, y para la extradición y para bancos. Otra es sobre la unificación de la moneda: otra sobre leyes internacionales: y sobre arbitraje y asuntos afines otra. Una comisión ejecutiva de cinco miembros cuidará de todo lo disciplinario y formal de la conferencia y de sus publicaciones. ¿Y quién nombrará las comisiones?

En los debates sobre el sorteo de los vicepresidentes; de los secretarios; sobre el quorum; sobre la firma de las actas, había defendido su parecer con minuciosidad y tesón don Manuel Quintana, delegado de la Argentina, que a Henderson, que con inoportuna chanza quiso como censurarle su ausencia del paseo, le respondió, seco y erguido: «yo he estado donde me mandaba mi deber y donde me pareció mejor estar», —que a uno de los delegados colombianos, en disputa sobre si debían llamarse acuerdos o decisiones, los dictámenes de la conferencia, con testó así: «lo mismo es que se llamen acuerdos o decisiones u opiniones o pareceres, puesto que en nada pueden obligar a las delegaciones que disientan de ellos, ni a sus gobiernos»; —que a

Blaine, cuando le dijo, según cuentan: «en Boston dirían de usted por su figura, señor delegado, que era un rector de universidad», repuso inclinándose, «en mi país, señor secretario, todos tenemos la misma figura». Unos tenían a puntillo excesivo el del delegado argentino, que en lo de menos importancia aparente hacía hincapié, sin ceder cuando creía estar en las prácticas y en la previsión, ni insistir cuando el aviso de la vigilancia continua había sido acaso su único propósito. Y otros creían que en una reunión de hombres de pueblos cordiales y caballerescos, y en quienes pudiera ser mayor, por la predicación hiperbólica y el ansia ciega de progreso, el entusiasmo por lo ejemplar del Norte que el conocimiento de lo temible de él, era de necesidad urgente que, por algunos al menos, se extremase la cautela, visto el peligro de que por otros se extremase la confianza, sobre todo cuando parece que se pudo notar en los primeros días una como impaciencia de todo freno, y mal humor por toda demora, de parte de la delegación norteamericana, que en, su más sutil expresión debió sujetarse desde el nacer, por el decoro de los pueblos que es acá uso desdeñar, si era descortesía, –y por el cumplimiento de sus deberes, si se trataba de llevar asuntos de tal monta, a la loca, y como quien no ve. Y hay razón para sospechar que éste fue el caso, y que el remedio fue bien puesto, porque los diarios que están cerca del secretario intentaron sofocar el «orador del Congreso», como le llama el *Export and Finance*, con una campaña de ridículo, y acusaciones de venir vendido a los ingleses, y pinturas de cuando sacaba el sorteo «serio como una lechuza» –a todo lo que se ha sobrepuesto él manteniendo, sin atender a la invectiva, los puntos de práctica y de dogma en que es maestro sagaz, recabando con su elocuencia acerada y sencilla el asentimiento de sus colegas, abatiéndole la soberbia a algún norteño menos conocedor de cosas internacionales–, y levantándose a proponer que se dejara el nombramiento de las comisiones al secretario de Estado. Acaso quedan apuntados ya los temas y caracteres salientes de los debates en esta sesión preparatoria. Se trató de los vicepresidentes, y quedó acordado que presidieran los delegados por sorteo, aunque luego se vio que ser experto en un ramo u otro es una cosa, y otra presidir donde hay tanto interés variado y opuesto, a pesar del águila de las dos alas y el anillo: y más cuando entre los delegados son muchos los que desconocen el inglés, por lo que se volvió sobre el acuerdo del sorteo, y por elección quedaron nombrados vicepresidentes, dándoles por suerte los títulos de primero y segundo, don Juan Francisco Zegarra, el delegado del Perú, educado acá en el colegio del Georgetown, y aquel que goza ya en la conferencia fama de cateto y de letrado inglés: don Matías Romero. Sobre los secretarios hubo debate, porque Quintana quería uno latino inglés, y otro anglo-latino, que es lo que vino a ser al cabo, y Horacio Guzmán, el delegado de Nicaragua, que los del Sur nombrasen el suyo, y los del Norte otro: Guzmán y Zegarra fungieron de secretarios pero solo mientras se decidía nombrar como permanente a Reinsen Whitehouse, de México, tenido aquí por muy perito en diplomacia y letras españolas, y al cubano Fidel Pierra, joven aún, hombre de mucho estudio y viveza natural, que en sus desahogos de comerciante próspero ha acaudalado práctica y saber en ambas lenguas. Sobre el quorum hubo debate largo, hasta que se convino en dar a cada delegación un voto, separado y nominal, sobre los asuntos expresos en la convocatoria, y en fijar como quorum las dos terceras partes de las delegaciones. Sobre la firma de las actas, la diferencia de ideas fue mayor, porque Estee, que tiene nombre de jurista, daba por bastante las actas firmadas por el presidente de la sesión y los secretarios, y Quintana decía: «¿Cómo ha de tener mi gobierno por buena un acta que no le va firmada por sus representantes?» y los representantes las firman.

Pero la sesión memorable de la conferencia, porque revela tal vez su pensamiento cardinal y el afán de los del Norte de sacar pronto triunfante un fin oculto y concreto, fue sin duda aquella en que, en una junta de delegados reunidos para objetos especiales, y fuera de la órbita usual, y aparte de la diplomacia, propuso uno de los delegados norteamericanos el acto diplomático, y extraño a la conferencia, por más que grato a toda mente liberal, de reconocer, en forma de saludo de la conferencia, a los Estados Unidos del Brasil, la república acelerada por la decisión del general Fonseca en los dominios, amenazados por la clerecía, del magnánimo don Pedro.

Decía, con arranque juvenil, el vehemente Henderson: «¡Todos los lugares son propios y todos los tiempos convenientes, para expresar el deseo de ver a todos los pueblos convertidos en repúblicas!». Porque don José Hurtado, colombiano, le puso la razón de que los delegados allí reunidos no tenían poder para declarar ni por sí, ni en junta, un reconocimiento de gobierno que pudiera, por una causa u otra, contrariar la voluntad desconocida de sus naciones. Dos delegados votaron por Henderson. ¡Pero todos, todos, al entrar con sus credenciales renovadas por la república los delegados del Brasil, rompieron, una vez y otra, en aplausos!

Lo demás, ha sido detalles de forma. El reglamento, ya se ha publicado. Por ahora habrá actas, y luego, tal vez, diario de sesiones. Él castellano de las actas era mísero al principio, y ahora dicen que es suelto y elegante. Las sesiones son secretas, y solo pueden asistir a ellas los delegados y sus secretarios oficiales, y los secretarios y taquígrafos. Guatemala ha dado gracias fervientes al secretario de Estado por el favor, y la hermosura, y el lujo del paseo. Se reciben invitaciones numerosas; pero la conferencia ha decidido no tomarlas en cuenta como corporación, sino individualmente, y contestarlas por los secretarios, no sea que de los delegados se haga lo mismo que hizo Wanamaker, el secretario de correos, que por los respetos de su puesto logró que le visitasen su tienda, y ya allí, usó de ellos como tendero, y tuvo anuncio magno y singular, y venta grande el día de la visita.

Muchas proposiciones reciben también, y muchas más recibirán, y algunas embozadas, sin verse de donde vienen, y algunas inicuas. Y otras, como ésta: un Folson propone que se constituya un gobierno federal de toda la América, con el asiento en los Estados Unidos, y un sueldo de $ 500.000 anuales para el jefe. Y al que le dijo que eso sería imposible le señaló Folson el anillo de la bandera: «¿Qué más da, si está en seda, que esté en papel?».

Otra vez son tres reverendos los que llegan, y vienen, de levita larga y corbata blanca, a demostrar a los delegados la justicia de procurar la paz entre los hombres con la cordura del arbitramiento.

Y en la casa de representantes, cuando ya estaban en sus puestos los huéspedes ilustres y el vicepresidente de la república en la silla, y el Capitolio todo atento al elogio con que el presidente de la suprema corte, por encargo del Congreso, conmemoraba la inauguración presidencial y el valor, y el desinterés, y los tiempos de Washington, rompió de pronto el aire un aplauso nutrido. ¿Fue al consejo de moderación o a la esperanza de mayor poder? Fue cuando dijo estas palabras el juez Fuller: «Es motivo de plácemes que el primer año de nuestro segundo siglo halle a los representantes de las tres Américas ocupados en aumentar las facilidades de las relaciones mercantiles consultando el curso natural de las cosas, difundiendo y diversificando por medios suaves las corrientes del trato, sin forzar, nada, con lo cual vendrán a ser más estrechos los lazos de amistad paternal y quedarán los pueblos de los dos continentes americanos con el dominio armonioso de todo el hemisferio».

José Martí

La Nación, Buenos Aires, 24 de enero de 1890

La política internacional de los Estados Unidos. El centenario de la Suprema Corte. La Conferencia Americana. Plan de arbitraje del doctor Sáenz Peña

Nueva York, 3 de febrero de 1890

Señor director de *La Nación*:

Estaba el teatro de la ópera en Nueva York colgado de pabellones con los escudos de los cuarenta y dos Estados por broches, para recibir en la fiesta magna a los nueve jueces de la Suprema Corte y celebrar con ellos el centenario de la primera reunión del tribunal eminente, que fue el primer martes de febrero de 1790: hoy, a los tres años de puesto en el boletín, ven el caso, porque el tiempo no les alcanzó para verlo antes, los nueve jueces: aquel martes, los cuatro magistrados que recibieron de presidente del tribunal al autor famoso y elegante de la «Alocución al pueblo inglés» levantaron la sesión «por falta de asuntos». De festones y guirnaldas estaba adornado el teatro; la música iba a ser de arte y de pompa; no había persona de viso que no estuviese convidada; se tenía para el banquete de la noche el mejor Madera, que es más para cortar que para beber: venía de Washington el presidente con sus secretarios. Y de pronto se le muere a Blaine una hija, a Blaine, que no hace un mes vio morir de un capricho del invierno, a su apoyo, a su confidente, a su primogénito Walker. Y un día después, cuando tenía sobrecogido a Washington las dos muertes súbitas y se decía de salón a salón que la casa en que viven los Blaine es casa fúnebre, húmeda, embrujada, donde un asesino quiso matar a Seward, al secretario de Lincoln en la guerra civil; pasan volando las bombas; sitian con las mangueras inútiles una casa suntuosa; se echa una mujer por la ventana y muere al caer, se ve orando, rodeada de llamas, a la hija del palacio, en su traje de alcoba; bajan los bomberos por la escala a un anciano sin sentido. Es la casa del secretario de Marina: la que murió al caer, era la madre: la hija, en sus ropas de noche murió quemada.

—«¿Y mi mujer?» —preguntó el anciano, en el cuarto de la Casa Blanca, a Harrison que lo velaba a la cabecera. Harrison calló.

—«¡Muerta mi mujer.»

—«¿Y mi hija?»

Harrison le dijo:

—«¡Muerta!»

Las cóleras mayores se aplacaron ante aquel viento de muerte. ¡El padre trémulo, que se veía en su hijo mayor, y en su hija hermosa, y se ve solo, solo en la casa oscura, de pie entre sus ambiciones indomables, sin la que le traía flores a la mesa, sin el que le leía la voluntad en los ojos! ¡Y el rico de Brooklyn, el honrado Tracy, levantose de su sueño de poderoso, entre dos cadáveres, magullada la mujer, la hija en cenizas! Se habló menos en Washington, se habló en voz más baja, de los temas que en estos días lo ocupan: del baile espléndido del ministro de México a sus colegas de la conferencia de naciones, donde el peruano Zegarra, el primer vicepresidente, llevó del brazo al comedor a la señor a del argentino Sáenz Peña; —de la sorpresa con que los delegados norteamericanos a la conferencia, celosos entre sí, han visto a los argentinos y brasileros presentar, brazo en brazo, el certero plan de arbitraje con que Sáenz Peña prepara la paz de los pueblos del Sur, por el acuerdo de los que pudieran ver su interés en enconar sus luchas, y burlar, sin ofensa; a los que pretendían darse a la América por únicos árbitros; del punto de decoro diplomático que ha levantado, con los textos y el derecho y la cortesía a su favor, el argentino don Manuel Quintana, a quien recibió el presidente de la república como enviado diplomático que es, con los discursos y ceremonia de uso, sin que eso le valiera para que se le invitara el día de año nuevo a la Casa Blanca, por no ser, —según mantiene el decano del cuerpo, el ministro italiano Fava —miembro del cuerpo diplomático—; de la fervorosa demanda que interpuso ante la comisión de comunicaciones marítimas de la conferencia, el naviero Hughes, cabeza actual de la casa de vapores de Ward, que afirma que sin vapores rápidos no puede haber comercio, y va y viene de Washington sin cesar, explicando la necesidad de las subvenciones, y «lo imposible de ponerse a construir barcos de a 700.000 pesos sin ayuda del gobierno», y su idea de construir, con la ayuda del gobierno, que es de hecho el dinero de la nación, tres vapores para la propiedad privada, tres vapores de a 16 millas por hora, que saliesen de Nueva York, a lo menos cada veinte días, «aunque para el comercio que se puede levantar, con ayuda del gobierno, cada diez días debería salir el vapor o cada siete»: y en un párrafo de su peroración, al augurar el éxito del ferrocarril interamericano de Helper, que es distinto del que por Cartagena y Cuzco proyecta el virginiano Parson, ahora, dijo así el naviero: «Y si se ha de ver como al fin se verá, la maravilla de entrar en el tren palacio de Nueva York y bajarse del tren en Buenos Aires, séame lícito ir preparando de antemano esa empresa mayor, con la creación de la línea de vapores que ha de poner más al habla a las dos repúblicas más grandes del mundo». Veremos, dice un diario comentador, veremos si hay subvención, a pesar de que la recomiende la conferencia de la América y quién se la lleva en caso de que la haya: si la casa de Ward, que tiene a su lado a Blaine, y costeó los pasos de las procesiones y cientos de antorchas cuando la elección –o la línea del Brasil, que tiene los amigos más cerca de Harrison y de los demócratas–, o si la callada no les gana la mano por aquellos países, con su paso de Rodil, que abre y cierra las puertas con llave de oro, esa compañía que con los recursos modernos del comercio, ya que les va faltando el dominio sobre las conciencias, quiere restablecer en América, a modo de red, el poder clerical y la influencia española. O habrá «quien se eche al agua sin muletas» –dice el diario– «y pruebe que si hay comercio de verdad él bastará para mantener los vapores». Se habla menos de la «napoleonada de ese felino Fonseca», y se comenta la demora que los republicanos opusieron, por prudencia según ellos, y por amores monárquicos según sus enemigos, al reconocimiento «de una república que venía echando raíces de lejos y en nada se desacreditará con tropezar en sus primeros años con las mismas dificultades de celos de provincia, y espíritu centralizador, y de intereses esclavistas con que acá en el Norte tropezamos nosotros». Se habla menos del debate de los senadores sobre el proyecto de ley que convida a los norteamericanos negros a expatriarse, a salir de su patria para siempre, para que no tengan que tratarlos como hombres, y sentarse a su lado en los carros, los norteamericanos blancos.

José Martí

La Nación, Buenos Aires, 20 de marzo de 1890

El ferrocarril interamericano y la conferencia panamericana

Por el telégrafo hemos sabido que las Comisiones de la Conferencia de Repúblicas en Washington han comenzado a presentar sus informes, y a estas horas acaso estarán ya todos prontos para el debate, que no parece haya de ser mucho más empeñado que el que ha habido en el reposo de las sesiones preparatorias de cada Comisión: la más animada tal vez de todas ellas, fue, según cuentan los díceres, la de la Comisión de Comunicaciones en el Atlántico, cuando uno de los diez delegados de nuestros vecinos, que conoce poco al Paraguay, sugirió que, como era país pequeño, y muy dentro de tierra, y pobre, no quería entrar en gastos para subvencionar los vapores del Atlántico, que, en opinión de la Comisión, han de navegar, en relación a la cantidad que cada nación afronte, con las banderas, sobre esa base distribuidas, de las naciones que los paguen.

Y dicen que se levantó, imponente de figura, el delegado del Paraguay, uno de los padres del Paraguay moderno, el generoso y sensato, señor José Decoud, y en párrafos que resplandecían como oro, dijo que al Paraguay le sobraban a la vez el decoro y el dinero, y que «no se podría prescindir del Paraguay impunemente».

Los díceres cuentan que el discurso fue oído y comentado con respeto.

Se ha estado diciendo que era difícil obtener que los delegados norteamericanos asistiesen a las sesiones de las comisiones, o diesen votos terminantes en ellas; —que entre ciertos países de la América Central no había más divisiones, aunque hay más de las necesarias y prudentes, que entre los diez delegados norteamericanos en el asunto de la plata, donde son tres los dictámenes, y todos opuestos; —que en la cuestión de las banderas de los vapores, hubo seriedad entre los delegados de las dos hablas, porque los argentinos insistían en que los buques de la línea subvencionada no llevaran por única bandera la del Norte, como quería el norteamericano, sino las de todas las naciones contribuyentes, repartidas según la suma que aportasen a la subvención total. Y se ha dicho que hubo buenos pasee de armas, centelleantes y corteses, entre el puntilloso y capaz delegado Quintana, que sabe de leyes internacionales cuanto hay que saber, y un delegado de la otra habla que se resistía a dar voto sobre ellas, con el pretexto de que la ley defectuosa de los Estados Unidos se oponía a las justicias mutuas que iban envueltas en las opiniones de Quintana: «Pero no se ha de pedir —dicen que dijo Quintana— que los países que están más adelantados en leyes internacionales ajusten y rebajen las suyas al nivel de la legislación defectuosa de los menos adelantados».

Ya van saliendo a luz, como decimos, los informes de las Comisiones diversas. Hoy nos trae el correo la noticia detallada del de la Comisión de Ferrocarriles, que fue unánimemente adoptado por la Conferencia. No recomienda la Comisión en particular una u otra de las tres vías que se disputan el porvenir: la que arranca de los Estados Unidos, por México y la América Central, para ladear la del Sur por el Este —la que llevaría, por el Oeste, de Maracaibo en Venezuela a la Villa de la Concepción en la Argentina—, y la que quiere ir de Cartagena a Cuzco, a entroncar con los ferrocarriles que van briscando, como en justificación de una raza mal comprendida, la metrópoli inca. Aprueba la Comisión la idea de un ferrocarril interoceánico, y propone los medios con que se pudiera llevar a cabo.

Lo primero sería, a juicio de los informantes, nombrar una Comisión Internacional de Ingenieros, a tres miembros por cada nación, divisible en subcomisiones, con poder de emplear cuantos ingenieros y ayudantes considerase necesarios, para estudiar las vías posibles, determinar su extensión verdadera, estimar su costo respectivo, y comparar sus ventajas recíprocas. A ser posible, el ferrocarril debe pasar por las ciudades principales cercanas a la vía, o construir ramales que lleven a ellas.

En cuanto se pueda, deben utilizarse las vías ya construidas. Luego se solicitarán propuestas de construcción, de la vía entera, o de las secciones separadas. La construcción, administración y explotación de la línea será del costo de los concesionarios, o de las personas a quienes éstos encarguen la obra o transfieran sus derechos, con autorización del gobierno respectivo. Los materiales entrarán libres de derechos, pero con sujeción a las disposiciones que se dicten para impedir el abuso de caté privilegio. Toda la propiedad real y personal del ferrocarril usada en su construcción y explotación, estará exenta de toda especie de contribuciones. Debe subvencionarse, y ayudarse con concesiones de terrenos y garantías de un mínimum de interés, la construcción de una obra de tal magnitud. Los gastos de la Comisión de Ingenieros serán cubiertos por los gobiernos que determinen tomar parte en ella en proporción a su población según resulte del, último censo, o del acuerdo de los gobiernos, donde no haya censo oficial. El ferrocarril será declarado neutral, para siempre. Serán materia de acuerdos especiales entre los gobiernos participantes, los sueldos de la Comisión, las condiciones de las propuestas, la protección de los concesionarios, la inspección del trabajo, la reglamentación de la línea, la neutralidad del ferrocarril, y el paso libre de las mercancías en tránsito. Y el último artículo del informe aprobado es éste: —«Tan pronto como el Gobierno de los Estados Unidos reciba noticia de la aceptación de estas recomendaciones por los demás gobiernos, los invitará a nombrar a los ingenieros comisionados, a fin de que se reúnan sin demora».

Firman el informe nuestro delegado Mexía, Cruz por Guatemala, Zelaya de Honduras, Castellanos del Salvador, Guzmán de Nicaragua, Martínez Silva de Colombia, Andrade de Venezuela, Caamaño del Ecuador, Zegarra del Perú, Varas de Chile, Quintana de la Argentina, Valente del Brasil, Decoud del Paraguay, —y por los Estados Unidos, Davis, el ferrocarrilero virginiano, y Carnegie, el dueño de las minas de hierro que obsequió a la Conferencia hace pocos días con un banquete suntuoso.

El Partido Liberal, México, 13 de marzo de 1890

La conferencia de Washington. La América Latina en la conferencia. El arbitraje y los tratados de comercio. El discurso del doctor Sáenz Peña sobre el Zollverein

Nueva York, 31 de marzo de 1890

Señor director de *La Nación*:

Boston lee mucho español y aplaude en la versión inglesa la María, de Isaacs y la Maximina, autobiografía como la María, del español Palacio Valdés. Filadelfia está de guante y colorete, para ver casar al barón de Pappenheim, calvo y chalecudo, con la millonaria Whecler; Louisville, sorbida por la tromba, cae despedazada, con los muros por tierra, las calles hechas ríos, y doscientos muertos. Chicago, en el apuro de la vanidad, anda sin saber cómo salir de la feria del 93, paseando en el elefante, plato en mano; Washington, sorprendida, oye y alaba lo que, sin pompa ni flojedad, han dicho a su hora, los delegados argentinos, el del Uruguay, el del Paraguay, el de Bolivia: la misma Costa Rica, pequeña como una esmeralda, se levanta y dice, después de seis meses provechosos, en que la admiración rudimentaria se ha serenado con el conocimiento real: «Pequeño es mi país, pero pequeño como es, hemos hecho más, si bien se mira, que los Estados Unidos».

Ni es posible ver sin júbilo, porque confirma el poder de nuestros pueblos para su gobierno y desarrollo, la identidad tácita con que, avisados desde el sigilo del corazón por aquel consejero sutil que puede más que la codicia de la tierra ajena o la desconfianza fronteriza, van como uno en lo esencial, por la sagacidad y nobleza características en América de la raza, los pueblos que no han dejado ver al extraño sus ropas caseras, ni las heridas que el hermano les ha hecho, ni sus recelos vecinales; sino que, sin más liga que la del amor natural entre hijos de los mismos genitores, han ido acercándose, en esta primera ocasión, hasta palparse y entenderse, y ver, que cuando ronda la herencia, el primo artero que ha de heredar si los hermanos pelean, hay que salir a la defensa del hermano aborrecido, como los Parellada del drama español del Heren. Viene el primo a recoger la herencia, a ver que los Parellada se odien más, a estimularles, con cuento acá y cuento allá, la cizaña, a echarlos, con invenciones y astucias, uno contra otro, a preguntarles, cuando ya los cree bien envenenados, si la razón social «marcha bien»; y el segundón generoso le salta al cuello, lo eché por tierra, y con la mano a la garganta le devuelve al primo, empolvado y tundido, la pregunta.

«¿Qué tal marcha la razón social de los Parellada hermanos?»

No es hora de reseñar, con los ojos en lo porvenir, los actos y resultados de la conferencia de naciones de América, ni de beber el vino de triunfo, y augurar que del primer encuentro se han acabado los reparos entre las naciones limítrofes, o se le ha calzado el freno al rocín glotón que quisiera echarse a pacer por los predios fértiles de sus vecinos; ni cabe afirmar que en esta entrevista tímida, se han puesto ya los pueblos castellanos de América, en aquel acuerdo que sus destinos e intereses les imponen, y a que, en cuanto los llame una voz imparcial han de ir con arrebato de alegría, con nada menos que arrebato, los unos arrepentidos, a devolver lo que no les pertenece, para que el hermano los perdone y el mundo no les tache de pueblo ladrón; los otros a confesar que vale más resguardarse juntos de los peligros de afuera, y unirse antes de que el peligro exceda a la capacidad de sujetarlo, que desconfiar por rencillas de villorrio, de los pueblos con quienes el extraño los mantiene desde los bastidores en disputa, u ostentar la riqueza salpicada de sangre que con la garra al cuello le han sacado al cadáver caliente del hermano. Los pueblos castellanos de América han de volverse a juntar pronto, donde se vea, o donde no se vea. El corazón se lo pide. Sofocan los más grandes rencores, y se nota que se violentan para acordarse de ellos, y obrar conforme a ellos, en la tierra extraña. La conferencia de naciones pudo ser, a valer los pueblos de América menos de lo que valen, la sumisión humillante y definitiva de una familia de repúblicas libres, más o menos desenvueltas, a un poder temible e indiferente, de apetitos gigantescos y objetos distintos. Pero ha sido, ya por el clamor del corazón, ya por el aviso del juicio, ya por alguna levadura de afuera, la antesala de una gran concordia. ¿A qué detalles indiscretos, y gacetilla prematura, si esa es, después de mucho oír y palpar, la lección visible de la conferencia?

Unos piafan, otros vigilan, otros temen, pero todos oyen en el aire la voz que les manda ir de brazo por el mundo nuevo, sin meter las manos en el bolsillo de sus compañeros inseparables de viaje, ni ensayar el acero en el pecho de sus hermanos. Se nota como una cita, y como si los delegados a la conferencia se dijeran con los ojos leales, más que con las palabras imprudentes: «¡hasta luego!». Las familias de pueblos, como los partidos políticos, frente al peligro común, aprietan sus lazos. Acaso lave la culpa histórica de la conquista española en América, en la corriente de los siglos, el haber poblado el continente del porvenir con naciones de una misma familia que, en cuanto salgan de la infancia brutal, solo para estrechárselas tenderán las manos.

Ni es hora aún de ver si, después de estos meses de habla andan tan recelosos de México los guatemaltecos como en el Norte les han aconsejado hasta ahora que anden; ni se confían tanto en el Norte los de Centroamérica como confiaban hasta ahora; ni si empiezan a ver los centroamericanos que el Norte, so capa de ayudar a la unión inevitable de las cinco repúblicas, las divide; ni si de veras quieren. lo mismo todos los delegados de Colombia, o desean los colombianos el patrocinio del Norte con la vehemencia con que parece solicitarlo el gobierno que se ha de mantener, porque otros sostenes no tiene, con el influjo de los caudales que espera le entren en pago de los derechos, no colombianos, sino americanos, que cediera al cambio de patrocinio. Ni se puede saber todavía si Venezuela tiene la fe de antaño, fomentada por el déspota que lleva aún en el hueso, en el Norte que, en pago de la complicidad futura en las casas americanas, y de ayuda en la codicia del canal, había de librarla de obligaciones, y sacarla de peligros, con los pueblos europeos. Ni puede calcularse, por más que se le entrevea, el benéfico influjo de esta reunión de pueblos fraternales, sin preparación y sin intrigas, sobre aquellos que por arrogancia o avaricia hayan pecado, o estuvieran en el riesgo de pecar, contra la fraternidad de los pueblos de América. Pero cuando el delegado argentino Sáenz Peña dijo, como quien reta, la última frase de su discurso sobre el Zollverein, la frase que es un estandarte, y allí fue una barrera: «Sea la América para la humanidad», todos, como agradecidos, se pusieron en pie, comprendieron lo que no se decía, y le tendieron las manos.

Lo visible de la conferencia, lo ha ido el telégrafo contando. Que por urbanidad más que por convicción, han convenido los delegados en recomendar el establecimiento de vapores subvencionados, porque era mucha la súplica de los navieros, y claro en Washington el empeño político de servirlos, y natural en los pueblos castellanos de América ser dadivosos, y considerados con la gente de servicio de su anfitrión. Que sin caer en este plan o el otro, apoyó el proyecto del ferrocarril continental la comisión donde Blaine puso a su consuegro Davis, que tiene mano mayor en uno de los ferrocarriles que quiere echarse por América, y a Carnegie, el pequeñuelo, de ojos redondos, que paseó a Blaine en coche por Escocia y fabrica lo más del hierro y acero de los Estados Unidos. Que en sanidad, patentes, pesas, propiedad literaria, derecho internacional privado se estudie lo que aconsejó el Congreso de Montevideo, que para los delegados y políticos de acá era desconocido, y por mérito y prelación les lleva ahora, no sin mohína suya, la delantera, a punto que los diarios se han dado a estudiar las proposiciones del Congreso, y se hacen lenguas de ellas. Pero todo eso era lo menor, y como la cubierta de los objetos reales, que nunca podían ser, por la vigilancia y decisión terminantes de los delegados castellanos, lo que quería el senador Frye, y otros como él, que fuesen; pero pudieran a lo menos llevar cierto vestido que no dejase ver al país lo flaco, sino lo nulo, de las resoluciones que de la conferencia se lograban alcanzar, y difieren tanto de las que de Maine a California propagaron los políticos, cuando las elecciones, que se alcanzarían. Los nombres había que salvar, ya que, por la fuerza y mesura desplegadas, por los pueblos que tenían por inermes, no osó la delegación descompuesta del Norte mostrar las intenciones verdaderas. Con el nombre de «tratados de comercio» quedaría cubierto, «ante esta gente que lee deprisa», el ofrecimiento de hacer algo por aumentar el tráfico con los países americanos. Y con el nombre de «arbitraje», que fue el lema con que corría la idea de la tutela continental, contentaremos «a esta gente que lee deprisa», y viendo el nombre recomendado, creerá que hemos llevado adelante la idea. Al arbitraje y a los tratados que era lo de interés local político, llegaban con tiento y miedo, y como queriendo que nunca se llegase. Los tratados, los ha recomendado la comisión. El arbitraje no será, de manos de americanos, el que esclavice a la América.

Mas lo que la discreción manda callar aún sobre las escenas poco menos que dramáticas y de arrogancia saludable, en que un delegado de barba blanca, que lleva en sí el poder y la finura de su tierra, torció del primer arranque las tentativas débiles del famoso secretario de estado, en pro de árbitros permanentes, y predominios encubiertos, sobre el proyecto ejemplar de arbitraje posible y equitativo, escrito de manos argentinas; sobre el acuerdo feliz de la América castellana en todo lo que pudiera ponerle en peligro la independencia y el decoro, puede decirse en lo que hace a los tratados, porque anda de público, y en los hoteles de Washington se comentaba de lleno el día de sesión el discurso de Sáenz Peña y al día siguiente que era domingo, iba como con alas uno de los delegados del Norte, para que el traductor, que pasó la noche encorvado, sobre las cuartillas, le enseñase aquellas donde se echa abajo el argumento de que el 85 % de lo que viene de la otra América entra libre en el Norte, —donde, calzadas con hechos irrefutables, y luego que resulta la censura de la presentación hábil de las estadísticas norteamericanas se tacha al Zollverein de «ensueño utópico», que los mismos que lo evocaron no habían osado proponer, —de «Zollverein con cabeza de gigante», que es frase que basta para tenderlo por tierra, —de, «guerra de un continente a otro», —de consejo vano cuando «no son consejos lo que necesita el comercio», ni se ayuda a la paz del mundo, y al desarrollo natural de los pueblos de América, con «tarifas beligerantes». «¿Pero dijo eso?» preguntaban en los hoteles. «Pero a esa gente no la conocíamos.» «Pues no nos han dicho más de lo que merecemos.» «¡Si el discurso es lo que dicen no sé con qué plazoletada le va a contestar Henderson!» Y alrededor de una mesa, ya muy entrada la noche, un representante de Boston, picado en lo vivo, negaba al acto los méritos que veía en él un senador anciano.

Porque no estuvo, a lo que parece, la fuerza del discurso en argüir contra el Zollverein, que está fuera de todo sentido, y con el dedo meñique se echa abajo, sin más que recordar que el alemán, que se saca de modelo, vivió por la política, que es justamente lo que en este caso no ha de ser, —y porque fue la primera forma posible del pensamiento unánime de la unificación nacional, que en Alemania era tendencia justa por ser toda de unos mismos padres, mientras que en América no cabe, por estar poblada por dos naciones que pueden visitarse como amigos, y tratarse sin pelear, pero no echar por un camino, porque una quiere ponerse sobre el mundo, mientras que la otra le quiere abrir los brazos.

Ni en eso estuvo la fuerza del discurso; ni en poner de relieve los yerros económicos del Norte, y la puerilidad de pretender que los pueblos a cuyos frutos cierra las puertas se obliguen a comprarle caro lo que les ofrecen barato los pueblos que les abren las puertas de par en par; ni en la claridad con que probó que estaba fuera del programa expreso de la conferencia y fuera de las prácticas internacionales y fuera del interés mismo de los Estados Unidos, recomendar como con el apoyo principal del ministro de México había recomendado la comisión, que se celebrasen tratados de reciprocidad, «porque, si a reciprocidades vamos, ¿cómo podremos los argentinos conformarnos a ella sino gravando el pino y las máquinas, y el petróleo de los Estados Unidos con el mismo 60 % con que nos gravan los Estados Unidos nuestras lanas?»

«¿Ni a qué reciprocidad se nos convida, si cuando los argentinos la ofrecimos al secretario Fish, en 1870, nos dijo Fish que los tratados recíprocos eran inconstitucionales y contrarios a la política de los Estados Unidos; si ahora mismo rechaza el Congreso el tratado que ajustó con México el presidente Grant, como rechazó el que se había celebrado con Santo Domingo?»

En la fuerza tranquila, presente desde las primeras frases, parece haber estado el mérito saliente del discurso de Sáenz Peña; en aquel sentir tan alto la patria en el corazón, que con toda ella se presenta, robusto y orgulloso y con tal fe que nadie la ofende ni la duda, sino que la respetan y juzgan por la energía y poder que infunde en sus hijos; y en el mérito mayor, en cosas de diplomacia, de no dar dictamen que no lleve el hecho al pie, ni adelantar censura que no vaya recta al blanco, ni censurar mucho, y por poca causa, sino cuando la causa sobra, y la censura cae inesperada y merecida, y entra en el pecho hostil hasta el pomo. No en irritar estuvo su fuerza; sino en tundir, —con oponer, sin soberbia, y del primer quite, la pintura de su patria, generosa y próspera, a la de las trabas con que el Norte le cierra al comercio de su patria las puertas, —en mantener, cabeza alta, que los Estados Unidos, pletóricos y desdeñosos, han de ver por su plétora, antes de tachar la de otros, y de curar sus malas leyes antes de poner mano en las ajenas, en hablar, como por derecho natural, de la América castellana como una, —y de un vuelo, con las palabras que se necesitan para fabricar una maza, declarar sin provocación ni imprudencia, y sin parecer que lo declaraba, que los pueblos de América son entidades firmes y crecidas, que se conocen plenamente, viven abiertos al hombre en liza libre, y no entrarán en «aventuras peligrosas».

Una semana después cuando el delegado Henderson encomiaba, como única respuesta a Sáenz Peña, el poder y riqueza sobrante de los Estados Unidos, no presidía Zegarra, el primer vicepresidente, ni Romero, su segundo, sino Blaine, pálido.

José Martí

La Nación, Buenos Aires, 9 de mayo de 1890

La conferencia de Washington. El Proyecto de Arbitraje. La Argentina abre el debate. Actitud de Chile. Discurso dramático de Blaine. Quintana y Blaine. La Argentina protesta. El Tratado y sus firmas

Washington, 18 de abril de 1890

Señor director de *La Nación*:

¿Qué es lo que se va a tratar en la conferencia de naciones americanas, que la casa de piedra parda, de ancha escalinata, tiene como aspecto solemne? Unos entran con paso recogido, otros con paso batallador. Los delegados yanquis llegan de brazo, cuchicheando, inquietos. Los grupos no son los de todos los días, lánguidos y como compuestos al azar. Los pocos que se hablan, se hablan de veras. El curioso, poniendo atención, puede oír, como centellas que vuelan, los nombres del combate.

«Perú», «arbitramento», «Estados Unidos», «Argentina», «conquista»; «Bolivia», «Chile.» Un delegado de ojos flameantes y perilla militar, se levanta de su sillón, estrujando el número del New York *Herald* de 12 de abril: —«¿Y para esto me han traído aquí? ¿Para convidarme a la paz, y decirme luego que a la sombra del proyecto de paz, del proyecto de arbitramento, se me van a entrar a cañonazos por mi país bueno, por mi país trabajador, por mi país libre?». ¿No dice el *Herald*, sabedor de lo que pasa entre los suyos, que a ir el arbitraje por donde en Washington se quiere que vaya, tendrá el Congreso que dar pronto al ministro de marina los ocho buques que pide, porque «van a necesitar más de ocho buques para mantener la paz entre esos nuestros vecinos del Sur, de sesos algo calientes»? ¿No dice el *Herald*, al acabar el artículo, comentando a media burla lo que se quiere en Washington, que «es un gusto saber que al fin y al cabo los vecinos de sesos calientes del Sur nos han de pagar las costas»? En un grupo de secretarios congregados en un diván amarillo, leen la entrevista del *World*, donde el senador Ingalls, el presidente posible de la república, el presidente temporal del senado, vuelve a decir que es su opinión que «dentro de poco todo el continente será nuestro, y luego todo el hemisferio».

«¡Arreglemos —dice— nuestras diferencias de casa; juntémonos de mano el oeste y el Sur; y trataremos a esos apéndices del Atlántico y del Pacífico con más justicia que la que gastan ellos con nosotros!» Un delegado norteamericano saca de su cartera, de grandes iniciales de plata, el recorte del *Sun* donde está lo que la *Annual Cyclopaedia* dice de Blaine: «que no fue juicioso lo de mezclarse en la contienda de Chile y el Perú; que el republicano Arthur, el presidente que desautorizó a Blaine, y quitó los poderes a sus enviados intrusos, tenía tanto derecho a mantener la política de abstención como Blaine la de entrometimiento; que Blaine quería, desde 1881, echar a los Estados Unidos de "hermano grande" sobre todos los demás gobiernos del hemisferio».

En esto se iban sentando los delegados a lo largo de la mesa de la conferencia. Zegarra, el peruano, preside, un poco nervioso. De un lado tiene al cubano José Ignacio Rodríguez, experto en ambas lenguas, en el arte de despuntar con la traducción hábil las arengas hostiles, y en desenvolver los casos más intrincados del derecho. De otro está Fergusson, el secretario norteamericano, de bigote pomposo y voz marcial, que toma al vuelo el castellano que oye, y lo vierte al inglés como le suena, sin azucararlo ni ponerle hiel. Por los rincones, la gente menor de la conferencia fuma, se estira el chaleco, se alisa el capuz, habla de damas. Silenciosos, los delegados de habla latina: Henderson, rubicundo, con los labios apretados, preside, al cabo de la mesa, a sus diez delegados que se hablan al oído.

Un niño de calzón corto, que funge de paje, distribuye ejemplares de las resoluciones de la «Unión de Paz Universal» donde Matías Romero, el ministro de México, el vicepresidente de la conferencia, es vicepresidente. Se abre la sesión, en el silencio súbito.

Es el día dramático de la conferencia. Va a discutirse el proyecto de arbitraje. La conferencia ha sido como esas cajas chinas que tienen muchas cajuelas, unas dentro de otras, y a cada una que se quita queda otra cajuela, hasta que de la última sale el misterio de la caja, que era el arbitraje. Será lo que el *Herald* dice: que el proyecto va a hacer de los Estados Unidos «el alcaide ejecutor de todos los pueblos de Centro y Sur América», —o lo que el delegado argentino Quintana, alma y voz de la comisión del arbitramento, ha dicho en la comisión, do pie, con la voz ardiente, con la mirada decidida: «ni naciones presas, ni alcaides criminales».

Están vacías las sillas de la comisión. La comisión está en junta. Dicen que traen una adición al proyecto presentado; una adición valiente, que condena a los pueblos conquistadores: dicen que no ha querido firmar la adición el delegado de los Estados Unidos. De entre los norteamericanos, que por primera vez han venido todos y a la hora, se levanta Trescott, el vocero de Blaine; el que fue a amenazar a Chile, cuando salieron de misión él y el hijo de Blaine: el perito de los negocios extranjeros, que no pudo ser presidente de la delegación, porque su pericia, que será lo que sea, «no nos hace olvidar que entregó al Sur los secretos del departamento de estado que lo empleaba». Lo emplean, en lo que sirve, porque conoce su parlamento; porque tiene la lengua hábil y voluble: porque sabe, cuando es menester, ponerle trabas y barras a las discusiones. Se levanta Trescott: «¿Por qué tenemos que esperar a esos señores? ¿Qué tienen esos señores que hacer, que se meten ahora a juntas, y fuerzan a la conferencia a esperarlos cuando lo que ha de hacerse no es respetar el derecho de que están abusando, sino emprender la discusión sin ellos?». ¡Y los señores a quienes no se quiere esperar, y que están en junta en negocios de su cargo, son los miembros de la comisión más importante de la conferencia, de la comisión del proyecto de arbitraje, que Trescott a lanza y tambor, quiere discutir a sus espaldas! Sáenz Peña, el otro delegado argentino, pide, cortés, que la conferencia se ajuste «a los precedentes constantes de esta especie de cuerpos, y aguarde a la comisión ausente en cumplimiento de su deber». Trescott, descompuesto, echándose sobre las sillas que tiene delante, insiste en «que no se les espere», en que «harto se les ha esperado ya», en que «allá estén si tienen gusto en estar» y echa el índice por el aire, y las guedejas blancas le bailan coléricas, como enaguas alzadas por el viento, alrededor de la coronilla monda. Sáenz Peña, perentorio, demanda que la conferencia espere a la comisión para discutir el proyecto, que «se cumpla con la costumbre invariable con que manda cumplir la cortesía».

Al Perú, que preside, se le monta la voz; y con palabra que tenía su timbre de acero, y sagaz a la vez que airada, decide que se aguarde a la comisión, —a tiempo que entra, a paso vivo, uno de sus miembros, el venezolano Bolet Peraza; y otro, con los bigotes de combate, el portugués Amaral Valente; y Cruz, el guatemalteco, que ha venido enfermo; y Velarde, el caballero de Bolivia, con la batalla en los ojos, y en las mejillas el fuego de la patria vejada; y Hurtado, uno de los colombianos; y Quintana, el abogado militar, el que le limó los dientes al arbitramento, el que «no soporta alcaldes». Quintana, Velarde, Amaral, se sientan como para ponerse pronto en pie. Amaral pide que sea leído el proyecto complementario que la comisión acaba de traer a secretaría. Y Trescott deja su puesto al cabo de la mesa; cruza la sala, y empieza a hablar, de dedo alto, bajo la barba del presidente: «¡Por eso quería que empezásemos el debate! ¡Ese proyecto no puede leerse, ni la comisión puede presentarlo ahora! ¡Está el arbitraje en discusión, y hasta que no se discuta el arbitraje, nada más se puede discutir!». Amaral alega que el proyecto adicional completa y explica, a juicio de los comisionados, el dictamen primitivo, y es indispensable su lectura, para que se vote a sabiendas. Trescott, floreando las gafas, confirma la objeción. El Perú, con la voz montada de antes, se la desatiende: «¿No ha de tener la comisión informante, en asunto de esta trascendencia, el privilegio de leer un documento explicatorio, que en buena ley de parlamentos se otorga a los simples contendores?». «¡Pero como parte de los discursos!» exclama Trescott desde su asiento. El Perú manda que se lea el proyecto adicional, el proyecto contra la conquista. Trescott renuncia al derecho de apelar a la conferencia, que le brinda el presidente. La secretaría lee entonces, y la conferencia atiende, en silencio profundo.

Del cabo de los del Norte, abejean las voces. El Brasil clava la barba en las dos palmas: Bolivia aprieta, alta la cabeza, los brazos del sillón; el Paraguay echa atrás la melena revuelta. Ni en Centroamérica, que no tiene allí al salvadoreño Castellanos; ni en Colombia, cuya política infortunada y artificiosa se revela en su delegación, descompuesta y estéril; ni en el Ecuador que tiene poco que temer, se ven muestras mayores de desasosiego, Venezuela, inquieta, piensa visiblemente en la Guayana que le quiere arrebatar el inglés. México presencia, pálido e inescrutable.

De los dos argentinos uno escucha inmóvil, otro, el de más años, como si tuviera menos. Un chileno, apoyada la mejilla en una mino, mira a la alfombra roja. Y el secretario lee el proyecto de los cuatro artículos. «En América no hay territorios *res nullius*»... ¿Res qué? dice volviéndose a los suyos, el norteamericano Estee; el juez Estee, y los suyos, se sonríen. «Las guerras de conquista entre naciones americanas serían actos injustificables de violencia y despojo.» «La inseguridad del territorio nacional conduciría fatalmente al sistema ruinoso de la paz armada.» «La conferencia tiene el deber de consolidar los vínculos nacionales de todos los estados del continente.» «La conferencia acuerda resolver: Que la conquista quede eliminada para siempre del derecho público americano: Que las cesiones territoriales serán insanablemente nulas si fuesen hechas bajo la amenaza de la guerra o la presión de la fuerza armada: Que la nación que las hiciese, podrá siempre recurrir al arbitraje para invalidarlas: Que la renuncia del derecho de recurrir al arbitraje carecerá de valor y eficacia, cualesquiera que fuesen la época, circunstancias y condiciones en que hubiere sido hecha.» Hablaban en alta voz, ya al acabar la lectura, los diez delegados del Norte. Henderson se levanta a anunciar que a su hora explicará a la conferencia las razones de los Estados Unidos para negar su firma al proyecto. Y cuando todos los ojos se volvieron sobre Chile, allí estaba el chileno, mirando a la alfombra roja, con la mejilla apoyada en la mano.

Relee en ese instante uno que otro delegado el proyecto de arbitraje, que va a ponerse a discusión. Los más, lo conocen muy de cerca. La batalla previa, en el silencio de las juntas, ha sido mucha. ¿No llamó Blaine a junta secreta, e infructuosa, a México, la Argentina, Chile y Brasil? ¿No quiso luego, en vano, congraciarse, con los pueblos de número, los de menos poder, que en esto han mostrado la unidad y entereza de su corazón? ¿No echó Henderson sobre la mesa, como quien manda, sin soñar en que se le nieguen, sus demandas del tribunal continuo —de la exclusión de árbitros, que no fuesen de América— de la omisión de la cláusula que redime del arbitraje obligatorio los casos de independencia? «Ni tribunales permanentes —dijo Quintana—, ni arbitraje compulsorio, ni forma alguna de arbitraje que por sí o lo que se derive de ella acarree el predominio de una nación fuerte de América sobre los débiles —o no hay arbitraje.» Y comenzaron del lado del Norte los trabajos de bastidores. «Concederemos, puesto que no podemos vencer: ofrecimos al país el arbitraje y los tratados de comercio; y puesto que saldremos de la conferencia sin los tratados, no podemos salir sin alguna especie de arbitraje»; «ya veremos cómo a última hora, azuzando de aquí y aturdiendo de allá, sacamos un proyecto que no nos ate las manos»: «lo que quieren estos del Sur no es tanto obligarse al arbitraje ellos, como obligarnos a los Estados Unidos a un arbitraje en que renunciemos a nuestra supremacía»: «a ver si con México, que tiene sus razones, y Chile que tiene las suyas, y nosotros que tenemos las nuestras, y algunos países de Centroamérica, que van por donde queremos, y Colombia que nos quiere vender el canal de Panamá, les quitamos a los argentinos y a los brasileños, que se la están dando de evangelistas, este plan que componen con el Perú y Bolivia, mordidos por Chile y Venezuela, que no pueden declararse en América contra el precepto que invocan a su favor en Europa, y el Paraguay, que es pueblo romántico, y el Salvador, que es el que en Centroamérica cabecea, y Haití que nos tiene miedo a los Estados Unidos.»

Pero cuando el proyecto del tratado de Quintana salió de manos de la comisión, esto y no venta de primogenituras, era lo que proponía: Que las disputas de los pueblos de América deben resolverse por el arbitraje: Que el arbitraje ha de ser obligatorio en todas las cuestiones sobre privilegios diplomáticos, limites, territorios, que no sean los de indemnizaciones, derechos de navegación y validez, inteligencia y cumplimiento de tratados, o sea todos los casos que no atañan a la independencia de una de las naciones contendientes, en lo que será obligatorio para la que la amenace y voluntario para la nación comprometida: Que deben someterse al arbitraje las cuestiones hoy pendientes, y cuantas se susciten en adelante, aun cuando provengan de hechos anteriores al tratado, siempre que no sean para renovar cuestiones arregladas en definitiva, sino sobre la inteligencia y validez de los arreglos: Que no ha de haber preferencias ni límites para la elección de árbitros, sino que puede ser árbitro unipersonal o colectivo, cualquier gobierno amigo o tribunal de justicia, o corporación científica, o funcionario público, o simples particulares sean o no ciudadanos del estado que los nombre: Que el tercero en discordia cuando sea por el número de árbitros, ha de nombrarse antes de conocer del caso, y no ha de formar parte del tribunal, sino decidir en los puntos en que haya desacuerdo: Que los árbitros se reunirán en el lugar acordado por las naciones contendientes, o si no lo acordasen éstas o disintiesen sobre el lugar, donde los árbitros elijan: Que cuando fuese colegiado el tribunal, no cesará de fungir la mayoría porque la minoría se retire: Que las decisiones de la mayoría absoluta constituirán sentencia, en los incidentes como en lo principal, a menos que en el compromiso arbitral no se exigiera que el laudo fuera unánime: Que los gastos del arbitraje se pagarán a prorrota entre los pueblos contendientes, y cada uno pagará los de su defensa y representación: Que para separarse de esas reglas, ha de preceder el consentimiento mutuo y libre de las naciones interesadas: Que el tratado de arbitraje durará veinte años: Que lo han de ratificar las naciones que lo aprueben, y se han de cambiar en Washington las ratificaciones el primero de mayo de 1891, o antes si fuere posible: Que cualquiera otra nación puede adherirse a este tratado, sin más que firmar un ejemplar de él, y ponerlo en manos del gobierno de los Estados Unidos. Y sin ira, y sin desafío, y sin imprudencia, la unión de los pueblos cautos y decorosos de Hispanoamérica, derrotó el plan norteamericano de arbitraje continental y compulsorio sobre las repúblicas de América, con tribunal continuo e inapelable residente en Washington.

«¡A esos sueños, señor secretario, hay que renunciar!», dicen que dijo, en conversación privada, Quintana a Blaine.

Y el *Evening Post* de Nueva York, que estudia y sabe, declara «que las proposiciones de Blaine han sido todas derrotadas», que el arbitraje de la conferencia no es, como dice el *Tribune* blainista, «el triunfo de la diplomacia americana», ofrecido a las comarcas agresivas del oeste, y a los manufactureros menesterosos, que quieren atar por la espalda, con lazos políticos, las manos de los pueblos compradores para llenarles los bolsillos indefensos de cotones a medio pintar y jabones de Colgate, sino «la victoria patente y completa del pensamiento hispanoamericano sobre arbitraje, marcadamente opuesto al pensamiento de los Estados Unidos». «El arbitraje acordado —dice el *Evening Post*— es con poca diferencia, aquel proyecto de alcance y raíz que presentaron juntos, en un día inolvidable ya en la historia de América, el Brasil y la Argentina.»

La Argentina, por su delegado Quintana, se puso en pie, a explicar el proyecto. La voz mandaba, alta y aguda. Los generales en batalla, no fundan sus órdenes. Mientras escribiesen un considerando, el enemigo les llevaría la trinchera. Se le veía el caballo al orador, los cascos nobles e impacientes, la crin revuelta. A sus espaldas, en un gran mapa del océano, le hacía como marco a la cabeza blanca el mar azul. Fulminaba y contendía. No era lo que decía ataque, sino respuesta; ni verba, sino sentido; ni fanfarronada perniciosa, sino indispensable altivez. El que muestra rodillas flacas, ya está en tierra. Ni hay que traer sobre sí a un enemigo a quien no se puede derribar, ni que invitarlo a que se eche encima, con lo flojo de la oposición. Ni mayordomos de raza ajena, ni mayordomos de nuestra raza. No es cuestión de razas, sino de independencia o servidumbre. Ni pueblos fuertes rubios, para su beneficio y moral, sobre los pueblos meritorios y capaces de América; ni pueblos fuertes trigueños, para su poder injusto, sobre las naciones afligidas de la América del Sur. Y vertía, a modo de tajante, sus palabras, como si tuviese agrupadas al pie, defendiéndolas y guiándolas a las naciones afligidas. Las palabras, pocas. Los discursos, están en el timbre y el espíritu. Ni flores de yeso, ni universidades. La elocuencia era de aquella nacida del pensamiento vivo y claro; y del ajuste, como de espada a vaina, de la idea a la forma. Oían, de codos en la mesa, los delegados hispanoamericanos. Los del Norte, no abejeaban: —«Ante el derecho internacional americano —dice al romper— no existen en América naciones grandes ni pequeñas: todas son igualmente soberanas e independientes: todas son igualmente dignas de consideración y de respeto».

«El arbitraje propuesto no es un pacto de abdicación, de vasallaje, ni de sometimiento: antes como después de celebrarlo, todas y cada una de las naciones americanas conservarán la dirección exclusiva de su destino político con absoluta prescindencia de las demás.»

Y enseguida: «Ese proyecto no crea un Congreso de anfitriones, ni un pacto de confederación americana, en que la mayoría de los areopagitas pueda compeler moralmente, y mucho menos materialmente, al cumplimiento de los compromisos contraídos; sino un pacto de justicia y concordia que no reposa sobre la fuerza del número ni sobre el poder, sino sobre la fe internacional de las naciones que lo apoyan, sobre el mismo sentimiento de dignidad de cada una de ellas; que intentar esta gran obra de la civilización y el derecho es empeño de la fe, del sentimiento y de la responsabilidad del corazón americano, más nobles y eficaces que el poder material de nación alguna por grande y fuerte que sea». «El arbitraje será obligatorio, jamás compulsorio: y si contra todas las previsiones, esperanzas y deseos, el arbitraje fuese indebidamente declinado en algún caso y sobreviniera la guerra entre los pueblos disidentes, a los demás, grandes o pequeños de hecho, pero iguales todos ante el derecho, solo competiría la triste misión de deplorar el fracaso de las más nobles aspiraciones humanas, sin más autoridad que la de imponer conforme a la ley de gentes sus buenos oficios.»

«Con ese espíritu intergiversable suscribe el tratado la Argentina: sin él no vacilaría en retirar su firma del proyecto. Servirán acaso estas ideas para evitar en lo futuro interpretaciones tan arbitrarias como depresivas de la sinceridad de unos, de la dignidad de otros, y de la cordialidad de todos.» Y quedaron en el blanco las últimas palabras.

México habló luego. ¡Cuánto se había hablado de México! Unos «¡no entienden a México!». Otros: «México hace todo lo que puede hacer». Otros: «México sabe más que nosotros». México, amable y blandílocuo, va de un sillón a otro sillón, juntando, investigando, callando, y más mientras más dice. Unos no se explican «la prolijidad de Romero». Otro dijo esta frase: «La astucia es de cristal y necesita ir envuelta en paja». Dice otro: «Pero en la conferencia, ni México se ha quedado atrás, ni se ha ganado un enemigo». «Por los resultados hay que ver a los estadistas; por los métodos». «¿Se irá México con Chile, como dicen, y votará contra el arbitraje?» «Dicen que Chile está enojado, porque México ya no va con él.» «¿Vota, pues, o no vota?» «¡A saber!» Y cuando Romero desenvuelve su «tiposcrito» como llaman a las copias de la máquina de escribir, el observador présbita ve que está lleno de notas menudas, continuas, copiosas, dobles. Lee como quien desliza. La voz suena a candor.

Debajo de aquella sencillez ¿qué puede haber de oculto? Ni pendenciero ni temerán. Es caso de derecho el arbitraje, y habla tendido y minucioso, como de un caso de derecho. En el preámbulo, como por sobre erizos, pasa por sobre la política. Se complace en que siete naciones de América, entre ellas los Estados Unidos, presenten un proyecto de abolición de la guerra. «Como hombre de paz y como representante de una nación que no es agresiva» se regocija de que para terminar las diferencias que se susciten entre las naciones americanas se reemplace «el medio salvaje de la fuerza» por árbitros semejantes a los que usan los particulares en casos análogos, «aunque con las modificaciones que requiere su carácter de naciones independientes». Pero lamenta no poder ir con los demás delegados, que tal vez van demasiado lejos. No es que México rechace el arbitraje, no, ni es que en las instrucciones de México te digan esto o aquello, aunque él tiene sus instrucciones, «sino que en asunto tan delicado es más prudente dar pasos que si son menos avanzados tendrán la probabilidad de ser más seguros». Deja caer la noticia de que los Estados Unidos han propuesto directamente a México un tratado de arbitraje. En principio, México lo acepta: «la dificultad está en establecer las excepciones». Y se ve el plan del discurso. Ni se dirá que México se opone, ni quedará obligado México. Ciertos artículos le parecen bien, y ciertos no. Y no hay que buscar razones calladas a lo que no acepta, porque él da las que tiene, aunque parezcan nimias. Parezca lo que parezca, con tal que quede servida la patria. El discurso adelanta, artículo por artículo. A las excepciones del arbitraje obligatorio quiere que se añada la de los casos, aunque sean de límites «que afecten de una manera directa el honor y la dignidad de las naciones contendientes». «Sin esa adición, no pueden votar el artículo los delegados de México.» No le parece de mucha prudencia incluir en los casos arbitrables las cuestiones pendientes: ¿acaso para contentar a Chile? No cree necesario decir con tanto detalle quiénes pueden ser árbitros: ¿acaso para contentar a los Estados Unidos? Sobre el número de árbitros que según el proyecto será uno por nación, opina que «el caso es nuevo», y puede acarrear injusticia a una de las partes, cuando sean más de dos las naciones que contiendan, y haya muchas de un parecer, con tantos votos como naciones, y otra del otro parecer con un solo voto. Aplaude que el tercero sea nombrado antes de que los árbitros comiencen a conocer del asunto; pero no que se excluya al tercero del tribunal. Sobre lugar, mayoría de votos y reparto de gastos, está con el proyecto. Tacha de superfluo el artículo que deja al convenio libre de las naciones contendoras el derecho de conformar a otras el arbitraje que acuerden. Están bien los veinte años. Pudiera estar mejor lo que se provee sobre la ratificación. En suma, aprobará los artículos «que tenga instrucciones de aprobar», y los que por su sentido general se ajusten a ellas: y sobre los demás, «tal vez le lleguen a tiempo las instrucciones».

Entero, y con voz que iba subrayando, leyó su discurso Chile. No leyó el anciano Alfonso, de palabra abundosa y sutil, sino Varas, el joven de voz insinuante y precisa. Se puso en pie, y el silencio fue súbito. Va a hablar del proyecto contra la guerra, el pueblo de guerra. El senador que pidió la muerte de un prisionero, cuando el conflicto con el Perú, está de delegado en la conferencia; y otro de los delegados es el prisionero, el prisionero argentino que enciende su cigarro y fuma. En la conferencia está el Perú, presidiendo. Está Bolivia, apretándole al sillón los brazos. Está, con los ojos abiertos, el coro de pueblos. Lo que Chile lee es como defensa; habla a manera de quien se siente solo, como que es el único pueblo de América que se niega a votar el arbitraje; no provoca, no flaquea, no ofende. El mérito del discurso está en que, sin cejar de su posición de pueblo ocupante, no da caso a los pueblos ocupados para que le muevan querella, o se den por desdeñados o resentidos. Insinúa que el proyecto de arbitraje, so capa de paz, parece un ataque concertado contra Chile; Chile es el que se da por resentido; con moderación enérgica, con la que convida a que por lo cortés lo respeten, y por lo viril lo tengan en cuenta, y por la ofensa lo satisfagan.

«Tal vez se retarda con ese proyecto —dice, acentuando la voz— la paz que con él se intenta conseguir.» «Los pueblos —dice— no someten a arbitraje los casos en que ven envuelta su dignidad o decoro, y son los jueces propios y únicos sobre los conflictos necesarios para mantener su independencia.» Se refiere acá y allá a «actos de agresión», de modo que parece como explicación disimulada de la guerra de Chile, y como si Chile los hubiera padecido, y no impuesto a otros.

Notifica, volviéndose de pronto hacia los argentinos, la determinación de Chile de seguir como va, y hacer lo que hace. Ni sobre límites, ni sobre cuestiones pendientes, acepta el arbitraje. No se funda en su derecho de guerra, ni alude a él; sino a la convocatoria de la conferencia, que a su juicio excluye del arbitramento todo caso estante o de procedencia anterior, en que cada pueblo debe resolver por sí, en lo que cree de su decoro o dignidad; los casos que al entender de la nación la ofendan; en que el incluir en los casos arbitrables las disputas pendientes, sin tener en cuenta «los intereses y pasiones humanas», compromete y aleja, en vez de preparar, el arbitramento, que ha de dejarse, conforme a la convocatoria, para los casos futuros. Chile no sale de sus posiciones. Chile no somete a arbitraje sus disputas pendientes. Chile no vota.

«¿Y para qué es el arbitraje entonces?» —dijo en su discurso del día siguiente, escrito de fuerza de corazón, entre dos fiebres, el guatemalteco Cruz. La palabra, suave, iba como regando luces. Hacía como que informaba, ya que Quintana, más atento, por ser lo más grave, a lo político del proyecto, quiso poner el arbitraje donde lo puso, fuera de gavilanes y contrabandistas; —y Henderson, que debió ser el ponente de oficio, andaba de mal humor, mordiéndose los labios, recadeándose con Blaine, poco ganoso de defender el proyecto en que todas sus peticiones habían sido, de un revés de guante, desechadas. Pero Cruz respondía a México, a Chile, a los Estados Unidos, y resonaba más su voz, y fue más de atender lo que decía; porque Guatemala, que con ese discurso tomaba filas con las repúblicas de alma meridional, es el pueblo que, por los celos que le azuzan de afuera, —o por pasión ciega de progreso, que no está en la sumisión insensata a un país voraz y hostil, —o por obligaciones ocultas de cancillería, que tienen cosas que darían ganas de morir si se las viera, pasaba en los bastidores de Washington, como toda Centroamérica, «corrompida con las esperanzas de riqueza que les fomentamos con los canales», como el cachetero de la otra América, como la mano servil que, cuando el espada lo mande, le ha de dar al toro la última puñalada. ¡Y el cachetero se puso en pie, de sombrero de pluma y espadín al cinto, y brindó, ante la familia de los pueblos, por su América!

¡El cachete, que lo clave el espada! ¡A la madre, no le ha de dar la cachetada el hijo! El ímpetu del pensamiento parecía mayor por lo tranquilo, aun adamado, de la voz: ¿conque saben rebelarse estas voces de dama? ¿Conque estos guantes de cabrito, son de oso por dentro? ¿Conque sacando a Chile, que va con su conquista al hombro, solo por el mundo, no hay modo de poner cizaña en esta familia de hermanos? Y el discurso de Cruz adelanta: los norteamericanos, lo oyen sorprendidos: los del habla, atentos y cariñosos. El guante de cabrito es esto: «Sustituir al medio cruel de la guerra el humano y civilizador del arbitraje, es sin duda un título de eterno honor para la nación que con ese fin, y con otros importantes, convocó a las naciones de América a que se reuniesen en la ciudad de Washington». Y el oso del guante es esto: «Quitar al arbitraje el carácter de obligatorio, equivaldría a no haber hecho nada; pero por ningún concepto se ha de entender que se establezcan medios directos de compeler a las naciones a cumplir esa obligación.

Libremente se han reunido aquí las naciones de América: libremente rechazarán el arbitraje obligatorio, en todas o alguna de sus partes, las naciones que así lo crean conveniente. Si se duda de la eficacia y sinceridad de la palabra de una nación, hay que prescindir de tratar con ella. La soberanía de las naciones no se compadece con sanciones de otra naturaleza, ni habría a quien concederle el derecho de hacerlas efectivas». Luego entra en los quites a los reparos de Chile y de México. «El proyecto enumera los casos arbitrables, y no dice en junto que lo serán todos los que no afecten la independencia de un país, porque con el pretexto de que el caso afectaba la independencia, las naciones podrían esquivar el arbitraje.» La comisión que acepta que las cuestiones que ponen en peligro la independencia nacional, quedan exceptuadas del arbitraje, porque una nación no puede poner en tela de juicio su existencia, y su concepto de nación, ni admitir que se revoque a duda, —no incluyó entre las excepciones las que «comprometan el honor o dignidad nacional», porque de otra suerte se habría borrado con una mano lo que con la otra acababa de escribirse, por no haber cuestión, sea la que fuere, de la que no se pueda decir que afecta el honor y dignidad nacional. Y sobre las cuestiones pendientes, dice a Chile: «Pues si todas las cuestiones de América están entre las pendientes, y son de hoy, y de orígenes anteriores, ¿qué guerra vamos a evitar, ni qué casos vamos a resolver, si no son los que están pendientes hoy, aun cuando provengan de hechos anteriores? No sería prueba de verdaderas intenciones de amistad admitir el arbitraje para todo lo que ocurra en adelante, y darse en ese concepto el abrazo de hermanos, pueblos que al mismo tiempo se están preparando a sostener con los cañones sus pretensiones respecto de los hechos ocurridos con anterioridad». «Y eso es lo que dice la convocatoria, que expresa que las naciones se reunirán para ver de convenir un plan de arbitraje sobre todas las cuestiones que existan ahora, o existan después: todas las cuestiones.» «No se trata, no, de reabrir cuestiones cerradas, ni recomenzar lo que ya está concluido; sino de sujetar a arbitramento los detalles futuros que pudiesen surgir, y no puede evitarse que surjan, de la interpretación de las cuestiones cerradas.» «Lo de los árbitros se enumeró para mayor claridad.» «La comisión creyó, con la ley romana, que cada nación que tenga un interés distinto debe nombrar su árbitro.» «La mayoría de árbitros tiene, por supuesto, el derecho de deliberar y sentenciar aunque se retire la minoría.» «El proyecto fija en veinte años el plazo para la duración del tratado; por mi parte no habría inconveniente en que fuera perpetuo.» «Mi gobierno me ha autorizado a ir en este asunto tan lejos como se pueda ir; a firmar desde luego un tratado que comprenda los artículos del proyecto: a rogar, a todas las delegaciones que lo puedan, que firmen el tratado desde luego, en asunto que honra tanto al gobierno de los Estados Unidos, que invitó a las repúblicas latinoamericanas, y a las que respondieron a la invitación.» ¡Pero ha de ser el tratado libre, sin compulsión y sin alcaides ejecutores, hecho de mano honrada para el bien de «nuestros países respectivos y para la causa de la humanidad»! Y si no, no.

Enseguida, tomadas las posiciones, comenzaron las escaramuzas. Tres días de escaramuzas. ¡Conque Chile se niega, y México se va de lado, y Centroamérica alza la cabeza, y la Argentina lleva la voz de rebelión! ¡Conque los periódicos arremeten contra Blaine, desnudan el proyecto, prueban que vence en él «la familia del Sur», celebran «la amplia diplomacia y sereno juicio» de los miembros latinos de la conferencia, y reconocen, «por la voz del *Herald*, que el mérito de la conferencia ha sido suyo, y la habilidad, y el triunfo»! ¡Conque el *Evening Post* insiste en que en lo del arbitraje Blaine ha sido vencido palmo a palmo —que Quintana, vigilante y tenaz, lo ha vencido—; que «si la delegación de Norteamérica hubiera tenido un miembro del tesón y la talla de Quintana, se habría gloriado en él, como su país debe gloriarse»! ¡Conque al desconsuelo de la delegación yanqui, que quería el tribunal permanente, el arbitraje continental y compulsorio, se une el de Blaine, que levantó la campaña de elecciones con la promesa de uncir al carro del Norte la América entera, y sacar el arbitraje como el reconocimiento voluntario del predominio del Norte por la América, y ahora ve que se le va de las manos, con un arbitraje que no es el suyo, sino que le echa el suyo por tierra, esta arma mayor de su candidatura!

¡Pues la delegación del Norte no ha de parecer burlada por «esa gente del Sur»! ¡Por arte, o por intimidación, hay que sacar los tratados de arbitraje; o se viene encima la silba, y Harrison se regocijará del escarnio de Blaine, y la candidatura de Blaine se viene abajo, y la de Harrison Le liberta del rival más poderoso!

Ya no es Zegarra quien preside, sino Blaine mismo. Ya no hay discursos largos. Zegarra dice: «Votaré el arbitraje si se vota el proyecto contra la conquista». Entre los delegados se susurra que es mucha la cólera de Blaine, que se va a salir pronto de sus modos blandos, que en las conferencias privadas llegó hasta a inquirir si de veras se creía que cuando dos naciones de América se negasen a arbitrar, no impondrían los Estados Unidos por la fuerza el arbitramento. «¡No!» «¡No!» «¡No!», se oye de todas partes; y las caras no lo disimulan. ¿Cómo vendrá el ataque? ¿O vendrá, después de la derrota plena en las juntas y comisiones? El ataque será por la mera forma, para que no parezca derrota lo que es. La resistencia, si se trata de lo esencial, está, como al mando de una sola voz, de una misma voz, en todos los corazones. Los del Norte, ávidos, se consultan. Los del Sur ¡desde la cuna se han consultado! Mueve Quintana un punto de orden, que Blaine no abarca de pronto, por la traducción confusa; ¿con qué objeto secreto, con su tanto de látigo en la voz, dice Blaine, al acatar el punto, que «espera que se reconozca que él ha sido imparcial, y magnánimo, en la dirección de los debates»? Quintana le replica erguido, con palabras que no se piden licencia unas a otras: «Sí que ha sido imparcial el presidente: pero ha de entenderse, porque importa al decoro de todos que se entienda así, que con esta imparcialidad que nos complacemos en reconocerle, no ha hecho más que cumplir con su deber: y si no lo hubiera cumplido, y hubiera sido parcial, la conferencia habría mantenido y habría recabado sus derechos». ¿Lo dijo? Lo dijo. ¡Y se sentó como quien lo va a volver a decir! Sáenz Peña, el otro argentino, piafa. Van y vienen mociones.

Y al fin se llega al último artículo: se le aprueba: se levanta Henderson a preguntar con qué fecha se llenarían los blancos de fecha del tratado —porque el proyecto no llevaba forma de mera recomendación, como todos los demás, sino de tratado ya compuesto escrito. Esta fue la batalla: ahí quiso entrar el arte del Norte. De que la forma del borrador de tratado era distinta, quiso sacar los tratados en forma. «Pues la fecha, dijo Blaine, en que firmen acá los delegados los pergaminos; porque las otras son simples recomendaciones, pero esto, según la convocatoria, es un asunto especial, y ha de quedar firmado aquí por las delegaciones y en pergamino.»

«Eso no haré yo», dice saltando sobre sus pies el delegado de Haití, mulato hermoso y firme, de palabra fina. Blaine, convulso, deja su sitial, llama al Perú a presidir, se viene al asiento del Perú, junto a Quintana. Echa sobre la mesa los papeles, como quien algo más que papeles quisiese echar. Uno cae sobre Quintana, que lo toma de una esquina entre el pulgar y el índice, y de un gesto del revés lo echa a la mesa. Blaine está hablando: «¡Pues será falta de fe a un pacto solemne, volverse atrás de sus compromisos, falsear el propósito de la convocatoria! Esto es sacro, esto es singular, esto es urgente. No ha de recomendarse, Fe ha de firmar. Todas las delegaciones, todas, han de firmar. A eso han venido aquí: a firmar». Echa atrás la cabeza, hace como que le tiemblan los labios, tiende el brazo imperante, se da con el dorso de una mano en la palma de la otra, se vuelve a su asiento a pasos teatrales.

Calla un momento la conferencia. El Salvador propone que el tratado se firme ad referendum. Carnegie, el escocés astuto y conciliador, sugiere que al pie del proyecto se ponga una recomendación de aprobar, suscrita como delegados, por todas las delegaciones. Trescott pide que el tratado se deje como está y lo firmen todos. Una moción desaloja a la otra. Tres mociones están discutiéndose a la vez. Del desorden, y por sobre él, se levanta Quintana: «Nunca supo la Argentina, señor presidente, nunca supo, porque la convocatoria no se lo decía, que la cuestión del arbitraje era diferente o superior a las demás que hubiesen de recomendarse. No se le alcanza a la Argentina, ni a ninguna otra de las repúblicas se le alcanzará, que el arbitraje, que es la más ardua de las cuestiones de la conferencia, se trate con más ligereza que todas las demás cuestiones; ni que en una conferencia de delegados reunida para discutir y recomendar diferentes asuntos, y entre ellos el del arbitraje, se traten unos asuntos como delegados para discutir y recomendar, y otros como delegados para tratar, y se envíe a los gobiernos para estudio, los asuntos más simples, a que los acepte o no, y el más grave de todos sea el único que se les envíe como aceptado, y con la obligación moral de aceptarlo, puesto que lo está por su delegación. Ni los poderes de muchos de los delegados los autorizan para firmar tratado alguno, ni las delegaciones tienen la facultad de obligar a sus gobiernos, ni usurpar los privilegios de las cancillerías. Ni este asunto del arbitraje difiere, o tiene por qué diferir, de los demás asuntos. La Argentina recomienda el proyecto: no firma el tratado». Blaine alega. Quintana alega. Impone Blaine. Impone Quintana. Traducen, confusos, los intérpretes. Blaine entiende que Quintana se opone a que se considere de nuevo el artículo último;

Quintana entiende que Blaine reabre la discusión del artículo, para que se vote no de nuevo y en todo, como se debe votar si se reabre, sino en particular, sobre la moción de Trescott, que quiere poner delegados donde dice plenipotenciarios, para que como delegados firmen, con tal que firmen, y así vaya el tratado en pergamino y con sellos vistosos, y el compromiso moral de las delegaciones. Blaine, de sobre los estribos, hace que le traduzcan a Quintana, párrafo a párrafo, el discurso que le va pronunciando. Quintana de sobre los estribos le hace traducir a Blaine el discurso con que le responde párrafo a párrafo. Y las confusiones paran en que Blaine manda rogar a Quintana que insista en su moción de que el caso del artículo pase a comisión y vuelva informado al día siguiente. Quintana insiste amable, sonriendo.

Pero no sonreía al día siguiente, cuando, después de haber acordado Henderson con la comisión el medio conciliatorio de que las delegaciones recomendasen con sus firmas todos los proyectos, para que así quedase recomendado el arbitraje como se quería, pero como todo lo demás, y sin carácter especial ni solemne, surge Trescott, con voz de quien trae órdenes de alto, y se opone al acuerdo de la comisión. ¡Henderson, el presidente de la delegación norteamericana, aceptó el compromiso, y ahora Trescott, el portavoz de los norteamericanos lo rechaza! Blaine concede a los delegados del Norte derecho para expresar opiniones diversas antes del voto de la delegación que ha de ser uno. Quintana, rápido, objeta: «Acaso puede hacer eso el delegado; pero no romper el compro miso formal contraído en comisión por el presidente de la comisión misma, que es a la vez presidente de la delegación norteamericana. Puesto que rompe el compromiso la delegación norteamericana, rompe el suyo, y queda en libertad, la delegación argentina». Henderson, que saca la cabeza en estatura a sus presididos, dice que firmó por coacción; que no está conforme con cierta parte del proyecto, la única que redactaron manos meridionales; que el arbitraje no es la tradición del mundo, como se dice allí, sino la guerra, y no ha de quitarse mérito por los enemigos a la panacea del arbitraje, que le parece novedad del país, y artificio novísimo, nunca intentado, y no recurso añejo y universal. Quintana, de pie, les saca luz a los quevedos, y se los ciñe: «¿Acaso cree el delegado del Norte que ha sido él el inventor del arbitraje? ¿No sabe de los pueblos primitivos, de Grecia, de Roma, de China, de Inglaterra, de Italia, de Holanda, de Suecia, de Bélgica, de Francia? ¿O saber de lo que se discute, es ser enemigo de lo que se discute? ¿O es el deber, y el mérito, de los delegados de una conferencia, desconocer los asuntos sobre que han de tratar? ¿O es tan desmayada persona el culto caballero de la delegación del Norte que la apacible comisión haya podido sembrar en su fuerte pecho el espanto, y arrancarle la firma a mano salteadora? A taponazos, sorpresas y discordias, no se puede imponer en una junta de dieciocho pueblos libres, un arbitrio tan antiguo como la guerra que quiere remediar, tan natural como la justicia y la benevolencia entre los hombres, extendido, sin marca de fábrica, por todo el universo. La delegación argentina, puesto que la de los Estados Unidos rompe su compromiso, rompe el suyo. O firma el arbitraje como todos los demás asuntos de la conferencia, o no firma el arbitraje».

Retiran su compromiso, en pos de la Argentina, las delegaciones de la comisión: Bolivia, Venezuela, Colombia, Brasil, Guatemala. Se abre voto sobre la forma en que se ha de firmar el arbitraje. La emoción es intensa. México, Chile y Brasil se abstienen. Ni la Argentina; ni el Paraguay, ni Haití, firmarán tratados. Y votan por firmar el tratado las repúblicas de Centroamérica, Colombia, Ecuador, Bolivia, apurados por los chilenos. Pero el tratado no llevará la firma de la Argentina, ni la de México, ni la de Chile, etc. ¡Sale, pues, más pobre que todos los demás, el proyecto a que se quería dar más pompa y énfasis! En vez de la alcaidía continental del senador Fry, el autor de la convocatoria de la conferencia, que pidió tutor perpetuo para los pueblos de sesos calientes del Sur, la conferencia aprueba un proyecto de los pueblos del Sur contra toda alcaidía y tutela; que mira en su casa propia cara a cara: y el proyecto no lleva la firma de los pueblos que la secretaría de estado llamó a junta de amigos magnos, teniéndolos por cabeceras de América.

Les pusieron el aro para saltar, y unos se llevaron el aro en los pies y otros saltaron sin pararse a verlo. Y cuando Blaine, con frases de artística emoción, compuesta de modo que a los delegados pareciesen arranque de amor fraterno y al Norte promesa disimulada, pronunció la clausura de la conferencia de naciones, llamó «mi amigo muy distinguido, mi amigo altamente apreciado», —al argentino Quintana.

José Martí

La Nación, Buenos Airee, 31 de mayo de 1890

Congreso de Washington. La última sesión. El doctor Quintana contra la conquista. Sucesos imprevistos y dramáticos. Los Estados Unidos y Chile

Nueva York, 1 de mayo de 1890

Señor director de *La Nación*:

Ya se van, aleccionados y silenciosos, los delegados que vinieron de los pueblos de América a tratar, por el convite de Washington, sobre las cosas americanas. Ya vuelven a Centroamérica los de los cinco países, más centroamericanos de lo que vinieron, porque al venir se veían de soslayo unos a otros, y ahora se van juntos como si comprendieran que este modo de andar les va mejor. Ya salen en las conversaciones poco a poco, sin la cautela de los días oficiales, las notas curiosas, los desengaños y asombros. «¡Y éste era el gran estadista!» «¡Y llamaron a toda la América, y se la están arrebatando unos a otros los candidatos rivales, y no caímos en que esto era ni más ni menos que un ardid electoral!» «Ahora me convenzo –dijo en la mesa de adiós un yanquiniano convertido– de que me he pasado los años cazando mariposas.» Casi todas las repúblicas, como jadeantes de la última pelea, estaban dándose la mano en torno de una mesa del Shoreham. Se hablaba deprisa, con júbilo en voz baja, como cuando hay nacimiento, como cuando hay boda. Velarde, el de Bolivia, radiante de gratitud, brindó, entre un coro de copas levantadas «¡por el héroe del día, por el Bayardo de la conferencia, por el mantenedor inquebrantable de los derechos de los oprimidos y de los débiles, por el autor y el abogado triunfante del proyecto contra la conquista!». Y de todos los labios brotaron, como de hijos a padre, palabras de ternura y agradecimiento. Quintana, vencido por primera vez, solo acierta a decir: «¡Para mi patria acepto estos cariños! ¡Nada más que un pueblo somos todos nosotros en América! ¡Yo he cumplido, y todos hemos cumplido con nuestro deber!». Un americano, sin patria, hijo infeliz de una tierra que no ha sabido aún inspirar compasión a las repúblicas de que es centinela natural, y parte indispensable, veía, acaso con lágrimas, aquel arrebato de nobleza. Las repúblicas, compadecidas se volvieron al rincón del hombre infeliz, y brindaron por el americano sin patria. Lo que tomaron unos a piedad y otros a profecía.

La batalla del día fue de veras muy recia. El Zollverein había sido el campo de combate en lo económico, y la Argentina lo ganó, de cara al Sol. El proyecto de conquista, suma y término natural del arbitraje, era el campo de combate en lo político; ¿lo ganaría la Argentina también, cuando tenía al Sol en contra? Porque, entre los de habla castellana, el entusiasmo con que se acogió el proyecto de honradez y humanidad que a todos las asegura y garantiza, y no se puede rechazar sin confesarse reo voluntario y descarado contra la humanidad y la honradez, fue tan loable como la moderación con que en la casa extranjera, refrenó los impulsos a que lo pudo llevar el interés amenazado o la ira, el único pueblo de nuestra América que por sus pecados de guerra, pudo creer que le iba al pecho el proyecto levantado en masa por todas las repúblicas del continente, como un coro de hermanos. Quien vio aquel espectáculo, jamás lo olvidará. Los pecadores se arrepentirán; y lo que se tomó por mal consejo se devolverá noblemente a su hora. En nuestra América no puede haber Caínes. ¡Nuestra América es una! Pero la otra América se negó a firmar el proyecto que declara «eliminada para siempre la conquista del derecho público americano». Luego, sofocada, consintió en declarar eliminada la conquista «por veinte años». Quintana redactó el proyecto en la comisión de bienestar general, el proyecto de los cuatro artículos, en que se elimina la conquista para siempre, —que las cesiones territoriales en virtud de coacción serán nulas, —que los pueblos forzados a ceder sus tierras pueden recurrir al arbitraje, —que será nula la renuncia del derecho de llamarse a arbitramento. En lo privado se contaban todas las escaramuzas de la comisión: ¿Por qué Henderson, el presidente de los delegados del Norte, se oponía al proyecto contra la conquista, o dejaba a la conquista una puerta abierta, con su enmienda sobre la ofensa, que reservaba el derecho de conquista, al pueblo que cayera sobre otro por creerse ofendido?: la comisión entera aceptaba el proyecto, argentinos, colombianos, brasileños; guatemaltecos, venezolanos; ¿por qué los Estados Unidos son los únicos que no aceptan? Blaine llamó a conferencias a la comisión, y dijo que aceptaba el proyecto, a los pocos pases con Quintana, que con explicaciones oportunas y concesiones de lenguaje le aquietó el miedo visible de que el proyecto intentase poner en tela de juicio los derechos de los Estados Unidos sobre la tierra que le quitaron a México, a los que les pudieran caber en lo futuro por la ocupación violenta del Canadá; ¿cómo Blaine, que aceptó el proyecto, se volvió atrás, después de sus entrevistas con Henderson, el que intimó a Sáenz Peña cuando el Zollverein, que «aceptase ahora lo que los Estados Unidos le ofrecían, porque la fortuna tiene alas a los pies, y esa oportunidad podría no volver a presentársele nunca»? A lo que Sáenz Peña contestó demostrando que a la fortuna de alas le importaba más ir a la Argentina que a la Argentina venir a la fortuna de alas, lo mismo que Quintana que no se movió de su silla por la posición de Henderson (ni por la postura) ni la postura de Blaine, y no mudó el proyecto. Toda la comisión lo firmó menos Henderson: Colombia firmó el preámbulo y la declaración contra la conquista.

Y eran los últimos instantes de la conferencia: era la tarde última. Ya esperaba encendido, el vapor que había de llevar a los delegados a la visita de Mount Vernon: ya estaba dispuesto con los enseres de oro el tren que debía llevar a los delegados al paseo del Sur, y volvió del paseo interrumpido, porque solo dos delegados curiosos fueron en él, uno de Venezuela y otro de Colombia. Que los delegados no iban, que su negativa tenía a Blaine airado. Que Henderson no cejaba un ápice en su oposición a que se condenase la conquista. Que Blaine cedió primero al plan, de temor de que le fallase el arbitraje: y cuando sacó el arbitraje que pudo, volvió a sacar el águila, y no hallaba modo de sofocar el «americanismo intenso» que le celebran a su enemigo Henderson. Que Chile podía tener a México por amigo, puesto que a México le suponen, los que no lo conocen, apetitos centroamericanos. Que por el miedo de descontentar a los Estados Unidos, que iba a tener a su lado a México y Chile, pudieran otros países de poca espina irse con ellos, y dejar el proyecto del honor sin suficiente amparo. Al lado de Chile, inmutable, Bolivia, crispada. El Paraguay, cosido a Bolivia. El Perú, pálido. Y empieza la votación. ¿Cuál, cuál será el pueblo de América que se niegue a declarar que es un crimen la ocupación de la propiedad de un pueblo hermano, que se reserve a sabiendas, el derecho de arrebatar por la fuerza su propiedad a un pueblo de su propia familia? ¿Chile acaso? No: Chile no vota contra la conquista; pero es quien es, y se abstiene de votar, no vota por ella. ¿México tal vez? México no: México es tierra de Juárez, y no de Taylors.

Y uno tras otro, los pueblos de América, votan en pro del proyecto contra la conquista. «Sí», dice cada uno, y cada uno lo dice más alto. Un solo «no» resuena: el «no» de los Estados Unidos. Blaine, con la cabeza baja, cruza solo el salón. Los diez delegados del Norte le siguen, en tumulto, a la secretaría. En el salón se oye a Quintana, defendiendo el proyecto, en la discusión de artículos, de la tacha de ineficaz y redundante que le pone el delegado de Colombia, el gramático Martínez Silva: «El proyecto no quiere, decía Quintana, reabrir el proceso de culpas pasadas, sino impedir que los pueblos de América se manchen la honra con nuevas culpas, y conquistándose entre sí, conviden, y acaso justifiquen, la conquista ajena». «¡Eficacia! ¿Pues qué fuerza es a la larga mayor en el mundo que la de la condenación moral, que es la sombra del crimen, y acaba con él, y no hay fuerza material que le resista?» Y se oía de lejos la voz: «Yo no quiero recordar las guerras fratricidas de América sino para deplorarlas».

Viene Flint, el sonriente delegado del Norte y le habla a Quintana muy quedo. Blaine desea que Quintana conferencie con los del Norte, bajo su presidencia desea enmendar el voto. Quintana está en pie defendiendo su proyecto: «siente mucho no poder complacer al secretario de estado»: «está ante la conferencia, está en pie, defendiendo el proyecto». Ni en su colega Sáenz Peña puede delegar: Sáenz Peña, que ha recibido ese mismo día su nombramiento de ministro de relaciones exteriores; no asiste a aquella inquieta sesión. Flint vuelve, con un recado aún más apremiante. Quintana, «está en pie ante la conferencia». Flint pide que se suspenda la sesión, y se suspende. La comisión del proyecto, con Quintana a la cabeza, se reúne en secretaría con los del Norte, presididos por Blaine. Crúzanse enmiendas. Desvirtúan todos el pensamiento, recházanse todas. Insiste Blaine en que no se condene la conquista para siempre, sino por el mismo término por que se ha acordado el arbitraje, por veinte años, —en que se prescinda de la cláusula que declara nula la renuncia de llamarse a arbitramento para recobrar los territorios cedidos por la fuerza. Quintana alega: «pues si no se puede acudir al arbitraje en el caso más grave, más claro, y más justo, ¿de qué sirve el arbitraje, ni qué recurso queda contra el abuso de la fuerza? ¿Y si la conquista es un crimen, se la declara tal por veinte años, y a los veinte años de tenerla por crimen, se la absuelve? ¿Y tendremos entonces este artículo: "se declara inhumana la conquista, por veinte años?"». Blaine arruga el papel que tiene bajo la mano. Observa que algunos de los de la comisión, deseosos de obtener para el proyecto la sanción del Norte, por un celo patriótico que nadie les ha de censurar, hablan entre sí, miran a Quintana, le ruegan acaso que ceda. «¿Y qué sanción le queda entonces al proyecto, y paz de papel es esta que solo ha de durar, con la conquista a la puerta, veinte años?» Se pone Blaine en pie, saca de sí más cuerpo que el usual, clava en Quintana los ojos penetrantes, le ofrece «por última vez», las bases de la transacción «en nombre del gobierno de los Estados Unidos». La comisión mira a Quintana, inquieta.

Un relámpago le pasa a Quintana por los ojos: «declino el ofrecimiento. Creo justo y necesario el proyecto primitivo». Echa Blaine su sillón atrás, y sale, a paso recio, a reanudar la sesión. Rodean a Quintana sus compañeros: Bolivia, conmueve, el Brasil, cree que se debe ceder. «El principio es lo que importa.» «Lo que importa es que la sentencia sea unánime.» Y estaba Quintana demostrándoles, con suave entereza que la cláusula de arbitraje sobre las cesiones forzosas era el amparo más seguro contra la conquista, cuando aparece ante ellos Blaine, cambiado ya el rostro. «¿Espero, señor Quintana, que seguiremos siendo amigos?» «Nunca he creído, señor secretario, que habíamos dejado de serlo.» Y le dio Blaine la mano. No había aún dejado Blaine la secretaría, y entró Carnegie, el escocés astuto y cordial, buscando a Quintana. Pequeñín, chato, ojirredondo, risueño, ágil. «¡Es un pecado pelearse, buen amigo Quintana, con el buen amigo Blaine!» «¡Estas son cosas de palabras, y con palabras se arreglan!» «¡Propóngame que yo veré que acepte el otro buen amigo!» Conviene Quintana en «¡la mutilación de los veinte años, con tal de que se conserve la cláusula del arbitraje en los casos de renuncias territoriales forzosas!».

De un paso va Carnegie, y de otro vuelve. «¡Pues aceptado! ¡Es claro que aceptado!» Vuelven los comisionados a la sala; baja Blaine de su asiento; propone con acentos paternales el proyecto reformado a la conferencia. Quintana, sencillo, lee la congratulación en los ojos de todos. Había promesas en el aire, y como fiesta futura. Carnegie iba de un lado a otro, dando a todos las manos. La conferencia vota.

¿Por qué era un pueblo de nuestra América, de nuestra familia de pueblos, el único que salió de la conferencia con la cabeza baja?

José Martí

La Nación, Buenos Aires, 15 de junio de 1890

Los delegados argentinos en Nueva York. El paseo por el Sur. La opinión y los delegados. Obsequios a los delegados argentinos. Banquete de Vanderbilt al doctor Sáenz Peña

Nueva York, 5 de mayo de 1890

Señor director de *La Nación*:

Ha vuelto el tren de Richmond, el tren extraordinario donde habían de recorrer los delegados benévolos las comarcas celosas del oeste y del Sur, que no quieren que los meridionales se vayan del país sin haberles visto sus pueblos e industrias, y mantienen su derecho «a los beneficios comerciales que resulten de las excursiones de los delegados, puesto que de los fondos de todos ha pagado el erario los gastos de su hospitalidad, y han de llevar a sus pueblos noticias de todos»; ha vuelto el tren, porque de las dieciocho delegaciones solo montaron en él dos delegados intrépidos, con mucho agregado segundón y gente menor, que no era lo que quería ver la rica Atlanta, la patria laboriosa del pobre Grady: ni Richmond, la ciudad leal que le va a levantar un monumento a Lee; ni Nueva Orleáns, que ha recibido con fiestas la bandera confederada que la ciudad de Richmond le manda a la viuda de Jefferson Davis, el caballero de alma marcial que no había leído, en lo mucho que leyó, «nada más grande que Pablo y Virginia». Por un instante parecían decididas a deponer sus lutos, más por cortesía de su natural que por deseo verdadero, las ciudades señoriales y desvencijadas que no quieren oír el ruido del mundo, ni dar licencia para que los visitadores indiferentes maltraten la hierba que crece sobre las tumbas: ¿no dice un poeta de Richmond, que de noche, cuando las estrellas se ocultan entre las nubes, la hierba canta? —¿que se oye como un susurro, —que brillan ojos de fuego entre la hierba, —que por la mañana, sobre la hierba húmeda, aparece un sombrero confederado? Pero para «los meridionales» iba a haber, por la simpatía de los cabellos negros, exhibición de industrias en Atlanta, y en Richmond cuadrillas de honor, y en Orleáns fiestas como las de los carnavales. La grita fue grande, cuando el gobierno, con razón de que «el número de los delegados en viaje no justificaba el gasto que se iba a hacer por ellos», ordenó que el tren de los enseres de oro interrumpiese el viaje. Los dos delegados solitarios y los agregados y gente menor se negaron, coléricos, a volver a Washington en el tren de los enseres de oro; sino que volvieron, cuál con el gabán por las orejas, cuál con la barba de tres días, a su propia costa. ¿Ni cómo podían los delegados ir decorosamente a este viaje, cuando aparte del ansia natural por volver a sus tierras a dar cuenta de su mandato, era público y confeso que la gira se hacía para acallar los clamores de las comarcas a quienes se quiere tener complacidas para las elecciones venideras y ha entrado ya en la leyenda y la caricatura el viaje primero de los delegados por el este y el noroeste, que los diarios pintan como ocasión nunca vista y harto aprovechada por «las familias de nuestros amigos del Sur que andan viajando a costa de los Estados Unidos, que son ricos y pueden pagar, aunque en verdad eran los agregados muchos, y los cigarros demasiado buenos, y se gastó mucha champaña?».

Volvió de Richmond el tren vacío; y en el mismo diario donde estaba la noticia, se leía sin más extrañeza que la de los incautos, la novedad de que el secretario de estado había sacado de los anaqueles la reclamación de un ciudadano del Norte, y castigaba con ella al ministro-delegado de Guatemala, a Fernando Cruz. ¿Pero no tuvo dormida durante la conferencia esta reclamación la Secretaría de Estado, mientras se creyó que Guatemala iría por donde se le dijese que fuera, y con ella el Salvador y Honduras? ¿No sabe de sobra la secretaría que esta reclamación es inicua si no burlesca, puesto que el individuo reclama contra el gobierno guatemalteco, en su calidad de ciudadano norteamericano, porque el gobierno lo puso preso en atención a la solicitud del ministro de los Estados Unidos en Guatemala, por haber atentado al honor de su nación en la persona del ministro? ¿Y cómo al día después de erguirse Cruz, junto con toda su América, y tomar filas en lo del arbitraje, con los argentinos, con los brasileros, con la familia del Sur, con los pueblos de su habla, le resucitan la reclamación que tenían como escondida, y dan al público a sabiendas informes falsos, calculados para que el país se le eche encima a Cruz, y vean en su tierra, que ha cesado de ser persona grata? Cruz abrió a la prensa su libro de telegramas, donde estaba la historia del caso, y paró con discreta bravura el golpe. ¿O no fue eso, sino el temor del secretario de que le viniese encima, por las ruidosas victorias de los argentinos, la censura de flaqueza para con «esos pueblos del mediodía», y el deseo de quitarle virtud a la acusación mostrándose vigilante y enérgico en lo menos comprometido que halló a mano?

Y es la primera ventaja del decoro de los pueblos latinos en la conferencia el visible respeto, y mayor conocimiento, con que hablan de ellos, como asombrados y confusos, los que, paran en ver que mucho de lo que tenían por incapacidad ajena era ignorancia suya. Ya buscan corresponsales fijos en los países del Sur, y cuentan en detalle los sucesos de su hacienda y su política. Ya tachan a las empresas de noticias porque no son tan amplias y frecuentes las del Sur como el público desea. Ya comentan los cambios de gabinetes, y llevan cuenta de los factores políticos y de las personas. Los comerciantes lisonjeros sujetan el estribo de los magnates del Sur, sombrero en mano. Los poderosos de la república, halagados, como hombres que son, de ver hombres ante sí, como a tales los tratan; y aun parecen tener gusto en mostrarles con especial aprecio su sorpresa.

¡No hay como volverse de frente para echar atrás a los que nos pican las espaldas!

Cierto es que el día de la revista militar, que fue a las puertas de la Casa Blanca, en la hora del Sol, ni ofrecieron entrada a las señoras, que estaban al fuego del Sol en los carruajes descubiertos, ni les llevaron a los coches la limonada republicana, ni salió a recibir a sus huéspedes la esposa del presidente, que miraba de detrás de una cortina, ni saludó el presidente a las señoras.

Pero con los últimos días vino mayor respeto, y acaso ninguna otra delegación ha recibido más muestras de él que la argentina. Carnegie propalaba entre los delegados la satisfacción con que Blaine recibió el nombramiento de ministro de Sáenz Peña —el que, sin mudar la voz, «porque no había para qué», dijo, como miembro de la comisión de comunicaciones del Atlántico, que— «si el Congreso votaba el proyecto de tarifa de MacKinley, que aumenta fuera de toda prudencia y justicia el derecho sobre las lanas argentinas, la delegación argentina contestará a esta falta de respeto retirando su recomendación al proyecto de subvencionar los vapores, recomendación que hemos hecho más que por necesidad por cortesía»: —el que sacó de sus asientos a la delegación del porte —cuando preguntó, como cosa natural, sin apagar el cigarro, en qué proporción llevarían los buques subvencionados las banderas de sus países, cuando los del Norte tenían por seguro que, aunque los demás países entrasen a pagar los vapores, la del Norte era la bandera única que habían de llevar, —el que cuando en la comisión de Zollverein dejó Henderson, airado y descompuesto, un proyecto sobre la mesa, «y que lo llamasen cuando fueran a votar, porque tenía otros quehaceres», formuló al punto su voto contra los tratados de reciprocidad, y dejó sobre la mesa, sin acceder a volver a la sala, como se la pedía Henderson contrito, «porque el delegado argentino tenía otros quehaceres», —el que puso sin ambages ante la conferencia el caso económico, trató al Norte arrogante de hombro a hombro, y le descoyuntó las estadísticas. En su sitial de delegado estaba Sáenz Peña cuando recibió la nota autógrafa y espontánea de Blaine: «Será para mi motivo de gran satisfacción corresponderme con usted acerca de los intereses indisolubles de las dos repúblicas».

Y al paso de los argentinos por Nueva York, los poderes del país los han tenido de una mesa en otra; la bandeja iba y venía con tarjetas de navieros tenaces; de comerciantes pudientes, de capitalistas investigadores, de enviados oficiosos. Unos hablaban de Quintana, de ferrocarriles, de tierras nuevas, de la riqueza firme de la República, de su poder de recuperación y empuje, de la constitución nacional que se asimila lo homogéneo y elevado, y rechaza lo burdo y ruin; era la sala —dicen— registro abierto de ciudadanía: «No ha sido vana, señor, esta conversación», le dijo un millonario: «sepa usted que también los millones emigran». Y Carnegie, que tiene en la presidencia de su comedor el sillón en que se sentó en la conferencia, —llevó a su mesa a Quintana, y se le mostró locuaz, abierto, hombre a la manera de su paisano Burns «que para eso es hombre, para ser uno con los hombres de todos los países».

Otras veces había coro de comerciantes en la sala del hotel. Sáenz Peña les demuestra la vanidad de pretender henchir de artefactos del Norte el mercado argentino, cuando el Norte le cierra las puertas a los productos argentinos, los invita, más con su altiva tranquilidad que con su solicitud, a tratar con el país sobre bases de conocimiento y de respeto; los induce a llevar a la Argentina la manufactura de las lanas.

Será para el provecho de la Argentina, pero también para el de ellos. Allí pueden fabricar sus lanas y venderlas; mientras que aquí, con su tarifa prohibitiva, no las pueden vender, y tienen que ir moviendo política, y pujando paternidades, y levantando una Unión Comercial hispanoamericana que se cae, como monumentos de copas de champagne, al suelo, para echar sobre el continente las lanas pordioseras. Allí hay gran campo para la venta: pongan capitales, que el país, a pesar de sus cuitas, tiene fondo de tierras permanente que, al cabo de cuentas, ha de responder por cuanto se ponga en él; lleven máquinas, y útiles, y materiales de fabricación, que ya se hará por que entren, puesto que es para bien de la república, libres de derechos. ¿Ganancias? ¡Por supuesto que las hay! ¿No paga la Argentina flete y seguro sobre cada cien libras de lana sucia, que solo le dan treinta limpias?

¿No ha de sacar su utilidad el manufacturero europeo, y ponerla en el precio? ¿No paga la lana argentina al volver manufacturada al país, un 45 % de derechos de importación? Pues manufactúresela allá, y el manufacturero tendrá amplio mercado para un producto de consumo indispensable, que no tendría que pagar ni flete, y seguro por tres tantos de su material real, ni flete de vuelta, ni cuarenta y cinco por derechos de importación. La Argentina, es cierto, ganaría con el establecimiento de la nueva industria y su pueblo se vestiría más barato y mejor, y ¿por qué no con su empuje, y su mucha lana, y sus facilidades para exportar, no se haría en poco tiempo país exportador, —no proveería, por lo menos, a los mercados cercanos? La Argentina ganaría, sí; pero los que llevasen la industria harían un negocio pingüe. Por las noches, en el Club de los Lenceros, en el comedor del Union League, en cierta mesa de la cantina célebre de Hoffman, se oían frases como estas: «¿Y esta clase de hombres, de dónde han salido?». «Saben de nuestras cosas más que nosotros mismos.» «Ese ministro joven me dejó hoy convencido.» «Los amigos creen que hay asunto en lo que nos dijo hoy y que vale la pena de llevar allá los telares que se nos están quedando aquí sin quehacer.» «¡Smith, este Pommery por el primer telar yanqui que pongamos en la Argentina!» «¡Eso no —dijo de brillantón en la pechera, traje de pana nacional, y botas de becerro—: por esas cosas no se brinda con Pommery sino con champaña de nuestras uvas, con champaña de Ohio!» Que no fue como la que sirvió Sheppard, el agresivo republicano casado con la Vanderbilt, en la comida de honor, con que en la casa monumental, copia de la de Francisco I, obsequió el matrimonio millonario a los esposos Sáenz Peña.

Allí estaba Chauncey Depew, el abogado de la casa, y el presidente posible: allí el general Sherman, con su cara rugosa, que se llenó de luz, como cuando da un rayo de Sol sobre los riscos, cuando Sáenz Peña recibió, con sincera gratitud, un suntuoso ejemplar de sus Memorias: allí Flint, que el día antes tuvo a su mesa, entre gente de pro, a los dos delegados bonaerenses: allí Lawford, cuñado del juez supremo de Inglaterra y el presidente de la cámara de comercio de Nueva York, y navieros y capitalistas. La hija de la casa tenía a su derecha a Quintana, y a su izquierda al cónsul argentino. Estaba Zegarra, el vicepresidente del Congreso, y Hurtado, el delegado colombiano, y Guzmán, el ministro nicaragüense. Con sus señoras habían ido muchos: estaba la señora de Pitkins. Y en la mesa fue rara la cordialidad, de oro la vajilla de los postres, y entusiasta la admiración a la esposa argentina.

El periódico de Sheppard, el *Mail and Express*, describía con pluma complacida el banquete memorable; —y celebraba, en las columnas editoriales, el aniversario de la batalla de Palo Alto, «donde Taylor con dos mil norteamericanos, derrotó a seis mil mexicanos y perdió solo cuatro soldados y tres oficiales».

José Martí

La Nación, Buenos Aires, 19 de junio de 1890

Los asuntos hispanoamericanos en Washington. El Ferrocarril Internacional. Política interior y exterior. Blaine y los Tratados de Reciprocidad

Nueva York, junio 28 de 1890

Señor director de *La Nación*:

Hispanoamérica está en todas las bocas. Ni de la podredumbre de Tammany, ni del regalo escandaloso a la mujer del presidente, se ha hablado tanto como de Hispanoamérica en estos días, aunque del regalo se han dicho tales cosas y tan a punto, que los más cercanos a la Casa Blanca no osan defenderla de lo que llama uno «sencillez increíble», y otro «hipoteca de los caudales públicos», «mortificante ignominia». Ni la plata preocupa tanto como Hispanoamérica a los que hablan y leen, por más que ande el proyecto en volante de la Casa de los Senadores, los cuales no quieren, como la Casa, que el gobierno compre toda la plata que se saque de la República, y dé por ella certificados de papel, que han de fluctuar con el valor de la plata representada, sino que compre el gobierno la plata toda del país, y aun toda la del mundo y acuñe en pago pesos de a 100 centavos, que en oro no valen en realidad más que 70 y la ley obliga al país a tomar por cien de oro; y cuando el presidente anuncia, por no alarmar al este de los banqueros, que su deseo de complacer al oeste no va hasta forzar a los bancos a recibir como cien un peso que solo pueden vender por 70, —se levanta un senador republicano, de allá de los estados nuevos, y dice con citas de Shakespeare y del latín, que «si su gente hubiera sabido que no le iba a dar

Harrison la plata libre, se habrían guardado de ponerse al codo las camisas, como se las pusieron, para sacar de presidente al que les iba a comprar toda la plata: ¡y ya sabe lo que tiene que hacer el que quiera los votos de Colorado!». Dos grandes gremios, por sobre todos los demás, pelean con ministerio abierto en Washington por regir el partido imperante de modo que convenga al interés agrícola, aunque las manufacturas ganen menos de lo que ganan a su costa, o al interés manufacturero, que quiere que los del campo se le sometan y avengan a mantener con su asentimiento una tarifa que les pone lo de vestir, y de comer más alto de lo que por culpa de ella pueden vender los frutos con que lo han de comprar. El público sabe poco de estas querellas de los manufactureros, con Quay y MacKinley de capitanes, y los campesinos aliados, que tienen a Allison y Buttenworth por principales cabezas; y hay que hocear por lo oscuro, y verle los móviles a cada cual, para saber que toda la pelea sobre el proyecto de MacKinley está en concertar, dentro del partido republicano, estos dos intereses que se han puesto tan aparte, según lo están de hecho, que Blaine ha visto modo de alzarse de nuevo como tirano pacificador y dar otro sombrerazo en la mesa, a fin de ver si detrás de él se van, ligados los manufactureros y los campesinos, aclamándole por jefe: para lo cual se presenta de campeón del libre cambio, o poco menos, con las naciones de América.

¡Se ha de estar a los saltos y mudanzas de los que se ocupan de nosotros! Arañarles el faldón no es necesario; sobre todo cuando se lo hemos Besado antes: sino ver de dónde nace, y a dónde va, lo que ríos interesa, y cuál nos quiere bien, y cuál no es nuestro amigo: o si se nos toma de tamboril, y debemos echa; el tambor al aire.

El rencor mezquino no nos es tan útil como la atención sensata.

Lo primero, por supuesto, que recomendó la Secretaría de Estado al Congreso, de todo lo que acordó la Conferencia, fue el proyecto de ferrocarriles, donde están Carnegie y Davis, y fue al Congreso con su nota de Blaine, que alude sin ira al desarrollo de los ferrocarriles argentinos, como al de los de México y Chile, y un mensaje presidencial, en que se apoya la idea, aunque no le faltó modo de poner, entre razón y razón, esta frase amorosa sobre los vapores: «La creación de líneas nuevas y mejoradas es indudablemente el medio más rápido de desenvolver un tráfico mayor con las naciones de la América latina». Y luego con vivo empeño y nuevo mensaje y nota, se propuso la incorporación del Banco Panamericano, cuya comisión está en sesiones desde que conoció el proyecto el Congreso, donde hablan día a día el comerciante Thut, príncipe del caucho, que es en la empresa cabeza mayor, y el agudo abogado Ivins, que tiene en el Brasil buenos negocios, y en Nueva York la mejor biblioteca castellana, y Hughes, el de los vapores de Ward, que era en la conferencia como delegado —sin diploma, y Bliss, el que ha hecho millones en los géneros: tanto que la malicia llega a insinuar que por ahí se empiezan a ver las causas del interés de aquel, y del comedimiento del otro, en los asuntos de la Conferencia, sobre todo cuando los diez comisionados propuestos para organizar el banco de negocios son los mismos diez a quienes los Estados Unidos nombraron de delegados al Congreso de naciones de América. De un banco no hay que decir mal, si viene con honradez, ni están hoy los pueblos para atufarse, tejado contra tejado, y enseñarse los dientes uno a otro, sino para vivir en vigilante paz, que con nada se asegura tanto como con el interés natural y libre, ni se compromete más que con convenios artificiales y forzosos.

A las corrientes calladas hay que ver, y éstas van sin duda con la idea; puesto que puede decirse con verdad que nunca se ha hecho acá menos objeción a cosa de esa monta y aún hay que reparar en lo cauto de la aprobación, que es tácita y continua como si por ahí fuese la idea nacional, y se tuviera a pecado ponerle vallas. En nada se ve más esta disposición pública que en el temor que los demás bancos muestran de ir contra ella, por más que dé el proyecto tal poder al Panamericano, que con su mínimo de diez millones y máximo de veinticinco, y sus cinco sucursales en la Unión y sus ramas favorecidas en México, las Antillas, Centro y Sur América, y su facultad singular de emprestar, a más de las de girar, agenciar, representar, garantizar por contratos y tomar en depósito, que los bancos nacionales tachan de monopolio a este rival que podrá más que ellos, en los veinte años de su concesión, y va a ser a la vez, con la nación a la espalda, banco de descuentos y garantías, y casa de colocaciones y caja fiduciaria. Emitir, no podrá; ni comprar raíces por más del 20 % del capital pago; ni servir de agente a gobierno, corporación o funcionario alguno, aunque esta última cláusula es de burladero, puesto que el banco puede negociar en rentas públicas. Las acciones serán de a 100 pesos; y habrá veinticinco directores, que han de tener cada uno doscientas cincuenta. Y en la comisión hizo mucho pie este argumento: «En caso de guerra con el inglés, por quien pasa hoy todo el valor del caucho que entra en los Estados Unidos, ¿qué hacemos, sino tenemos banco propio, para que no padezcan los cincuenta mil que nos trabajan acá el caucho?».

En eso se estaba, «de las cosas latinas». El senador Hale pedía 65.000 pesos para la comisión del Norte que debe ir, de seguida, a lo de los ferrocarriles, y 36.000 para «los primeros gastos de la unión aduanera», y 250.000 que es lo que recomiendan el secretario de Estado y el presidente, para levantar en Washington el edificio de los papeles americanos. La golosina de la unión iba ya hasta el proyecto de Frye, el senador del estado de Blaine, que quiere que los Estados Unidos se liguen con Hispanoamérica «para suprimir el tráfico del licor».

Cuando de repente, la prensa sacudida da, una tras otra, las noticias inesperadas: Un telegrama de Blaine. Una carta de Blaine. Un mensaje conjunto de Blaine y de Harrison al Congreso. Un discurso, y un sombrerazo, de Blaine en la comisión de presupuestos del Senado. Blaine, el que levantó la campaña electoral con el grito de protección extrema, se vuelve de frente, con Harrison que huele derrota, contra el proyecto de MacKinley, que pone en la tarifa, uno a uno, los dogmas de la protección extrema. «¿Qué proyecto es ése —dice Blaine al Congreso— que cuando se convida a los argentinos a abrir las puertas a nuestros productos a nuestra lencería, a nuestra ferretería, a nuestros muebles, a nuestras conservas, le cierra las puertas a lo único que nos quieren vender, que son sus lanas?» Y enseguida, como a que le vean la cabeza imperiosa, dice esto del azúcar libre que quiere MacKinley:

«¿Qué proyecto es ese que da entrada libre al azúcar, y nos deja sin condición que imponer a los pueblos latinos azucareros, para que por el azúcar a que nosotros demos entrada, nos la den a nuestras manufacturas y a nuestras harinas? ¡Harto les hemos dado ya, sin que nos den, y basta de concesiones unilaterales con el 87 % de sus frutos que les recibimos ahora libres!» —sin contar con que estas franquicias han sido impuestas a los Estados Unidos por sus propios habitantes, para abaratar lo esencial o tener materia prima con que competir con el mundo: ¡y ahora salen de perdonadores los necesitados, y de quijanos los tacaños, tapándose la mendicidad con la capa rota, y haciendo con la mano de delante como que nos dan un revés, y por entre los faldones sacando la otra mano pedigüeña! Para hacer tema del azúcar libre, y ganarles el corazón a los campesinos que la favorecen, corrió la noticia de que España quiere cerrar las puertas de Cuba a la harina de Norteamérica; y al telegrama que le viene en respuesta contestó Blaine así: «Si quieren vender azúcar libre, que compren harina». De un amigo de su pueblo, recibe Blaine una carta oportuna preguntándole si se opone al azúcar libre.

«¡Oh, no! A lo que me opongo es a que se me quite el instrumento con que puedo obligar a los pueblos latinos a entrar en tratados de reciprocidad. ¡Me parece que es tiempo ya para asegurar ventajas recíprocas!» –Y en la misma tarde, opina Blaine ante la comisión secreta de los senadores: –¿A cuándo se espera para que los Estados Unidos sean lo que deben ser? Si nos quedamos sin instrumentos, ¿de qué instrumentos nos valemos luego?

¡Esta es la hora de los tratados de reciprocidad; o no es la hora nunca! y dio con el sombrero sobre la mesa: –«¡Ese proyecto de MacKinley es un oprobio! Diera dos años de mi vida por dos horas para combatir ante el Senado el azúcar libre: si se declara el azúcar libre, los mayores resultados que se buscaron, y se esperan, de la conferencia, se habrán perdido: antes me torcerían el brazo por el hombro que firmar el proyecto de MacKinley».

Y afuera, con amistad, a los manufactureros: –«¿Pero a qué quieren los manufactureros republicanos la protección inútil, si ésos son los únicos pueblos a que, por los precios altos de la protección, podemos vender, y no les venderemos si no los ligamos, con tratados recíprocos? Ni podremos conservar la protección aquí, si no halagamos la opinión con este aumento de comercio, y todo lo que se entiende por tratados de reciprocidad».

Y a los campesinos, como quien los protege sin merecerlo, y no necesita de ellos: «También yo quiero el azúcar libre; pero después de haber asegurado a los republicanos del campo la venta en las Américas de las harinas y a los Estados Unidos lo que les conviene». Y a sus parciales: «Yo sé lo que hago y voy con la opinión. A MacKinley lo echamos de antena; ¡que se quede donde está! Harrison ve que el proteccionismo no le ayuda, y se declara conmigo, para amparar mejor a los manufactureros con la fama de proteccionista moderado y ponerse con la mayoría, Hostil a MacKinley; e irme atrás cojeando, a que digan que son suyas mis ideas sobre las Antillas y la América».

«Reúno en mí, con la panacea de los tratados de reciprocidad, a los manufactureros apurados que no le ven a Harrison poder, y a los campesinos hostiles a Harrison, que siguen al que los mira de arriba, y les promete venta. Los rivales me están dejando atrás, y de este salto me les pongo delante. Yo ofrezco, yo hablo de lo desconocido, yo guío. Y con esta esperanza concreta en mí, contra todos los demás, que no llevan oferta concreta, vamos a las elecciones de la nueva presidencia, sin haber alzado el avispero de la tarifa. La bandera: Hispanoamérica.» Y de esta bandera dice así el *Sun*, de Nueva York, de 26 de junio: —«El programa que Blaine propone, o insinúa, es fascinador, y no pierde nada a los ojos públicos porque lo recomiende su personalidad brillante. La esperanza, o el sueño, de la unión comercial, si no política, de este continente, está en la mente de todos los americanos. Puede ser que se tomen pronto las primeras medidas para realizarla. La opinión pública está madurándose para ella».

José Martí

La Nación, Buenos Aires, 31 de agosto de 1890

Cartas a Gonzalo de Quesada

Nueva York. Octubre 17/89

Mi muy querido Gonzalo:

Nada de lo que me dice me sorprende, que ya sabía yo que me lo habían de querer bien. A la melancolía es a lo que le ha de tener miedo, aunque de sobra sé que no ha de salir mal de esta otra prueba de hombre. Solo el constante dura. Y en cuanto a amores, hay que gustar a la vez, con la pasión, a la hija, y con el trabajo, alegre y varonil, al suegro. No piense en volver, porque eso le puede quitar peso y seguridad a lo que haga. Vea que lo he presentado como persona firme y discreta, según yo sé que es; y que a las estrellas, según dice el verso latino, no se sube por caminos llanos.

Muy bien me parece el sueldo,[1] y el que esté en amistad con un hombre a quien quiero tanto como José Ignacio Rodríguez.[2] En pocas personas hay una unión tan feliz del juicio claro y la hermosura del alma.

---

1 Martí se refiere al nombramiento de Gonzalo de Quesada y Aróstegui como secretario del doctor Roque Sáenz Peña, delegado de la República Argentina a la Conferencia Internacional Americana, que inició sus sesiones en la ciudad de Washington el 2 de octubre de 1889.

2 Véase el libro Estudio histórico sobre el origen, desenvolvimiento y manifestaciones prácticas de la idea de la anexión de la isla de Cuba a los Estados Unidos de América, José Ignacio Rodríguez, y principalmente el capítulo XXVI. (Rodríguez actuó en la

Es un modelo de entendimiento perspicaz y lúcido. Tiene en los yanquis irás fe que yo; pero ¿por esto lo he de querer menos? Dígame si lo ha hallado bien de salud, y si lo ve frecuentemente.

¿Cómo mandó la carta al Cayo? La dirección es Luis Fabre; y un apartado que olvido. ¿La puso con el nombre del periódico? No tema, que la elocuencia nunca le falta al que escribe «de la abundancia del corazón».

Mande y quiera a su amigo

José Martí

Cartas a Gonzalo de Quesada

Nueva York, noviembre. 12/89

Mi muy querido Gonzalo:

Estoy muy triste para hablarle de cosas de nuestra tierra, aunque debiera, puesto que la causa de mi tristeza son ellas, y la pena de no poder creer como usted que no tengan la significación que presumo, para mí llena de peligros y dolores, los planes en que no rice debo entrar de «aquí estoy», porque nadie me ha llamado, y que no sé cómo pudiera yo mudar, ni entender de modo que me permitiese ayudarlos, arrancando, como arrancarían, de una confianza que yo no puedo compartir. No es, Gonzalo, que tenga yo recetas que todo lo curen, ni quiera yo hacer las cosas por mí, ni que me muevan celos, como casi me decía usted, sin saber quién soy, al fin de su carta. Es que vivo por mi patria, y por su libertad real, aunque sé que la vida no me ha de alcanzar para gozar del fruto de mis labores, y que este servicio se ha de hacer con la seguridad, y el ánimo, de no esperar por él recompensa. Pero lo que soy, lo soy, y no me deslumbro, ni me desvío, ni cedo por interés alguno de renombre pasajero, o popularidad demasiado costosa, o autoridad futura, a lo que creo que, so pretexto de acelerarla, pone en riesgo, tal vez mortal, la libertad de mi país. Cambiar de dueño, no es ser libre. Yo quiero de veras la independencia de mi patria; pero no creo que esos planes de garantía, con Morenos por raíz, ayudan a la independencia, a no ser como medio para beneficiar con ella a los que no tienen interés en verla lograda, sino en impedirla. Y al fin hablé de lo que no quería, pero se lo debía; para que no tuviera a mal mi silencio. A José Ignacio le he de escribir agrade-

Conferencia en calidad de secretario de la Comisión de Derecho Internacional, y de la de Extradición, fungiendo también como intérprete.)

cido, porque se lo estoy de veras por su última referencia cariñosa a mí, y para mandarle *La Edad de Oro*,[3] pero no le hablaré de esas cosas, por no parecerle intruso, aunque con toda la verdad de mi alma le ayudaría si viese yo que ando errado en lo que pienso, y le hablase de cuanto él quiera en estas cosas, porque no tengo yo patente de querer a Cuba, y el ser sincero, y no quiere decir que solo y o lo sea. Lo que no deseo es mentir, ni aparecer entrometido.

Antier tuve el gusto de ver en mi oficina a su excelente padre, que se me parece al mío, por la pasión con que lo quiere. De veras que me da gusto verle tan amoroso y complacido con el hijo que todos le queremos, y de quien él habla con una ternura que va publicando su nobleza. Y le ofrecí enviarle la carta a Nin,[4] la misma noche, y escribirle a usted, pero estoy como con menos vida de la necesaria, y con mi odio cada día mayor a la pluma, que no vale para clavar la verdad en los corazones, y sirve para que los hombres defiendan lo contrario de lo que les manda la verdadera conveniencia, que está en el honor, y nunca fuera de él.

Me es muy grato que me lo quieran ya también en casa del señor Sáenz Peña, aunque ni por ser ellos quienes son, ni usted quien es, me sorprende. Tampoco, Gonzalo, me sorprende lo de la pregunta sobre la Luisiana. ¿Pues no se ha venido hablando en el paseo, entre los mismos delegados, de la posibilidad y conveniencia de anexar a Cuba a los Estados Unidos? Para todo hay ciegos, y cada empleo tiene en el mundo su hombre. Pero el señor Sáenz Peña sabe pensar por sí, y es de tierra independiente y decorosa. El verá, y sabrá lo que hace. Trabájele bien, que este noviciado le va a ser a usted muy provechoso, y de utilidad acaso decisiva. ¿Tiene en su lista de diarios al *Post* de Nueva York, el *El Economista* del mes pasado y de éste? Lo de México, y todo lo del Congreso, y lo de las lanas, y el libro de Curtis, lo pone, según su modo de ver, con superior claridad. Le sobra un poco de desdén; pero no tiene idea completa de estas cosas el que no lo lea.

Ya sabe Nin que usted lo debe ver, y sabe que es mi amigo.

Olvidaba decirle que de Washington viene, por más de un conducto, el rumor de que en el Congreso se intenta tratar, en el interés norteamericano, el asunto de Cuba. ¿Es que andan tentando la opinión? A mí mismo han venido

3 Revista para niños que redactaba Martí en Nueva York y de la cual era editor A. Da Costa Gómez.

4 Alberto Nin, delegado del Uruguay a la Conferencia.

a preguntarme, como si les fuera desconocido el modo indirecto con que se pudiera poner ante el Congreso esta cuestión.

Usted es hábil y sagaz de naturaleza, y bueno, que vale más que eso. Con esto último me contentará más que con todo; y para fortalecer las, otras cualidades útiles, tiene ancho campo ahora. No está muy acompañado en el suyo, pero está siempre consigo

Su amigo

José Martí

Cartas a Gonzalo de Quesada

Nueva York.16 de noviembre de 1889

Mi muy querido Gonzalo:

Tengo un hijo, y no hubiera querido que a sus años de usted y en nuestra situación me escribiese sino lo que usted me escribe. No quería violentar su opinión; pero me tenía apenado que por respetos, o por la culpa del aire, pudiese ser otra de la que es. Poco vale este amigo infeliz e impotente; pero sabe donde está la virtud, y el modo de conciliarla con las obligaciones de la vida, sin faltar a éstas ni a ella. Las almas nacidas para la honradez no tienen conveniencia, ni viven tranquilas, fuera de la honradez. Ancho campo hay en el mundo para vivir con decoro: aquí, o donde lo haya. Usted me da con su nobleza valor para decirle esto. Tanta fealdad de alma estoy viendo a mi alrededor, que me siento tentado a darle gracias por ser usted como es; porque las malas acciones me entristecen, como si las cometiera yo, y las buenas me dan bríos para pelear. Aún se puede, Gonzalo. Son algunos los vendidos y muchos los venales; pero de un bufido del honor puede echarse atrás a los que, por hábitos de rebaño, o el apetito de las lentejas, se salen de las filas en cuanto oyen el látigo que los convoca, o ven el plato puesto. El interés de lo que queda de honra en la América Latina, —el respeto que impone un pueblo decoroso— la obligación en que esta tierra está de no declararse aún ante el mundo pueblo conquistador —lo poco que queda aquí de republicanismo sano— y la posibilidad de obtener nuestra independencia antes de que le sea permitido a este pueblo por los nuestros extenderse sobre sus cercanías, y regirlos a todos: —he ahí nuestros aliados, y con ellos emprendo la lucha. Con dinero, Gonzalo, a nada le temería. No son sueños. ¿De qué sirven un poco de habilidad, y el desprecio de la vida que no se puede emplear en el bien común? Con la energía de la honradez, se pueden cruzar aceros contra los fuertes arrogantes; aunque les vayan levantando las manos los que, por su defensa y la nuestra, se debían poner frente a ellos. Yo sé lo que yo haría, y lo que puedo hacer, y cuán pronto lo haría. Y lo que pueda, lo haré. Ya estaría el periódico publicado,[5] por Cuba y por nuestra América que son unas en mi previsión y mi cariño, si pudiese decidirme yo a aceptar ayuda de los que, en público o en secreto, no comparten por entero mi modo de pensar. Y lo que me detiene es que ideas de esta dignidad no deben aparecer con pobreza ante el público, porque es dañarlas más que defenderlas, y no veo claro el modo de sacar el periódico a la luz con la frecuencia y holgura que en estos meses de combate son necesarias. Lo haré, como pueda, porque es preciso. ¿Pero qué he de poder hacer con $ 25; que es lo que puedo quitarles de la boca a los que reciben el pan de mí, y $ 15 más que tres amigos redondos me tienen ofrecido? $ 5 le impongo a usted de contribución mensual, si el periódico se publica, por seis meses a lo menos. Y las ideas saldrán a luz, en una forma u otra, y el periódico, aunque no fuese más que con los $ 40. ¿No lo ofendería a usted si no aceptara su oferta? ¿Cómo dejar sin defensa a aquello a quien no defiende nadie, y están tantos dispuestos a vender?

Tengo que celebrarle la inquietud en que me dice que está, porque no ha de ser solo la pena de no ver a su amiga y a sus padres, sino la desazón que los corazones limpios sienten en la compañía forzosa y abominable de los hombres que en una u otra forma venden su honor al interés. No se me cure nunca de esta noble enfermedad; aunque no le oculto que lleva a lo que yo siento ahora, que son náuseas de muerte. Ni crea a los tentadores que por obrar mal ellos andan buscando quien obrando como ellos les sirva de excusa a sus propios ojos; y le dirán que esos de usted son escrúpulos de la juventud, que se le acabarán cuando entre en años. Se le acabarán cuando se le acabe la honradez. Se puede ser próspero y virtuoso. Piense como piensa, observe mucho, calle más, elija buena compañera, y será a la vez bueno y feliz.

Me es muy valioso lo que me dice, y le he de agradecer mucho que me tenga al tanto de cuantas opiniones sobre Cuba lleguen a su noticia, salvo las que por su carácter privado, y de la delegación de usted, no le pertenezcan. Pero sí,

5 Probablemente se refiere al periódico *Patria*, que comenzó a publicar en 1892, y que pensaba publicar desde mucho tiempo antes.

de lo que ande de boca en boca, cuanto nos ayude para ir guiándonos en esta campaña: ¡cuándo nos deparaba, para empezar al fin, una ocasión tan propicia la fortuna! Hay que levantarse. sacudirse el polvo y seguir andando. He leído su carta con júbilo de padre.

Su
José Martí

Cartas a Gonzalo de Quesada

Nueva York, noviembre, 1889

Al muy querido Gonzalo:

¿Por qué no me ha querido escribir? ¿Ni decirme si me da el justo de volver a verlo en la semana festival?

Le pongo estas líneas deprisa porque acabo de descubrir, por la vigilante María,[6] el paquete de folletos que di a su desmemoriado hermano —el primer paquete— para que lo enviase a usted: el de los folletos. Lo de Franklin: haz tú mismo lo que quieras hacer de veras —y lo que no quieras que se haga, dáselo a hacer a otro.

Sepa, mi buen Gonzalo, que el periódico, a lo seguro, adelanta. Nos cuesta $ 20 menos, y haremos $ 10 más: Aquí de unos malos versos míos:

¡Siempre tan pobre el decoro,
Siempre mi fortuna escasa!

De otras cosas no le hablo, porque no me diga curioso. ¡Qué manera tan fina de aislar y de perseguir! Pero tengo más fe ya, por este y por aquello, en la prudencia y decoro de nuestros países. A tiempo, Gonzalo, y con dignidad irrefutable, haremos lo que debemos.

Sabe cuán tiernamente lo quiere

Su
José Martí

---

6 María Mantilla.

Cartas a Gonzalo de Quesada

Miércoles 27, Nueva York, noviembre, 1889

Mi muy querido Gonzalo:

El trabajo se está vengando de mí. Llegué antier, y todavía no he levantado la cabeza. Solo que con el orgullo de estas cosas que suceden, tengo más gusto para trabajar, y me sale la tarea menos violenta y enfermiza. El tiempo me falta; pero no para releer el excelente discurso de Sáenz Peña que acaba con una declaración admirable, que he de poner una y otra vez donde todo el mundo la vea y le he de dar la forma que merece. ¡Muy buena, y para mí muy útil la crónica de usted!, y le ruego que día a día me las mande aunque sea a vuela pluma. Por supuesto, Sáenz Peña no tiene inconveniente en que envíe ya el discurso a la redacción; y trate de él en la correspondencia. ¡Qué bueno lo de Velarde[7] y qué verdad es que ya están echados los cimientos de lo que yo llamo América nueva! Persona que me entra por el corazón, nunca sale fallida.

Dígame lo de cada día, para cerrar con ramillete de disparos; y cuénteme sus cosas.

Su

José Martí

Cartas a Gonzalo de Quesada

Nueva York, 13 de diciembre, 1889

Mi muy querido Gonzalo:

Suspendo el trabajo, y le escribo en el papel de pelear, para que no se me vaya el correo de las once sin ponerle estas líneas. Lo que veo de la noble alma de usted en estas dos últimos cartas me compensa en gran parte de las tristezas que me cuenta, y que usted sabe con cuánta amargura he previsto. Era casi imposible que las pudiéramos remediar, y lo que nos toca ahora es evitar sus resultados. Con las penas, Gonzalo, es necesario hacer así: buena es la desazón, y aun la angustia, que dan fuerza para obrar, mientras se puede impedirlas: después, hay que oponerles el corazón sereno. Tuviera yo menos pobreza de la que tengo, y seis corazones valerosos y leales como el de usted, y

7 José Velarde, delegado de Bolivia.

en seis meses teníamos levantada una protesta que acallaría, por mucho tiempo al menos, si los acontecimientos acá nos ayudasen, y para siempre tal vez, si nos ayudásemos nosotros, los planes y pretensiones que con justicia indignan su alma, y tienen en perpetuas náuseas la mía. Pobre y todo, lo intento. La verdad no se ha de quedar sin decir; vamos a ver los que piensan como nosotros; y lo que ordena y se atrae el periódico. Si existe la determinación que supongo a resistir estas tendencias, vamos a darle voz, y forma. Sí, Gonzalo. Ayúdeme con cuanto pueda, y busque compañeros que le ayuden. Ya poco falta para tener el periódico en pie. Las fiestas nos permiten prepararnos, y creo que con los primeros días activos de enero empezaremos la campaña. Aquí como he sembrado mucho a tiempo, no están nuestras ideas solas. Ni en el Cayo, ni en Tampa. En Cuba ¿quién sabe si logramos levantar un partido antianexionista? En la Conferencia, medito sin cesar. La forma solo me detiene. Me es valiosísimo lo que usted me dice. En las manos de todos no podemos poner nuestro pensamiento, porque sería lo mismo que entregarlo al enemigo, que tiene tantos lomos a sus pies. ¿Y en qué manos generosas se podrá poner? En esto pienso y en la semana que viene...[8] Pero si la presencia en Washington de los caballeros argentinos sirve para que se tenga a nuestras tierras más respeto; y no se las traiga a ver el Casino y el ejercicio, cuando de todas partes las cercan y perturban, casi me alegro, y usted se ha de alegrar, aunque el corazón enamorado le diga que no, de que se prive usted de estos paseos.

¿Y cómo no me ha llegado su carta de El Rifle? Mándemela, y sin demora escriba la que con mucha cordura tiene pensada: y es una pérdida seria, dado lo que sé del espíritu del Cayo, cada día que tarde en escribirla. No ha podido pensar cosa más a tiempo.

¿Qué le diré de las conversaciones, y de lo que ve usted allá confirmado de lo que teníamos previsto? Es amargo y poco envidiable este don de ver a los hombres por dentro. De las conversaciones, usted que conoce y compara, puede juzgar la de más peso. Lo de Guzmán[9] vale algo, y nos es útil haberlo sabido. Muy de los Estados Unidos me parece él: pero ¿por qué creer que se ha muerto el honor?: acaso no ven su peligro. Silva está airado, porque creyó sacar de Blaine la Guayana libre, y se engañó y entretuvo él con su esperanza

8 Falta un fragmento de la carta.

9 Horacio Guzmán, delegado de Nicaragua.

fanática, más aún de lo que lo engañaron y entretuvieron. Y a Romero,[10] ministro de un país que teme la tentativa de anexión —y hace días no más hablaba el *Sun* de ir sobre México, por más que esto no sea cosa fácil— ¿le va a confesar Blaine su política de anexión? A saber además quién es Romero a derechas; y cómo y para qué lo usa su gobierno. Grande alegría me ha dado, y ayuda a mis pensamientos, lo que me dice de Quintana.[11]

¿Sabe si han leído una carta mía en *La Nación* de Buenos Aires describiendo su llegada?[12] Me alegraría, porque la cordialidad da fruto, de que la leyesen. Hoy escribo a México y a la Argentina y hay un párrafo que no le desagradaría a Quintana, y creo justo. Dígame, y no se lo pregunto por vanidad ni a humo de paja, si ha llegado a Washington, si se ha repartido a los delegados el discurso de Heredia.[6]

Deseo saber lo cierto, para formar juicio. Se imprime el folleto.

De Moreno, todo me lo han contado, y como era feo, lo olvidé. Vida oscura: fondos no conocidos. Trato con la peor gente cubana. Acusado de engaño en una que otra tentativa de embarque de gente siempre dudosa. Sin crédito alguno en el Cayo. Vive de expedientes y de manejos políticos. Su elección, dicen que comprada. El objeto, usted lo ve: ¿a dónde se subirá sobre peldaño semejante? Las once. Tengo que acabar; pero no sin celebrarle otra vez y desearle que no pierda nunca, ese dolor de indignación que le causa a usted codearse, por los usos y prudencias del mundo, con la gente venal y traidora. No sofoque nunca esa generosidad, porque por esa puerta se sale de la honradez. A usted no le está reservada esa triste fortuna. Usted será sagaz, y lo que yo sé que ha de ser. La cautela, y el don de tratar a los hombres, no tienen por qué ir hasta perder las virtudes en donde reside la única dicha durable. Se me va la pluma al sermón por las fealdades que usted allá y yo acá vemos.

Útil, y bajo tres llaves, lo que me mandó. De nada privado se puede usar en público jamás. Pero vale para darnos valor para adelantar juicios, que se sabe están confirmados por los hechos de que no se usa. Dígame de esto cuanto yo mismo en Washington habría de saber naturalmente.

Y quiera a su

10 Carlos Martínez Silva, delegado de Colombia.

11 Matías Romero, delegado de México.

12 Manuel Quintana, delegado de Argentina.

Cartas a Gonzalo de Quesada

Sábado 14. Nueva York, diciembre, 1889

Mi muy querido Gonzalo:

Anoche a vuela pluma le contesté, y ahora recibo, con agradecimiento y provecho, el dato que me manda. En las cosas de la Conferencia, veo con júbilo que la Argentina crece en autoridad. Pero ¿no nota usted que está como vencida de antemano, y como rodeada, en las únicas comisiones trascendentales de la Conferencia, no porque las otras no debieran serlo, sino porque solo sirven de ocasión y disfraz para las dos que llamaré yo comisiones reales: la de Ley Internacional y la del Bien General? Ya sabía yo, y dije, que estarían en ella los que están. A Quintana le dan puesto, para alardear de imparcialidad, porque lo creen vencido. Vea cómo está compuesta la Comisión del Bien General: la encabeza Henderson, el caudillo de la agresión: están, por supuesto, Guatemala, cuya historia íntima con los Estados Unidos es poco menos que odiosa, es odiosa, y Bolet[13] el blainista confeso. ¿A Colombia, quién no la teme, aunque en Hurtado[14] hay valer, si se tienen en cuenta las obligaciones secretas, y las necesidades políticas y financieras, de Núñez?[15] ¿El Brasil, puede rebelarse francamente contra su único mercado, y después de los agasajos de Henderson? Bolivia parece venir aquí con más amores de los que convienen a la paz y desarrollo natural de la República Argentina. Y en la comisión de Ley Internacional, todo está en saber quién es Caamaño.[16] ¿Por qué vuelven a estar allí, si no están para algo, Cruz[17] y Bolet? Difícil, pero hermoso y envidiable puesto, ha dado la fortuna a Quintana. El guardián de la América Latina.

Sobre nuestra tierra, Gonzalo, hay otro plan más tenebroso que lo que hasta ahora conocemos y es el inicuo de forzar a la Isla, de precipitarla, a la guerra, para tener pretexto de intervenir en ella, y con el crédito de mediador y de garantizador, quedarse con ella. Cosa más cobarde no hay en los, anales de los pueblos libres: Ni maldad más fría. ¿Morir, para dar pie en qué levantarse

13 Nicanor Bolet Peraza, delegado de Venezuela.
14 José M. Hurtado, delegado de Colombia.
15 Rafael Núñez, presidente de Colombia.
16 José María Caamaño, delegado de Ecuador.
17 Fernando Cruz, delegado de Guatemala.

a estas gentes que nos empujan a la muerte para su beneficio? Valen más nuestras vidas, y es necesario que la Isla sepa a tiempo esto. ¡Y hay cubanos, cubanos, que sirven, con alardes disimulados de patriotismo, estos intereses!

Vigilar, es lo que nos toca; e ir averiguando quién está dispuesto a tener piedad de nosotros. Pronto, Gonzalo, la carta a El Rifle. Y a La Nueva Era. Dé mi nombre al director, y escriba la carta pública, por su posición sin firma. No le dé pena el secreto. La gloria, que al cabo es de quien la merece, tiene lo que llaman en México a las noticias que vienen por el aire «su correo de las brujas».

Su
José Martí

Cartas a Gonzalo de Quesada

Abril 10. Nueva York, 1890

¿Qué le pasó, Gonzalo, o qué cosa no me quiso decir, que se fue sin verme? Solo por unas líneas del señor Sáenz Peña supe que Gonzalo no estaba en Nueva York.

¿Sabe que apenas puedo contener el deseo de volver a Washington? El peligro en Cuba arrecia. La organización tiene que comenzar. ¿Cómo, siendo tan pobre como soy, y habiendo, en lo de anexión sobre todo, tantos vacilantes? Es la hora de empezar a obrar, y en Washington, sin que se sienta, ni se vea, ni se ponga en riesgo el trabajo por el anuncio incauto o el entusiasmo indiscreto, está ahora el campo de operaciones. Mi deseo de recoger datos es suficiente causa ostensible, puesto que es causa real para mi visita. Sin hablar de Cuba, caso de que fuese posible no hablar de ella, lo que yo haya de escribir en pro de América resultará forzosamente en pro nuestro, y será una plegaria útil, que moverá al interés a ayudar lo que manda hacer el sentimiento.

¿Qué tenía que callarme, que no me quiso ver? ¿O andaba en tormenta de amores? Ya sabe que yo conozco los mares tristes, y sé cómo se ha de hacer para no zozobrar.

Mande a su amigo
José Martí

Jueves 10

Cartas a Gonzalo de Quesada

Nueva York, 1890

Mi muy querido Gonzalo:

No más para agradecerle su puntualidad, y celebrarle la viveza de la descripción de lo de Romero. Lástima que el estilo vivo, y a lo Goncourt, no me permita enviar la descripción como ha venido. ¿Conque nuestros argentinos fueron con justicia las personas mayores? ¿Y tan grandes fueron las fealdades que ni insinuármelas pudo? Mejor, pues; es no saberlas. Todo lo de la Conferencia me es útil. Bolet ha visto, pues, que los vientos han cambiado, y que por el ultrayanquismo se iba mal. Con todo lo que debo cumpliré. Déjeme solo que me pase del alma una tristeza que me la tiene oscura ahora. Lo cual le impone la obligación de escribirme. La más noble de las ocupaciones, y quien sabe si la más grata, es la de enfermero. La idea le hará reír, pero si la descascara, verá cómo es verdad.

¡Qué falta me hizo en la fiesta de esos verdaderos caballeros de La Liga! ¡Y qué bien está lo que me dice del noble señor González! El País, de La Habana, oficialmente autonomista. Ya estoy trabajando en el periódico. Téngame al tanto, y ya sabe que no es por curiosidad, de sus encuentros con el buen doctor. No se salga de mis líneas y póngale todo el freno necesario a su cariño.

Su bien es lo único que quiere

Su amigo
José Martí

Discurso. Pronunciado en la velada artístico-literaria de la Sociedad literaria hispanoamericana, el 19 de diciembre de 1889, a la que asistieron los delegados a la Conferencia Internacional Americana

Señoras y señores:

Apenas acierta el pensamiento, a la vez trémulo y desbordado, a poner, en la brevedad que le manda la discreción, el júbilo que nos rebosa de las almas en esta noche memorable. ¿Qué puede decir el hijo preso, que vuelve a ver a su madre por entre las rejas de su prisión? Hablar es poco, y es casi imposible, más por el íntimo y desordenado contento, por la muchedumbre de recuerdos, de esperanzas y de temores, que por la certeza de no poder darles expresión digna. Indócil y mal enfrenada ha de brotar la palabra de quien, al ver en torno suyo, en la persona de sus delegados ilustres, los pueblos que amamos con pasión religiosa; al ver cómo, por mandato de secreta voz, los hombres se han puesto como más altos para recibirlos, y las mujeres como más bellas; al ver el aire tétrico y plomizo animado como de sombras, sombras de águilas que echan a volar, de cabezas que pasan moviendo el penacho consejero, de tierras que imploran, pálidas y acuchilladas, sin fuerzas para sacarse el puñal del corazón, del guerrero magnánimo del Norte, que da su mano de admirador, desde el pórtico de Mount Vernon, al héroe volcánico del Sur, intenta en vano recoger, como quien se envuelve en una bandera, el tumulto de sentimientos que se le agolpa al pecho, y solo halla estrofas inacordes y odas indómitas para celebrar, en la casa de nuestra América, la visita de la madre ausente —para decirle, en nombre de hombres y de mujeres, que el corazón no puede tener mejor empleo que darse, todo, a los mensajeros de los pueblos americanos.

¿Cómo podremos pagar a nuestros huéspedes ilustres esta hora de consuelo? ¿A qué hemos de esconder, con la falsía de la ceremonia, lo que se nos está viendo en los rostros? Pongan otros florones y cascabeles y franjas de oro a sus retóricas; nosotros tenemos esta noche la elocuencia de la Biblia, que es la que mana, inquieta y regocijada como el arroyo natural, de la abundancia del corazón. ¿Quién de nosotros ha de negar, en esta noche en que no se miente, que por muchas raíces que tengan en esta tierra de libre hospedaje nuestra fe, o nuestros afectos, o nuestros hábitos, o nuestros negocios, por tibia que nos haya puesto el alma la magia infiel del hielo, hemos sentido, desde que supimos que estos huéspedes nobles nos venían a ver, como que en nuestras casas había más claridad, como que andábamos a paso más vivo, como que éramos más jóvenes y generosos, como que nuestras ganancias eran mayores y seguras, como que en el vaso seco volvía a nacer flor? Y si nuestras mujeres quieren decirnos la verdad, ¿no nos dicen, no nos están diciendo con sus ojos leales, que nunca pisaron más contentos la nieve ciertos pies de hadas; que algo que dormía en el corazón, en la ceguera de la tierra extraña, se ha despertado de repente; que un canario alegre ha andado estos días entrando y saliendo por las ventanas, sin temor al frío, con cintas y lazos en el pico, yendo y viniendo sin cesar, porque para esta fiesta de nuestra América ninguna flor parecía bastante fina y primorosa? Esta es la verdad. A unos nos ha echado aquí la tormenta; a otros, la leyenda; a otros, el comercio; a otros, la determinación de escribir, en una tierra que no e, libre todavía, la última estrofa del poema de 1810; a otros les mandan vivir aquí, romo su grato imperio, dos ojos azules. Pero por grande que esta tierra sea, y por ungida que esté para los hombres libres la América en que nació Lincoln, para nosotros, en el secreto de nuestro pecho, sin que nadie ose tachárnoslo ni nos lo pueda tener a mal, es más grande, porque es la nuestra y porque ha sido más infeliz; la América en que nació Juárez.

De lo más vehemente de la libertad nació en días apostólicos la América del Norte. No querían los hombres nuevos, coronados de luz, inclinar ante ninguna otra su corona. De todas partes, al ímpetu de la frente, saltaba hecho pedazos, en las naciones nacidas de la agrupación de pueblos pequeños, el yugo de la razón humana, envilecida en los imperios creados a punta de lanza, o de diplomacia, por la gran república que se alocó con el poder; nacieron los derechos modernos de las comarcas pequeñas y autóctonas; que habían elaborado en el combate continuo su carácter libre, y preferían las cuevas independientes a la prosperidad servil. A fundar la república le dijo al rey que venía, uno que no se le quitaba el sombrero y le decía de tú. Con mujeres y con hijos se fían al mar, y sobre la mesa de roble del camarín fundan su comunidad, los cuarenta y uno de la «Flor de mayo». Cargan mosquetes, para defender las siembras; el trigo que comen, lo aran; suelo sin tiranos es lo que buscan, para el alma sin tiranos. Viene, de fieltro y blusón, el puritano intolerante e integérrimo, que odia el lujo, porque por él prevarican los hombres; viene el cuáquero, de calzas y chupa, y con los árboles que derriba, levanta la escuela; viene el católico, perseguido por su fe, y funda un Estado donde no se puede perseguir por su fe a nadie; viene el caballero, de fusta y sombrero de plumas, y su mismo hábito de mandar esclavos le da altivez de rey para defender su libertad. Alguno trae en su barco una negrada que vender, o un fanático que quema a las brujas, o un gobernador que no quiere oír hablar de escuelas; lo que los barcos traen es gente de universidad y de letras, suecos místicos, alemanes fervientes, hugonotes francos, escoceses altivos, bátavos económicos; traen arados, semillas, telares, arpas, salmos, libros. En la casa hecha por sus manos vivían, señores y siervos de sí propios; y de la fatiga de bregar con la naturaleza se consolaba el colono valeroso al ver venir, de delantal y cofia, a la anciana del hogar, con la bendición en los ojos, y en la mano la bandeja de los dulces caseros, mientras una hija abría el libro de los himnos, y preludiaba otra en el salterio o en el clavicordio. La escuela era de memoria y azotes; pero el ir a ella por la nieve era la escuela mejor. Y cuando, de cara al viento, iban de dos en dos por los caminos, ellos de cuero y escopeta, ellas de bayeta y devocionario, a oír iban al reverendo nuevo, que le negaba al gobernador el poder en las cosas privadas de la religión; iban a elegir sus jueces, o a residenciarlos. De afuera no venía la casta inmunda. La autoridad era de todos, y la daban a quien se la querían dar. Sus ediles elegían, y sus gobernadores. Si le pesaba al gobernador convocar el consejo, por sobre él lo convocaban los «hombres libres». Allá, por los bosques; el aventurero taciturno caza hombres y lobos, y no duerme bien sino cuando tiene de almohada un tronco recién caído o un indio muerto. Y en las mansiones solariegas del Sur todo es minué y bujías, y coro de negros cuando viene el coche del señor, y copa de plata para el buen Madera. Pero no había acto de la vida que no fuera pábulo de la libertad en las colonias republicanas que, más que cartas reales, recibieron del rey certificados de independencia. Y cuando el inglés, por darla de amo, les impone un tributo que ellas no se quieren imponer, el guante que le echaron al rostro las colonias fue el que el inglés mismo había puesto en sus manos. A su héroe, le traen el caballo a la puerta. El pueblo que luego había de negarse a ayudar, acepta ayuda. La libertad que triunfa es como él, señorial y sectaria, de puño de encaje y de dosel de terciopelo, más de la localidad que de la humanidad, una libertad que bambolea, egoísta e injusta, sobre los hombros de una raza esclava, que antes de un siglo echa en tierra las andas de una sacudida; ¡y surge, con un hacha en la mano, el leñador de ojos piadosos, entre el estruendo y el polvo que levantan al caer las cadenas de un millón de hombres emancipados! Por entre los cimientos desencajados en la estupenda convulsión se pasea, codiciosa y soberbia, la victoria; reaparecen, acentuados por la guerra, los factores que constituyeron la nación; y junto al cadáver del caballero, muerto sobre sus esclavos, luchan por el predominio en la república, y en el universo, el peregrino que no consentía señor sobre él, ni criado bajo él, ni más conquistas que la que hace el grano en la tierra y el amor en los corazones, —y el aventurero sagaz y rapante, hecho a adquirir y adelantar en la selva, sin más ley que su deseo, ni más límite que el de su brazo, compañero solitario y temible del leopardo y el águila.

Y ¿cómo no recordar, para gloria de los que han sabido vencer a pesar de ellos, los orígenes confusos, y manchados de sangre, de nuestra América, aunque al recuerdo leal, y hoy más que nunca necesario, le pueda poner la tacha de vejez inoportuna aquel a quien la luz de nuestra gloria, de la gloria de nuestra independencia, estorbase para el oficio de comprometerla o rebajarla? Del arado nació la América del Norte, y la Española, del perro de presa. Una guerra fanática sacó de la poesía de sus palacios aéreos al moro debilitado en la riqueza, y la soldadesca sobrante, criada con el vino crudo y el odio a los herejes, se echó, de coraza y arcabuz, sobre el indio de peto de algodón. Llenos venían los barcos de caballeros de media loriga, de segundones desheredados, de alféreces rebeldes, de licenciados y clérigos hambrones. Traen culebrinas, rodelas, picas, quijotes, capacetes, espaldares, yelmos, perros. Ponen la espada a los cuatro vientos, declaran la tierra del rey, y entran a saco en los templos de oro. Cortés atrae a Moctezuma al palacio que debe a su generosidad o a su prudencia, y en su propio palacio lo pone preso. La simple Anacaona convida a su fiesta a Ovando, a que viera el jardín de su país, y sus danzas alegres, y sus doncellas; y los soldados de Ovando se sacan de debajo del disfraz las espadas, y se quedan con la tierra de Anacaona. Por entre las divisiones y celos de la gente india adelanta en América el conquistador; por entre aztecas y tlaxcaltecas llega Cortés a la canoa de Cuauhtémoc; por entre quichés y zutujiles vence Alvarado en Guatemala; por entre tunjas y bogotáes adelanta Quesada en Colombia; por entre los de Atahualpa y los de Huáscar pasa Pizarro en el Perú: en el pecho del último indio valeroso clavan, a la luz de los templos incendiados, el estandarte rojo del Santo Oficio. Las mujeres, las roban. De cantos tenía sus caminos el indio libre, y después del español no había más caminos que el que abría la vaca husmeando el pasto, o el indio que iba llorando en su treno —la angustia de que se hubiesen vuelto hombres los lobos. Lo que come el encomendero, el indio lo trabaja; como flores que se quedan sin aroma, caen muertos los indios; con los indios que mueren se ciegan las minas. De los recortes de las casullas se hace rico un sacristán. De paseo van los señores; o a quemar en el brasero el estandarte del rey; o a cercenarse las cabezas por peleas de virreyes y oidores, o celos de capitanes; y al pie del estribo lleva el amo dos indios de pajes, y dos mozos de espuela. De España nombran el virrey, el regente, el cabildo. Los cabildos que hacían, los firmaban con el hierro con que herraban las vacas. El alcalde manda que no entre el gobernador en la villa, por los males que le tiene hechos a la república, y que los regidores se persignen al entrar en el cabildo, y que al indio que eche el caballo a galopar se le den veinticinco azotes. Los hijos que nacen, aprenden a leer en carteles de toros y en décimas de salteadores. «Quimeras despreciables» les enseñan en los colegios de entes y categorías. Y cuando la muchedumbre se junta en las calles, es para ir de cola de las tarascas que llevan el pregón; o para hablar, muy quedo, de las picanterías de la tapada y el oidor; o para ir a la quema del portugués; cien picas y mosquetes van delante, y detrás los dominicos con la cruz blanca, y los grandes de vara y espadín, con la capilla bordada de hilo de oro; y en hombros los baúles de huesos, con llamas a los lados; y los culpables con la cuerda al cuello, y las culpas escritas en la coraza de la cabeza; y los contumaces con el sambenito pintado de imágenes del enemigo; y la prohombría, y el señor obispo, y el clero mayor; y en la iglesia, entre dos tronos, a la luz vívida de los cirios, el altar negro; afuera, la hoguera. Por la noche, baile. ¡El glorioso criollo cae bañado en sangre, cada vez que busca remedio a su vergüenza, sin más guía ni modelo que su honor, hoy en Caracas, mañana en Quito, luego con los comuneros del Socorro; o compra, cuerpo a cuerpo, en Cochabamba el derecho de tener regidores del país; o muere, como el admirable Antequera, profesando su fe en el cadalso del Paraguay, iluminado el rostro por la dicha; o al desfallecer al pie del Chimborazo, «exhorta a las razas a que afiancen su dignidad». El primer criollo que le nace al español, el hijo de la Malinche, fue un rebelde. ¡La hija de Juan de Mena, que lleva el luto de su padre, se viste, de fiesta con todas sus joyas, porque es día de honor para la humanidad, el día en que Arteaga muere! ¿Qué sucede de pronto, que el mundo se para a oír, a maravillarse, a venerar? ¡De debajo de la capucha de Torquemada sale, ensangrentado y acero en mano, el continente redimido! Libres se declaran los pueblos todos de América a la vez. Surge Bolívar, con su cohorte de astros. Los volcanes, sacudiendo los flancos con estruendo, lo aclaman y publican. ¡A caballo, la América entera! Y resuenan en la noche, con todas las estrellas encendidas, por llanos y por montes, los cascos redentores. Hablándoles a sus indios va el clérigo de México. Con la lanza en la boca pasan la corriente desnuda los indios venezolanos. Los rotos de Chile marchan juntos, brazo en brazo, con los cholos del Perú. Con el gorro frigio del liberto van los negros cantando, detrás del estandarte azul. De poncho y bota de potro, ondeando las bolas, van, a escape de triunfo los escuadrones de gauchos. Cabalgan, suelto el cabello, los pehuenches resucitados, voleando sobre la cabeza la chuza emplumada. Pintados de guerrear vienen tendidos sobre el cuello los araucos, con la lanza de tacuarilla coronada de plumas de colore; y al alba, cuando la luz virgen se derrama por los despeñaderos, se ve a San Martín, allá sobre la nieve, cresta del monte y cotona de la revolución, que va, envuelto en su capa de batalla, cruzando los Andes. ¿Adónde va la América, y quién la junta y guía? Sola, y como un solo pueblo, se levanta. Sola pelea. Vencerá, sola.

¡Y todo ese veneno lo hemos trocado en savia! Nunca, de tanta oposición y desdicha, nació un pueblo más precoz, más generoso, más firme. Sentina fuimos, y crisol comenzamos a ser. Sobre las hidras, fundamos. Las picas de Alvarado, las hemos echado abajo con nuestros ferrocarriles. En las plazas donde se quemaba a los herejes, hemos levantado bibliotecas. Tantas escuelas tenemos como familiares del Santo Oficio tuvimos antes. Lo que no hemos hecho, es porque no hemos tenido tiempo para hacerlo, por andar ocupados en arrancarnos de la sangre las impurezas que nos legaron nuestros padres. De las misiones, religiosas e inmorales, no quedan ya más que paredes descascaradas, por donde asoma el búho el ojo, y pasea melancólico el lagarto. Por entre las razas heladas y las ruinas de los conventos y los caballos de los bárbaros se ha abierto paso el americano nuevo, y convida a la juventud del mundo a que levante en sus campos la tienda. Ha triunfado el puñado de apóstoles. ¿Qué importa que, por llevar el libro delante de los ojos, no viéramos, al nacer como pueblos libres, que el gobierno de una tierra híbrida y original, amasada con españoles retaceros y aborígenes torvos y aterrados, más sus salpicaduras de africanos y menceyes, debía comprender, para ser natural y fecundo, los elementos todos que, en maravilloso tropel y por la política superior escrita en la Naturaleza, se levantaron a fundarla? ¿Qué importan las luchas entre la ciudad universitaria y los campos feudales? ¿Qué importa el desdén, repleto de guerras, del marqués lacayo al menestral mestizo? ¿Qué importa el duelo, sombrío y tenaz, de Antonio de Nariño y San Ignacio de Loyola? Todo lo vence, y clava cada día su pabellón más alto, nuestra América capaz e infatigable. Todo lo conquista, de Sol en Sol, por el poder del alma de la tierra, armoniosa y artística, creada de la música y beldad de nuestra naturaleza, que da su abundancia a nuestro corazón y a nuestra mente la serenidad y altura de sus cumbres; por el influjo secular con que este orden y grandeza ambientes ha compensado el desorden y mezcla alevosa de nuestros orígenes; y por la libertad humanitaria y expansiva, no local, ni de raza, ni de secta, que fue a nuestras repúblicas en su hora de flor, y ha ido después, depurada y cernida, de las cabezas del orbe, libertad que no tendrá, acaso, asiento más amplio en pueblo alguno —ipusiera en mis labios el porvenir el fuego que marca!— que el que se les prepara en nuestras tierras sin límites para el esfuerzo honrado, la solicitud leal y la amistad sincera de los hombres.

De aquella América enconada y turbia, que brotó con las espinas en la frente y las palabras como lava, saliendo, junto con la sangre del pecho, por la mordaza mal rota, hemos venido, a pujo de brazo, a nuestra América de hoy, heroica y trabajadora a la vez, y franca y vigilante, con Bolívar de un brazo y Herbert Spencer de otro; una América sin suspicacias pueriles, ni confianzas cándidas, que convida sin ruedo a la fortuna de su hogar a las razas todas, porque sabe que es la América de la defensa de Buenos Aires y de la resistencia del Callao, la América del Cerro de las Campanas y de la Nueva Troya. ¿Y preferiría a su porvenir, que es el de nivelar en la paz libre, sin codicias de lobo ni prevenciones de sacristán, los apetitos y los odios de! mundo; preferiría a cae oficio grandioso el de desmigajarse en las manos de sus propios hijos, o desintegrarse en vez de unirse irás, o por celos de vecindad mentir a lo que está escrito por la fauna y los astros y la historia, o andar de zaga de quien se le ofreciese de zagal, o salir por el mundo de limosnera, a que le dejen caer en el plato la riqueza temible? iSolo perdura, y es para bien, la riqueza que se crea, y la libertad que se conquista, con las propias manos! No conoce a nuestra América quien eso ose temer. Rivadavia, el de la corbata siempre blanca, dijo que estos países se salvarían: y estos países se han salvado. Se ha arado en la mar. También nuestra América levanta palacios, y congrega el sobrante útil del universo oprimido; también doma la selva, y le lleva el libro y el periódico, el municipio y el ferrocarril; también nuestra América, con el Sol en la frente, surge sobre los desiertos coronada de ciudades. Y al reaparecer en esta crisis de elaboración de nuestros pueblos los elementos que lo constituyeron, el criollo independiente es el que domina y se asegura, no el indio de espuela, marcado de la fusta, que sujeta el estribo y le pone adentro el pie, para que se vea de más de alto a su señor.

Por eso vivimos aquí, orgullosos de nuestra América, para servirla y honrarla. No vivimos, no, como siervos futuros ni como aldeanos deslumbrados, sino con la determinación y la capacidad de contribuir a que se la estime por sus méritos, y se la respete por sus sacrificios; porque las mismas guerras que de pura ignorancia le echan en cara los que no la conocen, son el timbre de honor de nuestros pueblos, que no han vacilado en acelerar con el abono de su sangre el camino del progreso, y pueden ostentar en la frente sus guerras como una corona. En vano —faltos del roce y estímulo diario de nuestras luchas y de nuestras pasiones, que nos llegan ¡a mucha distancia! del suelo donde no crecen nuestros hijos— nos convida este país con su magnificencia, y la vida con sus tentaciones, y con sus cobardías el corazón, a la tibieza y al olvido. ¡Donde no se olvida, y donde no hay muerte, llevamos a nuestra América, como luz y como hostia; y ni el interés corruptor, ni ciertas modas nuevas de fanatismo, podrán arrancárnosla de allí! Enseñemos el alma como es a estos mensajeros ilustres que han venido de nuestros pueblos, para que vean que la tenemos honrada y leal, y que la admiración justa y el estudio útil y sincero de lo ajeno, el estudio sin cristales de présbita ni de miope, no nos debilita el amor ardiente, salvador y santo de lo propio; ni por el bien de nuestra persona, si en la conciencia sin paz hay bien, hemos de ser traidores a lo que nos mandan hacer la naturaleza y la humanidad. Y así, cuando cada uno de ellos vuelva a las playas que acaso nunca volvamos a ver, podrá decir, contento de nuestro decoro, a la que es nuestra dueña, nuestra esperanza y nuestra guía: «¡Madre América, allí encontramos hermanos! ¡Madre América, allí tienes hijos!».

Informe. Presentado el 30 de marzo de 1891, por el señor José Martí, delegado por el Uruguay, por encargo de la Comisión nombrada para estudiar las proposiciones de los delegados de los Estados Unidos de Norteamérica, en la Comisión Monetaria Internacional Americana, celebrada en Washington

La Comisión nombrada para estudiar las proposiciones presentadas por la delegación de los Estados Unidos a la Comisión Internacional Americana, reunida en virtud del acuerdo de la Conferencia Internacional Americana, congregada en Washington por invitación de los Estados Unidos, para tratar sobre el establecimiento de la Unión Monetaria Internacional Americana, con la base de una o más monedas internacionales, ha examinado con profunda atención las proposiciones que la delegación de los Estados Unidos somete al acuerdo de la Comisión, para que ésta declare inoportuna la creación de una o más monedas internacionales, opiné que el establecimiento del doble padrón de oro y plata, en proporción universalmente acatada, facilitaría la creación de aquellas monedas, y decida recomendar que las repúblicas representadas en la Conferencia conviden juntas, por el conducto de sus respectivos Gobiernos, a una Conferencia Monetaria Universal, en Londres o en París, para tratar del establecimiento de un sistema uniforme y proporcionado de monedas de oro y plata.

Cumple a la Comisión comenzar declarando que recibe con agrado la expresión del aprecio profundo con que el pueblo y el Gobierno de los Estados Unidos estiman la respuesta de los pueblos latinos de América a la invitación del Gobierno norteamericano. Es tan grato ver reconocidos los móviles de nuestra participación en esta Conferencia, como penoso hubiese sido que se la supusiese determinada por ligereza o ignorancia. Los países representados en esta Conferencia no vinieron aquí por el falso atractivo de novedades que no están aún en sazón, ni porque desconociesen ninguno de los factores que precedían y acompañaban el hecho de su convocatoria; sino para dar una muestra, fácil a los que están seguros de su destino propio y su capacidad para realizarlo, de aquella cortesía cordial que es tan grata y útil entre los pueblos como entre los hombres, de su disposición a tratar con buena fe lo que se cree propuesto de buena voluntad, y del afectuoso deseo de ayudar con los Estados Unidos, como con los demás pueblos del mundo, a cuanto contribuya al bienestar y paz de los hombres.

A su vez toca a la Comisión congratular muy sinceramente a la delegación de los Estados Unidos por la sana doctrina que inspira sus proposiciones y el reconocimiento oportuno que en ellas se hace de la verdadera función de los pueblos de América en las relaciones económicas universales. El oficio del continente americano no es perturbar el mundo con factores nuevos de rivalidad y de discordia, ni restablecer con otros métodos y nombres el sistema imperial por donde se corrompen y mueren las repúblicas. El oficio del continente americano no es levantar un mundo contra otro, ni arrasar con precipitación elementos diversos para un conflicto innecesario e injusto, sino tratar en paz y con honradez, coreo propone noblemente la delegación de los Estados Unidos, con los pueblos que en la hora dudosa de la emancipación nos enviaron sus soldados, y en la época revuelta de la reconstitución nos mantienen abiertas sus cajas.

Las proposiciones de la delegación de los Estados Unidos no han podido causar sorpresa a la Comisión Monetaria Internacional, porque ellas vienen a ser el reconocimiento discreto de una situación que vieron siempre claramente los delegados latinoamericanos, por más que en «su deseo de contribuir», según la frase elocuente del honorable presidente de la Conferencia, «a unificar las instituciones e intereses de las repúblicas americanas, a costa de cualquier esfuerzo razonable», no quisieron llevar tan lejos su previsión que pudiera parecer resistencia sistemática a tina mejora en que se requería su concurso. Ni podrán desconocer los delegados latinos; porque era su deber conocerlas, las hondas escisiones que señalaron los debates de la delegación de los Estados Unidos sobre el dictamen de la Comisión Monetaria ante la Conferencia Internacional Americana.

No extraña, pues, la Comisión de estudio, que los delegados de una nación sincera, suspensa hoy entre los mantenedores del padrón del oro, y los de la amonedación ilimitada de la plata, reconozcan ante la Comisión Monetaria Internacional las verdades que ésta se hubiera visto obligada a reconocer por sí, como que resultan con fuerza invencible de la masa de opiniones contradictorias, que sin alteración esencial vienen buscando ajuste desde los años que precedieron al advenimiento de la América republicana. Ni puede la Comisión de estudio, en el seno de la Comisión que desde sus primeras sesiones oyó ideas semejantes a sus miembros, rechazar por nuevas las opiniones de la delegación de los Estados Unidos, convencida hoy, cono los delegados latinos, de que no puede aspirarse a la creación de una moneda internacional que no sea aceptada igualmente en todos los pueblos del globo; de que la moneda internacional es un «sueño fascinador», en tanto que no se llegue a un acuerdo universal sobre la relación fija del oro y la plata; de que «hay otro mundo», y un mundo muy vasto del otro lado del mar, y la insistencia de este mundo en no elevar la plata a la dignidad del oro es el obstáculo grande e insuperable que se presenta hoy para la adopción de la moneda de plata internacional.

No es lícito dejar de desear la creación de un sistema de monedas uniformes, que liarían más morales y seguras las relaciones económicas de los pueblos y mantendría en poder de la mayoría activa del comercio, con la ventaja consiguiente del comprador de los productos abaratados, las sumas que hoy aprovechan a los agentes y especuladores del cambio. El valor común de la moneda no solo facilitaría las transacciones, tanto como las estorba e intimida un cambio inquieto, sino que permitiría crear sobre una suma de necesidades conocidas, o fáciles de prever, una corriente de negocios más estable y serena, que las que hoy estremecen e interrumpen de súbito, por caprichos criminales a veces, las especulaciones del cambio. Y no se puede negar un valor político, tanto internacional como doméstico, a la adopción de una moneda fija y común, que removería de los tratos entre pueblos el recelo peligroso con que se disputan la soberanía monetaria, y en lo interior, por la quietud y contento que da al portador la mayor seguridad de recoger el fruto de sus productos, completaría la libertad política. Los pueblos no se rebelan contra las causas naturales de su malestar, sino contra las que nacen de algún desequilibrio o injusticia. Fijar los cambios es robustecer la libertad.

Todo acto equitativo en provecho de la masa laboriosa contribuye a afirmar la seguridad pública. Pero por apetecible que sea la creación de un sistema monetario uniforme, no puede olvidarse, mientras no se obtenga, que la moneda, sobre todo en su aspecto internacional, es esencialmente relativa. Toda alteración en una especie de moneda que sirve para comerciar, se ha de hacer en acuerdo con los países que comercian en la moneda de esa especie. La moneda que cubre los saldos de comercio ha de ser mutuamente aceptable a los países que comercian. Ningún país puede aceptar una moneda que no sea recibida, o se reciba con depreciación y desagrado, por los países que le abren crédito y le compran sus frutos. Ningún vendedor puede ofender gratuitamente a sus compradores. Ningún vendedor debe alarmar siquiera a sus compradores. La uniformidad de la moneda es una empresa digna de las naciones democráticas, conveniente a la paz internacional e indispensable para el goce completo de la libertad doméstica. Pero si esa uniformidad se ha de obtener, sea —como quiere la delegación de los Estados Unidos— por el acuerdo confiado y sincero de todos los pueblos trabajadores del globo, para que tenga base que dure, y no por los recursos violentos del artificio llevado a la economía, que fomentan rencores y provocan represalias, y no pueden durar.

No es menos deseable que la uniformidad monetaria, el establecimiento de una relación fija entre las monedas de oro y plata, que ha de preceder a todo proyecto de uniformidad. Ni el oro cede, ni basta. La insuficiencia de la cantidad de oro conocida y probable, la determinación de los pueblos a no aceptar por sustancia monedable la que no tenga valor constante y propio, aparte del valor legal del cuño, y el carácter meramente fiduciario y convencional de la moneda de papel, dan a la plata un valor real como medio de circulación, y un puesto firme en todos los sistemas. La moderación en su uso beneficiaría más, a la larga, a los productores, que el consumo artificial y excesivo. La plata no tiene acaso más enemigo que las pretensiones desmedidas de los productores, empeñados en echar sobre el mundo, con un valor inseguro —puesto que el valor se ha de fijar en parte por la producción— una, producción incalculable. Pero parece permitido esperar, que con la buena fe, y la producción prudente, de los países argentíferos, llegarán las naciones que hoy discuten sobre la elevación de la plata, a acordar, por lo menos, un período de prueba franca y limitada de la moneda doble con relación fija.

La persistencia del metal como moneda en los mercados del mundo, la necesidad patente que hay de él, por la producción escasa de oro, y el mismo carácter popular que asume, como el vehículo de uso mayor entre las masas, acercan más cada día la moneda de plata y la de oro. La nación que más la combatía, ya la acepta a medias. La producción inconsiderada es un obstáculo a la relación fija, pero los productores impacientes habrán de ceder por su interés ante el daño que su tenacidad causa a su propio producto. Otro obstáculo es el tipo vario de la relación entre el oro y la plata en diversos países; pero se nota una disposición creciente a unificar el tipo, y es para la Comisión motivo de complacencia que sea una república hermana, la República de México, el país que haya dado el último ejemplo de esta sensata actitud, proponiendo en su nuevo plan monetario que la relación de la plata y oro sea de 151/2 a 1, en vez de 161/2 a 1, como era; lo que deja la moneda de plata a mucha mejor luz. Ya el bimetalismo no es la «utopía» de Goschen, ni un suceso práctica y materialmente realizable; y es de desear que se cumplan los votos que hace por su establecimiento la delegación de los Estados Unidos. *La América* ha de promover todo lo que acerque a los pueblos, y de abominar todo lo que los aparte. En esto, como en todos los problemas humanos, el porvenir es de la paz.

En Lo que difiere un tanto la Comisión de estudio, por razón de oportunidad, de las proposiciones de la delegación de los Estados Unidos, es en la de invitar a las potencias del mundo a una conferencia monetaria en Londres o en París, para estudiar el bimetalismo, la relación de la plata y el oro y la asimilación universal y circulación legal internacional de tipos monetarios. La Comisión acata, como es de justicia rudimentaria, el principio de someter a todos los pueblos del Universo la proposición de fijar las substancias y proporciones de la moneda en que han de comerciar los pueblos todos. Jamás pudiera llegar la locura de una nación hasta prescindir, al fijar la moneda que le sirve para tratar, de las naciones con que ha de hacer los tratos. Sueño sería también, impropio de la generosidad y grandeza a que están obligadas las repúblicas, negarse, directa o indirectamente, con violación de los intereses naturales y los deberes humanos, al trato libérrimo con los demás pueblos del globo.

Las puertas de cada nación deben estar abiertas a la actividad fecundante y legítima de todos los pueblos. Las manos de cada nación deber estar libres para desenvolver sin trabas el país, con arreglo a su naturaleza distintiva y a sus elementos propios. Los pueblos todos deben reunirse en amistad y con la mayor frecuencia dable, para ir reemplazando, con el sistema del acercamiento universal, por sobre la lengua de los istmos y la barrera de los mares, el sistema, muerto para siempre, de dinastías y de grupos. Pero, en este caso concreto, cree firmemente la Comisión que no existiendo condiciones nuevas, ni nuevos argumentos, con que influir de un modo natural en el ánimo de una conferencia de los países del mundo, sobre puntos que se debatieron, por peritos en gran parte vivos, en dos conferencias recientes, se correría el peligro, con una invitación no bastante justificada, de alarmar con temores, no por infundados menos ciertos, a los poderes que pudiesen ver en la convocatoria cierto empeño, aunque hábil y disimulado, de precipitarlos a una solución a que de seguro llegarán antes por sí propios, caso que quieran llegar, que si se les excita la suspicacia, o se lastima su puntillo, con una insistencia que no tendría la razón de allegar al problema un solo factor nuevo de importancia, ni un solo dato desconocido.

Y acontecería que el recurso propuesto por la delegación de los Estados Unidos para acelerar la solución del problema contribuiría a retardarla. Cree esto firmemente la Comisión; pero en el caso de que esta Conferencia Universal fuese convocada por alguna de las naciones en ella interesadas particularmente, bien de Europa, o de América, es la Comisión de parecer que no habría ya la menor causa de objeción, y deberían las repúblicas americanas, si lo tienen a bien, concurrir a defender, en el caso probable de su asentimiento, las soluciones que la delegación de los Estados Unidos recomienda, y que la Comisión estima conciliadoras y sensatas. No ha de haber prisa censurable en provocar, ni en contraer entre los pueblos, compromisos innecesarios que estén fuera de la naturaleza y de la realidad. Ni han de negarse los pueblos, por reparos pueriles, a tratar unidos cuantos asuntos tiendan a fomentar, por el cambio amistoso de las ideas, y el creciente conocimiento y respeto mutuos, los intereses legítimos, cuyo comercio natural asegura, en vez de comprometer, la paz de las naciones.

Con este espíritu y con cordial aprecio del que visiblemente anima las proposiciones de la delegación de los Estados Unidos, la Comisión de estudio, conservando íntegras la primera y segunda de ellas, y alterando solo la tercera, tiene el honor de someter a la Comisión Monetaria, en cumplimiento de su encargo, las siguientes proposiciones:

1. Que reconociendo plenamente la gran conveniencia e importancia que vendría al comercio de la creación de una moneda o monedas internacionales, no se cree por ahora oportuno recomendarla, vista la actitud de algunos de los grandes poderes comerciales de Europa hacia la plata, como uno de los metales en curso, y los diversos tipos de relación establecidos entre el oro y la plata por los varios países representados en la Comisión.

2. Que muchas de las dificultades para el establecimiento de una moneda o monedas internacionales podrían desaparecer con la adopción del bimetalismo y el establecimiento de una relación común entre el oro y la plata por los grandes poderes comerciales.

3. Que sería conveniente que se reuniese, en Londres o en París, una Conferencia Monetaria Universal, con asistencia de los países americanos; y que la Comisión recomienda la asistencia a ella de todas las repúblicas.

La conferencia monetaria de las repúblicas de América

El 24 de mayo de 1888 envió el presidente de los Estados Unidos a los pueblos de América, y al reino de Hawai en el mar Pacífico, el convite donde el Senado y la Cámara de Representantes los llamaban a una Conferencia Internacional en Washington, para estudiar, entre otras cosas, «la adopción por cada uno de los gobiernos de una moneda común de plata, que sea de uso forzoso en las transacciones comerciales recíprocas de los ciudadanos de todos los Estados de América».

El 7 de abril de 1890, la Conferencia Internacional Americana, en que eran parte los Estados Unidos, recomendó que se estableciese una unión monetaria internacional; que como base de esta unión se acuñasen una o más monedas internacionales, uniformes en peso y ley, que pudiesen usarse en todos los países representados en esta Conferencia; que se reuniese en Washington una Comisión que estudiase la cantidad, curso, valor y relación de metales en que se habría de acuñar la moneda internacional.

El 23 de marzo de 1891, después de un mes de prórroga solicitado de la Comisión Monetaria Internacional reunida en Washington, por la delegación de los Estados Unidos, «para tener tiempo de conocer la opinión pendiente de la Cámara de Representantes sobre la acuñación libre de la plata», declaró la delegación de los Estados Unidos, ante la Conferencia, que la creación de una moneda común de plata de curso forzoso en todos los Estados de América era un sueño fascinador, que no podía intentarse sin el avenimiento con las demás potencias del globo. Recomendó la delegación el uso del oro y la plata para la moneda, con relación fija. Deseó que los pueblos de América, y el reino de Hawai que se sentaba en la Conferencia, invitasen unidos a las potencias a un Congreso Monetario Universal.

¿Qué lección se desprende para América, de la Comisión Monetaria Internacional, que los Estados Unidos provocaron, con el acuerdo del Congreso, en 1888, para tratar de la adopción de una moneda común de plata, y a la que los Estados Unidos dicen, en 1891, que la moneda común de plata es un sueño fascinador?

A lo que se ha de estar no es a la forma de las cosas, sino a su espíritu. Lo real es lo que importa, no lo aparente. En la política, lo real es lo que no se ve. La política es el arte de combinar, para el bienestar creciente interior, los factores diversos u opuestos de un país, y de salvar al país de la enemistad abierta o la amistad codiciosa de los demás pueblos. A todo convite entre pueblos hay que buscarle las razones ocultas. Ningún pueblo hace nada contra su interés; de lo que se deduce que lo que un pueblo hace es lo que está en su interés. Si dos naciones no tienen intereses comunes, no pueden juntarse. Si se juntan, chocan. Los pueblos menores, que están aún en los vuelcos de la gestación, no pueden unirse sin peligro con los que buscan un remedio al exceso de productos de una población compacta y agresiva, y un desagüe a sus turbas inquietas, en la unión con los pueblos menores. Los actos políticos de las repúblicas reales son el resultado compuesto de los elementos del carácter nacional, de las necesidades económicas, de las necesidades de los partidos, de las necesidades de los políticos directores. Cuando un pueblo es invitado a unión por otro, podrá hacerlo con prisa el estadista ignorante y deslumbrado, podrá celebrarlo sin juicio la juventud prendada de las bellas ideas, podrá recibirlo como una merced el político venal o demente, y glorificarlo con palabras serviles; pero el que siente en su corazón la angustia de la patria, el que vigila y prevé, ha de inquirir y ha de decir qué elementos componen el carácter del pueblo que convida y el del convidado, y si están predispuestos a la obra común por antecedentes y hábitos comunes, y si es probable o no que los elementos temibles del pueblo invitante se desarrollen en la unión que pretende, con peligro del invitado; ha de inquirir cuáles son las fuerzas políticas del país que le convida, y los intereses de sus partidos, y los intereses de sus hombres, en el momento de la invitación. Y el que resuelva sin investigar, o desee la unión sin conocer, o la recomiende por mera frase y deslumbramiento, o la defienda por la poquedad del alma aldeana, hará mal a América. ¿En qué instantes se provocó, y se vino a reunir, la Comisión Monetaria Internacional? ¿Resulta de ella, o no, que la política internacional americana es, o no es, una bandera de política local y un instrumento de la ambición de los partidos? ¿Han dado, o no, esta lección a Hispanoamérica los mismos Estados Unidos? ¿Conviene a Hispanoamérica desoírla, o aprovecharla?

Un pueblo crece y obra sobre los demás pueblos en acuerdo con los elementos de que se compone. La acción de un país, en una unión de países, será conforme a los elementos que predominen en él, y no podrá ser distinta de ellos. Si a un caballo hambriento se le abre la llanura, la llanura pastosa y fragante, el caballo se echará sobre el pasto, y se hundirá en el pasto hasta la cruz, y morderá furioso a quien le estorbe.

Dos cóndores, o dos corderos, se unen sin tanto peligro como un cóndor y un cordero. Los mismos cóndores jóvenes, entretenidos en los juegos fogosos y peleas fanfarronas de la primera edad, no defenderían bien, o no acudirían a tiempo y juntos a defender, la presa que les arrebatase el cóndor maduro. Prever es la cualidad esencial, en la constitución y gobierno de los pueblos. Gobernar no es más que prever. Antes de unirse a un pueblo, se ha de ver qué daños, o qué beneficios, pueden venir naturalmente de los elementos que lo componen.

Ni es solo necesario averiguar si los pueblos son tan grandes como parecen y si la misma acumulación de poder que deslumbra a los impacientes y a los incapaces no se ha producido a costa de cualidades superiores, y en virtud de las que amenazan a quienes lo admiran; sino que, aún cuando la grandeza sea genuina y de raíz, sea durable, sea justa, sea útil, sea cordial, cabe que sea de otra índole y de otros métodos que la grandeza a que puede aspirar por sí, y llegar por sí, con métodos propios —que son los únicos viables— un pueblo que concibe la vida y vive en diverso ambiente, de un modo diverso. En la vida común, las ideas y los hábitos han de ser comunes. No basta que el objeto de la vida sea igual en los que han de vivir juntos, sino que lo ha de ser la manera de vivir; o pelean, y se desdeñan, y se odian, por las diferencias de manera, como se odiarían por las de objeto. Los países que no tienen métodos comunes, aun cuando tuviesen idénticos fines, no pueden unirse para realizar su fin común con los mismos métodos.

Ni el que sabe y ve puede decir honradamente —porque eso solo lo dice quien no sabe y no ve, o no quiere por su provecho ver ni saber, que en los Estados Unidos prepondere hoy, siquiera, aquel elemento más humano y viril, aunque siempre egoísta y conquistador, de los colonos rebeldes, ya segundones de la nobleza, ya burguesía puritana; sino que este factor, que consumió la raza nativa, fomentó y vivió de la esclavitud de otra raza y redujo o robó los países vecinos, se ha acendrado, en vez de suavizarse, con el injerto continuo de la muchedumbre europea, cría tiránica del despotismo político y religioso, cuya única cualidad común es el apetito acumulado de ejercer sobre los demás la autoridad que se ejerció sobre ellos. Creen en la necesidad, en el derecho bárbaro, como único derecho: «esto será nuestro, porque lo necesitamos». Creen en la superioridad incontrastable de «la raza anglosajona contra la raza latina». Creen en la bajeza de la raza negra, que esclavizaron ayer y vejan hoy, y de la india, que exterminan. Creen que los pueblos de Hispanoamérica están formados, principalmente, de indios y de negros. Mientras no sepan más de Hispanoamérica los Estados Unidos y la respeten más —como con la explicación incesante, urgente, múltiple, sagaz, de nuestros elementos y recursos, podrían llegar a respetarla— ¿pueden los Estados Unidos convidar a Hispanoamérica a una unión sincera y útil para Hispanoamérica? ¿Conviene a Hispanoamérica la unión política y económica con los Estados Unidos?

Quien dice unión económica, dice unión política. El pueblo que compra, manda. El pueblo que vende, sirve. Hay que equilibrar el comercio, para asegurar la libertad. El pueblo que quiere morir, vende a un solo pueblo, y el que quiere salvarse, vende a más de uno. El influjo excesivo de un país en el comercio de otro, se convierte en influjo político. La política es obra de los hombres, que rinden sus sentimientos al interés, o sacrifican al interés una parte de sus sentimientos. Cuando un pueblo fuerte da de comer a otro, se hace servir de él. Cuando un pueblo fuerte quiere dar batalla a otro, compele a la alianza y al servicio a los que necesitan de él. Lo primero que hace un pueblo para llegar a dominar a otro, es separarlo de los demás pueblos. El pueblo que quiera ser libre, sea libre en negocios. Distribuya sus negocios entre países igualmente fuertes. Si ha de preferir a alguno, prefiera al que lo necesite menos, al que lo desdeñe menos. Ni uniones de América contra Europa, ni con Europa contra un pueblo de América. El caso geográfico de vivir juntos en América no obliga, sino en la mente de algún candidato o algún bachiller, a unión política. El comercio va por las vertientes de tierra y agua y detrás de quien tiene algo que cambiar por él, sea monarquía o república. La unión, con el inundo, y no con una parte de él; no con una parte de él, contra otra. Si algún oficio tiene la familia de repúblicas de América, no es ir de arria de una de ellas contra las repúblicas futuras.

Ni en los arreglos de la moneda, que es el instrumento del comercio, puede un pueblo sano prescindir –por acatamiento a un país que no le ayudó nunca, o lo ayuda por emulación y miedo de otro– de las naciones que le anticipan el caudal necesario para sus empresas, que le obligan el cariño con su fe, que lo esperan en las crisis y le dan modo para salir de ellas, que lo tratan a la par, sin desdén arrogante, y le compran sus frutos. Por el universo todo debiera ser una la moneda. Será una. Todo lo primitivo, como la diferencia de monedas, desaparecerá, cuando ya no haya pueblos primitivos. Se ha de poblar la tierra, para que impere, en el comercio como en la política, la paz igual y culta. Ha de procurarse la moneda uniforme. Ha de hacerse cuanto prepare a ella. Ha de reconocerse el uso legal de los metales imprescindibles. Ha de establecerse una relación fija entre el oro y la plata. Ha de desearse, y de ayudar a realizar, cuanto acerque a los hombres y les haga la vida más moral y llevadera. Ha de realizarse cuanto acerque a los pueblos. Pero el modo de acercarlos no es levantarlos unos contra otros; ni se prepara la paz del mundo armando un continente contra las naciones que han dado vida y mantienen con sus compras a la mayor parte de los países de él; ni convidando a los pueblos de América, adeudados a Europa, a combinar, con la nación que nunca les fío, un sistema de monedas cuyo fin es compeler a sus acreedores de Europa, que les fía, a aceptar una moneda que sus acreedores rechazan.

La moneda del comercio ha de ser aceptable a los países que comercian. Todo cambio en la moneda ha de hacerse, por lo menos, en acuerdo con los países con que se comercia más. El que vende no puede ofender a quien le compra mucho, y le da crédito, por complacer a quien le compra poco, o se niega a comprarle, y no le da crédito. Ni lastimar, ni alarmar siquiera, debe un deudor necesitado a sus acreedores. No debe levantarse entre países que comercian poco, o no dejan de comerciar por razones de moneda, una moneda que perturba a los países con quienes se comercia mucho. Cuando el mayor obstáculo al reconocimiento y fijeza de la moneda de plata es el temor de su producción excesiva en los Estados Unidos, y del valor ficticio que los Estados Unidos le puedan dar por su legislación, todo lo que aumente este temor, dalia a la plata. El porvenir de la moneda de plata está en la moderación de sus productores. Forzarla, es depreciarla. La plata de Hispanoamérica se levantará o caerá con la plata universal. Si los países de Hispanoamérica venden, principalmente, cuando no exclusivamente, sus fruto en Europa; y reciben de Europa empréstitos y créditos, ¿qué conveniencia puede haber en entrar, por un sistema que quiere violentar al europeo, en un sistema de moneda que no se recibiría, o se recibiría depreciada, en Europa? Si el obstáculo mayor para la elevación de la plata y su relación fija con el oro es el temor de su producción excesiva y valor ficticio en los Estados Unidos, ¿qué conveniencia puede haber, ni para los países de Hispanoamérica que producen plata, ni para los Estados Unidos mismos, en una moneda que asegure mayor imperio y circulación a la plata de los Estados Unidos?

Pero el Congreso Panamericano, que pudo ver lo que no siempre vio; que debió librar a las repúblicas de América de compromisos futuros de que no las libró; que debió estudiar las propuestas de la convocatoria por sus antecedentes políticos y locales —la plétora fabril traída por el proteccionismo desordenado— la necesidad del Partido Republicano de halagar a sus mantenedores proteccionistas —la ligereza con que un prestidigitador político, poniéndole colorines de república a una idea imperial, podía lisonjear a la vez, como bandera de candidato, el interés de los productores ansiosos de vender y la conquista latente y poco menos que madura en la sangre nacional; —el Congreso Panamericano, que demoró lo que no quiso resolver, por un espíritu imprudente de concesión innecesaria, o no pudo resolver, por empeños sinuosos o escasez de tiempo; recomendó la creación de una Unión Monetaria Internacional— la creación de una o más monedas internacionales, la reunión de una Comisión que acordase el tipo y reglamentación de la moneda. Las repúblicas de América atendieron, corteses, la recomendación. Los delegados de la mayoría de ellas se reunieron en Washington. México y Nicaragua, y el Brasil y el Perú, y Chile y la Argentina, delegaron a sus ministros residentes. El ministro argentino renunció el puesto, que ocupó más tarde otro delegado. Las otras repúblicas enviaron delegados especiales. El Paraguay no envió. Ni envió Centroamérica, fuera de Nicaragua, y de Honduras, cuyo delegado, hijo de un almirante norteamericano, no hablaba español. Presidió la Comisión, por acuerdo unánime, el ministro de México. Sesiones de uso, comisiones previas, reglamento; lo uniforme no era allí la moneda, sino la duda, cambiada a chispazos en los debates, —la seguridad de que no podía llegarse a acuerdo. Uno hablaba del «comercio real». Otro se declaraba, antes de sazón, hostil «a esa idea imposible». Pidió un delegado de los Estados Unidos una larga demora, «para tener tiempo de conocer la opinión pendiente de la Cámara de Representantes sobre la acuñación libre de la plata»; y un delegado, al obtener que se redujese a términos de cortesía lícita la pretensión excesiva del delegado de los Estados Unidos estableció que «se entendiese cómo la demora era para que la delegación del país invitante pudiera completar sus estudios preparatorios, puesto que de ningún modo se habría de suponer que la opinión de la Cámara de Representantes hubiese por necesidad de alterar las opiniones formadas de la Comisión».

Cumplida la demora y desbandada la Cámara de Representantes sin haber votado la ley de plata libre, las delegaciones ocuparon de nuevo sus puestos en la mesa de la Comisión. Acaso habían oído algunos lo que decían sin reserva gentes notables del país. Oyeron acaso que la Comisión no parecía bien a los que pasaban por amigos de la mayoría del gobierno. Que al gobierno no agradaba el interés de su minoría en mantener, por los que se tachan de artificios, la política continental. Que este alarde peligroso de la política continental, ni de una minoría era siquiera, sino de un solo hombre. Que esta Comisión hueca debía cesar, para que no sirviese de comodín político a un candidato que no se para en medios y sabe sacar montes de las hormigas. Que la simple discusión de una moneda de plata común alarmaba y ofendía a los mantenedores del oro, que imperan en los consejos actuales del Partido Republicano. Que los países hispanoamericanos verían por sí, sin duda, si les quedan ojos, el peligro de abrirse, por concepto de cortesía o por impaciencia de falso progreso, a una política que los atrae, por el abalorio de la palabra y los hilos de la intriga, a una unión fraguada por los que la proponen con un concepto distinto del de los que la aceptan. Se puso en pie un delegado de los Estados Unidos, ante la Comisión por los Estados Unidos convocada para adoptar una moneda común de plata, y propuso, al pie de una robusta exposición de verdades monetarias, donde llamaba. «Sueño fascinador» a la moneda internacional que declarase la Comisión inoportuna la creación de una o más monedas de plata comunes; que se opinase que el establecimiento del patrón doble de plata y oro, con relación universalmente acatada, facilitaría la creación de aquellas monedas; que recomendase que las república: representadas en la Conferencia conviden juntas, por el conducto de sus respectivos gobiernos, a una Conferencia Monetaria Universal, para tratar del establecimiento de un sistema uniforme y proporcionado de monedas de oro y plata. «Hay otro mundo —decía el delegado— y un mundo muy vasto del otro lado del mar, y la insistencia de este mundo en no elevar la plata a la dignidad del oro es el obstáculo grande e insuperable que se presenta hoy para la adopción de la plata internacional.» ¡Los Estados Unidos, pues, marcaban a la América complaciente el peligro que hubiera corrido en acceder con demasiada prisa a las sugestiones de los Estados Unidos!

A cinco repúblicas —a Chile, Argentina, Brasil, Colombia y Uruguay— dio la Comisión el encargo de estudiar las proposiciones de los Estados Unidos, y la Comisión, unánime, acordó recomendar que se aceptase las proposiciones norteamericanas. «No podía extrañar la Comisión que los delegados de los Estados Unidos reconociesen las verdades que la Comisión Internacional se hubiera visto obligada a reconocer por sí misma.» «La Comisión acataba, como que es de elemental justicia, el principio de someter a todos los pueblos del universo la proposición de fijar las sustancias y proporciones de la moneda en que han de comerciar los pueblos todos.» «Sueño sería, impropio de la generosidad y grandeza a que están obligadas las repúblicas, negarse directa o indirectamente, con violación de los intereses naturales y los deberes humanos, al trato libérrimo con los demás pueblos del globo.» Pero no propuso la Comisión, como los Estados Unidos, que se convidase «a las potencias del globo», «por no correr el peligro, con una invitación no bastante justificada, de alarmar con temores, no por infundados menos ciertos, a los poderes que pudiesen ver en la convocatoria el empeño, por más que hábil y disimulado, de precipitarlos a una solución a que de seguro llegarán antes por sí propios, caso que quieran llegar, que si se les excita la suspicacia, o se lastima su puntillo con una insistencia que no tendría la razón de allegar al problema monetario un solo factor nuevo de importancia, ni un solo dato desconocido». «La plata debe irse acercando al oro.» «La producción inmoderada aleja la plata del oro.» «A la moneda de plata no se la puede, ni se la debe, hacer desaparecer.» «Se ha de tender a la moneda uniforme, pero por el acuerdo confiado y sincero de todos los pueblos trabajadores del globo para que tenga base que dure, y no por los recursos violentos del artificio llevado a la economía, que fomentan rencores y provocan venganzas, y no pueden durar.» «Pero el convite en conjunto no se recomienda.» Y cuando a su paso por los detalles monetarios tocaba a la Comisión marcar el espíritu con que Hispanoamérica los entendía, y entiende cuanto atañe a la vida individual e independiente de sus pueblos, lo marcó así:

«Los países representados en esta Conferencia no vinieron aquí por el falso atractivo de novedades que no están aún en sazón, ni porque desconociesen los factores todos que precedieron y acompañaron el hecho de su convocatoria sino para dar una muestra, fácil a los que están seguros de su destino propio y su capacidad para realizarlo, de aquella cortesía cordial que es tan grata y útil entre los pueblos como entre los hombres –de su disposición a tratar con buena fe lo que se cree propuesto con buena voluntad– y del afectuoso deseo de ayudar, con loa Estados Unidos como con los demás pueblos del mundo, a cuanto contribuya al bienestar y la paz de los hombres.» «No ha de haber prisa censurable en provocar, ni en contraer entre los pueblos compromisos innecesarios que estén fuera de la naturaleza y de la realidad.» «El oficio del continente americano no es perturbar el mundo con factores nuevos de rivalidad y de discordia, ni restablecer con otros métodos y nombres el sistema imperial, por donde se corrompen y mueren las repúblicas; sino tratar en paz y honradez con los pueblos que en la hora dudosa de la emancipación nos enviaron sus soldados, y en la época revuelta de la constitución nos mantienen abiertas sus cajas.» «Los pueblos todos deben reunirse en amistad, y con la mayor frecuencia dable, para ir reemplazando, con el sistema del acrecentamiento universal, por sobre la lengua de los istmos y la barrera de los mares, el sistema, muerto para siempre, de dinastías y de grupos.» «Las puertas de cada nación deben estar abiertas a la libertad fecundante y legítima de todos los pueblos. Las manos de cada, nación deben estar libres para desenvolver sin trabas el país, con arreglo a su naturaleza distintiva y a sus elementos propios.»

Cuando se pone en pie el anfitrión, los huéspedes no insisten en quedarse sentados a la mesa. Cuando los huéspedes venidos de muy lejos, más por cortesía que por apetito, hallan al anfitrión a la puerta, diciendo que no hay qué comer, los huéspedes no lo echan de lado, ni entran en su casa a la fuerza, ni dan voces para que les abran el comedor. Los huéspedes deben decir alto la cortesía por que vinieron, y cómo no vinieron por servidumbre ni necesidad, para que el anfitrión no crea que están tallados en una rodilla, o son títeres que van y que vienen, por donde quiere que vayan o vengan el titiritero. Luego, irse.

Hay un modo de andar, de espalda vuelta, que aumenta la estatura. Un delegado hispanoamericano —entendiendo que la Comisión Monetaria no venía más que «a cumplir lo que se había recomendado»— apadrinó, sin ver que una recomendación lleva aparejada la discusión y confirmación antes del cumplimiento, la opinión sin cabeza visible que andaba serpeando por entre los delegados: que la Comisión Monetaria no había venido, como creían los Estados Unidos que la promovieron, a ver si podía y debía crearse una moneda internacional, sino a crearla ahora, aunque los Estados Unidos mismos reconociesen que ahora no se podía crear; y el delegado propuso un plan minucioso de moneda de América, que llamó «Columbus», sobre los trazos de la moneda de la Unión Latina, más un Consejo de Vigilancia, «residente en Washington».

No habían dicho los Estados Unidos que el obstáculo para la creación de la moneda internacional fuese la resistencia de la Cámara de Representantes a votar la acuñación libre de la plata, sino la resistencia del mundo vasto del otro lado de la mar a aceptar la moneda de plata en relación fija e igual con la moneda de oro; pero un delegado hispanoamericano preguntó así: «¿No sería más prudente, dada la probabilidad de que la nueva Cámara de Representantes vote antes de fin de año la acuñación libre de la plata, suspender las sesiones de la Conferencia, por ejemplo, hasta el día primero de enero de 1892, cuando probablemente este asunto habrá sido decidido por el gobierno de los Estados Unidos?». Y cuando otro delegado urgía, por el decoro de los huéspedes, la aceptación, lisa y prudente, de las proposiciones de los Estados Unidos, salva la del Congreso Universal, habló un delegado hispanoamericano, que no habla español, para pedir y obtener la suspensión de la sesión. ¿Quién podía tener interés, puesto que los hispanoamericanos no lo tenían, en que la Comisión promovida por los Estados Unidos continuase en funciones, contra la opinión terminante de los mismos Estados Unidos? ¿Quién azuzaba, en una asamblea de mayoría hispanoamericana, la oposición a las proposiciones de los Estados Unidos? ¿A quién, sino a los que hacen bandera de la política continental, propuesta por los Estados Unidos, perjudicaba que la idea de una moneda continental se declarase imposible en la Comisión reunida para su estudio por los mismos Estados Unidos? ¿Por qué surgía, ni cómo podía surgir de un modo natural en la Comisión Monetaria, de mayoría hispanoamericana, el pensamiento de oponerse a la clausura de una Comisión reunida para tratar de un proyecto que expresamente declaraban irrealizable, casi unánimemente, los delegados hispanoamericanos? Si a sí no se servían, ¿qué interés, en el seno de ellos, se aprovechaba de su buena voluntad excesiva y los ponía a su servicio? ¿O era, como decían los que saben del interior de la política, que el interés de un grupo político, o de un político tenaz y osado de los Estados Unido, levantaba por resortes ocultos e influencias privadas una asamblea de pueblos contra la opinión solemne del gobierno de los Estados Unidos? ¿Era que la asamblea de pueblos hispanoamericanos iba a servir los intereses de quien los compele a ligas confusas, a ligas peligrosas, a ligas imposibles, desdeñando el consejo de los que, por su interés local de partidarios o por justicia internacional, les abren las puertas para que se salven de ellas?

Se meditó; se temió; se urgió; se corrió gran riesgo de hacer lo que no se debía: de dejar en pie —al capricho de una política ajena, desesperada y sin escrúpulos— una asamblea que, por lo complejo y delicado de las relaciones de muchos pueblos de Hispanoamérica con los Estados Unidos, podía, en manos de un candidato inclemente, ceder a los Estados Unidos más de lo que conviniese al respeto y seguridad de los pueblos hispanoamericanos.

Mostrarse acomodaticio hasta la debilidad no sería el mejor modo de salvarse de los peligros a que expone en el comercio, con un pueblo pujador y desbordante, la fama de debilidad. La cordura no está en confirmar la fama de débil, sino en aprovechar la ocasión de mostrarse enérgico sin peligro. Y en esto de peligro, lo menos peligroso, cuando se elige la hora propicia y se la usa con mesura, es ser enérgico. Sobre serpientes, ¿quién levanta pueblos? Pero si hubo batalla; si el afán de progreso en las repúblicas aún no cuajadas lleva a sus hijos, por sin desvío de la razón, o levadura enconada de servidumbre, a confiar más en la virtud del progreso en los pueblos donde no nacieron, que en el pueblo en que han nacido; si el ansia de ver crecer el país nativo los lleva a la ceguedad de apetecer modos y cosas que son afuera producto de factores extraños ti hostiles al país, que ha de crecer conforme a sus factores y por métodos que resulten de ellos; si la cautela natural de los pueblos clavados en las cercanías de Norteamérica no creía aconsejable lo que, más que a los demás, por esa misma cercanía, les interesa; si la prudencia local y respetable, o el temor, o la obligación privada, ponían más cera en los caracteres que la que se ha de tener en los asuntos de independencia y creación hispanoamericana, en la Comisión Monetaria no se vio, porque acordó levantar de lleno sus sesiones.

La Resista Ilustrada. Nueva York mayo de 1891

Carta a James G. Blaine

Consulado General de la República Oriental del Uruguay

Nueva York, enero 2 de 1891

Señor:

Tengo la honra de poner en conocimiento de vuestra excelencia que acaba de llegar a mis manos el cablegrama en que el Gobierno de la República Oriental del Uruguay se sirve nombrarme delegado al Congreso Monetario de Washington, cuyo telegrama dice textualmente:

«Martí, Nueva York: Sírvase vuestra excelencia concurrir en representación de este Gobierno a Congreso Monetario Washington: por correo plenipotencia e instrucciones.» Hordeñana.

Cumplo gustoso con el deber de anunciar a vuestra excelencia, tan pronto como llega a mí noticia, la designación recaída en mi persona, y aguardo respecto de ella las instrucciones que para el cumplimiento de mi comisión se sirva comunicarme el Departamento al digno cargo de vuestra excelencia

Saludo a vuestra excelencia con el testimonio de mi más alta y distinguida consideración.

José Martí

Carta a James G. Blaine

Consulado General de la República Oriental del Uruguay

Nueva York, 8 de enero de 1891

Excelentísimo señor:

Con fecha 2 de este mes tuve la honra de dirigirme a vuestra excelencia anunciándole haber recibido, por el cablegrama cuyo texto transcribí en mi nota, el encargo de concurrir en representación del Gobierno de la República Oriental del Uruguay a la Conferencia Monetaria Internacional inaugurada ayer.

No he sido honrado aún con la respuesta del Departamento al digno caro de vuestra excelencia, y creo de mi deber, temiendo extravío de mi primera nota.

Acompañar a vuestra excelencia la copia del cablegrama; que llega ahora a mis manos.

Saludo a vuestra excelencia con el testimonio de mi más alta y distinguida consideración.

José Martí

A Su Excelencia el señor secretario del Departamento de Estado James G. Blaine. Washington

Enero, 1891

Excelentísimo señor:[18]

Delegado por el Gobierno del Uruguay para representarla en el Congreso Monetario de que es vuestra excelencia digno presidente interino, es de mi deber poner en conocimiento de usted, el cablegrama en que recibí este encaro, que dice así: El día 2 de enero tan luego como llegó a mis manos el cablegrama di conocimiento de él a la Secretaría de Estado, y como ha llegado el día de la inauguración de la Conferencia sin haber recibido noticia alguna de la Secretaría, renuevo hoy mi comunicación, enviando copia del cablegrama, y comunico a vuestra excelencia el nombramiento, para que se sirva ordenar.

(Siguen palabras inteligibles.)

Consulado General de la República Oriental del Uruguay

New York, January 17th., 1891

Sir:

I have the honor to acknowledge the receipt of your note of the 16th instant, repleying to my communication of the 8th, which I considered as having being articulately answered by the note of the Department. received by me on the following day, the receipt of which I did not acknowledge in writing, from fear of molesting the Department with unnecesary correspondence —reserving for the occasion of my paying in person my respects to the Department, the expression of my gratitude for the hearty acknowledgement of my note—, advising my appointment by the Government of Uruguay as its Delegate to the International Monetary Conference, by His Excellency the Secretary of the Department.

18 Borrador de una comunicación a Matías Romero, ministro de México en Washington, y presidente del Congreso Monetario Internacional.

In answer to the remark raised in your note; 1 beg to enclose the letters patent issued in my favour, as Consul of Uruguay in New York, by the Government of the Republic since the 16th of April of 1887, and which I did not present then to the Department of State, having been instructed by the Consul General, Mister Enrique 111. Estrázulas, on his leaving for Europe, that he had notified the Department that the duties of the Consulate General, would be during his absence discharged by me. 1 deemed then unnecessary to molest the Department with the formality of soliciting my exequatur as Consul, having already been placed, by the notification to the Department by the Consul General, in a capacity sufficient to comply with the duties of the office, —which, en a former occasion and through a similar notification. I had already discharged in the same character, until I had the honour to advise the Department of my having put the Consulate General in the hands of Mister Carlos Farini, then Acting as Chargé d'Affaires for the Republic, in the absence of Mister Enrique M. Estrázulas.

In enclosing now the letters patent, I solicit the honour, in case this formality be deemed by you necessary, of having them confirmed by the corresponding exequatur.

I remain, Sir, with the testimony of my respect and consideration. Your obedient servant,

José Martí

Traducción: To the Honorable William F. Wharton. Assistant Secretary of the Department of State

Washington

Nueva York, enero 17 de 1891.

Honorable señor William F. Wharton secretario en Funciones del Departamento de Estado Washington, D. C.

Señor:

Tengo el honor de acusarle recibo de su nota del 16 del corriente, en respuesta a mi comunicación de fecha 8 que considero como anticipadamente contestada por otra nota del Departamento que recibí al siguiente día y cuya recepción no participé por escrito por temor de molestarle con innecesaria correspondencia, reservándome, para la oportunidad de presentar personalmente mis respetos al Departamento, la expresión de mi gratitud por el cordial acuse de recibo de la nota en que daba cuenta de mi nombramiento por el gobierno del Uruguay como su delegado a la Conferencia Monetaria Internacional, por S. E. el secretario de Estado.

En respuesta a la observación hecha en dicha nota, me permito incluirle las cartas patentes expedidas a mi favor como cónsul del Uruguay en Nueva York por el gobierno de la República desde el 16 de abril de 1887, las que entonces no presenté al Departamento de Estado por haberme informado el cónsul general, señor Enrique M. Estrázulas, al partir para Europa, que había notificado al Departamento de que los deberes del consulado general, durante su ausencia, serían atendidos por mí. Consideré entonces innecesario el molestar al Departamento con la formalidad de solicitar mi exequátur como cónsul, cuando ya había sido colocado, por la notificación del cónsul general al Departamento, en capacidad suficiente para desempeñar los deberes de mi cargo que, en anterior ocasión, y con solo una notificación semejante, había asumido con el mismo carácter, hasta que tuve el honor de participar al Departamento que había entregado el consulado general al señor Carlos Farini, que actuaba como encargado de Negocios en la ausencia del señor Enrique M. Estrázulas.

Al remitirle ahora las cartas patentes solicito el honor, en caso de que esta formalidad usted la considere necesaria, de que me sean confirmadas con la expedición del correspondiente exequátur.

Me reitero, señor, con el testimonio de mi respeto y consideración, su obediente servidor,

José Martí

Washington D. C., febrero, 1891

Gonzalo

No quiero que me vuelva a llamar ingrato, porque no lo soy de veras, y sé que voy a darle un gustazo chismeándole un poco de las cosas del día, que le recordarán las fatigas y glorias del año pasado, cuando paseaba usted por acá el bigote triunfador.

Para hablarle de lo demás tengo que hablarle de mí, lo que me es hoy menos difícil, porque no tengo ninguna pena que darle, sino noticias que lo van a poner contento, y aun a hincharle la nariz, ganoso de pelea, como buen potro Kochlani. En el baile de Romero,[19] que estuvo lucido, me acordé de usted, especialmente, no porque hubiera cosa mayor, sino porque su descripción del año pasado fue tan viva y fiel que, quitando una flor y poniendo un ponche, pudiese servir para este año. Romero tuvo la bondad de valerse de mí para ayudarle a hacer los honores. Estaba el hijo de Menocal, pero no lo vi: la madre no estaba. Me presentaron a la muchachería rosa y azul; pero yo bajé al comedor con las Misses Thomas, de cuarenta años, vestidas de negro.

Lo de la Conferencia es lo que le interesará más. Y ahí estaba esta mañana de la carta larga que le iba a escribir; pero las visitas no se han ido hasta ahora, y me dejan aturdido y perezoso. Le diré en pocas palabras que salimos con crédito, y con independencia, de esta primera sesión. ¿Por qué no guardé los bocetos que hice al lápiz, mientras José Ignacio,[20] solícito, leía las cartas, y Fergusson[21] hacía ejercicio con sus ojos de turco? Romero preside, con la cabeza al pecho, quitándose y poniéndose las gafas. Chile y Haití se han quedado en casa. Nos sentamos sin orden, alrededor de una mesa ovalada. El cuarto da a una esquina, y está lleno de luz. José Ignacio está un instante en pie al lado de Romero, que le ve unos papeles: nadie pudiera verlos sin saber que; pesen pesares, está delante de dos cabezas fuertes. Honduras pinta monos. Nicaragua me dice que en Hispanoamérica no hay ciencias. Venezuela y Colombia están bien sentados. Perú se limpia los espejuelos. De los dos del país, uno no puede hablar, del baile de anoche: el otro, mira al techo, como si lo que tiene alrededor fuera de poca cuenta y estuviera allí como haciéndonos merced. Sale el reglamento a plaza, un reglamento bueno, y Tree,[22] uno de los de acá, quiere que se apruebe en conjunto. Se podría; pero el precedente es temible. De la Conferencia no ha de salir nada en conjunto. Ni a Venezuela, ni a Colombia, ni a Nicaragua ni Uruguay que están juntos, les parece bien.

19 Matías Romero, ministro de México en Washington, presidente de la Comisión Monetaria Internacional Americana.
20 José Ignacio Rodríguez, secretario de la Comisión.
21 Arthur W. Fergusson, secretario también de la Comisión.
22 Lambert Tree, delegado norteamericano.

Zegarra[23] guiña los ojos, a tiempo que el Uruguay los volvía a él. No: no se discute en globo. Nicaragua se opone, y se vota por artículos. Los asientos, por orden alfabético español. Presidencia, caso de ausencia o enfermedad del presidente, por el orden de asientos. Cada delegación, un soto. En las delegaciones, el voto será por mayoría. ¿Y será el artículo casualidad, cuando los Estados Unidos han nombrado dos delegados hostiles entre sí, uno orista y otro platista? ¡Dancen ustedes y nosotros no diremos palabra! Pero no danzaremos.

Se aprobó una Comisión de Credenciales. Uruguay es de la comisión, y Brasil y Colombia.

Se nombró una Comisión Ejecutiva. Hill,[24] el platista, quedó en ella contra su gusto. Rechazó bajando el cumplimiento.

Y en esto hubo la escaramuza del día. Tree propone que, estando el Congreso para opinar sobre la cuestión del cuño libre, se espere, para reunir de nuevo a la Conferencia, al 4 de marzo. Romero apoya, como «cortesía a la nación que nos invita», Zegarra propone el 10, pero la proposición fue breve, y no sin junta. Honduras teme al calor: Honduras habla inglés: Stevens.[25] Y aquí rompe el Brasil; para ejemplo y desilusión de los que dan al tratado de reciprocidad más alcance que el que tiene, contra la opinión y el gusto de los mismos brasileños, –en una notificación inoportuna y feliz: ¿a qué se viene? ¡A nada probablemente!: lo mismo es ahora que de aquí a un mes: mientras no haya un acuerdo internacional, un acuerdo con las naciones europeas, el Brasil no votará por cuño alguno del continente, ni irá, contra los suyos, a la cola de intereses ajenos: «Brasil, ñao». Eso era; olvidaba el orden, sobre la proposición de Hill, que tenía que estudiar, que consultar, que ir a Chicago, que volver: que proponía espera hasta el primer lunes de abril. Y en el orden olvidaba que después de la proposición de Hill, y antes de la de Mendonca,[26] vino la observación del Uruguay: «La Conferencia debe, si los Estados Unidos no están en aptitud de dar voto, y piden espera natural, darles el tiempo que necesiten para sus estudios preparatorios. Nadie se lo regateará. No porque lo que el

23 Félix Cipriano C. Zegarra, delegado del Perú, entonces ministro de su país en Washington, D. C.

24 N. P. Hill, delegado norteamericano.

25 Rowan W. Stevens.

26 Salvador de Mendonca, delegado del Brasil.

Congreso haga pueda influir sobre la Conferencia, sino sobre los delegados de los Estados Unidos que es natural deseen saber lo que su Congreso piensa».

Los demás delegados, cree Uruguay, saben a qué atenerse, y podrían entrar ahora en discusión, o esperar, por cortesía. Pero no hasta abril, hasta mediados de abril; porque es lícito que la Conferencia atienda a las demandas justas y a la necesidad de preparación de los Estados Unidos, y éstos a la conveniencia de los demás delegados, que pueden diferir a la de aquéllos, pero no con exceso. Aquí lo de Mendonca. Uruguay recalca que su deseo de ver concedida la demora nace de atención a los delegados de los Estados Unidos para que estudien y preparen, no de ninguna necesidad a la Conferencia, o deber de ellos de esperar a la decisión del Congreso para decidir. El Hill, atufado, insiste: que él no puede; que él es platista; que vendrá día en que los Estados Unidos sean «bastante fuertes para imponer al mundo su moneda de plata»; que ya ve en la Conferencia el deseo de estudiar este asunto muy despacio; que tiene que ir a Chicago, e insiste en lo de mediados de abril, «no ya en el lunes; que no sabe lo que piensa su colega». Su colega piensa que está bien, que hasta mediados de abril. Nadie objeta, y se va a sentar el precedente de acceder a uña demanda excesiva, presentada, fuera de respeto, en un lenguaje descuidado y duro. En la forma, a lo menos, se ha de vencer. Uruguay no se siente solo. Está sentado entre gente de coraje: «No: abril está muy lejos. Lo justo pero no más. Désele tiempo; pero atiéndase a la conveniencia general». Y como vacilaba cierta ala, Uruguay propone el 20, casi un mes antes que Hill. El 20; por unanimidad. Pero es el Viernes Santo, dice José Ignacio. El 23 propone Uruguay y es el 23.

—Conque el Brasil —cualesquiera que sean sus razones de política transitoria y antimperial para haber ajustado un tratado que habrá de alterar pronto si quiere vivir en paz con sus vecinos del Sur, —el Brasil, —no.

Ya esto es todo. Salgo a comer. Mañana escribo sobre Espadero y Liga. A Trujillo[27] le iba a contar. Léale. Espero *El Porvenir* para escribirle. Vivo, pensando en todos los que quiero, y hospedado hasta el sábado entrante, en un cuarto bueno y módico, con el Arlington en frente y el Shoreham atrás, en 1529, I Street. Allí espera noticias suyas

Su

27 Enrique Trujillo, patriota y periodista cubano que publicaba en Nueva York, *El Porvenir.*

José Martí

Privado todo lo de la Conferencia, —menos el nombramiento, ya público, de las Comisiones.

Washington, D. C., 1891

Gonzalo

Tengo hinchada la mano, de tanto escribir. Me cayó el trabajo encima. No le digo que lo siento, porque sería hipocresía. A Trujillo le he escrito largo, y él les leerá, a usted y a Benjamín[28] ¡—Libre el campo, al fin libre, libre y mejor dispuesto que nunca, para preparar, si queremos, la revolución, ordenada en Cuba, y con los brazos afuera! Sentada la anexión. Los yanquis mismos, valiéndose de la Conferencia Monetaria como de un puñal, lo han clavado en el globo aquel del continente y de las reciprocidades. Nos mostramos, y fuimos entendidos. Convencidos de su derrota, los republicanos antiblainistas, se han valido de ella para dar un golpe de muerte a la candidatura blainista. En la Conferencia todos, Basta los más flojos y torpes, han visto el juego. Usted sabe, por supuesto, que ha andado por el aire, marcando los puntos, un dedo que no duerme. ¡Quién sabe si van Romero y su señora, a la Sociedad literaria![29] A. V., Benjamín y Trujillo encargo, por carta de mañana, el orden de la del sábado, yo voy el miércoles. Ayer comí, de invitación inmediata y privada, en casa de Romero.

Foster vino de Cuba cabizbajo. Fue a trabajar a los españoles. Trajo el informe de que ellos, aunque no todos, son los anexionistas. Cuidado con lo esc.

Su

M.

Consulado General del Uruguay

Nueva York, 20 de agosto de 1891

28 Benjamín J. Guerra.

29 Sociedad literaria hispanoamericana de Nueva York, de la cual era presidente Martí. Tal vez Martí se refiera aquí a la velada que iba a celebrarse en Honor de México.

A Su Excelencia el señor ministro de Relaciones Exteriores de la República Oriental del Uruguay, doctor don Manuel Herrero y Espinosa

Señor ministro:

Cábeme la honra, al acompañar a vuestra excelencia el informe de la Delegación a la Conferencia Monetaria Internacional, que el Superior Gobierno se sirvió Lacer recaer en mí, de expresar hoy venciendo al fin la cortedad y embarazo en que me pone todo lo referente a mi persona, las gracias profundas, las gracias conmovidas, las gracias filiales con que recibí del Superior Gobierno el cargo que procuré desempeñar con mi mayor cuidado y previsión.

Esta es la hora oportuna de asegurar a vuestra excelencia que el honor que se me ha dispensado me liga de una manera aún más íntima, y de mayor obligación con un país cuya larga y continua defensa en suelo extranjero me permite, sin presunción, ni lisonja, llamar mío. Ni tengo Excelentísimo señor, honra mayor que la de representarlo. Agradezco, y pido, al Superior Gobierno todas las ocasiones de serle útil.

Debiera, al dar cuenta de esta Comisión, incluir la nota de los gastos en ella ocasionados: —vuestra excelencia me permitirá que no la incluya, y dé por suficiente remunerado el cargo con el honor que con él se me ha conferido.

Tengo la honra de saludara vuestra excelencia con el testimonio de mi más alta consideración.

José Martí

Consulado General del Uruguay

Nueva York, 20 de agosto de 1891

A Su Excelencia el señor ministro de Relaciones Exteriores de la República Oriental del Uruguay, doctor don Manuel Herrero y Espinosa

Señor ministro:

Cúmpleme hoy, al remitir a vuestra excelencia el Libro de Actas de la Conferencia Monetaria Internacional Americana, dar cuenta a vuestra excelencia del desempeño del cargo de delegado de la República ante la Conferencia, con que se sirvió el Superior Gobierno honrarme, y el cual recibí con ilimitado agradecimiento, y la determinación de servir en él a la República con el cuidado y afecto de un hijo.

Las actas relatan, mejor que pudiera este sucinto informe, la parte que cupo a la República del Uruguay en las deliberaciones de la Conferencia, y la acción continua que en ella fue dado ejercer a su delegado, en acuerdo estricto con las instrucciones del Superior Gobierno, y con lo que imponen a un observador vigilante los intereses patentes de nuestros países americanos.

El reconocimiento justo y sereno de las hermosas conquistas materiales que con la ayuda incesante de la energía universal inmigradora han realizado los Estados Unidos de América, el estudio íntimo y desapasionado, sin recelo y sin deslumbramiento, de la Organización política del Norte, en que la publicidad y la frecuencia del turno salvan el régimen republicano de la mayor parte de sus propios vicios y degeneraciones, y el esmero con que el representante de una nación, siquiera sea en puesto humilde, ha de cultivar, con sinceridad cordial y expresa la simpatía del país en que ejerce sus funciones, no podían confundirse. en la mente del delegado, a la hora de prueba de la Conferencia, con la necesidad por ningún modo útil, ni oportuna, de seguir precipitadamente, en los asuntos de la Conferencia Monetaria, una iniciativa que pudiera, en tiempos de delicadas relaciones, atraer sobre la República la animadversión de sus contratantes habituales, o entrabar, por obligaciones no compensadas, los tratos futuros del Superior Gobierno, y los individuales de los ciudadanos, con los países que demuestran de hecho su fe en el progreso del Uruguay, y consumen sus frutos.

Con ese espíritu fortalecido por las instrucciones de vuestra excelencia y la aquiescencia de las Delegaciones en ellas señaladas, entró el delegado del Uruguay a participar de los debates de la Conferencia, que dio puesto a la República en la Comisión de Credenciales. Ese espíritu mantuvo el delegado desde las primeras sesiones, con el apoyo visible de la mayoría de la Conferencia. Y en él hubo de afirmarse al oír las proposiciones de la Delegación misma de los Estados Unidos, la cual en nombre del país que había provocado la reunión de la Conferencia, declaraba a ésta inoportuna e inmatura, y reconocía la nulidad de todo esfuerzo de unión monetaria entre los pueblos

Americanos con el predominio o fijeza de la plata por mira, si no se contaba con el asentimiento de los mercados regulares de Europa.

Cupo a la República del Uruguay el honor de formar parte de la Comisión encargada de informar sobre las proposiciones de los Estado Unidos, y de ser elegida por los miembros de la Comisión para preparar el informe que, unánimemente aprobado por los cinco miembros, aparece en las actas, de fojas 43 a 50.

Suscitado con tesón, al debatir el informe, en frente de los deseos expresos del mismo gobierno invitante, el plan inútil para todo fin visible de mantener en permanencia la Conferencia que sus propios promotores, y la comisión unánime de informe, declaraban fuera de ocasión y lugar, mantuvo el Uruguay, con poca compañía al principio, y al fin con el voto unánime de la Conferencia, que debían declararse terminados como se declararon, los trabajos de la Conferencia Monetaria Internacional Americana.

Cree, Excelentísimo señor, el delegado del Uruguay, haber obrado en acuerdo con las instrucciones del Superior Gobierno, y los intereses de la República, y de los pueblos Americanos; y tendría a honor singular que su gestión hubiese merecido la aprobación del Superior Gobierno, que se sirvió hacer recaer en él esta distinción inmerecida e inolvidable.

Tengo la honra de saludar a vuestra excelencia con mi más alta y respetuosa consideración.

José Martí

5 de mayo. Estudiantes. Memoria rara. Fiestas de Tlalpan[30]

El culto es una necesidad para los pueblos. El amor no es más que la necesidad de la creencia: hay una fuerza secreta que anhela siempre algo que respetar y en qué creer.

Extinguido por ventura el culto irracional, el culto de la razón comienza ahora. No se cree ya en las imágenes de la religión, y el pueblo cree ahora en las imágenes de la patria. De culto a culto, el de todos los deberes es más hermoso que el de todas las sombras.

30 Bajo el título *Escenas Mexicanas* aparecen en primer término los artículos o Boletines que Martí escribió, con el seudónimo de Orestes, en la *Revista Universal* de México. Siguen a continuación otros trabajos posteriores y algunas notas periodísticas, también referentes a México.

Bien hace el pueblo mexicano en celebrar fiesta el día en que el enemigo de su libertad fue atacado y abatido: esta fiesta no significa odio, esta fiesta significa independencia patria. Lo que se celebra aquí no es la vergüenza de los que cayeron: es la enseñanza provechosa del cumplimiento de un deber, encendido por el valor, alentado por la patria, coronado y bendecido por la gloria. Se olvida a los caídos, pero se premia a los héroes.

Las fiestas nacionales son necesarias y útiles. Los pueblos tienen la necesidad de amar algo grande, de poner en un objeto sensible su fuerza de creencia y de amor. Nada se destruya sin que algo se levante. Extinguido el culto a lo místico, álcese, anímese, protéjase el culto a la dignidad y a los deberes. Exáltese al pueblo: su exaltación es una prueba de grandeza.

El 5 de mayo de este año ha ofrecido una nueva solemnidad. No ha sido el entusiasmo impuesto: ha sido el entusiasmo popular. Lo más solemne es lo más espontáneo: ayer se han movido ante la tumba de Zaragoza las fuerzas vivas del país. Obreros y estudiantes llevaron allí nuevas ofrendas. Como a todas las grandezas reales, el tiempo las aumenta, no las apaga; así este año ha sido el entusiasmo más natural, más respetable, más vivo: el pueblo hablaba su lenguaje ante la tumba del hijo del pueblo.

El movimiento que cumple ahora la juventud mexicana, ha ido a ofrecer allí el símbolo de su revolución. En el camino de las libertades que el héroe muerto defendía, todavía faltaba una consecuencia natural que con la fuerza de las voluntades nobles surge ahora y se crea.

El Gran Círculo de Obreros –y es hermoso escribir estas palabras– invitó al Comité Central de las Escuelas Nacionales a que tomaran parte en la festividad de la mañana. Los estudiantes son obreros: unos trabajan la industria: otros trabajan la razón.

El comité por votación unánime envió como representante suyo a Ramón Becerra Fabre. Ya era conocido en México el distinguido estudiante tabasqueño, y su entusiasmo y su palabra le han valido ayer generales simpatías. Cumplía un deber, y habló bien. Los obreros repetían ayer sus últimas frases.

«Compatriotas: Sí la Universidad libre llega a ser un hecho, dentro de algunos años, los artesanos que componen el Gran Círculo de Obreros, vendrán junto a esta tumba cubiertos con el polvo de sus talleres, teniendo en una mano el compás de la ciencia y el martillo del obrero en la otra.»

Y esto es verdad. El compás y el martillo son de hierro: todos se hacen de la misma materia: en todos los corazones afluye sangre del mismo color.

Becerra Fabre debe estar contento: se ha hecho querer de los hijos honrados del trabajo.

De tal manera necesitan los pueblos del concepto de dignidad, que hasta conviene herirla para darles el placer de defenderla.

Esta juventud entusiasta es bella. Tiene razón, pero aunque estuviera equivocada, la amaríamos.

Tlalpan no olvidará seguramente el 5 de mayo. En él celebró la gloria de la patria, recibió cordialmente a huéspedes distinguidos, inauguró casa para los muertos, abrió Academia de música, y solemnizó la apertura de un hermoso establecimiento de farmacia.

Es bello el cuidado de los vivos en hacer hermosa la morada de los muertos. Los muertos viven; pero algo de ellos queda dolorosamente en tierra.

Abunda el cementerio en eucaliptos. La sombra y el aroma convienen a la muerte; las tumbas son altares de la paz.

Las autoridades de Tlalpan han dejado con sus atenciones afectuosas, memoria agradecida a los concurrentes a la fiesta. ¿A qué decir que hubo discursos bien hablados y recuerdos patrios bien sentidos? Los mudos recobrarían la palabra, si nadie más que ellos pudiese cantar las glorias de la patria.

Un niño descalzo ocupó largo tiempo la tribuna. Dijo un discurso galano y elegante. Es verdaderamente asombrosa la memoria de aquel niño indígena: ocuparía una plana de periódico, el discurso que sin vacilar y sin interrumpirse recitó.

Esto es bello: es bello que los niños pobres formen todos los años en la procesión del 5 de mayo: los hijos de la pobreza deben ir a la escuela de la gloria. Es bello que los indígenas descalzos repitan las ideas en que se consagran sus derechos: es bello que el pueblo tenga absoluto y pleno concepto de su dignidad y de su honra.

Hablando de la fiesta de Tlalpan, fuera injusto no hablar del ciudadano prefecto, del señor juez de letras y del C. Labat. Romo, Labat y Villar son hombres respetados en Tlalpan, por cuanto ellos trabajan en bien de los adelantos de aquel pueblo. Atentos y cumplidos los asistentes a la función patriótica, recuerdan sus afectuosos cuidados con placer.

Nada más que sentimientos bellos registra el boletín de hoy. Fortuna es ésta para los que escriben. Se siente uno mejor narrando bondades ajenas. Y en las grandezas de la patria y de sus hijos, no es mentira decir que se siente crecer el corazón.

Revista Universal, México, 7 de mayo de. 1875

El Liceo Hidalgo. Monumento. Vuelta a las es cuelas. Empresa patriótica. Teatro mexicano

¿Porqué estuvo tan triste y tan solo el Liceo Hidalgo? Se honraba la memoria de un padre de la patria, se habían unido para honrarla dos sociedades distinguidas, iba a presentarse al público una poetisa joven y simpática: ¿por qué aquel salón que llenó tres veces una discusión sobre cuestiones abstractas, estaba abandonado y frío cuando, con honrar a su fundador, honraba los albores vigorosos de la noble independencia mexicana?

Hidalgo fue de esa familia de hombres que sacuden al aire una bandera, miran de frente al Sol, y al Sol arrancan luz para su gloria, y al aire arrancan el secreto de la independencia de un país.

No son hombres distintos en América el anciano de Mount Vernon, el sacerdote de Dolores, y el héroe que en las llanuras del Mediodía fatigaba con la carrera su caballo, y su cerebro con el peso de los pueblos surgidos a su altiva voluntad, potentes y desenvueltos de miseria. No son hombres distintos en América, Washington, Bolívar e Hidalgo. Es la fuerza de honra herida abierta por impulso igual en tres potentes formas. Un hombre es el instrumento del deber: así se es hombre.

¿Por qué estuvo tan triste el Liceo? Vale más pensar que por torpeza de los encargados de repartir invitaciones. Ni un instante se imagine que México ha olvidado al héroe nacional; pero la seguridad de que la fiesta era de invitación, privó a las personas que no la recibieron de asistir al Conservatorio: los repartidores anduvieron torpes en dar en buen tiempo y lugar las esquelas de convite que atentamente envió el Liceo —y de esta causa pequeña y subalterna nació la escasez de concurrencia que asistió a la sesión.

Da pena un salón vacío: vivo siempre en el espíritu ansia secreta de brillantez y plenitud.

No hacemos crónica de la fiesta: esto toca a la pluma gallarda de Juan de Dios Peza, y porque él no ha de decirlo, diremos solamente nosotros que fueron aplaudidos con justicia sus fáciles y hermosos versos. Juan Peza es una fecunda imaginación. En la mañana del sábado escribió esos versos bellos, entre este moverse bullicioso y hablar continuo que aleja toda idea sólida de una agitada mesa de redacción. La abstracción es un talento difícil; justo es reconocérselo al inspirado Juan de Dios.

Con palabras de Gustavo Baz, tuvo término la fiesta del sábado. Gustavo sabe decir enérgicamente cosas buenas. Precedida de palabras justas y fáciles, presentó y fue aprobada con aplausos una proposición que reproduciríamos con placer. Pídese en ella que el Gobierno decrete la construcción, de un monumento a la memoria de los héroes de la independencia, y que dé al Liceo Hidalgo la comisión de señalar el lugar en que deba levantarse, y la forma con que se deba ejecutar.

Gustavo pensó bien. Como el corazón es casa para los recuerdos, el monumento es casa para héroes. El pueblo debe tener objetos vivos en que encarnar y hacer sensibles su respeto y su amor. Los sentidos avivan el alma: modo de engrandecer el espíritu, es hacer a los sentidos conductores de sensaciones de grandeza.

El Gobierno atenderá la proposición aplaudida en el Liceo. Hasta tal punto es natural, que fuera necio hacerle aquí sobre esto excitativa ni recomendación.

Los estudiantes han vuelto a cátedras. Se alejaron de ellas porque se negó a sus compañeros el derecho constitucional de recibir instrucción: este derecho se ha reconocido, este error se ha reparado con una declaración —por lo prudente, loable—, y los estudiantes vuelven a las cátedras desiertas, por el camino honroso y natural que el buen tacto del Gobierno les abrió. No ha querido el Gobierno herir este movimiento entusiasta y generoso; bien ha hecho en no provocar su debilidad, como ha hecho bien en esperar su templanza, para facilitar su avenimiento. Así como esta generosa rebelión contra un derecho herido, ha sido prenda de hombres vigorosos y enérgicos para los días que han de venir, tristeza hubiera sido para la patria ver decaer y vacilar a estos ánimos juveniles que de manera tan hermosa y tan sencillamente grande se anunciaron.

En vez de combatirla imprudentemente, el Gobierno ha protegido esta exaltación de la dignidad. La ha dejado obrar, y le ha procurado una solución honrosa, que tiene de respetable todo lo que tiene de parca y de tácita.

Aunque no hubiera tenido otra importancia, una ha tenido notable el movimiento de las Escuelas. El habitante de un pueblo libre debe acostumbrarse a la libertad. La juventud debe ejercitar los derechos que ha de realizar y enseñar después.

El actor Zerecero tiene un proyecto que le honra; por cuanto quiere honrar con él la literatura mexicana.

Este estudioso actor intenta reunir todas las obras dadas a la escena por escritores mexicanos, hacerlas representar por la Compañía que dirige en Tampico, y una vez acostumbrados los actores a interpretar las creaciones escénicas de los escritores patrios, venir con ellos a México y dar aquí al público cuanto para el teatro han producido nuestros poetas y literatos notables.

Este proyecto responde a una necesidad que ha tardado mucho en hacerse sensible. Un pueblo nuevo necesita una nueva literatura. Esta vida exuberante debe manifestarse de una manera propia. Estos caracteres nuevos necesitan un teatro especial.

La vida americana no se desarrolla, brota. Los pueblos que habitan nuestro Continente, los pueblos en que las debilidades inteligentes de la raza latina se han mezclado con la vitalidad brillante de la raza de América, piensan de una manera que tiene más luz, sienten de una manera que tiene más amor, y han menester en el teatro —no de copias serviles de naturalezas agotadas— de brotación original de tipos nuevos.

México necesita una literatura mexicana. Si anda México escaso en actores propios, consecuencia justa es ésta de la escasez y apartamiento de propios autores. La independencia del teatro es un paso más en el camino de la independencia de la nación. El teatro derrama su influencia en los que, necesitados de esparcimiento, acuden a él. ¿Cómo quiere tener vida propia y altiva, el pueblo que paga y sufre la influencia de los decaimientos y desnudeces repugnantes de la gastada vida ajena?

La literatura es la bella forma de los pueblos. Con pueblos nuevos, ley es esencial que una literatura nueva surja.

Toda clase de protección merece el actor modesto y estudioso que se esfuerza en acostumbrar al pueblo mexicano al conocimiento, al estímulo, al aplauso de los que sus hijos bien queridos forman y crean.

Las manos que han surgido de una tierra virgen, no han debido ser hechas para aplaudir las postrimerías de una tierra cansada y moribunda.

El teatro es copia y consecuencia del pueblo. Un pueblo que quiere ser nuevo, necesita producir un teatro original.

Revista Universal, México, 11 de mayo de 1875

Monumento a Hidalgo. El C. Francisco Rodríguez. Colegio de las vizcaínas. El Congreso y la corte

El Congreso ha aprobado la erección de un monumento a la memoria del inmortal Miguel Hidalgo y Costilla. Inmortal dice el proyecto: hermosa verdad. No queremos poner aquí ideas que parece que se empequeñecen con las palabras. La grandeza es sencilla, y es vulgaridad todo alarde y comentario de grandezas. Pero hubo algo solemne en la proposición del C. Reyes: habló el C. Francisco Rodríguez, un hombre anciano y una voz tranquila, que recordaban los tiempos en que de los garfios de los castillos colgaban las cabezas de los héroes. La voz de los ancianos tiene algo de los otros mundos: tiene algo de religión, de paz no humana, algo de revelación y profecía. Se tiene como una garantía de consuelo en las palabras de un honrado anciano.

En la música, es más bello lo que brota de ella que ella misma. Así, en las palabras arrebatadas, queda un murmullo en los oídos y una plenitud en el corazón.

El raciocinio se escapa a los que oyen, porque en el desvanecimiento no se raciocina, porque está hablando algo más levantado, algo hermosamente superior a la razón.

Cuando habla un joven, el alma recuerda dónde se enciende su vigor. Cuando habla un anciano, el alma descansa, confía, espera, sonreiría si tuviera labios, y parece que se dilata en paz.

Y nada más sencillo que las palabras del venerable señor Rodríguez: ni galas oratorias, ni pretensión de hallarlas. La ancianidad es sublimemente sintética. Habla como los pueblos antiguos, en frases cortas, con grandes palabras. Todo se agranda al ascender: así es tan grande la cumbre del camino.

Debemos ocupar nuestra atención en ideas más prácticas.

Habla la prensa sobre la excitación que hacen algunas pensionistas del Colegio de las Vizcaínas, mal halladas con el régimen vergonzoso que se nos dice aun en el colegio, para que se reforme el sistema interior del establecimiento, con que se sienten oprimidas. No burlas, ni frases pasajeras, merece esta reclamación. Si la educación de los hombres es la forma futura de los pueblos, la educación de la mujer garantiza y anuncia los hombres que de ella han de surgir. El ser se ha desenvuelto al calor del hogar, antes que una atribución del ser se desarrolle con el contacto de los libros. Estos reforman, no forman; y si las madres traen al hogar esa costumbre de servilismo, ese bien, —hallarse con la opresión, que en los pueblos esclavos y en las instituciones tiránicas se adquiere, —la educación del temor y la obediencia estorbará en los hijos la educación del cariño y del deber. De los sistemas opresores, no nacen más que hipócritas o déspotas.

Nacen héroes, pero la mujer, criatura de ternuras, no tiene en la vida de la tierra esta misión vigorosa y activa.

A estas consideraciones nos lleva a nuestro pesar el asunto del Colegio. Hay en este establecimiento el sistema de guardianes y escuchas: hubo hasta hace tiempo el sistema de las rejas. Violentando las fuerzas nobles en el ánimo de los niños, no se forman hijos fuertes para las conmociones y grandeza de la patria. Deben cultivarse en la infancia preferentemente los sentimientos de independencia y dignidad.

Merece este asunto particular atención. Como jefes de su hogar, los directores de colegio tienen el derecho de administrar libremente, y reglamentar conforme a su opinión, cuando esta opinión no corrompe las, fuerzas naturales, no violenta la dignidad de sus administrados, no tiende a afligir con esclavitudes y opresiones autoritarias —voluntades nacidas para el cultivo de la libertad.

La libertad es una fuerza espontánea: se la desarrolla, no se la comprime.

Atienda quien deba las reclamaciones que se hacen contra el sistema vergonzoso a que están sujetas las niñas que reciben educación en el Colegio de las Vizcaínas.

La Cámara ha votado el martes en el asunto de la Corte de Justicia. La última sesión fue agitada y notable. A la calurosa exposición de sus doctrinas conciliadoras, con tendencias muy vivas en pro de la Corte, en que se hizo aplaudir el señor Martínez de la Torre, siguió la argumentación sencilla y práctica, ciertamente peculiar del ciudadano Baz.

Ni la naturaleza de un boletín, ni la de la cuestión que acaba de votarse en el Congreso, nos permiten sobre ella consideraciones de un género más grave y distinto.

La cuestión, sin embargo, no ha sido perfectamente deslindada. La convicción quita mucha fuerza a la potencia de convencer. Apegado cada uno de los oradores de una manera firme y rigurosa a su opinión en este punto, esta intransigente decisión no ha permitido, a nuestro juicio, a unos ni a otros ser bastante claros en la exposición de la materia discutida.

Se han oído en las últimas sesiones palabras razonadoras y elocuentes: pocas cuestiones existen tan ocasionadas como ésta a apreciaciones distintas y a dudas; pero es bien para honra de la Cámara, y garantía para las masas electoras, que sus enviados defiendan calurosamente, aunque en conceptos contrarios, sus derechos. La exaltación es una prueba de virilidad. No hay nada más doloroso que una Cámara muerta.

Revista Universal, México, 13 de mayo de 1875

La Cámara. La discusión de presupuestos. Restos de los héroes. El señor Urquidi. Proyecto de colonización

La Cámara ha comenzado el jueves a discutir los presupuestos. En verdad que promete ser curioso este período de la Cámara: es natural que cada uno se afane en bien de los que se afanan por él. No habrá de fijo diputado que no quiera para su distrito lo mejor: ni puente que no se pida, ni carretera que no se sueñe, ni sueldo que se quede como está, ni beneficio pretendido que no se desempolve y salga a luz.

Si de caminos se trata, no habrá pueblo en la demarcación por que el camino no pase: aquí de los ferrocarriles, que para cada humilde caserío verán prometer una estación de primer orden: no habrá escribiente sin mejora, ni viuda sin pensión, ni oficialillo sin ascenso, y si se hablara de alumbrado, a fe que no estaría contento un padre de la patria si no llevara a cada vecino su lucecita y su farol. ¡Como que mira uno con cariño a los sillones bondadosos, que parecen con sus brazos abiertos retener a sus dueños muy queridos! Las curules se animan cuando vamos a decirles adiós: y entonces ¡qué bellas, qué deseadas, qué lloradas son las que van a quedarse huérfanas y solitarias curules! —La garantía de todo oficio debía ser el peligro de perderlo.

Pero no hacen ciertamente mal los diputados que se afanan así. Verdad es que se viene al Congreso para defender los intereses de la Unión: verdad es que allá se quedan las legislaturas para cuidar de los asuntos de los Estados, y vienen aquí los diputados para tratar sobre cuestiones nacionales; pero es cierto que gratitud y consecuencia obligan, y que nadie mejor que los diputados elegidos conocen las necesidades más urgentes de la comuna que los eligió.

Y luego, es cosa animadísima una sesión de presupuestos; asalta un pretendiente la tribuna; responde en calma la paciente Comisión; ora se pide un sueldecillo pingüe, ora habla un encargado de ministerio, hecho a fe para el caso, porque tiene el encargado laborioso, voz de ministro; temen los postreros en el hablar que no les dejen los primeros telégrafo ni carretera que pedir; aquí se cambia un nombre; aquí surge por encanto un oficial que no existió; ruedan escribientes, trázanse ferrocarriles, pídense vías, y en este ir y venir de todos los deseos, gimen las barandillas de la tribuna con el peso de tantos brazos noveles que para pedir perdieron el temor, y que antes no la ocuparon jamás. No son bellas las playas del destierro hasta que no se les dice adiós; nunca fue tan hermosa la diputación, como cuando está en las horas de morir.

Decía la Revista ayer que la proposición del ciudadano Reyes había despertado la atención de los aficionados a cultivar memorias patrias.

No se sabe lo cierto sobre el lugar donde reposan los restos de Hidalgo, Allende, Aldama y Abasolo. La afirmación del señor Rodríguez hace presumir que solo existen en Catedral las cabezas de los héroes; de las laboriosas investigaciones del Eco se deduce que en Catedral existen, no solo las cabezas, sino los restos completos de aquellos cuatro inmortales; difícil es decidirse aún por una u otra opinión.

Entre cuantos pudieran conocer de estos asuntos, bien merece el señor don Francisco Urquidi especial atención. No conoce solo el hecho más sencillo que se relacione con el Estado de Chihuahua; sabe cuanto en algo se mezcla con la historia de todos los lugares del país. Nosotros sentimos un verdadero placer cuando vemos al señor Urquidi en los escaños del Congreso, siempre realizando una obra nueva, siempre cooperando a algún trabajo difícil, laborioso y útil siempre, sin que los años cansen y fatiguen su bien nutrida inteligencia, ni pongan debilidad y decaimiento en las fuerzas jóvenes de su corazón.

No hay cosa más bella que amar a los ancianos; el respeto es un dulcísimo placer; cuando el señor Urquidi ocupa la tribuna, y lee con su voz trémula alguno de sus sensatos proyectos, podrá ser que no se le oiga, pero de fijo se siente su bondad. Aquella barba blanca se mueve de una manera venerable; aquella cabeza noble encanece en el servicio de la patria; los ancianos son los patriarcas; este anciano honrado y puro es un verdadero Moisés de nuestra Cámara.

El señor Urquidi estudia ahora la cuestión suscitada sobre la residencia de los restos de los cuatro hombres ilustres; la Revista tendrá pronto el placer de publicar el que, por ser del señor Urquidi, habrá de ser seguramente notable y útil trabajo.

Pocos días hace pedíamos que, para que el Congreso lo votase, redujera a términos breves los artículos de su proyecto, la comisión de colonización. La comisión había comprendido esta necesidad como nosotros, y condensado ya las proposiciones que acompañan su dictamen, que están por lo acertadas y lo cuerdas fuera de toda inútil discusión. Pudiera ser, sin embargo, que aún hubiera algo que añadir al proyecto.

El Ejecutivo devolvió el dictamen con algunas observaciones; la comisión, al concretar sus proposiciones, unió a ellas otras nuevas que le sugirieron las observaciones del Ejecutivo. Este es el actual estado del proyecto, que debe en esta forma presentarse inmediatamente a la Cámara. La Cámara no desconoce su importancia, y lo discutirá y lo votará sin dilación.

Gravísimas cuestiones surgen de la necesidad y conveniencias de la inmigración. ¿No fuera urgente buscar un medio de aprovecharse de la inmigración de brazos, sin haber de temer la inmigración de costumbres de una raza extraña, y de las inteligencias desesperadas y perturbadoras que forman en todos los países la masa de inmigrantes?

Revista Universal, México, 15 de mayo de 1875

El Congreso erigido en jurado. La acusación del presidente. La conducta de la comisión. Apertura de las clases orales en el colegio de abogados. White en México. Concierto del domingo

Gravísimas cuestiones pudieran repartirse hoy nuestra atención, como preocupan con justicia la de la Cámara y el público: el Congreso erigido en Gran Jurado, los periódicos oposicionistas en camino de mayores destemplanzas, la ley de facultades urgentemente pedida, no para combatir una grave revolución, sino para impedir que de los movimientos de las gavillas tomen rencores y ambiciones heridas, pretexto para movimiento más grave —todo exige del escritor sereno y concienzudo estudio serio y preferente examen.

Pero lo hemos dicho en un boletín anterior, y queremos repetirlo aquí; no queremos que sea la naturaleza de estos párrafos lineros de primera plana de periódico, tal que nos dé nunca derecho a tratar de un modo decisivo, y en cierto modo intruso, las cuestiones trascendentales del país.

Hay naturalezas predispuestas a la solemnidad; así la nuestra, un tanto lastimada por las tibiezas de la vida diaria, se sintió bien en el espectáculo solemne que presentaba el miércoles la Cámara.

La libertad ejercía allí la más poderosa de sus conquistas; el jefe de un país es un empleado de la Nación, a quien la nación elige por sus méritos para que sea en la jefatura mandatario y órgano suyo; así caen los gobernantes extraviados en los países liberales, cuando en su manera de regir no se ajustan a las necesidades verdaderas del pueblo que les encomendó que lo rigiese.

Los tres poderes de la República son esencialmente populares; el pueblo; erigido en Congreso, juzga al elegido del pueblo exaltado al poder Ejecutivo, acusado ante la Nación por un miembro del pueblo elector. Podría ser que no fuese verdad la elección popular; —podría ser; y no es, que la Cámara hubiese abdicado de su independencia en aras del Poder Ejecutivo; podría ser, y no la ejerció, que el presidente hubiera ejercido presión sobre la sección del Gran Jurado; pero cuando el presidente de la República es acusado ante el país, y se admite la acusación, y se reúne al Tribunal para juzgarlo; cuando el acusador disfruta de completa libertad, por más que no perdone medio de herir la administración que no le place; cuando el pueblo tiene el derecho de censurar con sus aplausos los actos del Tribunal que ha de juzgar, la libertad se siente garantida, hondamente arraigado el derecho, respetado el poder de la nación, consumados y acatados los preceptos de la organización nacional popular.

Aunque en todo hubiera sufrido presión, todo existiría comprimido, pero todo existiría. Asegurada en esencia la conquista, es cosa siempre fácil, cuando la evolución es justa, darle nuera forma.

Pero nada se ha hecho más libremente. La sección del Gran Jurado ha rechazado como improcedente la acusación, porque la Constitución señala los casos expresos en que la acusación al presidente de la República puede basarse, y la del ciudadano Riva Palacio no está basada en ninguno de ellos. El ciudadano Riva Palacio acusaba al ciudadano presidente por violación de una ley militar; la Constitución dice que solo puede ser acusado el Primer Magistrado de la República por infracción de la Constitución, infracción de la ley electoral, traición a la patria y delitos comunes. ¿Era acusado en alguno de estos conceptos el ciudadano presidente? ¿Está comprendida en alguno de estos conceptos la violación de una ley militar? —dando por cierto que la ley militar fue violada, la sección del Gran Jurado no podía admitir una acusación que no se fundaba en ninguno de los motivos constitucionales en que el código supremo del país permite fundarla.

Obró, pues, la sección del Gran Jurado, libre, sensata y justamente, al rechazar una acusación que la Constitución del país rechaza.

Y que el voto fue libre, ni se duda sin injuria, ni era posible dudarlo ante el aspecto de la Cámara. Los diputados más independientes de todo compromiso político, votaron en apoyo del dictamen de la comisión. Clara y distintamente se oyó el voto del señor Gómez del Palacio; el ciudadano Ruelas votó en pro del dictamen; los hombres más señalados en la oposición votaron como ellos, porque llevan los errores de partido a sendas de inconsecuencia y a extravío, pero no llevan nunca a mancillar una reputación honrada, desde mal punto vista por la intransigencia de una pasión particular.

La Cámara no trató de condenar o de absolver. Puerilmente atacada la primera dignidad de la República, la Cámara no juzgaba al individuo a quien se acusaba sin fundamento constitucional para acusar: la Cámara establecía que, cualesquiera que sean las diferencias que en el seno de las controversias políticas se debatan, no debe herirse la representación más alta del poder, sin un motivo digno de ella y alto; establecía la Cámara la alteza de una entidad nacional, necesitada de la mayor suma de respeto para garantizar la respetabilidad de la Nación.

A observaciones muy notables, honrosas para el Congreso y para el pueblo mexicano honrosas, se presta fácilmente este último acto de la Cámara; pero quizá hayamos dicho demasiado, dada la naturaleza ligera y humilde de nuestro boletín.

Mañana es día de fiesta para el Colegio de Abogados. He aquí la invitación que tres días hace recibimos:

«La Junta Menor del Colegio de Abogados se propuso que en el edificio del mismo Colegio se diesen lecciones orales o por escrito de diversos puntos de jurisprudencia. Para ese objeto, se han inscrito varios letrados del seno del Colegio o de fuera de él, y deseando inaugurar de una manera solemne el período de estas lecciones, suplicamos a usted se sirva asistir al Colegio el 22 de este mes, a las siete de la noche.

Al invitar a usted para esa inauguración, en que nos será muy grata su asistencia, le suplicamos también que, si le es posible, se sirva adscribirse a algunos de los ramos de derecho. México, mayo 14 de 1875.» Firman la invitación, el ciudadano presidente de la República, los señores Baz, Martínez de la Torre, Iglesias, Siliceo, Montiel y Gabriel Islas. Escoto y Castillo Velasco, Malanco y Torres Adalid, Castañeda y Nájera, Saavedra y Morquecho —todos estos nombres queridos para los que se ocupan en la ilustración y el adelanto de la patria.

Ni el proyecto de establecer clases orales ha menester encomio, ni es ésta ahora ocasión de tributárselo. Con el establecimiento de estas clases, los conocimientos se difunden, las ciencias jurídicas se perfeccionan, los oradores se ejercitan; ventajas utilísimas todas para los pueblos que, como la patria mexicana, viven y han de vivir más ampliamente vida de legalidad y de derecho. Siglos hace, ejercitábanse en los combates los guerreros; en nuestros días, en el advenimiento de la paz y la razón, adiéstranse en la palabra los pueblos, única arma potente; arma única digna en el torneo de la concordia y de la paz.

Día será el de mañana memorable para el Colegio de Abogados, para cuantos a este adelanto hayan contribuido, para cuantos se regocijen en lo que ha de dar a la Nación vida ilustrada, sólida y pacífica.

White está en México. El culto de las artes ennoblece el ánimo y embellece las fisonomías; el gran violinista es sumamente simpático.

Se dice que con su arco hace llorar; se dice que sabe la manera de agitar con sus cuerdas todas las conmociones del alma.

El domingo se presentará White al público de México.

¿Quién no espera con una noble curiosidad la hora de ir a aplaudir a un gran artista?

Revista Universal, México, 21 de mayo de 1875

Colegio de abogados. El señor Lerdo. El señor Martínez de la Torre. El señor Méndez. Justo Sierra. Delgado. Ituarte

La noche del sábado ha dejado en nuestro ánimo una memoria complacida y agradable. El Colegio de Abogados inauguró solemnemente sus clases orates: elocuencia, distinción, bella música, todo ayudaba a hacer brillante aquella noche hermosa y para el Colegio de Abogados más que otra alguna memorable.

Versos de Justo Sierra, música de Delgado y de Ituarte, palabras de Lerdo, Méndez y Martínez de la Torre; cumplido el acto de progreso; iniciada una vía del saber; alzada cátedra pública a la enseñanza del derecho y del deber: todo esto unido, y sentido esto en todos, hubo en la sesión inaugural del hermoso colegio que con la nueva obra entra ahora en camino de solidez y de bien público.

Deben tener los hombres conciencia plena de sí mismos: como el dominio del monarca necesita el púlpito misterioso del Espíritu Santo —lo irracional buscando apoyo en lo maravilloso—, el pueblo de hombres libres ha menester que las cátedras se multipliquen y difundan, y sobre ellos tienda sus alas el Espíritu Santo del derecho, la paloma blanca de la libertad y la justicia.

Un pueblo no es una masa de criaturas miserables y regidas: no tiene el derecho de ser respetado hasta que no tenga la conciencia de ser regente: edúquense en los hombres los conceptos de independencia y propia dignidad: es el organismo humano compendio del organismo nacional: así no habrá luego menester estímulo para la defensa de la dignidad y de la independencia de la patria.

Un pueblo no es independiente cuando ha sacudido las cadenas de sus amos; empieza a serlo cuando se ha arrancado de su ser los vicios de la vencida esclavitud, y para patria y vivir nuevos, alza e informa conceptos de vida radicalmente opuestos a la costumbre de servilismo pasado, a las memorias de debilidad y de lisonja que las dominaciones despóticas usan como elementos de dominio sobre los pueblos esclavos.

Tienden las clases orales a un altísimo fin: las Repúblicas se hacen de hombres: ser hombre es en la tierra dificilísima y pocas veces lograda carrera.

El señor Lerdo inauguró la sesión.

No habló allí el presidente de la República; no era la primera dignidad de la Nación lo que ocupaba la tribuna: era el hombre sencillo y modesto que hablaba al Colegio de Abogados en nombre de todos los nobles principios y todas las sólidas ideas que calienta una alta inteligencia democrática.

Ni el discurso del señor Lerdo necesita encomio, ni nada que pudiese parecer lisonja habría nunca en esta reseña para él; pero con palabra sólida y sencilla dijo bien lo que se proponía con sus clases orales el Colegio: una nación republicana no puede vivir sin el perfecto conocimiento de sus instituciones; los que han de conducir un día por prósperos caminos a la patria, deben educarse vigorosamente, fortalecerse en la conciencia de sí propios, templarse al fuego vivo del derecho, ley de paz de los pueblos libres, en la progresión sucesiva de las leyes de los pueblos de la tierra.

Era hermoso aquel acto sencillo. El primer magistrado del país venía a abrir la senda que ha de dar a la Nación nuevos y venerables magistrados; el hombre que rige el gobierno viene a abrir al pueblo los salones donde va a escuchar la libre y no coartada explicación de sus derechos: la primera dignidad de la República decía con su presencia en el Colegio, que el hombre elevado a la jefatura de la Nación entiende la grandeza venerable de las instituciones democráticas, viene a la solemnidad de los hombres civiles, garantiza una nueva época de paz y de derecho y asegura que quien así se mezcla y se confunde con la obra que va a popularizar el ejercicio de la libertad, ni la violenta, ni la mengua, ni cerrará para la patria que reanima, las puertas que con sus mismas manos viene a abrir.

Era grande aquel hombre pequeño, mezclado sencillamente entre los más desconocidos invitados.

Habló después el señor Martínez de la Torre. Lleno estuvo su discurso de buena voluntad y de hermosos pensamientos de justicia. Son ya conocidas de todos la galanura y honradez de las palabras del jurisconsulto eminente.

Palpitaba en su peroración del sábado un profundo amor a la ciencia de la Legislación, un contento noble de la era que el Colegio abría, y un afecto hondo y sincero a la institución, en cuyo seno hablaba. Una voz elocuente es aún más simpática cuando habla el lenguaje de la cordialidad y del cariño; leyendo su discurso, una atmósfera de buena fe envolvía al señor Martínez de la Torre.

El señor licenciado don Luis Méndez habló después de él. Inteligencia perspicaz y observadora, dicción sobria y galana, razonados y sólidos conceptos; esto hubo en la muy notable peroración del señor Méndez. En vivos y no vulgares rasgos, siguió la marcha en los pueblos de la ciencia y el concepto del derecho; de los tiempos de las conquistas, vino a los tiempos de la discusión y de la ley; disertó con juicio sobre la prueba que al espíritu humano presta el fondo común de las legislaciones conocidas; halló en el encomio de las clases orales, excitaciones viriles y elocuentes; habló de los beneficios de las libertades, y la excelencia de la libertad de cultos «no la que se instituye —dijo— para hacer burla e irrisión de una creencia determinada; la que no abate a ninguna, y garantiza igualmente a todas».

El discurso del señor Méndez fue aplaudido, como lo había sido el del señor Martínez de la Torre; su discurso sólido y sereno había causado en la distinguida concurrencia una agradable sensación.

Y leyó luego versos Justo Sierra.

Todo en él es hermoso y análogo; su figura es severa y robusta, como son valientes, altos, bellos y enérgicos sus versos.

Leyó sencillamente; él sabe que la sencillez es la grandeza. La poesía de Justo tuvo un mérito raro. Era aquélla la fiesta de la razón y del derecho; la fiesta serena de la inteligencia, no la del vuelo soberbio de la loca y vigorosa imaginación. Y sus versos, altamente poéticos, fueron, sin embargo, naturales en aquella fiesta tranquila, en que todo arranque vulgar hubiera contrastado sensiblemente; y toda poesía frívola hubiera roto aquel conjunto hermoso de serenidad y de razón:

Es que la frente de este hombre se calienta en el Sol de la raza virgen; es que Justo Sierra pertenece a la generación nueva de poetas; es que como a los bardos modernos, la fantasía no le sirve más que para engrandecer y hermosear la razón.

La poesía no es el canto débil de la naturaleza plástica; ésta es la poesía de los pueblos esclavos y cobardes.

La poesía de las naciones libres, la de los pueblos dueños, la de nuestra tierra americana, es la que desentraña y ahonda, en el hombre las razones de la vida, en la tierra los gérmenes del ser. Lo pequeño adora; lo grande arranca y busca.

¿Quién no sabe que es Justo Sierra honra de la patria mexicana? Necio fuera aquí ya todo comentario mío.

Amenizaban Delgado e Ituarte los instantes en que la tribuna quedaba vacía. La bella música debía estar donde estaban el noble intento y la elocuencia bella.

No es el conocido violinista un artista común; parece como que se complace en crearse dificultades para tener ocasión de vencerlas. Delgado tiene una mano bien educada y segura; su arco es franco y enérgico, y sus cuerdas ceden dóciles a su inteligente voluntad. Oímos el sábado a Delgado con verdadero placer.

Ituarte es en el piano mucho más que un aficionado distinguido; es un maestro notable y concienzudo. El afán de brillar en la ejecución, apaga por lo común en los pianistas el germen suave del puro sentimiento tanto más bello que una inútil y común agilidad. Ituarte ha alcanzado ésta sin que aquél se haya extinguido; hay en su manera de ejecutar una seguridad, una delicadeza, un buen gusto, una ternura que rara vez logran vivir vida común en muy aventajados ingenios musicales. Bien mereció Ituarte los aplausos calurosos que la concurrencia tuvo para él.

Y a más tocó piezas muy bellas la buena música del Tecpan. Hubo buffet elegante y animación ni un momento entibiada. Estrellas de luz iluminaban la entrada del Colegio, y parecía como que se rejuvenecían los eucaliptos para presenciar el nacimiento de la hermosa idea que en aquella noche solemnizaba de tan agradable y distinguida manera el laborioso Colegio de Abogados.

Revista Universal, México, 25 de mayo de 1875

Oposición informe. Su conducta errada. El discurso del señor Gómez del Palacio. Consejo no oposición

Nada hay que cautive tanto el ánimo como una convicción noblemente tenida, honradamente dicha, libre y concienzudamente expuesta; —nada hay que lo aflija tanto como un alarde de creencia un lujo de conocidas falsedades, una convicción vacilante sostenida con un mentir apasionado, un hecho leal y sincero comentado de una manera conscientemente errada y desleal; —esta impresión última dejan tristemente los periódicos que hacen al gobierno una equivocada, loca y torpe oposición.

No es el gobierno en modo alguno inerrable e infalible: loco fuera a su vez él si pretendiera serlo: no pudiera, aunque lo intentase mejorar su programa en vista de uno que se anuncia y no se le presenta; no puede aceptar medidas que no se le proponen; no puede discutir seriamente con una oposición calumniadora, que muerde sí con ira pero que no sabe la manera de hablar con razón, ni de hacerse oír con entereza, valor, plan concreto, energía respetable, e imponente dignidad.

O se quiere reformar el país, o se anhela el puesto desde que se rige a la nación; aquello fuera nobleza que hay siempre modo de cumplir; esto es ambición bastarda que es noble cuando puede ser medio de un bien, pero que siendo objeto principal, —no puede el país sensato respetar ni proteger.

Si quiere la oposición, de otra manera fuera indigna, reformar la administración de la República, bienvenida sea al campo de la discusión, y allí todo hombre honrado estará para escucharla y atenderla. Pero esta oposición que así se llama ¿cómo intenta que se reforme una administración cuyos medios de reforma no propone? Esta oposición envenena lo que dice, y se opone a una personalidad que le lastima, porque está a una altura tal de legalidad y paz de conciencia —por más que sea con ella susceptible de errores—, que daña con su serenidad la impotencia de los que no alcanzan por su valer propio a tanta altura.

Esta oposición no ataca, roe. Finge lo que no existe; no tiene la inteligencia suficiente para examinar lo cierto, y se crea actos imaginarios que censurar y herir. No sabe entender lo que ve, y se crea una administración que combatir. El error de un hombre, el negocio de un periódico, los instrumentos de una pasión personal en el Congreso, y las columnas reprobables abiertas solo a la injuria y al error; —esto es, en suma, la oposición acéfala, la oposición iracunda, y por lo que tiene de desairada, infructífera, —que ve hoy el gobierno delante de sí.

Se han concedido al gobierno facultades extraordinarias. En la situación actual del país, con la costumbre de ley que tiene el hombre que lo rige, —

estas facultades no han debido tener más que un objeto, y éste han tenido. La revolución que asoma, todavía limitada hoy en parciales y como explotadores movimientos, está fomentada, pagada y azuzada por enemigos constantes de la paz, la organización liberal, y la honra del país. No es dable combatir en el campo a los que no van a fichar a él. Protege la Constitución todos los derechos a cuya sombra extensísima toda clase de crímenes se azuza, a toda clase de malvados se bendice, y una nueva conmoción desesperada se anuncia y fortalece; para que la misma Constitución este al fin segura de todo ataque de un partido agonizante, fuerza es que por algún tiempo, y donde está amenazada, desaparezca esta protectora, y —en su justicia— generosísima Constitución.

No es ésta una determinación imprudente y arbitraria; el gobierno haría quizás bien en explicar de un modo vivo y constante su innegable sinceridad. El gobierno ha discutido, pensado, probablemente lamentado la conveniencia de disponer de un medio enérgico de extinguir males cuya vida tiene constitucionalmente garantía y apoyo.

No tiene las facultades extraordinarias precisamente para usarlas, sino para poderlas usar; allí donde sean necesarias y justificables, allí se aplicarán. Los órganos de esa oposición informe y ambiciosa, hacen algo que pudiera ser parecido a la calumnia cuando afirman que de antemano se piensa en quienes han de sentir las consecuencias de las facultades concedidas.

Es respetable y hermosa una oposición que hace justicia; tuvo este mérito extraño el discurso del señor Gómez del Palacio en la animada sesión en que las facultades se votaron. No se cifraron en una personalidad determinada sus ataques; —no juzgamos nosotros aquí de ellos: —reconocía la honradez del jefe del gobierno cuyos actos atacaba; el fervor con que defendía su creencia no hubo menester de inculpaciones injuriosas, recursos torpes de inteligencias poco altas, de la escasez de derecho, o despechadas y sedientas ambiciones.

Las causas no necesitan solamente razón; necesitan razón y cortesía, derecho y mesura.

Espíritus a cierto punto levantados, educados en cierta manera, instintivamente repugnan toda grosería de forma, todo acto que en su manera de manifestarse indique ignorancia asalariada, despecho mal cubierto, falsedad clarísima.

La urbanidad en la forma no excluye la vehemencia en las convicciones; —quien tiene nobles intenciones, no necesita para defenderlas forjar a sabiendas intención mala en aquel a quien ataca: —la forma cortés se impone, aun cuando no tenga razón.

No existe gobierno invulnerable; la prensa debe ser el examen y la censura, nunca el odio ni la ira que no dejan espacio a la libre emisión de las ideas. Nunca se acepta lo que viene en forma de imposición injuriosa; se acepta lo que viene en forma de razonado consejo.

El gobierno es el decoro de la patria, y la patria no debe tener enemigos en sus propios hijos. Si el gobierno yerra, se le advierte, se le indica el error, se le señala el remedio, se le razona y se le explica; —no se tuercen intenciones, se falsean hechos, se forjan decisiones que no existen, y débiles los opositores para atacar una administración existente, —abultan sus defectos pequeños, o se crean a placer una administración defectuosa sobre la que cuesta poco declamar y combatir. No debe haber oposición constante; debe haber constante concienzudo examen y consejo.

Sin esta alteza de ideas, nadie aspire al respeto común, al dominio firme y duradero.

Pudieran parecer en nosotros inconsecuentes y enojosas más reflexiones que estas generales y abstractas. Ojalá no tuviéramos nunca que lamentar estas debilidades y errores que por el respeto que a otros pierden, se privan a sí mismos del respeto que debieran merecer.

Revista Universal, México, 29 de mayo de 1875

Apatzingán y Paracho. Gavillas e instigadores. Periódicos católicos. Avergüenza verse defendido por bandidos

«Apatzingán incendiado; —robado Paracho»; esto decían los partes y noticias de Michoacán que recibimos ayer. Es natural que en la guerra se luche y se mate; la guerra es una de las semejanzas del ser humano con la fiera, y el hombre-fiera duerme en el fondo del más humilde ser; es natural que la guerra se haga con todos los medios —por más que terribles, necesarios para hacerla; pero cuando una campaña alimentada por el voracísimo fuego del despecho y de los odios, arma las manos de los malvados con la absolución de todos los crímenes; autoriza, si no manda, violencias de tan bárbara manera ejercidas en cuerpos de mujeres, que ni a entenderlas alcanza el pensamiento, ni a escribirlas la pluma agitada, ni a perdonarlas el más amplio perdón; —cuando los héroes de esa campaña inconcebible destruyen las poblaciones en que nacieron, en que comienza a tener cuna fecunda la riqueza patria, en que sus familias mismas trabajan y se albergan, no es ya posible rechazar con medios comunes a quien alza teas encendidas como medios de guerra desoladora; no es posible luchar con la espada contra los que luchan incendiando pueblos: —es ya necesaria una persecución sin tregua y sin descanso, nunca una persecución que se manche con esos mismos crímenes, pero tan estrecha y tan activa, tan decidida y tan com. pacta, tan incansable y enérgica, que no tengan en su camino estos hombres malvados tiempo de ejercer su crueldad, espacio para incendiar poblaciones, horas tranquilas en que asentar la victoria de la religión, matando hombres, saciando infamias que una pluma honrada no comenta, e incendiando pueblos para mayor prez y honra de la humildísima causa de Dios.

¡Infames! Pero, ¿no se avergüenzan los católicos mexicanos de acudir para defenderse a estos bandidos prófugos de cárceles, a estos hombres capaces de toda vileza, a los que no cometen un solo acto que no pueda condenarse con arreglo a la ley común? ¿Qué Dios villano es ése que estupra mujeres e incendia pueblos? ¿No sienten repugnancia de sí mismos los que a tales medios acuden para tentar los últimos esfuerzos de su desesperación y su criminal piedad? ¿Qué, el silencio ante los crímenes puede ser arma honrada en provecho propio? ¿Qué, a un hombre honrado le es dado aprovecharse de los crímenes ajenos, protegerlos, alimentarlos, absolverlos, dirigirlos, fundar en ellos una esperanza vergonzosa, —esos que no tienen ya valor de defender sus doctrinas por sí mismos?

Pero hablen los periódicos católicos; tenga uno de ellos la impudencia de proteger a esa malvada rebelión; prohíje a estos hombres; vindique sus actos; aplauda estos incendios; predique esta guerra. —Se está con ella o contra ella; se condenan los crímenes o se cometen; se reprueban los incendios o se aceptan. ¿Qué hacen los periódicos católicos? —Lo que hacen en todos los tiempos; vestirse con el manto de piedad; bajar a tierra estos ojos humanos que se han hecho para mirar de frente a todo; disimular bajo sus vestiduras negras las iracundas palpitaciones de su corazón, y ocultar con la sombra de sus hábitos la sonrisa que, ante los malvados que desolan una comarca fertilísima, se dibuja con regocijo en sus labios contraídos por la satisfacción y si —basta el hábito; se ve la sonrisa; las llamas del incendio de Apatzingán les ilumina claramente el rostro.

Y ¿es posible combatir con miramientos de paz a enemigos incendiarios y a absolvedores de crímenes, invulnerables en el estado político que les concede el sistema de libertad que atacan, tan leal y tan generoso que los atrae a su seno, y permite que en él se agiten para morderlo y devorarlo? Hagan en buena hora la guerra, pero la lealtad más sencilla ordena que no se haga contra el sistema que nos da todos los medios y nos abre todos los caminos para hacérsela.

No puede combatirse con medios de respeto a los que por encima de todo respeto saltan y rompen; no puede verse en calma la instigación impune de una guerra de incendio y bandidaje; no pueden tenerse miramientos constitucionales, para los que anidan en el seno de la Constitución con ánimo de herirla y devorarla.

Apatzingán quemado; —pongan los siervos católicos un puñado de sus cenizas al lado de cada una de las custodias de sus dioses.

De otras cosas hablaríamos hoy; pero no deja la exaltación de estas noticias, que a todo espíritu sano exaltan y repugnan, espacio a la Voluntad para emplearse en cosas sencillas y tranquilas.

Perdón por esta sobriedad inevitable; tal vez haya yo cansado, a pesar de ella.

Revista Universal, México, 2 de junio de 1875

Asuntos para boletín. Espectáculo dramático. Aumento de inteligencia. La fiesta de White. El público del conservatorio. Los temores del Monitor. Acontecimiento bufo

¡Cuántas bellas cosas pudiera decir hoy un boletinista de ingenio galano! Las caras melancólicas y compadecibles de los diputados salientes; las esperanzas mal disimuladas de los aspirantes inexpertos y noveles; almuerzos preelectorales y fugas silenciosas; artículos laudatorios y horas de sobresalto y de inquietud; oposición desesperada —de puro maliciosa ya ridícula—; todo esto es, en verdad, buena cosecha para quien con ánimo más mordaz y pluma más gallarda que la del humildísimo Orestes, quisiere dar al aire donairosas razones, y regocijo y esparcimiento debidos a los complacientes lectores de la Revista.

Y si a senda más amena volvemos los ojos, ¿para quién, menos para raí, no sería campo vastísimo un genio musical que nos dice adiós con una solemne e inolvidable despedida, una zarzuela de sensación que excita las fuerzas engañadas y desencaminadas de nuestro obediente y blandísimo público; un «rey Midas» que sofoca con turrones las muy leales y patrióticas revoluciones de sus súbditos; la actriz nueva, en fin, que va a tomar parte en una función noble y justísima, inspirada en motivos de fraternidad, y embellecida con novedades seductoras?

Fatíganse los ojos de mirar colores sobrado vivos, y el paladar del mal gustar manjares en demasía salpimentados; placen a los sentidos bien educados alimentos más suaves y exquisitos, con los que a un tiempo hallan distracción las penas, y solaz sabroso y digno el entendimiento y el buen gusto. Largo tiempo hace que suena Arbeu sus cascabeles de polichinela, ¿no se vuelven como sin querer los ojos al espectáculo más sereno y tranquilo, más digno de los ocios de la mente, que parece va a ofrecernos el Teatro Principal?

Una compañía dramática, desconocida ciertamente, pero dramática al fin nos anuncia la representación de obras nuevas, en su mayor parte no oídas por el bien acostumbrado público de México. A fe que habrá buena suma de trabajo el actor Guerra si logra no hacer recordar demasiado, con la severidad inflexible del contraste, las muy vivas memorias de Valero; —como en el Ateneo de Madrid luchan, y casi siempre en vano, los peroradores que hacen por reemplazar dignamente aquel sillón ilustre en que Pacheco explicó Derecho Penal, y lo explicó todo elocuentísimamente el fecundo y no agotable ingenio de Alcalá Galiano.

El género humano tiene montañas y llanuras, y así hablan las montañas de la tierra con las alturas de los cielos, como los genios entre los hombres con las altezas y las excelencias del espíritu. Tócanos a nosotros, gentecilla mezquina y vulgar, admirar desde abajo tanta altura, y calentar nuestro sencillo corazón en los rayos de ese hermoso Sol de gloria que desde las eminencias se derrama.

Pero parece que, como la mano del hombre destruye las eminencias de la tierra, no sé qué mano oculta pone empeño en hacer obra igual con las del género humano; —y la inteligencia se vulgariza y se difunde por los abandonados llanos, y a la par que en lo común de las gentes se nota más sensatez en el juicio, más viveza en la comprensión, en útiles conocimientos más riqueza, escasean o se ocultan aquellas cumbres altas del talento, que antes reunían en un cerebro los destinos y el porvenir de una nación.

Todo va diseminándose en justicia e igualdades; Es buena hija de la libertad esta vulgarización y frecuencia del talento. La felicidad tiene garantía sólida en el concepto de independencia y dignidad humanas; nadie brille sobre nadie, si todos los hombres saben cumplir con esta religión hermosa, única que se complace en sí propia, única digna de la alteza humana, única que deja en el ánimo satisfacción imperecedera e involuntaria: —la religión sencilla y purísima de todo deber. No hay amargura fuerte contra un corazón así templado; ése es el único Dios digno del hombre.

Y, usando mal de la libertad del boletín, he aquí a Orestes dado a consideraciones que están probablemente en estas columnas fuera de lugar. Fuerza es que esta falta se disculpe dando cuenta de algo solemne y agradable, grabado en la memoria con admiración calurosa y entusiasta. El jueves se despidió de nosotros el eminente violinista White.

Dio su último concierto en el teatro del Conservatorio. Ya es de suyo el simpático teatro anuncio de buen gusto y de bello arte, y como que aquella sala invita a la elegancia y a la distinción. Un público escogido llenaba las lunetas; bellezas mexicanas adornaban muy buena parte de los palcos, y White se sentía bien ante aquel público suyo, sin duda alguna capaz de envanecer al artista a quien honra y aplaude. ¡Cómo dio pruebas de exquisito gusto la concurrencia del Conservatorio aplaudiendo de todo corazón y haciendo repetir aquel sabrosísimo tema del quinteto de Mozart, intachablemente ejecutado, lleno de notas murmuradoras y suaves, convidando a todos los descansos y a todos los desfallecimientos del espíritu! Y ¡qué Ciaconna aquella, y qué combate hermoso entre el instrumento y el genio, con que terminó White la primera parte de la inolvidable y rara solemnidad! Nada es apasionado hablando de esa aptitud peregrina, gala del arte músico, gustosísimo solaz de los inteligentes, y encanto de todos los que nos contentamos con amar y aplaudir lo bello. ¿Por qué se va White? El público de México no se cansaría nunca de oírlo.

Y ¿quién en aquella fiesta pensaba en esas cabezas separadas de los cuerpos, en esos ríos de sangre inundando la capital, en esos terribles cadalsos levantados en todas las esquinas, en ese pueblo encadenado, cariacontecido, macilento, cojimanco, perniquebrado al empuje avasallador y vigoroso de las facultades extraordinarias que veía así como en terríficos sueños y en pesadillas oposicionistas un estimable redactor del Monitor Nadie pensaba en este descabezamiento inesperado, nadie duda todavía de que su cabeza está bien segara sobre sus hombros, ni a nadie se antoja aún que el frac de hombre civil que tan bien puesto lleva el presidente de la República, haya de convertirse en paño mortuorio para cubrir el cuerpo despedazado de alguna víctima de las espantosas facultades.

El país se consuela de la alarma del articulista, pensando que para amenidad del Monitor y bien de las letras, mal que pese a sus temores y vaticinios, descansará aún largo tiempo sobre su cuello juvenil la exaltada y temerosa cabeza del constante redactor del Monitor.

Y ya debe andar muy cerca del cansancio la bondadosa paciencia de mis lectores. No sé yo si tendré todavía en la semana que corre, espacio para reanudar esta para mí sabrosa plática; pero si en esta semana no lo hubiere, tiempo habrá en la próxima para dar a los lectores cuenta del acontecimiento bufo con que absorbe Arbeu la atención de nuestro público sensato, y de la nueva compañía dramática que bajo auspicios favorables viene a reanimar un tanto la atención de los buenos amigos del teatro, fatigados ya de tanta música liviana, y de tal copia de manjares excitantes y colores vivos. Y ya olvidaba yo consignar un elogio justísimo. Tocó en el concierto del Conservatorio el pianista Núñez, y al comenzar desde sus primeras notas a hacer gala inteligente de sus muy notables facultades, dijo y dijo bien en verdad, una bella señora que estaba a mi lado, dueña de un noble corazón y un exquisito gusto artístico:

—Se le notan tres buenas condiciones: precisión, ligereza y seguridad.

Y es cierto: el señor Núñez conoce y domina absolutamente el piano.

Revista Universal, México, 4 de junio de 1875

Cosas de teatro: Consideraciones generales. La patria viva sucede a la doctrina muerta. Teatro mexicano. Literatura propia

Parece, cuando se piensa en ellas poco, que son las cosas de teatro cosas frívolas, y que no debiera quien escribe este boletín, más bien intencionado que importante, distraer en teatrales pequeñeces el ánimo de los lectores de la Revista. No son sin embargo tan agradables los diarios sucesos, que hayamos siempre de gustar de ocupar en ellos la atención, ni tan fecundos en aventuras que podamos dar cuenta hoy a nuestros lectores de nada de importancia política activa que pudiera reclamar con ventaja el lugar que he de ocupar con estas líneas.

Andan ahora las gavillas más perseguidas que alentadas; el anuncio de las facultades ha reanimado las fuerzas de los más timoratos de Michoacán; Parra, Chávez, Correa, y algún otro hacen gala de decisión y de bravura enfrente de los que tan a deshora y sin motivo conmueven y desolan el país, y es cierto que, —si bien habrán de resistir algún tiempo, porque así lo quiere la naturaleza de estas rebeliones; no es menor verdad que de las gavillas de malvados no llegarán a tener pretexto para una revolución condenable los que siempre conmovieron a la Nación con sus ambiciones desastrosas, y —ahora que comenzaba a fecundizar sus fuerzas en una vida de trabajo y de paz, —parece como que acechaban el instante de ventura de la patria, para herirla en él; —parece como que les irrita que, cuando no está abyecto por la in fluencia perniciosa de sus despóticas doctrinas, el pueblo se alce fuerte con la práctica de todos sus derechos, con la sencilla y enérgica con ciencia de su propio valer y dignidad.

Y será, y es muchas veces, que en el comienzo de la práctica se yerre y se vacile. Así es débil e imperfecto todo lo que nace; así es verdad que nada sin estas debilidades y torpezas llega a estado de perfección.

Y bien hace la doctrina muerta en temer a la patria viva; ésta se ve y quiere conocerse; aquélla le arranca los ojos con que ha de mirarse y la conciencia con que a sí misma se conocería. Ya todo andando y creciendo, de arroyo a río, de río a mar, de madre a hijo, de arbusto a árbol, de niño a hombre, de imperfección a perfección, y de ese error, por la constitución de la naturaleza humana engrandecido, fijo se alza en medio de los siglos que corrieron, fijo se alza en medio de esta era vigorosa, fijo se mantiene ante la marcha análoga de todo; —y quiere —loco error— atraer a sus altares, arrodillar ante su cáliz, atar sobre su madero a esta marcha incesante y perpetua, creciente en fuerza come las marchas progresivas, por su propia fuerza secreta arrastrada e impedida, que anda hacia los fines de la tierra sin volver los ojos atrás para mirar al leño atado.

Las ambiciones absorbentes quieren también poner mano sacrílega en esta marcha de los humanos, fatal y viva cuanto hermosa; y logra a veces en un instante contenerla con la impresión primera repentina de la duda y el asombro; mas rehácense de la sorpresa, reúnense las fuerzas, lánzase de nuevo al camino el progresivo e inquebrantable concepto humano, con tanto más vigor cuanto más tiempo estuvo preso, con tanto más empuje cuanto la mano del intento despótico le hizo volver atrás para emprender de nuevo la carrera.

Ya allá lo humano, siempre decidido y siempre fuerte; pone los ojos ante sí, pero caminaría aunque fuese ciego. La humanidad asciende cuando adelanta; el hombre es en la tierra descubridor de las fuerzas humanas. No es que la fuerza de progreso esté en la tierra escondida; no es que la recibamos por una ley fija, lógica y fatal. Es fatal el progreso, —pero está en nosotros mismos; nosotros somos nuestro criterio; nosotros somos nuestras leyes, todo depende de nosotros: —el hombre es la lógica y la Providencia de la humanidad.

Y decía yo esto para concluir que, cuando todo marcha, lo que se detiene no puede dominar a lo que perpetuamente se desenvuelve y adelanta.

La religión católica tiene dos fases que merecen cada una peculiar consideración. Es doctrina religiosa, y es forma de gobierno; si aquélla es errónea, no es necesario combatirla; cuando el error no está sostenido por la fuerza y la ignorancia dominantes, el error por sí propio se deshace y cae: hay en el ser humano una invisible y extraordinaria fuerza de secretos, buen sentido y razón, y si la religión católica desconfía de su fuerza, a pesar de su sobrenatural origen; si, a pesar de ser divina, tiene miedo de los hombres; si para dar al hombre la conciencia de sí mismo, quiere quitarle los medios de conciencia; si la religión de la dulzura se convierte en la cortesana de la ambición y de la fuerza, —este ser propio de que se nos quiere desposeer se levanta herido, este ser que tiene libre el pensamiento no quiere que se haga hipócrita su voluntad; el concepto humano se rebela; la fuerza común se alza contra la fuerza tiránica; la paz de todos contra la insaciable ambición de algunos; y la religión de la libertad común y el racional albedrío propio contra la dominación absorbente y la fiscalización y el encadenamiento de conciencia.

Hay un Dios: el hombre; —hay una fuerza divina: todo. El hombre es un pedazo del cuerpo infinito, que la creación ha enviado a la tierra vendado y atado en busca de su padre, cuerpo propio.

Y ofrecí yo al principio a mis lectores tranquila y cómoda plática de teatros; no he faltado en parte a mi promesa; —ancha y ensangrentada escena presenta la vida, llena de tantos tristes enfermos de vivir; fecundo teatro son también las iras con que la religión desea, y el vigor con que la libertad se debate, exagerado éste a las veces por culpa de la exagerada opresión e ira de aquélla.

Y había buena suma de consideraciones que hacer sobre cosas y acontecimientos de teatro. Hay en el Principal un notable actor que ha sido dos veces ya aplaudido con justicia; debió anoche tener lugar en el Nacional una amena función dramática, en que al motivo noble de dedicar sus productos a los sombrereros en huelga, se unía la novedad simpática de presentarse por vez primera al público la actriz cubana Eloísa Agüero.

Mucho pudiera decirse a propósito de todas estas cosas. ¿Por qué no se levanta de su indiferencia culpable el teatro mexicano? ¿Por qué no prepara sus obras para que las representen las compañías dramáticas que vienen a esta capital, y que con el estreno de obras nacionales se asegurarían renombre y concurrencia? —¿Por qué los actores aficionados no podrían poner en escena las obras de los autores noveles? —Irrita ver a un pueblo nuevo y rico en inteligencias fértiles creadoras, servilmente apegado a un teatro cansado y añejo. La inteligencia tiene el deber de emplearse; ¿por qué se han de perder las fuerzas inteligentes en la pereza y la apatía?

México tiene su vida; tenga su teatro. Toda nación debe tener un carácter propio y especial; ¿hay vida nacional sin literatura propia? ¿Hay vida para los ingenios patrios en una escena ocupada siempre por débiles o repugnantes creaciones extranjeras? ¿Por qué en la tierra nueva americana se ha de vivir la vieja vida europea?

No fuera quizás prudente ocupar hoy con más amplías reflexiones un espacio que noticias más prácticas e intereses más vivos reclaman. Pónese aquí punto a estas líneas sencillas, deseosas de no tener nunca que emplearse sino con motivos de elogio y de paz.

Revista Universal, México 8 de junio de 1875

Beneficio de los sombrereros en huelga. Función en el Teatro Nacional. Ausencia de los obreros. La huelga inaugura el ejercicio de un derecho. Ayuda y protección

La fraternidad no es una concesión, es un deber. Cuando padecen artesanos laboriosos; cuando en apoyo de un principio justo emprenden una lucha enérgica a que no están acostumbrados, y que no tienen medios materiales para sostener; cuando la fraternidad tiende la mano en apoyo de una idea noble y justa, muy severa reprobación merecen aquellos que vuelven los ojos de la mano necesitada y apremiante que se ha tendido a los obreros para los hermanos sin trabajo, y que se ha cerrado sin que los obreros pongan en ella su óbolo sencillo, más valioso por la fuerza de unión que hubiera representado, que por los resultados prácticos que la modesta cantidad hubiese podido producir.

La huelga de los sombrereros, en todos conceptos justa, coloca a este ramo de artesanos en situación angustiosa y difícil, privados como están del sustento diario que con su trabajo llevaban a sus hogares, y que con nada pueden ahora reemplazar. Cierto es que buen número de personas bondadosas facilitan medios que auxilian el sostenimiento de los obreros en huelga, pero el número de éstos es tal que todo esfuerzo privado es en sus resultados insuficiente y pequeño. Las funciones de teatro son medio fácil y agradable de reunir no cortas sumas de fondos: el desembolso particular es en ellas escaso; el producto común es, sin embargo, frecuentemente mayor que el que por otros medios se consigue.

Anuncióse una función en el Teatro Nacional a beneficio de los sombrereros en huelga: bondadosamente se prestaron a trabajar en ella una actriz distinguida y actores laboriosos; injusto hubiera sido presumir que, cuando tan sencilla protección se pedía a los artesanos de la capital, cuando tan elocuente ocasión se prestaba de manifestar a los hermanos su natural simpatía; cuando se les llamaba generosamente al cumplimiento de un deber, —el deber iba a quedar sin cumplimiento, la simpatía iba a parecer indiferente, los obreros habían de desdeñar la ocasión de solemnizar con su presencia, su entusiasmo y sus aplausos el acto digno y firme con que el artesano que comienza a tener conciencia de su propio valer, se rebela contra el capitalista dominante, no ya con dominio respetable de justicia y de razón, sino con el que protegido por la miseria de los obreros, en ella se apoya para hacerla todavía más miserable.

Y ahora que por vez primera se concreta de un modo solemne esta aspiración justísima, ahora que un ramo de artesanos inaugura la vía da un derecho nuevo y nueva vida, ahora que un ramo determinado tiene el valor de sufrir las consecuencias de esta rebelión pacífica y necesaria a que no estaba acostumbrada ni preparada la clase de obreros —toda esta clase en cuyo provecho general redundan estos actos— todos los que han de gozar luego de los beneficios que ahora tan trabajosamente se conquistan, ¿abandonarán a los que inician el camino, a los que con sus privaciones fecundizan los primeros difíciles pasos de la nueva y muy penosa vía?

Ni fuera este abandono perdonable nunca, ni podemos nosotros creer que los distintos círculos de obreros, sobrados hasta hoy en acciones de afecto y mutuo auxilio, empequeñezcan así su noble obra, debiliten sus propios esfuerzos, amengüen su creciente respetabilidad, y —desatendiendo a los que plantean enérgicamente el difícil problema de las huelgas— se nieguen para sí mismos el derecho de aplicación posterior de este sistema justo, reprochable cuando sirve de órgano a exageradas peticiones de los obreros, salvador y necesario cuando se usa para rechazar exageradas exigencias de los capitalistas.

Tristísima impresión causaba en nuestro ánimo la fría soledad en que se movían los muy escasos concurrentes al Teatro Nacional. Allí se leyeron versos a obreros que no estaban allí; allí se solemnizaba el comienzo de la conciliación y el equilibrio entre las clases productoras de la industria, sin que aquella de las clases en cuyo beneficio tenía lugar la función, la animase con su concurso y su presencia: allí fue la fiesta de los artesanos, sin que los artesanos concurriesen ni celebrasen con su entusiasmo su propia fiesta.

Alguien nos dice que fueron causa de esto el descuido e inexperiencia por parte de las personas que administraron y dirigieron la función. Bien pudiera ser, y así nos alegraría que fuera.

Y hay quien objeta que hasta última hora no tuvo el Círculo de Obreros conocimiento de la función. Objeción es ésta inútil y extraña. Pudiera ser que no hubiera tenido hasta última hora conocimiento oficial; ¿pero no es el entusiasmo tácito el más bello? ¿No es el concurso espontáneo el más generoso? ¿Está antes el miramiento cortés que los vivos y más hermosos movimientos del corazón?

Cierto habrá sido que anduvo torpe la administración en el anuncio y distribución de las localidades; pero era también cierto que desde muchos días antes, anunciábase y excitábase la atención para la función teatral del lunes. La anunciaron los periódicos: repitieron en días diversos los anuncios: decíanselo los obreros entre sí: ¿por qué no fueron loe obreros entonces a depositar cada uno su ofrenda en la mano tendida y necesitada?

Es triste que la mano de la fraternidad se haya cerrado, sin que loe obreros hayan dejado en ella el óbolo de su buena voluntad. Es triste que los que habrán de aprovechar más tarde el movimiento que se inicia ahora, abandonen en lo que los pudiera proteger, a los que tienen la energía precisa para sostener, sobre toda dificultad, un derecho natural, exagerada e injustamente herido.

Revista Universal, México, 10 de junio de 1875

Nada nuevo. Rumor falso. Camino de la oposición. Administración actual. Junta en casa del señor Sánchez Solís. Artes nacionales

No son los días actuales fecundos en acontecimientos políticos, cuya naturaleza reclame especiales y nuevas consideraciones. En tanto que se acerca el agitado período de elecciones, en tanto que viene la época en que el pueblo es en verdad hermoso, por cuanto lo animan cuestiones altas propias, y con sus fuerzas mismas apoya lo que entiende que ha de proteger y cuidar bien de su fuerza, —nada extraño conmueve nuestra actual vida política, ahora que fuera monótona toda excitación contra los que arruinan cruelmente una de las más fértiles y bellas comarcas de la República. No han menester nuestras fuerzas excitarlas contra un enemigo indigno de ellas, ni nuestro pueblo convicción segura de que su enemigo constante no ha de disponer una vez más de las fuerzas vivas y regeneradoras de la Nación.

Bien quisiéramos nosotros que terminaran todas las iras, y no llenasen las columnas de la prensa frases despreciativas y duras; pero es en vano pedir que la memoria arranque de sí lo que la indigna, ni que hable *El Partido Liberal* con templanza, cuando no ya con lenguaje de razones, por más que fuesen violentas y exaltadas, sino con lenguaje de crímenes se le combate y se le habla.

En vano es pretender que vengan a camino de amor patrio y paz los defensores de la religión católica, ciegos como el despecho, e iracundos como los dueños destronados. No es ley de todos los humanos la abnegación; pero debiera ser la ley de los hombres que se proclaman divinos.

Y corría anteayer un rumor doloroso, desvanecido hoy, por fortuna, con justísimo contento de los que estiman el decoro de la libertad. En el seno de las instituciones libres, donde es el primer derecho del hombre conocerse y serlo, toda libertad racional está garantizada por sí misma, toda idea justa lleva en sí misma su realización. Es entre nosotros, mal que pese a los que holgaran que se les diese el bello derecho de las víctimas, enteramente libre la manifestación de los pensamientos por la prensa. ¿Existe algún periódico severo, que con juicio sesudo examine los errores de la administración que en México gobierna, y con palabras de cordura ataque actos suyos reales que merecieran censura justa y grave? Antes alabaríamos que impugnaríamos oposición y prensa semejantes. Oblíganos el desacertado lenguaje de la oposición a ser a veces en nuestras respuestas duros y descompuestos; llévannos las falsas noticias de los enemigos, que no censores, del gobierno, a acusarlos inevitablemente de injusticia y falsedad: no es para nosotros necesario acusar de maldades soñadas a los que como nosotros no entienden respecto a la administración, ni escribiríamos sin pena y sin vergüenza de nosotros mismos contra los hombres de la oposición, como sin justicia y sin mesura escribe ahora la oposición contra los hombres y actos del gobierno.

Decíase hace dos días, lo que por fortuna se desmiente: decíase que el general Porfirio Díaz se dirigía a Oaxaca, con ánimo de encender allí los rencores contra el gobierno actual.

Ni parece esta noticia cierta, ni debe parecerlo por lo injusta. ¿Niégase acaso a los que combaten al Gobierno de hoy los medios legales de combatirlo? ¿No ha tenido en el pasado Congreso defensores elocuentes la oposición? Los ha tenido elocuentes, pero no los ha tenido justos; tal fue su mal.

Abierta está la prensa; libre es, y así acaba de ejercerse, el derecho de acusación a los actos del gobierno: libre el derecho de reunir al pueblo y explicarle forma mejor que la actual para desenvolver sus derechos y asegurar y afirmar su prosperidad y ventura nacientes. ¿Por qué ha de acudirse a medios que manchan con sangre, cuando no se han empleado los medios que ilustran con el derecho? ¿Por qué ha de venir la revolución que mata hombres, cuando no se ha empleado la revolución que brota ideas? ¿Así serían acreedores al reconocimiento de la patria los que en su primera era de paz la detienen, la ensangrientan y la perturban?

Afírmanse nuestras relaciones exteriores; por vez primera ocúpase el gobierno de levantar en tierras extranjeras el buen concepto y no usada estimación hacia nuestro país; garantízanse las libertades esenciales; a nadie se estorba la emisión libérrima de sus juicios; a nadie se coarta el ejercicio libre de sus derechos públicos; prefiérese que se fortalezca el ataque armado que una airada parcialidad hipócritamente azuza, antes que emplear contra los que lo alimentan derechos que no daba la Constitución; danse facultades absolutas al gobierno, y hace ya cerca de medio mes que se le dieron, sin que al gobierno ocurra emplearlas, contra toda la maligna voluntad de los que persiguen actos suyos en que saciar su destemplado descontento; ¿qué rasgo grave habrá de hacerse a la administración que así obra, y deja abiertos todos los caminos para ir contra ella, sin que se alcen para combatirla censores razonados y justicieros?

Parece que debería ser innecesario repetir estas verdades conocidas: fuera agradable discutir cuerdamente con jueces dignos del sistema de gobierno actual, no con contrarios airados, enemigos personales, por particulares razones enemigos, más que de las instituciones garantizadas y cumplidas, de los hombres que las dirigen y realizan, y del que abre esta época de paz en la que, un tanto entregada a sus fuerzas, se desarrolla rápidamente la olvidada y abatida riqueza patria.

De cosas más agradables se trataba el domingo en la casa del señor Felipe Sánchez Solís.

Tiempo hace que el hábil profesor que a tanta altura levantó el provechoso Instituto de Toluca, con verdadero amor mantiene la idea de despertar la atención sobre la no bien estimada raza indígena: y acumula documentos, reúne manuscritos, colecciona y estudia antigüedades, prepara cuadros que copien las culminantes escenas de la muy bella historia mexicana, y a todo esto hace morada en un notable salón de gusto azteca, en el que con estudio y celo raros, acomoda a las exigencias de la vida moderna la arquitectura, colorido local y olvidados usos de los que un día asombraron con su civilización a los advenedizos y osados conquistadores.

Llegada ya a horas de término esta meritoria y patriótica obra, reunió el pasado domingo el señor Sánchez Solís a hombres en distintos ramos distinguidos, para armonizar y decidir las obras que han de embellecer su intento, y para fomentar una era nueva para las artes nacionales, creando obras cuyas reproducciones despierten en el extranjero la curiosidad por nuestra historia, el gusto por nuestra naturaleza, mercados para las obras que traten aquélla y copien ésta, a la par que con el trato continuo con las cosas patrias, se alimente la vida nacional, hayan los poetas motivo de inspiración fresca y sabrosa, los pintores asuntos bellos para cuadros, los literatos nueva forma de literatura americana, y cuantos con las artes y las letras gusten de comercio regenerador, espacio original y nuevo donde reanimar y consolar las que hoy aparecen como desfallecidas y agotadas fuerzas bellas del espíritu humano, como cansado de alimento añejo, y ganoso de nuevos motivos de esparcimiento y de solaz.

Detalladamente trataremos del proyecto del señor Sánchez Solís, que a estos pensamientos patrios y a estas muy vivas necesidades complace y atiende.

Revista Universal, México, 12 de junio de 1875

Clases orales. Ciencia y derecho. Lecturas. Discursos hablados. La forma accidentada excita la atención

A buen tiempo dio la Revista cuenta a sus lectores, de la solemne y memorable inauguración de las clases orales en el Colegio de Abogados, y disertó brevemente sobre la importancia y resultados posibles de la nueva era que abren para la corporación que las sustenta, y para los que de una manera amplia y concreta, quieran fijar sus pensamientos en determinados puntos del Derecho.

No ha menester el pensamiento del Colegio, comentarios ni elogios mayores que los que hasta aquí se le han tributado justamente. Llevan las cosas en su simple anuncio su verdadera utilidad: ábrense cátedras públicas, donde se razonan con todos los criterios las cuestiones elementales de la ciencia jurídica, ciencia madre como la filosófica, engendro y resultado natural de esta última, tanto más real, cuanto más se aleja de las interpretaciones y las adiciones formales con que la desfigura muchas veces el desmedido afán de ciencia humano.

Lo verdadero es lo sintético. En el sistema armónico universal, todo se relaciona con analogías, asciende todo lo análogo con leyes fijas y comunes. Como desde las eminencias abarcan los ojos extensión mayor de tierra, desde el resultado concreto, desde la ley común y fija, desde la deducción análoga que de la contemplación de los seres resulta, abárcase y compréndese número mayor y naturaleza clara de los seres creados.

Ciencia es el conjunto de conocimientos humanos aplicables a un orden de objetos, íntima y particularmente relacionados entre sí. ¿Es esto el Derecho? Es el fundamento de conocer: no es el resultado de haber conocido.

Ciencia es en buen hora la jurisprudencia. La inteligencia humana tiene como leyes la investigación y el análisis: los principios naturales de justicia (Derecho puro), —se han aplicado a naturalezas diferentes —(Derecho práctico) y la forma, la compensación de derechos mutuos, la exageración de escuelas distintas, el carácter dudoso de algunas aplicaciones particulares, la necesidad de violentar o conformar los preceptos naturales puros al realizarlos en un cuerpo social desviado por las condiciones imaginativas y de libre albedrío humano de su forma pura natural, —han creado el conjunto de preceptos jurídicos, han particularizado las formas generales, han conformado a los casos accidentales el precepto esencial, han creado el derecho de aplicación y relación, especie de desmenuzamiento del espíritu, conjunto de interpretaciones variables de una serie de verdades fundamentales, que son realmente así una ciencia humana, bien llamada con el nombre de Jurisprudencia.

Existe en el hombre la fuerza de lo justo, y éste es el primer estado del Derecho. Al conceptuarse en el pensamiento, lo justo se desenvuelve en fórmulas: he aquí el Derecho natural. Y al realizarse en la vida, las fórmulas se desenvuelven en aplicación, la concurrencia de derechos crea derechos especiales: los sistemas políticos en que domina la fuerza crean derechos que carecen totalmente de justicia, y el ser vivo humano que tiende fatal y constantemente a la independencia y al concepto de lo justo, forma en sus evoluciones rebeldes hacia su libertad oprimida y esencial, un conjunto de derechos de reconquista, derechos medios, derechos parciales, que producen la jurisprudencia, la ciencia de la aplicación de las fórmulas, lo que bien pudiera llamarse justicia de aplicación y relación.

El boletinista pide perdón por haberse desviado tanto de su objeto principal. ¿Quién ha de creer que todas estas extemporáneas reflexiones, tenían por objeto expresar la opinión humilde de que, más que lecturas reposadas y severas, convienen la vitalidad e interés de las clases orales, lecciones habladas, en las que las fluctuaciones del discurso permiten variedad mayor a la materia que se explica, y las interpelaciones, las adiciones momentáneas, los recuerdos de ocasión, el lenguaje natural y propio añadirían tanto agrado a las áridas cuestiones que en las clases del Colegio de Abogados se deben tratar?

No fuera quizás desacertado por parte del Colegio reflexionar un tanto sobre esta opinión humilde. La variedad debe ser una ley en la enseñanza de materias áridas. La atención se cansa de fijarse durante largo tiempo en una materia misma, y el oído gusta que distintos tonos de voz lo sorprendan y lo cautiven en el curso de la peroración. La manera de decir realza el valor de lo que se dice: —tanto, que algunas veces suple a esto.

Una lectura no sujeta, antes distrae la atención: la naturaleza humana y sobre todo, las naturalezas americanas, necesitan de que lo que se presente a su razón tenga algún carácter imaginativo; gustan de una locución vivaz y accidentada; han menester que cierta forma brillante envuelva lo que es en su esencia árido y grave. No es que las inteligencias americanas rechacen la profundidad; es que necesitan ir por un camino brillante hacia ella.

Pudiera decirse que se pretende dar con las lecturas cierto carácter respetable a las clases orales. Las clases no lo necesitan. Los conocimientos se fijan más, en tanto se les da una forma más amena. No tienen ciertamente las personas encargadas de las lecciones del Colegio, nada que temer en cuanto al éxito que allí pudiera tener su palabra. Son todos ellos jurisconsultos distinguidos, apreciados en su valer, y en su mayor parte amados por la juventud que ha de asistir a las clases. Con placer se nota en México que la juventud se da prisa y pone empeño en ensalzar y hacer visibles las prendas de los que juzgan sus maestros, y de quienes calurosa y entusiastamente hablan.

Viven las clases de la animación y el incidente. Necesita a veces la atención cansada un recurso accidental que la sacuda y la reanimé. Grábanse mejor en la inteligencia los conceptos que se expresan en la forma diaria y natural, que los que se presentan envueltos en la forma diluida, siempre severa y naturalmente detallada, de las peroraciones escritas. El que escribe lo que ha de leer, sabe que escribe lo que, por el hecho de no ser improvisación, ha de someterse a juicio: quiere, por tanto, que el juicio no halle nada censurable en él.

No debe ser éste el carácter de una lección.

Frecuente es en las tierras americanas el don de la palabra, y antes es aquí difícil hallar quien la tenga penosa: la exuberancia de estos pueblos vírgenes, se manifiesta poderosamente en todas las formas. Es a más cosa cierta que no se habla mal de aquello que se conoce bien. Conocida es la aptitud de los que han sido elegidos para hacer práctica la bella idea del Colegio de Abogados: sábese de público, que honran todos el foro mexicano, y algunos de ellos a la par el foro y la elocuencia: la condición está, pues, cumplida; y la palabra sobre materia conocida debe ser, sin duda alguna, a la par que sólida e instructiva, galana y fácil.

Y así se abriría campo a la elocuencia y al estímulo: así se identificaría más el que explica con los que le oyen: así, en la enseñanza del derecho, tendría el catedrático aptitud para espaciar su memoria en toda clase de alusiones y recuerdos, que crean en las clases una doble atmósfera de ciencia y de respeto, para siempre ligados en la memoria con las del que avivó y acarició ambas fuerzas en nuestra inteligencia y en nuestro corazón. Es más la cátedra que una tribuna de peroraciones: es una fusión sencilla, un mutuo afecto dulce, una íntima comunicación muy provechosa, una identificación fructífera entre la inteligencia cultivada y las que se abren a la esperanza, a las vías anchas, a los preceptos luminosos, al crecimiento y al cultivo, unión bella de afectos, nunca olvidada cuando se ha gozado, nunca bien sentida cuando se ha perdido ya.

Es la clase época plácida en la vida. Abre ahora el Colegio de Abogados utilísima senda, en que el provecho pudiera ser mayor si la forma de la enseñanza aprovechable fuera seductora y amena.

No es, pues, desacertado, creer que los discursos pronunciados darían brillantez, existencia agradable, atractivo nuevo a la lección del Colegio; formas, en fin, y respuesta naturales a la vivaz y animada inteligencia mexicana. Tienen de esto deseo los que oyen: sobra de aptitud para ello los que lo habrían de hacer: garantía —mayor de éxito el pensamiento de la laboriosa corporación. ¿Merecería la atención de los profesores del Colegio esta humilde opinión? Nada hay, de seguro, útil para su cometido que ellos no estudien ni piensen; la excitación será tal vea irrealizable o inoportuna, pero es, aun siendo esto, hija del simpático afecto que el propósito del Colegio de Abogados despierta y merece.

Revista Universal, México, 18 de junio de 1875

Escasez de noticias. Juvenal y Nathaniel. Rafael Arias. La Iberia y el Colegio de abogados

El Constitucional

¿Por qué no tendrá arte mágica esta palabra boletín? Anda Orestes apurado en busca de cosas nuevas de que departir con el lector; vuelve en vano los ojos a los que pudieran darle para sus precipitados renglones, asuntos en sí mismos, ya que no en su forma, interesantes y amenos; ve acá la faz de un diputado coronel más lleno de actividad que de noticias; tiene al lado a Pílades fecundo,45 siempre menos hoy sabedor de algo bueno y nuevo, y va ya terminando la cuartilla primera sin que el mísero boletinista sepa aún qué decir a sus lectores. La situación política se hace por lo pacífica, monótona; en tanto que en los Estados se empeñan ardientes luchas en la prensa, forma elocuente y simpática de la azarosa cuanto animada vida electoral, todavía entre nosotros este entusiasmo no despierta, y fuerza es contentarse con esperar en calma, con celebrar a los contendientes en quienes el ardor no estorba a la mesura, y exhortar a los destemplados que hacen de la expresión de las ideas plaza de rencores y denuestos.

Algo habría que decir sobre esto a dos estimables escritores de la capital. Juvenal y Nathaniel sostienen hoy, no ya polémica, sino lucha de frases enojosas, en que el donaire lícito, aunque casi siempre inconveniente, ha cedido su lugar a irreflexivas personalidades. De nadie es especialmente el error; pero es el hecho que ambos lo cometen, y que ni a uno ni a otro enaltece esta manera de decir, sobrado ilógica para con el empleo de la prensa, sobrado extraña en quienes tienen merecido título de comedimiento y cortesía. ¿Ni cómo han de consentirse escritas las frases que aun habladas andarían ya por camino de injurias? ¿Ni cómo ha de ser bien decir ante el público lo que privadamente fuera reprochable decir? Boletinistas son Juvenal y Nathaniel: tócame, a fuerza de boletinista, siquier oscuro y principiante, pedir a ambos, ya bien pagados mutuamente con lo que el uno del otro han escrito hasta hoy, que si no palabras de reconciliación completa, sean al menos las suyas en lo que hayan de decirse esas palabras comedidas y corteses, que la prensa exige, y que ambos estimables escritores saben decir tan bien.

45 José P. Rivera, que usaba el seudónimo de Pílades, alternaba con Martí en la redacción de los Boletines de la *Revista Universal*.

Pues ¿no ve Juvenal que es naturalísimo que el afecto a una administración sirva en ella, y escriba versos el que tiene aficiones a la poesía, y prosa el que ciertamente no la maneja con desdoro de las letras? Pues ¿no ve Nathaniel que hay rudeza que nadie ha de elogiar en tener a defecto una falta física, y hacerse eco de un rumor seguramente incierto? Ni uno ni otro merecen la excusa que aquí quisiera yo haber a mano para ellos; ambos en un mismo día, cometieron falta igual.

No merecerían bien la atención de sus lectores aquellos que no supiesen hablarse entre sí con palabras de respeto. Pues ¿cómo ha de conservar el suyo propio el que lastima el ajeno? ¿Cómo ha de recomendar, en ocasión dada, cordura el que la pierde?

Ni el redactor del Eco ni el del Monitor, repetirán seguramente sus palabras; antes volverán sobre ellas, cuidarán de hablarse cortésmente como a sus lectores y a ellos cumple y tendrán a afecto y buena voluntad, no a oficiosidades necias, el ruego y las razones del humilde Orestes.

Asunto más doloroso viene ahora a la memoria. No tardan las gavillas de Michoacán en recordar su existencia con un hecho cruel y triste. Anúncianse con el crimen, cométenlo cada día, y aun pretenden nombre más blando que el de criminales, los que les amparan y se regocijan con sus actos de fría maldad.

Un hombre íntegro y puro acaba de morir a manos de los gavilleros de Rodríguez.

Era Rafael Arias ranchero michoacano tan honrado y valiente como viejo. Apenas el plan de Ayutla alzó bandera para la reforma y existencia libre de la patria, lanzóse Arias al campo donde corrieron briosas parejas su constancia y su valor. Fue él de los últimos en abandonar la campaña que comenzó con los primeros.

Vino después la guerra de tres años, menos larga que lo que en ella mostró de decidido el ranchero. Hombre acomodado y con hacienda, con aquella mano manejaba en la paz los aperos de labranza, que empuñaba en la ruda contienda las armas liberales. Tienen las gentes humildes sacrificios heroicos, a las veces más altos que los que por circunstancias de azar logran premio y renombre; así era Rafael Arias, de nuevo vuelto de la hacienda a la lucha cuando se inició la guerra de la intervención. Era ya anciano el que había manejado bien las armas cuando mozo, y al calor de la ira que la proximidad de la mengua levanta, más tardo anduvo el ranchero en pensar su decisión que en lanzarse de nuevo a pelear. Días hace se dijo en la Revista; era este campesino de esos hombres que dan gloriosamente su vida por la patria, y entienden que exponerla y darla es un sencillo y natural deber.

Crean en el hombre los años apego a las holguras materiales, y viene a ser la riqueza como regocijo y amor de la vejez. Patria rica de honra prefirió Arias a hacienda propia y rica: pensamiento sencillo y grande que cautiva la admiración y el respeto. Descansó Arias de la fatiga de la lucha cuando la libertad recobró ya firme asiento: tornó entonces el labriego a cultivar los campos que con sangre de hermanos suyos había mojado la heroica guerra liberal.

Son los héroes patrimonio de todas las edades; ¿no trae acaso la abnegación de Arias memoria de la del muy glorioso héroe romano, labrador en la paz, y en la guerra vigorosísimo caudillo? Ni porque la comprensión del acto sea más corta, la voluntad que se ha necesitado para él ha sido menor.

Con rápidas y tristes frases termina la noble vida del anciano Arias. Vivía en su rancho, sin haber tomado todavía parte en la persecución que hacen por Michoacán a las gavillas; no hubieran probablemente estorbado mucho los años al valiente ranchero, ni, a haber aumentado en importancia los gavilleros, se hubiera él detenido en volver con su osado vigor a una campaña nueva. Era el día 7 de junio: las gavillas mandadas por Rodríguez entraron en el rancho de Arias: era el rancho morada habitual del campesino coronel, y allí dieron muerte alevosa a aquel que en otros días persiguió a los azuzadores de las gavillas en batallas, sin que en el campo de la lucha hubiesen podido acabar con la vida que a la sombra del crimen han terminado ahora.

Tiene la indignación un lenguaje que no necesita ser hablado: encienden los crímenes ira tan justa, que hasta necio parece añadirle palabras, cuando el hecho malvado en sí mismo se juzga y se condena.

Unos cuantos gavilleros han ido a asesinar a un hombre anciano. No es la historia del valor y la decisión en los combates: no tienen las partidas de Michoacán el carácter franco y valiente que ennoblece, si no disculpa, casi todas las revoluciones de nuestro país. Mal hacían ensangrentando el seno débil de la patria: mas excusábanlos luego al menos su arrojo y su valor: —inician las gavillas guerra nueva que los católicos mexicanos protegen; parece a los protectores noble regocijarse con los crímenes, porque los crímenes se cometen al grito que les place; pero no puede ser que no sientan consigo la vergüenza, cuando llega hasta ellos la noticia del crimen nuevo con que los engalanan los hombres a quienes aplauden, lisonjean y ayudan. La pasión política tiene un límite; allí donde comienza la maldad.

El anciano Arias ha muerto: sus hechos por la patria se encargan de llorarlo: el propio decoro, de señalar su cadáver a los que ensalzan a asesinos: los que supieron la muy noble vida del valiente ranchero, conservan para él en su memoria la existencia que unos hombres malvados le acaban de arrancar.

Aún podía ser útil a la patria: estorban aún a los hombres del Imperio los defensores de la honra de la nación, capaces, como Arias, de oponerse y vencer a los que en mala hora para su fama contrataron su desdoro y su venta.

Faltaban al comenzar asuntos para boletín, y ya va siendo éste largo, ahora que a la ingrata memoria se aglomeran agradables y ligeras cosas de que dar cuenta al lector. Es la una la presencia animadora de White en la reunión que a sus amigos numerosos ofreció el sábado la muy distinguida señor a de Coffmann; son las otras, las reflexiones que aún ocurren acerca de la construcción del Palacio de elegantísima tablazón y muy bello tejamanil con que la comisión de Exposiciones amenaza al alarmado concepto estético del público. De cada una de estas materias y de las que vienen a la par de ellas a las mientes, hubiérase motivo para un boletín nuevo; pero no ha de tocar éste a su término, sin que Orestes haga en él presente su gratitud al apoyo que en una petición suya le presta la sensata Iberia.

Es fama ya que don Anselmo Portilla piensa muy cuerdamente todo lo que piensa: apuntó Orestes algunas reflexiones acerca de la conveniencia que para la amenidad de las clases, provecho de los oyentes y lucimiento de los maestros, traería el que las lecciones del Colegio de Abogados fuesen habladas y no escritas, y he aquí lo que La Iberia dice a propósito de aquella excitación:

«Propone Orestes en el boletín de la Revista, que estas lecciones no sean escritas y leídas, sino habladas e improvisadas si se quiere; y da muchas y buenas razones en apoyo de esta indicación. Nos adherimos resueltamente a ella. Para escuchar disertaciones académicas, atildadas y pulidas, serán pocos los que vayan al Colegio; pero irán muchos cuando sepan que han de oír lecciones orales, no lecturas.»

Tiene La Iberia maestría en decir en claras cuanto breves palabras lo que piensa. Agradece Orestes las frases del periódico español, por lo que autorizan a las suyas, y por lo razonadas que las de su último boletín le parecen.

Si pasó para el Colegio de Abogados desapercibida la opinión oscura a que dieron albergue las columnas de la Revista, no la desoirá de seguro ahora que decididamente la apoya la autoridad sensata de La Iberia.

Algo habrá Pílades de responder mañana a lo que en El Constitucional del domingo se apunta para él o para mí. Mas yo bien conozco que entiendo menos que él de agitaciones y cuestiones interiores de la política patria; y le cedo gustoso el intento de explicar al buen colega lo que el país actualmente es, e investigar lo que sería en manos de los estimables redactores del Constitucional.

A fe que no será muy difícil tarea: Pílades sabrá decir con galanura verdades sencillas.

Revista Universal, México, 22 de junio de 1875

Oposición actual. La palabra, la Cámara y la prensa. No usó los caminos de que disponía. Prensa oposicionista

Base amplia en que quepan todas las reformas útiles, no convicción de una infalibilidad imposible en los sucesos de lo humano: —esto afirma y constituye un buen gobierno. Consejo, examen tranquilo, indicación desapasionada: todo esto, y no odio, debe constituir la oposición.

¿Merecen crédito los que hablan con ira, porque a las iras los lanzaron deseos no satisfechos, o deseos ambiciosos que quieren satisfacerse? ¿Puede un sistema fijo de gobierno, definido, liberal y claro, sustituirse por las burlas destempladas, y las censuras fundadas en rumores que se dirigen, no contra los actos, sino contra determinadas personas de la administración? ¿Dejaría de ocupar el puesto del criticado, alguno de los que duramente lo critican? ¿Cómo gobiernan a un país las burlas agrias y censuras personales?

Estas, y con ellas numerosas preguntas más, se ofrecen, y no dan por cierto respuestas tranquilizadoras para esta rara oposición que ahora se hace, apenas se piensa en la situación dominante y en las individualidades que se levantan enfrente de ella, algunas con un valor que sería en tiempos de esclavitud meritorio, pero que en la actual situación de libertad es sumamente fácil.

Cuando se ataca un sistema de gobierno, se opone otro enfrente suyo. Cuando el acto de una administración es malo, no ha de corregirse con injuriar al que es responsable de él, sino con señalar sus defectos, y enseñar la manera con que el que lo censura lo corregiría. Así el país no se expondría a una prueba enojosa de los que aspiran a su mando, si en esta obra de examen tranquilo, convencido de que las faltas no se abultaban con las miradas de la ambición o del despecho, pudiese establecer sosegada comparación entre los que yerran en el poder, y los que dan fuera de él medios sensatos de no errar.

Tres grandes vías tiene la oposición en los países libres: la palabra, las cámaras, y la prensa. Achácase en México al gobierno que protege a sus diputados, justamente por aquella oposición que postula y presenta por sí misma a los suyos. ¿Pueden darse los votos al que no se presenta a pedirlos? ¿Puede presentarse a pedirlos el que no explica las ideas que en su diputación va a desarrollar? ¿No es natural que quien es afecto al gobierno así lo diga? ¿No piden los votos los oposicionistas alegando como méritos suyos que pertenecen a la oposición? Los cargos sobre el sufragio comenzarían a ser un tanto justos, cuando tuviéramos un pueblo de votantes perfectamente entendidos, que por sí mismos fueran capaces de señalar su voluntad a la Nación. Ya que fuera malvado oprimir a las masas del pueblo elector, con opresión tanto más sencilla y disculpable, cuanto su ignorancia y su falta de personalidad propia sean mayores, —natural es que los círculos afectos en los distintos Estados del país a la administración actual, propongan y protejan en sus demarcaciones el diputado que para sus intereses particulares y los de la Nación creen conveniente, como es natural que lo haga así la oposición, sin que a unos ni a, otros pueda reprocharse andar por el único camino que el sistema de elección por sufragio les permite.

Los que hacen gala de ser afectos a un círculo determinado, impugnan en sus contrarios que lo sean a la administración que su círculo ataca. Pues ¿no es lógico que los que piensan de la misma manera se reúnan, con tanta más energía cuanto que comparan la situación presente de la patria con las borrascosas situaciones anteriores, ven establecida al frente del país una comedida y respetuosa potestad civil y se preguntan qué volvería a ser la patria en manos de un militarismo desordenado, sin sistema de gobierno nuevo, sin capacidad visible para crearlo, no protegido hasta hoy sino por individualidades escasas, sin crédito muchas, y casi todas desatendidas e iracundas?

Y diérase por cierto que la oposición no podía expresar sus intentos en la Cámara, cuando tenía en ella la palabra lógica y honrada de Gómez Palacio cuando como remedio de todo mal aconsejaba Díaz González la creación de un nuevo ministerio, cuando contaba, a más de esto, la oposición con todos los diputados de Jalisco. Y no fue poco contar, a juzgar por lo que en una última discusión dijeron a coro, para probar al país que la administración actual no es buena, porque el presidente de la República les es personalmente antipático: por cierto que tal parecía que los diputados jaliscienses tenían la misión de mirar siempre con antipatía al presidente actual.

La oposición tuvo en el séptimo Congreso voces suficientemente enérgicas para combatir la administración que hoy rige el país. ¿Por qué no hicieron un examen juicioso de los defectos que pretenden? ¿Por qué no dejaron establecida la manera de gobernar que inaugurarían? ¿Por qué cuando el Congreso se ha cerrado, se preguntan todos sin poder darse respuesta, el sistema político de esta oposición clamorosa, a la que otra vez llamamos acéfala, y en la que cada día se advierte un nuevo miembro aislado y dividido?

La oposición no fijó en la Cámara su sistema de gobierno, porque no ha llegado la oposición al grado de respetabilidad y consistencia que para esto se requiere: no se puede anunciar lo que no ha tenido razón para pensarse. Molestan los administradores: no es que se combata una administración, Se sabe que ésta no podría ser mejor; pero se quiere entrar a administrar con ella.

Los oposicionistas no cumplieron en la Cámara el deber que una idea oprimida impone a los que la profesan, probablemente porque los que profesan la oposición sabían sobradamente que no existe la idea oprimida. Pero, aceptando que en la Cámara se ahogó una voz que se dejaba en completa libertad, aún pudo la oposición emplear la palabra fuera de la Cámara, y el poderoso medio de la prensa.

Cuando en los corazones generosos arde una idea redentora; cuando a los hombres enamorados de la patria exaltan los errores de los hombres que la rigen; cuando la indignación por la justicia oprimida se enciende en hombres puros con todo el fuego de verdad, entonces esta oposición que sería santa, no se contenta con lanzar injurias al rostro de aquel cuya serenidad le desconcierta: entonces por propio vigor altivo, la indignación creciente y comprimida estalla con una fuerza poderosa: entonces se dicen palabras a las que no se puede responder; entonces se congrega al pueblo, y el pueblo quiere lo que es bueno; entonces se ve la honradez en la frente de los apóstoles, no el deseo ni la ira en las palabras destempladas de los despechados y ambiciosos.

La verdad tiene un lenguaje sencillo que seduce a la más indiferente voluntad: los oídos se resisten a ella en vano: ella tiene una fuerza secreta que convence, subyuga y conquista. ¿Por qué la oposición habla hoy sin que le responda el país? Pues, dando por cierto que el país fuera las galerías del Congreso llenas de gente tan desocupada como fácil, ¿los oradores de la oposición no recuerdan que aquellas de sus palabras que lograban aplausos eran, no las que pretendían desenvolver una razón, sino las que encerraban una violenta injuria? Hay siempre en el pueblo culpable de vicio o de pereza, gran número de voces dispuestas para escarnecer al que castiga su desidia y sus vicios: hay siempre en las clases desheredadas del pueblo que no tiene fuerzas para salir de su miseria, voces que secundan bien la injuria a los que no viven en la misma miseria que les oprime, criaturas henchidas de un odio secreto, que lo alivian en clamores airados contra el que la fortuna hizo menos miserable que ellos: con pueblos así conformados, son muy fáciles los triunfos populares.

¿Cómo ha de parecer buena a un delincuente común la administración en la cual sufrió prisión por sus delitos? ¿Cómo ha de alabar un vagabundo la administración en cuya época se le encarceló y se le privó de libertad, porque en el triste sistema actual penitenciario, la cárcel es el remedio mejor para la pereza y la vagancia? —Claman todos éstos contra el poder que los aprehendió: no es difícil lograr de ellos muy vivos aplausos, con injurias o burlas que halaguen sus no dormidos y naturales rencores.

Abierto ha tenido la oposición un camino que no ha usado. No pensó en usarlo, porque no tenía para ello fuerza ni justicia; no pudo pretenderlo, porque sabía que no sería seguida en él; no pudo quejarse de opresión, porque no lo pretendió siquiera.

Pero —suponiendo que al mismo tiempo que la Cámara, se le hubiese negado el derecho de hablar al pueblo de sus dolores irremediables de hoy, y de sus fáciles y repentinas y bellas y bonancibles venturas de mañana—, la oposición se habría replegado en la prensa, medio que nadie se atreverá de seguro a decir que se ha tratado de estorbar.

La prensa hubiera sido terrible y elocuente: todas las fuerzas comprimidas se habrían manifestado con vigor: todos los propósitos nobles hubieran sido dichos con nobleza: todas las palabras redentoras habrían ungido los ansiosos labios del pueblo con óleo de redención y de ventura. Bella prensa la que expresaba las necesidades de todo un pueblo vejado y oprimido; palabras elocuentes, cargos justos e incontrastables, golpes dados en el corazón de la administración vigente, un sistema de gobierno definido, un conjunto de periódicos compacto y uniforme, una persona amada por el país al frente de todo este generoso movimiento; ninguna palabra de despecho, todas las palabras de justicia; nadie rebosando ira, nadie hiriendo por rencor; todos desapasionados, todos irreprochables, todos justos; —¿verdad que son todo esto los periódicos de la oposición?

Así, así es como hablan El Monitor, El Ahuizote y El Constitucional. ¿Quién ha de sospechar en uno especulaciones mercantiles, en otro deseos no satisfechos, en otro lenguaje a veces inconcebible sobre materias que absolutamente desconoce? No, no es esto: aquel, aquel movimiento compacto, respetable, noble, imponente, generoso, es el que ofrecen los periódicos de la oposición.

Tuvieron los oposicionistas tres caminos: la Cámara, en la que difundieron sus razones con injurias, y algún honrado orador con palabras en que la pasión se agitaba más que el sensato juicio: —la palabra al pueblo, que no usaron, porque no tenían para ello el fuego sagrado en el espíritu, ni la absoluta confianza en sus fuerzas, sin la que no se llega a término de triunfo: —la prensa, en fin, explotada en burlas, en apreciaciones erróneas, en comentarios sobre hechos casi siempre falsos, abandonada a individualidades distintas, movidas casi todas por un interés visible y particular. ¿Son éstos los elementos que pueden ponerse en frente de una administración que ha dejado a los dispersos oposicionistas, abiertos todos los caminos legales para ir contra ella? Responda ella misma. Si se separasen de la oposición todos aquellos que en ella militan porque no se ha satisfecho un deseo suyo, que en lo común el generalmente conocido, ¿quedaría numerosa aún la oposición a la administración actual? Satisfechos los deseos, ¿serían los mismos los oposicionistas?

Da pena pensar en esto. ¡Quién hubiera tenido cosas más agradables que decir!

Revista Universal, México. 24 de junio de 1875

Las elecciones del domingo. La oposición no fue a votar. Casillas tristes y alameda animada. Crítico novel. Honrado artículo

Lleno está ya el número de la Revista para que escribo estas cuartillas; heme aquí, pues, obligado a ser parco, contra lo que me prometía decir hoy de abundantes y fecundas materias, interesantes quizá por su resultado práctico de aplicación. En las actuales sociedades, lo imaginativo cede su cetro a lo inteligente, lo realizable se hace dueño de lo que dominaba antes lo soñado: lo práctico se impone en nuestros tiempos con una soberbia fatal y poderosa.

Estamos en días de elecciones, y es fuerza darse a pensar, aunque brevemente, en ellas.

Antes de ayer domingo, México decidía cuáles habían de ser sus representantes en las Cámaras. Nada anunciaba este acto hermoso de la vida de los pueblos, y se cumplía, sin embargo, el acto más trascendental de vida pública.

¿Qué hacía el domingo la clamorosa oposición? Preparado el campo, ¿por qué no fue a las casillas a disputar el triunfo? ¿Se lo impedían acaso soñados ejércitos que protegiesen a las mesas? Una disputaron los estudiantes en las cercanías de la Escuela de Medicina, y daba regocijo este acto aislado de virilidad a los que gustamos de ver vivos y palpitantes a los pueblos.

Y no se hará esperar, de fijo, la acusación de violencia que se hará a estas elecciones: hoy mismo, tal vez, se la esté acusando ya de esto: nueva prueba dolorosa de la extraña conducta de la oposición.

¿Cómo han de acusarse de opresoras, elecciones en que no ha habido a quien oprimir? Pues, si el triunfo ha sido de los partidarios del gobierno, ¿de quién había de ser, si nadie ha ido a pretenderlo? ¿Por qué no ha ido a las urnas la oposición? ¿Temía su derrota? ¿Ha querido conservarse el interesante derecho de las víctimas? México oirá en calma sus quejas plañideras: ¿a qué ha de querellarse de lo que por su propia voluntad no evitó?

Harto se sabe que la votación de electores encierra y decide la de diputados a la Cámara. Abierta la lucha, un contendiente se retiró de ella; ni asistió el contendiente a su apertura: ¿dónde estaba? Allí donde por su apatía no tiene el derecho de quejarse.

¿Dirá la oposición que fue rechazada de las urnas? No pudo ser rechazada, porque no fue a ellas.

¿Tendrá luego el derecho de lanzar sobre las Cámaras la acusación de violencia en el sufragio?

No lo tendrá; ¿por qué no fue a evitarla?

No puede quejarse de la esclavitud quien no tiende la mano para romper sus hierros: si loe sufre, es porque es digno de sufrirlos.

No de esta tibia manera se conquista el aprecio de los pueblos: se predican todos los derechos; se señalan todos los caminos; se ayuda a todos los que los abren; se ejercen todas las facultades: —solo ejerciéndolas, se tiene el derecho de decir que se fue oprimido en su ejercicio.

«La oposición fue rechazada de las urnas». No es verdad; la oposición no pudo serlo, porque no fue a las urnas a votar.

Las casillas electorales estaban solas y tristes; la alameda en cambio distraía con su aspecto animado y seductor. El día tiene con los sucesos de la tierra analogías sensibles: cuando llegan al caer de la tarde las sombras pardas, y con ellas para el día sus horas tristes y veladas, horas opacas, horas grises como los cabellos que anuncian en la cabeza de los hombres las cercanías visibles de la muerte, la alameda severa y silenciosa convida a soledades y grandeza. A las veces, juegan niños junto a los troncos de los árboles: ¿serán estos troncos añosos garantía de vida para los que acaban de nacer? Así despierta la mañana a los besos de la noche soñolienta, y los que se adelantan por la tierra dejan a su paso criaturas que comienzan a vivir. Todo lo vivo se abre en seres: parece que la muerte no ha de llegar nunca a ser verdad.

En cosas más frívolas y amenas se piensa en la alameda los domingos. Palpitan las avenidas con criaturas jóvenes y bellas: a las veces, un domingo consuela de toda una solitaria y triste semana. Vese allí lo que se espera: penden de los ojos de las mujeres las horas más memorables de la vida: distráense allí los propios pensamientos con bellezas de mujer, extrañezas de algunos, vanidades de otros.

Ora pasa una elegante criatura, cuyos ojos claros y profundos convidan a pensar en cosas tenues y celestes; ora una historia dolorosa, envuelta en un gallardo cuerpo de mujer.

Trae aquélla atravesados los cabellos rubios por ancha espada de oro; hay maliciosos que dicen que no es difícil herirla en el corazón. Allá se duele un poeta porque la tierra no lo entiende, cuando fuera tal vez cuerdo oír los lamentos de la tierra porque el poeta no la ha entendido; y de súbito múltiples hijos de la amorosa ciencia madre, aparecen en plática amigable, cierta alta y altiva señor a con cierto simpático homeópata novel. Andan allí revueltos dolores y purezas, no extraños en la vida aquéllos, antes ley buena y común; y éstas, hijas naturales de la virgen y pudorosa tierra americana.

Es puro todo lo que nace. El nuevo continente no ha tenido todavía tiempo de corromperse demasiado.

Tocó bien el domingo la música del Tecpana. La alameda es buena los domingos: se empeña ella en que no haya tiempo para pensar en cosas tristes.

Un joven que hace versos critica en La Voz de México, a un poeta severo y respetable.

Todo es falible en lo vivo, y el pensador mexicano es susceptible de defectos. Pero si hay algo que ennoblezca a la juventud, es el miramiento y el respeto a los ancianos. Censure en buena hora los defectos, el que crea que tiene la palabra en los labios para desalentar y censurar; pero véase en la crítica no el afán de zaherir una reputación que aún no se ha podido conquistar, sino la imparcial mesura de quien solo por beneficio y prez de las letras emprende tarea tan desagradable y tan dura como un juicio.

Y luego, no se critica a los poetas. Se enciende el fuego sagrado, y él alumbra sin que la inteligencia sea responsable de sus esplendores. Como los rayos a la luz, los versos al poeta; ni una ni otro se dan cuenta de ellos. A las veces, una bella idea se expresa en torpes palabras; nadie culpe de esto al que las dice; es que en nosotros late lo que es mejor que nosotros mismos, y no encuentra en nuestro ser, ni en el más alto ser, forma que contenga sus latidos. Lo informe es lo más bello; lo incorrecto es la verdad. Cuando hay luz en el alma, hay en los labios escasez. Lo grande absorbe; cuándo lo grande está replegado en nuestro germen, las palabras son impotentes y mezquinas.

Júzgase al poeta por lo que sueña; no por lo que escribe. El literato mexicano conoce, a más, sobradamente, la lengua en que expresa sus propias y a veces tristemente tranquilas ideas.

¿Pensó el crítico novel en lo que tienen de severamente hermoso, los últimos versos de la breve poesía que censura? Es un alma eternamente joven que reconoce y se duele de la vejez de su cuerpo. Estas tristezas hacen al poeta: no un giro de forma estrecha, a veces criticable con justicia, siempre demasiado pequeño para ocupar la atención de un espíritu justo y alto.

La crítica es siempre difícil y solo una vez noble: cuando señala defectos pequeños de un carácter que vale más que sus defectos; cuando, en vez de limitarse a débiles exigencias de gramática, censura las ideas esenciales con alteza de miras, e imparcialidad y serenidad de juicio.

El viernes se leía en El Monitor un artículo honrado. Carlos Olaguíbel hablaba en él como habla una sensata y respetable oposición, que entiende que la razón no excluye la mesura, ni la severidad del cargo, la forma digna que lo expresa. No acabe este boletín sin ensalzar la conducta del escritor.

Revista Universal, México, 29 de junio de 1875

Rumores falsos. Intereses de los conservadores. Movimiento de Chiapas. El general Díaz. El opúsculo del señor Barcena. Ciencia prehistórica

Corrieron por México, en los primeros días de la semana actual, alarmantes y extraños rumores; ora era el pronunciamiento de una fuerza federal en Michoacán, ora un alzamiento porfirista en Chiapas, ora tremebundos sucesos en el liberal Estado de Tabasco.

El sentido común había extinguido ya estos rumores, sin que para ello hubiese sido necesario más que aplicar la conocida máxima jurídica: el autor de un delito es aquel a quien aprovecha. Holgarían los conservadores de que todas estas noticias fueran ciertas: de ellos partieron; teníamos, pues, los que conocíamos esto, sobradísima razón para dudar.

A más sabíamos de antemano que lo de Chiapas era falsedad notoria. Una frase de la Revista de ayer sintetiza todo lo que pudiéramos decir en esto: parece que el partido porfirista entiende que no es bueno amasar el triunfo de un partido de la libertad con sangre de hombres liberales: parece que el general

Díaz ha renunciado al derecho de perturbar y desolar con una guerra nueva a su país, cuando sabe que en el combate habrían de emplearse hermanos valientes y generosos que como él han luchado, y luchan hoy como él lucharía, en defensa de la madre común libertad.

De las ruinas del convento se alzan todavía fantasmas que aconsejan el incendio y la destrucción; cuando la patria se salva, ¿contribuirán a perderla la imprudencia y la ira personal de un hombre honrado y valiente? No es honrado el que desgarra en la hora de un peligro el seno todavía conmovido de la patria; no fuera honrado el que se aprovechase de las dificultades que todavía se oponen a nuestras fundamentales instituciones libres, y en vez de combatir al lado del que las defiende por la vida de la idea esencial, combatiese al gobierno actual que la encarna, y facilitase con la división de las fuerzas el que hoy es imposible triunfo de los que han venido a ser para la nueva patria mexicana una especie de enemigo social. No puede matar, y roe. No puede combatir, y azuza. Se avergüenzan de él sus partidarios, y pone la cruz en manos de salteadores criminales. Los prófugos de las cárceles están a la cabeza del movimiento religioso: ¡religión honrada! La vergüenza se ha perdido, cuando no abruma las mejillas de los que alzan el cadáver del dogma en brazos de sentenciados y bandidos.

¿Y vertiría el general Díaz sangre de mexicanos liberales sobre los atributos presidenciales que desea? ¿Los gozaría con calma después? En el seno de la libertad, ¿es lícito dominarla en provecho propio, llegando a ella por sobre cadáveres de hermanos? La tierra misma se alzaría al paso de los combatientes fratricidas.

Falso rumor fue el que dio cuenta de un alzamiento porfirista en Chiapas. Hubo allí un desorden local, no extraño ciertamente en época agitada de elecciones: ni es condición de todos los caracteres el entusiasmo mesurado, ni éste se alcanza sino con larga y cuidadosa educación política, ni se haría a pueblo alguno con más injusticia cargo sobre esto, que al pueblo mexicano. Agrávanse y encarnízanse rápidamente las disensiones religiosas y políticas: menos raro parece que adquieran un carácter lamentable las luchas políticas que están en su mayor parte alimentadas por las iras de los partidarios de la religión. Bueno es reprimir la exageración apasionada que puede dar origen a un disturbio sangriento. Bueno es, al mismo tiempo, no olvidar que la naturaleza americana es esencialmente apasionada y excitable, y que a ella, no al que los comete, debiérase culpar muchas veces por los delitos que al comitente se achacan.

La educación tiene en estas tierras un trabajo mayor: es la educación el estudio que el hombre pone en guiar sus fuerzas; tanto más trabajosa será su obra, cuanto sean potentes y rebeldes las fuerzas que quiere conducir y encaminar.

México es todavía República novel: ¿hácense acaso en calma en las naciones madres las elecciones populares? Se hacen en calma cuando la libertad es ya esencia en la naturaleza, y el respeto al derecho ajeno es la garantía del propio. Todavía no hemos alcanzado esta época de calma reflexiva: ella es, sin embargo, posible; adelantamos hacia ella.

Recibió ayer la Revista unas páginas tan breves como llenas de ciencia y de trabajo. El señor Mariano Bárcena, dado con fruto a estudios áridos y serios, y largamente recompensado por ellos con la estima que cuantos le conocen le conceden, ha publicado una curiosa descripción de un Spheroma Burkartii, hallado en los terrenos descubiertos a 268 metros de la capa actual, en la perforación artesiana que en hora feliz para la ciencia mandó practicar el señor Ignacio Cañedo en el valle de Ameca, de Jalisco.

Da la descripción del crustáceo ocasión al señor Bárcena para mostrar sus conocimientos no comunes en historia natural, y su destreza en el manejo de los términos de la nueva y utilísima ciencia prehistórica, hasta hoy, y hoy mismo en México, casi desconocida u olvidada.

La América es, sin embargo, esencialmente necesaria al estudio de la ciencia nueva, y sin ella nada podrán deducir de cierto sobre la unidad, identidad y época común de aparición del género humano, los conocimientos que a tanto grado elevan Karl Vogt y Quatrefages, y que tan bien compila y conoce el erudito español Juan Vilanova.

¿Apareció el hombre en América, en la misma época de terrenos en que se asienta ahora, en que debió aparecer en el antiguo Continente? No se hallan en Europa vestigios de su existencia en los terrenos primarios ni de transición: ninguna huella se encuentra en los terrenos secundarios, y es necesaria una completa credulidad para afirmar la aparición del hombre en el terreno plioceno. Verdad es que los terrenos terciarios ofrecen buen número de sílex en los que parece distinguirse la obra del linaje humano: pero no es menos cierto que aún no se ha encontrado entre estos útiles, resto alguno de hombre. En los terrenos cuaternarios es indudable ya su aparición.

Dificilísimo y muy ocasionado a errores es todo lo que se asienta en esta materia. ¿No creyeron nuestros antepasados durante medio siglo, que la salamandra fósil de Oeningen era el hombre preadamita? Así lo afirmó Scheuchzer, hasta que Camper probó que aquel hombre testigo del diluvio era un humilde reptil.

La ciencia prehistórica es verdad, y a América toca influir poderosamente, si no decidir por completo, en las cuestiones que acerca de la procedencia y época de la aparición de los hombres surgen y han disputado incesantemente durante los cuarenta años últimos del siglo, sin llegar a uniformidad ni a acuerdo.

De hechos iguales, deduce cada cual consideraciones diferentes. Cree Buchner que el desarrollo de la inteligencia corre parejas con el desarrollo de los cráneos; y examina Quatrefages cuatro mil cráneos, y en un libro eruditísimo demuestra que el cráneo no influye esencialmente en el desarrollo de la inteligencia humana.

Vogt escribe su admirable Anatomía comparada para deducir de ella la derivación innoble de nuestra especie de la no extinguida raza simia. Todo camina a la muerte por la senda de la vida, y a cada ser que se hunde, responde un ser que se alza. Cuando una cosa se transforma en otra, subsiste en la segunda forma, y no puede subsistir más que en ella: si el hombre se deriva del mono, ¿cómo subsisten la forma primitiva y la segunda?

Un libro admirable ha producido una deducción falsa: una inteligencia no preocupada, deduce del libro la verdad. Todo marcha transformándose, en constante analogía. No se ha nacido de la bestia común para abrirse en distintos seres por una ley de desarmonía y desigualdad. Se marcha en líneas paralelas, no en forma triangular. La comparación de los seres existentes enseña que en las diversas épocas de los seres, la analogía se ha mantenido en una relación igual. Las formas de los animales disminuyen a medida que disminuyen las formas humanas. Los ríos se estrechan y los mares se solidifican. El fuego central obra en la capa térrea con más fuerza, y el fuego germinador se enciende más en los espíritus humanos. Se están mostrando las leyes de lo común: de ellas se deducirá lo sintético; de las síntesis, se llegará a la unidad.

Y he aquí muchas cosas enfadosas a propósito de un libro que no lo es. Bella y concienzuda descripción ha hecho el señor Bárcena del valle de Ameca: bien conoce las faunas que han acompañado a las distintas épocas en que se ha ido formando sucesivamente el valle; todo dice en las notables páginas del naturalista inteligente que a él deberá la ciencia geológica interesantes investigaciones y provechosas enseñanzas.

Excusado es animarle a no abandonar el estudio a que fácilmente se le conoce una afición decidida; ni él ni los que amen la ciencia han de olvidar que el examen geológico de América resolverá una cuestión previa que a los que se dedican a estos conocimientos preocupa con justicia: ¿apareció en las distintas comarcas de la tierra el género humano a un tiempo mismo? La edad de piedra existía en Luisiana a tiempo que existía en Europa la perfeccionada edad actual. Siendo unos mismos los hombres, ¿marchan en tierras distintas por distintas leyes?

Utilísimas cosas sabría la ciencia si a ella se dedicase la perspicaz inteligencia americana. Mérito extraño tiene el señor Bárcena: se aparta del olvido común, y anda casi solo por una senda ruda y árida.

Y aquí termina este raro boletín: no es extraña la confusión que reina en él; de la guerra que destruye desciende a la ciencia que crea. No desmiente con eso la existencia humana, cuya obra es formar y destruir para transformar perpetuamente, sin que nadie en estos cambios de la vida se destruya ni aniquile.

Palabras sobre ciencia borran la impresión desagradable que produce emplear la inteligencia creadora en ideas sobre destrucción. Imitarán a Bárcena muchos mexicanos; la patria estaría más orgullosa con los hijos que la honran que con los que la ensangrientan.

Revista Universal, México, 2 de julio de 1875

Elecciones. Fuerza federal. El Colegio de San Gregorio. El Colegio de abogados. La alameda y la lluvia. La bandera de catedral

Día es hoy de plácemes para el boletinista, porque en vez de darse a comentar errores y a apuntar juicios sobre ellos, puede dar comienzo a su tarea con elogios y celebraciones para los demás. Las merece el Colegio de San Gregorio, y en grado mayor y más importante, el Colegio de Abogados. Uno y otro inauguran útiles reformas: brinda aquél a los hijos de los obreros educación dominical, y abre éste a la inteligencia y a los problemas jurídicos, liza que ha de ser, de seguro, cosa animada e inteligente. Pero hay asuntos más graves que reclaman forzosamente algunas, aunque breves palabras; días son los de ahora en que se cumple el acto más grande de la vida pública de la Nación; y si los timoratos o los indiferentes abandonaron en México la lucha de las urnas para decir luego que fueron oprimidos en ellas, no así en los Estados numerosos, en que las pasiones y rencillas locales empeñan lucha entre sí, o intentan imponerse a la emisión tranquila de la espontánea y libre voluntad.

Bien mereciera en estas páginas lugar preferente el acontecimiento último de la frontera, que se repiten con justísimo júbilo los que aman la ventura del país.

Había un hombre rebelde y funesto, que era en los lugares fronterizos azote de los vecinos espantados, dueño por el castigo y el temor, y causa constante de zozobra para los que examinan y prevén los peligros que aún pudieran estorbar la paz y la independencia de la patria; no han menester los que obran bien más recompensa que su propio juicio, pero el de todos alaba ahora la vigorosa conducta del gobierno, que abriendo en nuestro país época nueva, ni alienta los despóticos señoríos, ni los disculpa en los que pudieran ayudarle como parciales, ni los mantiene, por temor, donde eran para la Nación amenaza y vergüenza. El gobierno ha hecho bien: justo es honrar y alabar al gobierno.

Algo hay más importante en que merece alabanza mayor. Tales eran los clamores de la oposición informe y acéfala, que pudiera parecer a los extraños a nuestras cosas señor y déspota el gobierno en el manejo electoral: tal parecía que despertaba Lázaros, y que con la voz de su voluntad henchía de súbditos el elegante Congreso de la Unión.

Clamen en buena hora, sin conciencia plena, los que conocen los actos del gobierno, y los atacan, sin embargo; nadie niega a los no escogidos el derecho del clamor. El de la razón fuera más respetable, y a los que lo ejercieran honraría de fijo más.

Franca y libremente ha dejado obrar en estas elecciones el gobierno; como nadie defendía de los votantes las casillas de la capital, nada más que severas órdenes de respetar el sufragio han recibido los jefes de la fuerza federal en los Estados más importantes de la República.

Lugares hay en que estuvieron establecidas las casillas: determinaciones locales abstuvieron a los vecinos de votar, y terminó sin elección la casilla que no pudo reunir votos. A obrar sobre ella el gobierno, ¿los que la formaban no hubieran podido forjar el sufragio en favor de un candidato de la administración? Es todavía entre nosotros elemental este derecho, y no es a manos hábiles cosa difícil quebrarlo y torcerlo.

Tiene el gobierno amigos que le ayudan en el planteamiento y ejecución de su reflexivo y conciliador sistema liberal; necio es motejar a una administración porque tiene adeptos, y necio tener a delito la adhesión a los hombres en cuya buena fe, previsión sensata, y pericia política se cree. Agrúpanse los gobiernistas al gobierno que creen bueno, como los aislados se agrupan en el punto en que los no llamados se reúnen.

No se opone el gobierno a la elección de sus amigos; antes es natural que la vea con placer y la desee; pero ni violenta el voto en su favor, ni permite que en su nombre se violente: sabe bien, sin embargo, cuánto en su daño se trabajó y se pretende.

Las luchas son ocasionadas a pasiones y a errores; no ha de ser la fuerza federal, por ser la fuerza de la Federación, guarda irreprochable y fría de los derechos que tienen encomienda de guardar; tal debiera ser; pero opónese a ello a las veces la exaltable naturaleza humana. Las virtudes cívicas no están todavía entre nosotros bastante ejercitadas; la virtud de la impasibilidad nos es, sobre todo, imposible. La fuerza federal, a pesar de serlo, tiene entre sí hombres que creen buena a la administración, que se irritan contra los que por malas artes la atacan, y que no tienen la educación civil necesaria para entender que la custodia del derecho, ha de ser ante ambos contendientes igualmente severa y fría. Puede un acto de la fuerza federal ser reprochable, sin que haya por eso de culparse a los poderes de la Federación.

Harto lo sabe la oposición clamorosa; difícil ha de serle esta vez señalar las violencias del sufragio.

Y he aquí cómo el boletín va adelantando sin haber dado comienzo a las razones sobre mejoras que se querían decir en él.

Pero anda Rabagas descaminado; necesitan los Sancho Panza ínsula Barataria en que moverse, y es cosa harto difícil ver de cerca la sinrazón sin evitarla y considerarla con justicia; gobernantillos baladíes, así reirían a la patria como escriben con manos procaces gacetillas y acusaciones destempladas; bueno fuera traerlos a examen, por ver qué entendían ellos de cosas de mejora y de gobierno.

Tienen los contrarios de la administración más de una pluma honrada, y a la última hemos señalado nosotros con justicia y con placer; pero es éste ejemplo raro, y más extraña que se explica ver el juicio sereno a la par de la atrevida sinrazón.

Solo es dado señalar defectos a los que pueden evitarlos; bellas libertades harían los que llaman con cómicos arranques, tiránico y despótico al gobierno actual; pudiera hablarse aquí de espíritus burdos; tales parece que deben ser los que así escriben con gruesas palabras.

Tiene la razón hermano en el comedimiento; place hablar con ellos; como descontenta habérselas con quien entiende solamente de atrevimientos y de injurias.

Brevísimo espacio queda ya para tratar de cosas más útiles y amenas. Invita el colegio reformado de San Gregorio a todas las Sociedades de Obreros de la capital, para que envíen un niño que recibirá cada domingo lecciones gratis, en las tres horas en que una vez por semana promete el Colegio enseñarles algo tan elemental como leer y escribir, y algo tan necesario y espinoso como lecciones de política práctica. Algo habría que decir sobre estas lecciones de política, pero no quiere ahora ocuparse en ello el boletín.

Todo merece plácemes en la convocatoria: una sola observación hay que hacerle: ¿por qué es tan limitada y tan estrecha? No fructifica la educación si no es continua y constante: olvídase en una semana lo que al comenzar de ella se aprende; buenas son las clases dominicales para adultos en quieres el deseo suple al tiempo; pero algo así como inútiles para niños en quienes los intervalos prolongados borrarán de seguro la enseñanza breve.

No admite el bien limitación ni traba: noble propósito muestran los profesores gregorianos, y obrarían cuerdamente, y agradecerían los educandos más, si el Colegio sentara en sus bancos a aquellos niños pobres en quienes un examen previo hiciera ver disposiciones felices. No diera a éstos educación interrumpida: enseñáralos constantemente para que las miserias del hogar no estorben a la obra nueva y regeneradora del Colegio; diera a algunos educación completa, y esto fuera aún más loable que enseñar a domingos, inteligencias ávidas y claras.

Quieren los proyectos resultados prácticos; buena es y generosa la convocatoria del Colegio; pero la enseñanza en común facilita por ventura la enseñanza a mayor número de niños. Ni aumenta gastos, ni crea estorbos, y sin daño para la empresa, se dan hijos y fuerzas vivas al país.

No fuera justo pedir el bien que no pueda hacerse sin menoscabo del benefactor; hiciéralo entonces el que lo propone; pero si la mano puede abrirse sin perjuicio, no se abra cada semana, cuando pueden los menesterosos aprovecharse de su bondad todos los días.

El bien dominical no sería bien completo: la elemental pedagogía enseña que dañan los intervalos a la educación.

El Colegio gregoriano inicia una noble idea; él la cumplirá toda; ya lo anuncia en su convocatoria; todo comienza por la debilidad para ampliarse en el ejercicio y terminar en plenitud de fortaleza.

¿Qué espacio queda para hablar ya de los certámenes que prepara con laboriosidad incansable el Colegio de Abogados? Algo más merecen ellos de lo que en muy breves líneas pudiéramos decir. Se anuncia el tema: se propone el caso nuevo y difícil: se convoca a las inteligencias a lid hermosa y noble; allí irán de seguro valerosos y entusiastas justadores. La palabra y la erudición tienen espacio, y el justo mérito tendrá allí aplauso merecido, palenque constante, y eco y nombradía.

Corre la pluma como sin querer, ganosa de decir cuanto ahora ocurre al que la mueve, pero espera lo que vale más que el boletín, y mal de su grado, deja ya para otra vez lo que sobre estos certámenes del derecho, gustoso pensaría y escribiría.

Agólpanse los pensamientos cuando el espacio para contenerlos se ha agotado: recuerda ahora el boletinista cuán bello conjunto ofrecía ayer la alameda sorprendida por la lluvia; no abandonan con más prisa las palomas el árbol peligroso, que aquellas animadas avenidas vieron desaparecer sus risueños encantos del domingo. No tuvieron los ojos enamorados espacio para volver a ver lo que aman; como sueños de colores se dispersaron y huyeron las mujeres. Así cruzan fugaces por la vida; y así las ama y las venera el leal y agradecido corazón.

Ondeaba anteayer en Catedral la bandera de la independencia mexicana. El edificio del Estado ostentaba su regocijo en el aniversario de la independencia de un pueblo amigo.

Las épocas se cumplen, y la conciencia emancipada rige ahora a su opresor. La bandera de la libertad era en la Iglesia el triunfo de una época, y a la par decía que protegía el Palacio Nacional donde se alberga el gobernante que el edificio donde los gobernados pueden ejercer libremente el culto.

La bandera estaba sobre la cruz, porque la cruz se hizo enseña de tiránica ambición y errores tristes. A la par estarían, si la cruz no hubiese horadado y vendido la bandera.

Revista Universal, México, 6 de julio de 1875

Elecciones. Jalisco y Monterrey. Deberes de la prensa. Conflicto grave en Nuevo León

Más abunda la prensa en estos días en invenciones de comedia, que en serios o amenos asuntos que pudieran ser agradable materia para boletín. Ni la oposición endereza su camino, ni podría hablarse de ella para algo más que para dolerse de su conducta deplorable o injusta; hasta la misma razón se hace monótona, y esto sería ya repetir a la oposición lo que ella bien entiende, y conscientemente, y no para su buena fama, olvida y viola.

Pero si esto sucede en México, no suceden con calma igual las cosas en distintos Estados de la República. Triunfan tras larga y vivísima contienda los liberales de Tabasco, acontecimiento previsto por cuantos vieron con júbilo la fusión de los divididos elementos progresistas del Estado; dificúltanse en Michoacán las elecciones, no por el poder, sino por las amenazas de las gavillas; estorba la fuerza de Jalisco la libérrima emisión del voto público, y a la par que en Hidalgo, Morelos, Veracruz, Oaxaca, Chiapas y Puebla, se hacen las elecciones primarias con ejemplar orden en todos los Estados, y en muchos con entusiasmo verdadero, revoltosas autoridades de Monterrey tuercen el precepto clarísimo de la Constitución, irritan con su conducta al pueblo a quien con ella hieren, provocan una exaltación que pudiera llegar a ser funesta, y soberanamente dictan la suspensión anticonstitucional de elecciones primarias en la capital.

Resumen breve es éste, pero cuanto breve exacto, de los acontecimientos electorales que preocupan en los Estados la atención. La prensa de la capital se abstiene de dar a estas gravísimas cuestiones la trascendencia grave que sobre todas otras merecen, y no muestra en sus columnas la agitación que el acto más importante del período administrativo debiera mover y despertar.

No es el oficio de la prensa periódica informar ligera y frívolamente sobre los hechos que acaecen, o censurarlos con mayor suma de afecto o de adhesión. Toca a la prensa encaminar, explicar, enseñar, guiar, dirigir; tócale examinar los conflictos, no irritarlos con un juicio apasionado; no encarnizarlos con un alarde de adhesión tal vez extemporánea, tócale proponer soluciones, madurarlas y hacerlas fáciles, someterlas a consulta y reformarlas según ella; tócale, en fin, establecer y fundamentar enseñanzas, si pretende que el país la respete, y que conforme a sus servicios y merecimientos, la proteja y la honre.

Tiene la prensa periódica altísimas misiones; es la una explicar en la paz, y en la lucha fortalecer y aconsejar; es la otra hacer estudio de las graves necesidades del país, fundar sus mejoras, facilitar así la obra a la administración que rige, y ya que tantas graves cuestiones preocupan en una nación que asciende de una situación vacilante y anómala, a la de tierra dueña y libre, ayude la prensa periódica a los que gobiernan, señalando y presentando estudiadas las cuestiones que han menester más seria y urgente reforma.

La prensa no es aprobación bondadosa o ira insultante; es proposición, estudio, examen y consejo.

Lo de Monterrey es sumamente grave.

Inútil parece decir una vez más el interés que en aquel gobierno existe porque no rija en el Estado la candidatura señaladamente popular. No son aquéllos, intereses que luchen contra los que pudieran tenerse como particulares del Gobierno Federal; son rencillas locales, por lo locales más encarnizadas que las que tuvieran un carácter general político.

Luchaban entre sí dos candidaturas opuestas, cuando comenzó a ganar sufragios tácitos una candidatura nueva, no extraña por cierto a los electores del Estado —antes señalada como natural— pero inesperada por los contrincantes en el período que corre. Vivos eran los intereses de los que entre sí luchaban como rivales decididos, pero sujetos ambos a particular utilidad, a ambos estorbaba quien iba al Gobierno del Estado, no a realizar personales y propias miras, sino a responder al bien de todos y a los comunes intereses en que se fundan el libre gobierno y la prosperidad y el bienestar de las comarcas. Eso sucede en Monterrey: la fusión de intereses particulares, encontrados ambos, pero comunes en el momento del peligro, que rechazan la ingerencia de quien por sus generales y patrióticas miras no ha de permitir que a la sombra del gobierno crezcan individuases y exclusivos propósitos.

El gobierno es un encargo popular: dalo el pueblo; a su satisfacción debe ejercerse; debe consultarse su voluntad, según sus aspiraciones, oír su voz necesitada, no volver nunca el poder recibido contra las confiadas manos que nos lo dieron, y que son únicas dueñas suyas.

Monterrey ha acogido con ira la pertinacia con que se mantiene en su empeño ilegal el Gobernador de Nuevo León; hácense las elecciones, y porque no complacen al gobierno, las anula; se impidió a sus fuerzas que violentaran el sufragio, y acusa de violencia a los que protegieron la libre emisión; señala la ley marcado día para que las elecciones se verifiquen, y el día llega y el Gobernador suspende, por su voluntad exclusiva el decreto ineludible de la ley fundamental. ¿Tendrá quien todo lo viola derecho de clamar? ¿Podrá invocar la Constitución quien la desconoce y la desobedece? Pues, si no es elegido como ella manda, ¿qué ley de elección lo ampara entonces?

Lamentemos aquí la exaltación que los intereses locales llevan a las luchas políticas; deseemos que la población irritada de Monterrey no haga su protesta unánime, en una forma que por lo violenta sería ya ilegal, por más que lo excusara y defendiera la violencia primeramente ejercida por el funcionario que se rebela contra el mandato de la ley.

Pero sobre todo, interróguese y respóndase la pertinaz autoridad de Nuevo León. ¿Puede mantenerse contra el pueblo el poder que se recibe de él?

Cuando ha llegado el plazo que la ley fija para resignarlo, ¿es decoroso pretender conservarlo a toda costa?

El propio decoro es la ley suprema; abandónese a él la autoridad exaltada u ofuscada; prefiera su propia satisfacción a una voluntad injusta; la derrota digna es la mejor victoria; el deber cumplido es el gobierno mejor.

Revista Universal, México, 8 de julio de 1875

Función de los meseros. Transformación de los artesanos: Población indígena

Hacen el lunes en Arbeu función solemne los meseros: es la fiesta del honrado artesano: es la celebración anual con que estos hombres dicen que el servicio doméstico no les degrada, que lo cumplen como trabajo, que no se envilecen en él, y que desde él tienden a sostener por la asociación, por el auxilio mutuo, por el respeto de los demás, su personalidad propia y digna, alimentada por la conciencia de la fraternidad y el deber.

Es hermoso fenómeno el que se observa ahora en las clases obreras. Por su propia fuerza se levantan de la abyección descuidada al trabajo redentor e inteligente: eran antes instrumentos trabajadores: ahora son hombres que se conocen y se estiman. Porque se estiman, adelantan. Porque se mueven en una esfera estrecha, quieren ensancharla. Porque empiezan a tener conciencia de sí mismos, están justamente enorgullecidos del adelanto que en cada uno de ellos se verifica.

Muchas veces, recordar a un caído que es hombre basta para levantarlo. Se le despiertan fuerzas dormidas: surge a la revelación y quiere ser digno de sí.

Así nuestros obreros se levantan de masa guiada a clase consciente: saben ahora lo que son, y de ellos mismos les viene su influencia salvadora. Un concepto ha bastado para la transformación: el concepto de la personalidad propia. Se han adivinado hombres: trabajan para serlo. El estímulo los mantiene; los ocupa el trabajo; la honradez los salvará. Sorprende a quien antes la veía, nuestra transformada clase de artesanos. Aseados hasta la pulcritud, laboriosos y sensatos, parece a quien los observa como que están satisfechos de sí mismos. Es que se ennoblecen rápidamente: es que han hallado en sí la dignidad humana, y se ven redimidos por ella, y de ella están ufanos, y no quieren perderla.

La altivez es útil: todo hombre debe ser altivo.

Irritan estas criaturas serviles, estos hombres bestias que nos llaman amo y nos veneran: es la esclavitud que los degrada: es que esos hombres mueren sin haber vivido: es que esos hombres avergüenzan de la especia humana. Nada lastima tanto como un ser servil; parece que mancha; parece que hace constantemente daño. La dignidad propia se levanta contra la falta de dignidad ajena; quisiérase crear, transformar, producirse en los demás; quisiérase dar de sí mismo para que los serviles fueran iguales a nosotros.

Avergüenza un hombre débil: duele, duele mucho la certidumbre del hombre-bestia.

Pululan por las calles; quiebran en la extensión que su cuerpo indolente cubre, las raíces que comienzan a brotar; echados sobre la tierra, no la dejan producir; satisfacen el apetito; desconocen las noblezas de la voluntad. Corren como los brutos; no saben andar como los hombres; hacen la obra del animal: el hombre no despierta en ellos.

Y esto es un pueblo entero; ésta es una raza olvidada; ésta es la sin ventura población indígena de México.

El hombre está dormido y el país duerme sobre él. La raza está esperando y nadie salva a la raza. La esclavitud la degradó, y los libres los ven esclavos todavía: esclavos de sí mismos, con la libertad en la atmósfera y en ellos; esclavos tradicionales, como si una sentencia rudísima pesara sobre ellos perpetuamente.

La libertad no es placer propio: es deber extenderla a los demás: el esclavo desdora al dueño: da vergüenza ser dueño de otro.

¿Quién despierta a ese pueblo sin ventura? ¿Quién reanima a ese espíritu aletargado? No está muerto: —está dormido. No rehuye, espera. El tomará la mano que le tiendan; él se ennoblece con el conocimiento de sí mismo, y esa raza, llena de sentimientos primitivos, de natural bondad, de entendimiento fácil, traerá a un pueblo nuevo una existencia nueva, con todo el adelanto que ofrece la moderna vida, con la pureza de afectos y de miras, el vigoroso empuje, la aplicación creadora de los que conservan el hombre verdadero en la satisfacción de sus apetitos, el cumplimiento de sus necesidades, y la soledad de una existencia escondida y tranquila.

El hombre nuevo vendría a la tierra preparado: no habría perdido con el contacto de las generaciones las primitivas fuerzas. Pero álcesele, redímasele, explíquesele: sea verdad que son: un pueblo libre no puede alimentar a un pueblo esclavo: el siervo avergüenza al dueño: lleguen a hombres los que han nacido para serlo: anímense los tristes al calor de la patria y del trabajo: sea verdad lo que en hora de compasión escribió alguien:

¡Hombre primero, bestia de cultivo! ¡Trabajador después: primero vivo!

De mucho más habría de hablarse hoy: préstase bien a ello una proposición que se hizo ayer en la Revista al Círculo de Obreros, sobre conveniencia de establecer conferencias públicas, en que todos tuviesen el derecho de discutir lo que a todos conviene. El ejercicio de la libertad fortifica: el cultivo de la inteligencia, ennoblece. No necesita la proposición encomio, ni está tal vez lejos del ánimo del Círculo aceptarla. Pero el espacio acaba aquí: dícese al boletinista que es tiempo ya de que termine hoy su tarea, y aquí la acaba, no sin volver el pensamiento a un hombre infeliz, a quien quita ahora la vida la ley que no cuidó de darle todos los elementos de vida buena y honrada.[31]

La medida de la responsabilidad está en lo extenso de la educación: y cuando se sea responsable de todo, todavía no se es responsable de haber nacido hombre, y de obrar conforme a lo que aún existe de fiero y de terrible en nuestra naturaleza.

Un hombre muere: la ley lo mata: ¿quién mata a la ley?

Revista Universal, México, 10 de julio de 1875

Escasez de noticias electorales. Diputados noveles. Comercio e industria. Inteligencia de creación y de aplicación. Teófilo Gautier

Con ir ya para tres días, ni en México se sabe aún lo que en todos los Estados ha sucedido, ni nada se conoce todavía de aquellos lugares cuyo movimiento electoral preocupa más la atención pública. Cara simpática ha visto Orestes que ha adelgazado en los días últimos, y sabe ya de más de un buen talento recompensado, de más de un diputado novel salido en estas últimas elecciones a plaza. Y a fe que vienen siempre briosos los primerizos de curul: paréceles la pobre patria cosa tan manejable como su buena voluntad, y cuál quisiera llegar a las entrañas de la tierra sin laboreadores, cuál inspirar vida a la desventurada raza indígena con el mágico encanto de una ley, cuál cruzar de ferrocarriles el suelo mexicano, cosa ciertamente bella para cuando haya algo que llevar por los nuevos caminos de hierro.

Bueno es pensar en lo que ha de dar al país vida y renombre: mejor y más prudente realizar primero los medios de llevar a término feliz estas empresas.

En vano es que la tierra mexicana brinde a las manos laboriosas sus entrañas de plata y de oro: antes es desventura que las abra, porque confiada en los exu-

31 Alude Martí a Felipe Romero, famoso criminal de la época, condenado a muerte.

berantes dones de la tierra, a ellos fía la perezosa naturaleza de los mexicanos un porvenir que un día ha de extinguirse con lo accidental que la enriquece y alimenta. La tierra es perpetua; séanlo las fuerzas que a vivir en la tierra se apliquen. Fuerzas constantes y productoras, elementos creadores, industrias transformadoras de los elementos que hoy existen. Nada pone la industria extractiva en el lugar de lo que arranca. La industria fabril crea y transforma, en cambio, de un modo siempre nuevo productos fijos y constantes, en los que se asienta el verdadero bienestar de una acción.

México es rico en demasía; pero no es todavía útilmente rico. Sus fuerzas esenciales están dormidas: gracias sean dadas a la naturaleza pródiga, que dio aquí a la corva espalda de la tierra lujosísimo manto de plata y de oro.

Con él parece que andan los noveles dueños de curules. Paréceles que ha de venirles estrecho el cómodo sillón que el octavo Congreso les prepara. Verdad es indudable que los que vienen, tendrán este premio honroso trabajado y merecido: ni lo ocuparían sin remordimiento los que por aventura de la suerte los hubieren logrado, ni la misión de diputado es tal que permita en su ejercicio ignorancia y tibieza.

No se viene al logro fácil: se viene al examen de los males, a la proposición de los remedios, al estudio incesante, a la contemplación práctica de las actuales fuerzas de la patria y de la manera de guiarlas por camino de sólida prosperidad y de positiva y durable riqueza. México no es útilmente rico: se ha asentado ya en este boletín esta grave verdad.

Su riqueza minera comenzará a ser útil al país, cuando pueda aplicarse en beneficio de él mismo, y no haya de llevarse fuera de la patria en pago de las más sencillas necesidades materiales y domésticas. Las minas no son hoy un alimento de la riqueza nacional: sus productos se exportan, en pago de los efectos de consumó que se importan a México y que por su naturaleza y la actual constitución social, han menester renovación pronta y constante.

Fuerza es ante todo alentar y premiar, aun de manera extraña y desusada, todos los ramos de la industria nacional.

Cuando perturbaciones y errores anteriores han alejado de su cauce natural a un país, sucede frecuentemente que necesita éste para su bienestar la comisión de algunos errores útiles. Ordena la Economía, por más que hiciera bien en limitarse a aconsejar, que sea franco y libérrimo el comercio de todos los efectos extranjeros.

Brioso empuje ha cobrado en la presente era de paz la riqueza minera mexicana: es ésta, por su naturaleza, riqueza insegura y vacilante; pero, si no de una manera equitativa, ello es que aumentan sus productos, y el laboreo de minas adelanta. Abiertos los puertos mexicanos al comercio extranjero libre; siendo verdad innegable que no abastece la industria nacional las necesidades numerosas de una vida, no ya rica, sino modesta y holgada, se comprarán siempre en México los productos extranjeros; se comprarán con tanta más razón cuanto que la riqueza —siquiera sea accidental— está creciendo. Abandonadas a su esfuerzo propio las industrias nacionales, fuerza es que presenten en su infancia todos los caracteres de imperfección que es ley presente aquello que trabajosa y lentamente se forma. Morirán nuestras industrias por falta de mercado. Nadie comprará lo imperfecto cuando tiene lo perfecto a mano: a esta desconsoladora y natural verdad ayuda el alto precio que, con no ser bueno, ha de pagarse por los productos de nuestras industrias incipientes.

Utilísima es para un país formado la libertad absoluta de comercio: ¿es de la misma manera útil para un país que se forma?

La libertad comercial es, a más de conveniente, justa. Cuando han constituido la vida de un país injusticias esenciales, ¿no será todavía necesario el cumplimiento de injusticias transitorias?

El comercio libre es bueno; pero realizado en nuestro país, extinguiría en su nacimiento las abandonadas industrias nacionales.

Fuera impolítico y erróneo cerrar hoy los puertos a los efectos extranjeros: parece necesario limitar su introducción con derechos relativamente crecidos; pero solo una manera se ofrece de destruir la vacilante situación actual de la riqueza: la competencia es esta manera única; la competencia que no podrá establecerse con los arbitrios generales de la hacienda, que de la misma manera gravan al efecto de consumo que se introduce, que al instrumento de trabajo que nada debería pagar.

Si se asegurara a las industrias nacionales una demanda relativa; si cuanto pudiera contribuir a ellas pudiese ser introducido sin gravámenes ni derechos; si los compradores mexicanos se resignasen a comprar para su servicio los productos de nuestra industria propia, siquiera no fuesen al comenzar como los que del extranjero vienen hoy, esta libertad de introducción, esta protección franca y decidida, este primer consumo que resarciera a la industria naciente de sus gastos en poco tiempo despertarían y fomentarían centros de producción, a cuyo adelanto y mejoramiento están llamadas la fertilísima tierra mexicana y la hábil y aún perezosa inteligencia de sus hijos. Es, en esencia, activa nuestra aptitud intelectual; despiértese hoy en todas las clases el anhelo de una situación práctica y propia: el individuo americano necesita principalmente una buena suma de goces, y con placer trabajaría por acomodarlos y saborearlos en una vida holgada.

La inteligencia tiene dog fases distintas: la de creación y la de aplicación: cuando aquélla no se une a ésta, hace desventurados y mártires, enfermos incurables del dolor perpetuo de la vida: la de aplicación, con ser menos noble, es más adecuada y necesaria a la existencia una y otra mezcladas, son el germen escondido del bienestar de un país.

Más dadas son a crear que a aplicarse las inteligencias de tierra americana; pero como no tienen medios de realización, su potencia crea dora busca en vano lo práctico, vaga por lo único que es suyo, vuela errante por lo improductivo y lo límite y hace de la vida oficio de poeta, el que tiene el deber formal de hacerla oficio de hombre.

La naturaleza humana tiene un enemigo en sí misma: verdad que la naturaleza humana no es más que la lucha entre dos formidables e irreconciliables enemigos. El egoísmo es la consecuencia de la riqueza: toda la vida práctica consiste en que a las inteligencias vagabundas ce les señale el punto de aplicación, y se les enseñe el medio de aplicarse.

No se viene a la vida para disfrutar de productos ajenos: se trae la obligación de crear productos propios.

Es ya axioma añejo, que aquí viene, sin embargo, como natural consecuencia: cuando todas las inteligencias tienen aplicación en la vida propia y práctica, no fermentan errantes en el seno de la que, una vez lograda la libertad fundamental, es accidental vida política. La paz viene como necesaria consecuencia del trabajo: pero el trabajo no se alimenta cuando no puede tener la esperanza de realizar y mejorar sus productos.

La generación actual es eminentemente individualista: la única manera de concebir el bien general es halagar y proteger el trabajo y el interés de cada uno.

Y aquí llegaba Orestes de su disertación grave y severa, cuando ve cerca de sí una faz cariacontecida y como recientemente mojada por las lágrimas. Esperanza ida, candidato olvidado, sueño aplazado para elecciones próximas, brazos caídos con desaliento como de quien sabe que no ha de apoyarlos en los amorosos brazos de la queridísima curul: todo esto trae en sí la desanimada y dolorosa figura que, para bien de sus lectores, ha distraído a Orestes de su manía de pensar en cosas graves.

¡Pobrecillo candidato! Buenas cosas dijo en vida el elegante Teófilo Gautier: más lo querría Orestes si no hubiese escrito su insoportable «Mademoiselle de Maupin»; pero no puede olvidar ahora un verso suyo que cuadra ciertamente al cariacontecido candidato. Dijo bien el poeta francés en la Comedia de la Muerte:

Chacun est le cercueil d une illusion morte.

Revista Universal, México, 14 de julio de 1875

Meseros. Entrantes y salientes. Operarios de la revista. Falsos rumores. Espíritu de corporación. Derechos y faltas

Vuelve a ser hoy tarea de Orestes escribir el boletín de la Revista, y muy al correr de la pluma tiene que departir con sus lectores.

Viénele ante todo a las mientes la sociedad Unión y Concordia de Meseros, su entusiasta función, su noche de fiesta, las palabras honradas que se dijeron y los afectos fraternales y bellos que se sintieron allí.

Publicó ayer la Revista una brevísima reseña de lo que aconteció con motivo de la fiesta en el teatro Arbeu: parece que convida el teatro a cosas bellas, claro como la paz merecida, blanco como conciencia sin manchar. Pero no tuvo el poeta galano que a nuestro lado escribió ayer la reseña de la fiesta del lunes, espacio para apuntar siquiera lo que en aquella noche le conmovió y le dio ideas de esperanza en los hijos humildes del trabajo, de ventura y bienestar sólido para los días futuros del país. Días hace se escribía en la Revista a propósito de estos mismos meseros que de tan simpática manera se empeñan en lo que, en el caer y redimirse de las clases, bien pudiera llamarse reconquista de su personalidad.

Es afanosa tarea ésta, escribir entre el bullicio de las prensas, la conversación del diputado saliente, la brillante facundia del que viene, el habla grave y sentenciosa del que se va. Hay una hora en que todo malvado es bueno: el instante en que por vez primera de su vida dice adiós a su patria. Todo lo feo se embellece: todo error se perdona: toda maldad desaparece allí. Redimen aquellas lágrimas amargas: bien saben los que las lloraron cómo hay algunas que quedan perpetuamente empapando y entristeciendo el corazón.

Pero no son dolores íntimos, no son tristísimas memorias las que el boletinista debe a sus lectores. Dábase ya a afectos de patria, cuando iba a decir solamente que así como parecen buenos los malvados al decir a la tierra amada adiós, así es grave la faz, sesudo el comentario, reposado el juicio de los que desalentados y melancólicos abandonan la comisión popular, con la que el amor propio se siente más halagado que con otra alguna. Es la vida política sueño y contagio: pásase por sobre todo para vivir en ella: una vez gustada, empléanse todas las fuerzas en no verse en la necesidad de abandonarla.

Nada halaga como ella: nada hay que origine más dolores; ni hay dolores más amados, y saboreados con placer, y solicitados que los que en ella se producen. Como que se siente crecer un hombre con la representación de los demás.

Asuntos de los impresores deben ocupar la última parte de este boletín. Dícense cosas falsas acerca de la penosa determinación de que se vio obligada a hacer uso la Revista. Quiérese presentar como herido un espíritu de cuerpo que la Revista entiende y respeta, y el que escribe ama, hasta en sus erróneas exageraciones. La exuberancia de vida es vida al fin. El exceso de soberbia daña: pero el exceso de humildad lastima y deshonra.

Fuerza es que aquí se desmientan las noticias que entre pequeños círculos de impresores corren, acerca de la medida, tan dolorosa como enérgica de que hizo uso el periódico para con sus operarios, por falta deliberada en el cumplimiento de sus comunes deberes.

Preciso es que los que fueron dependientes de la Revista hasta el lunes, quieran hallar a su despedida en común algún motivo simpático: con pena los desmentimos, pero los antiguos operarios no están diciendo la verdad.

No se despidió a los impresores porque hubiesen firmado la circular en que se les invitaba a asistir a la reunión que el domingo celebraron en el Beaterio: puede ser que algunos de ellos la hayan firmado después del lunes; pero hasta el lunes —y la administración no lo sabía— solo dos de los operarios la habían firmado.

No ha podido ser causa de la despedida haber firmado la circular convocatoria, porque los obreros que ahora trabajan en la Revista la habían firmado antes de venir a trabajar.

Ni pudo ser cierto el motivo principal que los operarios despedidos alegan, afirmando que se les despidió porque acudieron a la convocatoria del Beaterio. En nada, en nada ha influido esto en la determinación de la Revista: antes era un acto de compañerismo noble: antes era el ejercicio de un derecho legítimo y perfecto.

No es verdad que se despidiese a los impresores porque asistieron a la reunión del domingo: es penoso que se quiera explotar con el error el sentimiento de una simpática corporación. No es verdad que fuese aquélla la causa de la despedida, puesto que casi todos los obreros nuevos de la imprenta acudieron a la convocatoria, y volverán a acudir, y la Revista lo entenderá y lo aplaudirá si se reúnen para examinar juiciosamente su situación actual, los elementos con que las negociaciones de imprenta cuentan, y los medios de procurar el adelanto y bienestar de los obreros del rango, en armonía justa con los elementos y estado presente del capital.

La Revista quiere y ama esto: ¿cómo había de entender el derecho de reunirse en los individuos de todos los ramos del trabajo para poner precio a su tarea, y había de excluir del derecho general al ramo de impresores? ¿Cómo había de asentar que el capital es algunas veces opresor, y habría de pretender oprimir? Hay algo que vale más que la estimación de los extraños: la estimación propia.

No es exacto que la Revista haya despedido a los que fueron sus operarios hasta el lunes porque firmasen la circular que los convocaba a reunirse en la calle de San Lorenzo, y asistiesen a la reunión del domingo. No es exacto, porque los operarios antiguos no habían firmado la circular antes de ser despedidos.

No es exacto, porque los operarios actuales han venido a la Revista después de haber firmado la circular.

No es verdad, porque los operarios que trabajan hoy asistieron a la reunión del domingo, y después de asistir a ella están trabajando: han sido admitidos después de asistir: si no hubieran asistido, no hubieran sido simpáticos a la Revista.

Y ¿cómo habría la Revista de coartarles su naturalísimo derecho? ¿Cómo habría ella de poner precio al papel que imprime, y negar a los demás el derecho de discutir y poner precio a su trabajo? Con verdadero placer ve la regeneración rápida que en nuestro país se cumple en los obreros: los alienta: los excita a la sensatez, pero a la sensatez y al juicioso examen aplicados al estudio y mejora de sus derechos. Y cuando esto hace para todos, ¿había de negarlo para algunos? Cuando ningún provecho particular le viene del cambio de operarios, ¿había de atraer sobre sí una ira justa por motivos que no le traen provecho? Si fuera cierto que la Revista despidió a sus operarios por haber asistido a su legítima reunión —y esto sería inconcebible— ¿los operarios actuales hubieran consentido en ocupar el lugar de que la opresión injusta de un claro y elemental derecho acababa de separar a sus compañeros?

No hemos de insistir sobre esto: nos dolería que se hubiera podido creer esto un momento.

La Revista se enorgullece de que los obreros asciendan por su propia fuerza y convicción de dignidad, de masa conducida e inconsciente, a hombres dignos y capaces de examinar e interponer sus derechos. Quiere hombres para su patria: no quiere sustituir a la esclavitud política pasada por una esclavitud moral, perniciosa porque vive en las masas esenciales y constituyentes en grado principal, de la nación.

Una falta individual de consecuencia, una falta al deber personal de obrero, ha sido la causa única de la determinación de la Revista. Se citó a los operarios para un trabajo urgente del domingo: era el trabajo interesante que de diligente y oportuna quiere merecer la Revista: sabían ellos de qué naturaleza era el trabajo; dijeron que vendrían: acordaron no venir a pesar de lo que la Revista ha sido siempre de bondadosa y afectuosa para ellos, y deliberada y tranquilamente abandonaron al periódico en el día en que, por la naturaleza del trabajo, se les necesitaba acaso más.

Al día siguiente se dijo que no eran ya dependientes de nuestra imprenta. Sabían que era el trabajo del domingo necesario y apremiante: deben a la casa, no el sueldo que se les paga, sino lo que vale mucho más que él, consideraciones y afecto; y entendiendo que sin ellos no podría hacerse el trabajo, deliberaron y acordaron no asistir. Fue ingratitud y falta al deber: con verdadero pesar los vio salir de su imprenta la Revista: hubiera querido detenerlos; hubiera querido volverlos a sus puestos; pero estos actos de triste energía quiere la organización de un establecimiento que ha sido premeditadamente y en instante preciso, abandonado y burlado.

Hay algo que daña mucho el ejercicio de un derecho: la hipocresía del derecho. Funesto sería que comenzasen a cubrirse las faltas personales con el pretexto de que el espíritu de corporación fue herido al castigarlas. Es muy fácil traspasar por una exageración, el límite a que los derechos llegan, sobre todo, cuando los excitan el resentimiento y el descontento personales.

El espíritu de corporación está siempre dispuesto a sentirse lastimado: esto se explica por lo mucho que lo han lastimado antes de ahora: fácil es conmoverlo y excitarlo; uno de sus cuidados mayores ha de ser siempre no exponerse a parecer injusto, movido por quienes quieren confundir con la expresión de la dignidad herida, el ejercicio de un derecho natural del empresario contra los obreros que han faltado a su compromiso.

El derecho del obrero no puede ser nunca el odio al capital: es la armonía, la conciliación, el acercamiento común de uno y de otro.

Revista Universal, México, 15 de julio de 1875

Familias y pueblos. Cuestiones graves. Justicia y lisonja

Ocupación muy agradable fuera esta de departir con los lectores, si por ventura del boletinista, diera la vida de México asuntos que pudieran ser buena materia de comentario y pensamiento. No sería quizás justo decir que faltan completamente entre nosotros cosas graves que estudiar y que decir; pero a tratarlas con pleno examen se opone la naturaleza del periódico —y a mirar lo que ha de venir— esta frívola constitución de nuestros hombres, apenas acostumbrados a pensar en algo más que en la fortuna propia y el aseguramiento de los días presentes.

Recházase hoy y desdéñase todo lo que se ocupa en examinar hondamente males cuyos resultados no se palpan en lo visible de la situación actual: olvidase en mal hora que la lava de los volcanes se engendra en las entrañas de la tierra.

Breve imagen es la familia de los pueblos, con esta ley de analogías simpáticas que andando a la par, forman la progresiva vida universal; mira el jefe de la casa con empeño lo que dará a sus hijos holgura, a la madre comodidad en la vejez, a la tierra que posee, adelantos, a la riqueza que forma, crecimiento: así trasmitían los galos de generación a generación enriquecida la casa paterna; así iba la hoz sagrada de familia a familia como símbolo de constancia y de labor: así los hijos acrecían la obra comenzada por los padres, y con los nuevos productos se creaba la material ventura del hogar, y con la narración de los ancianos y de las sacerdotisas, la moral riqueza, nunca extinguida ni mermada en las generaciones sucesivas, que de día segaban las maldecidas mieses del romano, y de noche se arrastraban entre ellas, reptiles sublimes de la divina libertad, para llegar a la caverna oscura en que con el fuego de la palabra y de la ira se templaban para el día de la redención las cadenas de la muy llorada, no vergonzosa, esclavitud.

Se iluminaban las tinieblas: así brillan en su eterna noche los ojos de los hombres esclavos. Vercingetorix tenía un hijo en cada galo que se arrastraba por la tierra; ¡cómo es estrecho el periódico para decir lo que fue Vercingetorix!

Y de la pequeñez se iba a lo alto este soñador espíritu de hombre. Como que no sabe en lo que le envuelve, y se va de sí: así de una palabra renace una memoria; y de ellas ésta necesidad de lo anchuroso, va adonde altas criaturas y espacios anchos lo convidan a lo absoluto y a lo abstracto.

Pensaba el boletinista en el celo cuidadoso de los padres por crear para los hijos venturoso y cómodo lugar: no es un ser que prepara vida a otros: es un hombre que tiende y piensa en la continuación de vida de sí mismo. Hijo es ser propio: así el padre se afana tanto por el bien de los días que han de venir.

Y ve la actual generación mexicana como cosa nimia y fútil el cúmulo de males que estorban su rápido progreso, y que son ya elementos constituyentes de nuestra combatida nación. Han de pagar los hombres en trabajo y fuerza creadora lo que consumen: ¿trabajan todos los habitantes de la República? ¿Es nuestra riqueza estable? ¿Terminada la riqueza eventual minera, no sufrirá México alteraciones gravísimas, por no tener de antemano preparada su riqueza constante? ¿Son hombres todos los que viven en nuestros campos con forma humana? Pero habitúanse los ojos a mirar miserias; imagínase como irremediable el mal que invariablemente hemos visto humilde, esclavizado, arrastrado ante nosotros mismos, y el hombre por esencia individualista, no piensa que la vergüenza ajena le avergüenza, no sabe cómo acongoja este ser vivo que anda y que está extendido sin embargo en el fondo de sí mismo como un muerto.

La educación de la raza indígena. El inmediato cultivo de los campos. Todavía está expuesto a ser esclavo el que mantiene esclavos a su lado. Álzanse remordimientos cuando pasa a nuestro lado un ser, en forma igual a nuestro ser, por nuestro descuido casi imbécil, dueño, sin embargo, de dormidas fuerzas que, despertadas por una mano afectuosa, dieran honra e hijo útil a la hermosa patria en que nació. ¿Cómo esas inteligencias no despiertan en medio de esta naturaleza poderosa donde convidan el cielo a las ternuras, los accidentes de la tierra a las grandezas, los bosques al solitario pensamiento, las noches rumorosas y serenas a lo apacible y a lo puro? Hállase uno a sí mismo en la contemplación de lo que lo circunda: ¿por qué, pobre raza hermana, cruzas la tierra con los pies desnudos, duermes descuidada sobre el suelo, oprimes tu cerebro con la constante carga imbécil? ¡Oh, cómo, cómo duelen estas desgracias de los otros!

Y así acaba el boletín, que sin materia alguna empezó. Lee ahora el boletinista un periódico simpático, injusto sin embargo en apreciaciones que no quedarán por cierto sin respuesta.

No se restablece la igualdad entre las clases, halagando la soberbia de los que, por lo que fueron oprimidos, están siempre dispuestos a ser exagerados en la petición de sus justísimos derechos. Háblese a los artesanos con voz de justicia: avergüéncese aquel que les hable con perniciosas palabras de lisonja.

Revista Universal, México, 21 de julio de 1875

Los sucesos de Toluca. El artículo 50 la relación del Heraldo. El telegrama del 21. Concesiones funestas

Las opiniones andan un tanto perplejas en la manera de juzgar los últimos sucesos de Toluca, que de tan diverso modo se comentan, y hacia los que fuera fácil caer impremeditadamente en injusticia.

Parece, sin embargo, que pudiera culparse de debilidad al gobierno de aquel Estado, por más que noticias posteriores despojen de alguna gravedad a las primeras nuevas que recibimos del motín.

Casi todos los periódicos han copiado del *Heraldo de Toluca*, la vehemente relación de los sucesos del día 16. El *Monitor* y el *Siglo XIX* la han reproducido, y uno y otro la terminan con apreciaciones enérgicas, sobrado enérgicas quizá, acerca de la personal conducta del gobernador del Estado de México. Veamos lo que puede deducirse de las noticias publicadas hasta aquí.

A juzgar por lo que dice el *Heraldo*, nunca ha visto Toluca excitación ni escándalo mayor en sus habitantes que los que allí se vieron en los días 16 y 17. Cohetes, campanas y cámaras comenzaron anunciando la procesión: afirman los unos que los católicos habían conseguido, mediante cierto pago, permiso para que la procesión recorriera las calles: aseguran otros que este permiso no fue nunca concedido. Nada decisivo podríamos decir nosotros en este punto; pero es de creer, por el respeto y consideración que queremos tener siempre de la honradez ajena, que no fue el pago de una cantidad la causa del permiso para la salida de la procesión. Más es de creer aún: parece seguro que el gobierno del Estado no dio nunca este permiso: tanto más, cuanto que se le hace ir acompañado de un sigilo absoluto, y de la condición ridícula, que de fijo no hubieran aceptado los católicos, de pasear su imagen y su comitiva en las horas avanzadas de la noche.

Ello fue que la procesión salió, que al decir del *Heraldo*, anduvo por las calles principales, y que pasó por delante de la casa de la autoridad primera del Estado.

La ley ordena la prisión de los que hayan celebrado en público algún acto religioso. El fraile del Carmen fue preso y llevado a la Casa Municipal: otros religiosos de menor importancia fueron a la cárcel común. Instantes después, la plebe amotinada llenaba las calles, y venía rápidamente en derechura a la Casa Municipal. Oíanse por todas partes vivas a la Virgen, mueras a los protestantes y al gobierno. Quiso el jefe político ir al Ayuntamiento, y oyó a su paso frases y gritos amenazadores, cada vez crecientes. Bullía agitadísima toda aquella multitud alrededor de la casa donde estaba el fraile preso.

Salió un individuo a un balcón a rogar a la plebe que se mantuviese tranquila, y a decir que si no oían su ruego, no saldría el padre. Voces más amenazadoras respondieron a estas palabras: salió al balcón el religioso; pero el tumulto no se apaciguó por eso.

La plebe estaba dispuesta a toda clase de excesos: las mujeres andaban ya con piedras para ayudar en la lucha: dice el *Heraldo Protestante*, que la Sociedad Católica empleó toda su influencia, y el fraile del Carmen fue puesto, a seguida de estos hechos en libertad.

¿Debió serlo? Un telegrama hemos recibido que aclara un tanto esto, y copiaremos después; pero ¿no estaba el preso comprendido en la fracción 21 del artículo 5° de la ley que establece penas en esta materia?

Cierto es que según ese artículo mismo, solo al pago de una multa variable de 10 a 200 pesos está obligado el que en público verifica un acto religioso. Pero es también verdad que seguidamente se impone prisión de dos a seis meses a los que no obedecieron la intimación de la autoridad para que se suspendiese el acto, cuando a éste se le daba carácter solemne por el número de personas que habían de concurrir a él. Esta fracción del artículo alcanza a las procesiones: está, sin duda alguna, escrita para ellas. Si es innegable que la procesión salió; si debe serlo que el gobierno del Estado de México cumplió con su deber y le intimó que no saliera, el religioso debió ser preso, y después de preso, consignado a la autoridad judicial, para que ésta le impusiese la pena de dos a seis meses de prisión, que el artículo 59 expresamente marca.

La plebe ejercía presión sobre la autoridad: pero ¿debía ejercerla? ¿No debió enseñársela enérgicamente el respeto que debe a los preceptos de la Constitución?

El gobernador quiso tal vez evitar desgracias; pero ¿debe tenerse este miramiento cuando es violada la observancia de uno de nuestros principios capitales? ¿Cuando lo que en sí puede ser bondad, en cierta manera establece el derecho de seguir violando el principio?

No nos toca aquí decir lo que sobre este asunto nos ocurre, porque no es lícito juzgar sobre un hecho en que figuran intereses distintos, cuando todavía no se ha oído sino la interesada voz que acusa.

Seguirnos creyendo que pudo haber más energía en el gobierno del Estado; pero nada diremos sobre esto, hasta que no sepamos con qué elementos contaba, y por qué clase de necesidades obró.

Libre el sacerdote, la plebe alimentada hasta entonces con la ira, se vio fortalecida por la concesión que se le hacía: quitó los caballos al coche del religioso: arrastrado por hombres fue llevado el coche entre voces y vivas, a la par que las campanas de las iglesias celebraban con repiques la libertad del padre preso.

Y continúa el *Heraldo*:

«Entonces un grupo grande de los revoltosos se dirigieron a la Acordada para poner en libertad a los demás presos; y gritaban —¡Mueran los protestantes! ¡Viva la Virgen del Carmen! Eran las cuatro o las cinco de la tarde cuando llegaron a la cárcel, en número de cuatrocientos poco más o menos, con su capitán a la cabeza. Los presos fueron soltados y los victoriosos gritaban su contento: —¡Viva el pueblo soberano! ¡Vivan los barrios del Carmen, el Calvario y San Juan! ¡Muera el gobierno! ¡Mueran los protestantes! ¡Viva la Virgen del Carmen!», etc.

No nos explicamos este último hecho: a ser cierto, es indisculpable: no tendría explicación a ser cierto. La energía del gobernante ha de crecer tanto Cuanto crecen la exigencia e injusta presión del gobernado.

—Prestaríase este suceso a graves comentarios: de ninguna manera aplaudiríamos un acto de debilidad para con la plebe torpe, que manejada por malvados instintos, ha sido siempre, tanto como es patriótica en manos de los buenos, peligro para la libertad con tanto esfuerzo conseguida, y azote amenazador para la patria.

No es un partido político cubierto de vergüenza el que debe tratarse de extinguir: sus errores lo han matado, y está bien muerto. Es una idea fanática, es una historia sombría, es un germen de desastres el que se ahoga, impidiendo las resurrecciones desesperadas y parciales de esa doctrina funesta que en el instante de la victoria vende a la patria y en los días de la humillación la divide, la detiene y la ensangrienta.

Preciso es que entiendan que ya no tienen en México esperanza alguna de vida: la deshonra mata bien a aquello que mata. Pero todavía se agitan a la sombra de esta libertad que dañan: conspiran contra la libertad en el seno mismo de ella; hieren a quien los protege. No es preciso ya acumular argumentos: es preciso reprimir con mano fuerte toda tentativa de resurrección de los que han escrito tantas páginas negras en la gloriosa historia del país.

Michoacán sufre ahora las consecuencias de un suceso parecido en su naturaleza al de Toluca. Trocó un sacerdote de Morelia la cátedra del Espíritu Santo en cátedra de injurias: ofendió rudamente a las instituciones liberales:

predicó desde el púlpito contra las leyes de Reforma, y el teniente coronel Dolores Vargas, prefecto entonces, fue al templo, morada en aquel instante de un sacerdote que violaba la ley, lo obligó a bajar del púlpito y lo redujo a prisión.

Comedida en el carácter la autoridad que en aquel tiempo regía el Estado, no esquivó la presencia de los que con la determinación del prefecto se amotinaron; pero pensó de distinta manera que Dolores Vargas, destituyó al prefecto, y libró al sacerdote de su cárcel.

La libertad había arraigado en Michoacán: La excitación religiosa se había refugiado en la Piedad, Zamora, Pátzcuaro y Maravatío, y desde que con aquella determinación de la primera autoridad del Estado se impuso pena al que hizo cumplir la Constitución, y se dio libertad al sacerdote que la había violado, tácitamente y en mal hora se reconoció con esto que tenía el derecho de violarla, puesto que no se le imponía por ello pena: predicó más el sacerdote: predicaron otros: se reanimó la recién dominada idea fanática, y las gavillas de Michoacán están respondiendo a lo que con un acto de energía, que pudo ser penosa, pero que hubiera sido salvadora, se hubiera fácilmente dominado y extinguido.

¿Y habrá quien con aquel tristísimo ejemplo vuelva a hacer concesiones a los que de ellas se sirven como armas, a los que a su sombra devoran a quien se las concede?

Gravísimo suceso sería el de Toluca, a no estar exagerada la narración que el *Heraldo* hace, y que es la más extensa que hasta ahora ha llegado a la capital.

Apenas tuvo noticia de aquellos acontecimientos, la Revista dirigió un telegrama a una importante persona de Toluca, pidiendo explicación de las alarmantes nuevas que en México corrían.

A hora adelantada de la noche del 21 se recibió en la redacción un telegrama que respondía al que la Revista dirigió. El explica un tanto lo acontecido: él impone, por lo menos, el deber de no prejuzgar en esta delicadísima materia, en que todo juicio prematuro pudiera herir sin razón el concepto de enérgico y de buen ejecutor de la ley que hasta ahora había merecido el Gobierno del Estado.

Dice así el telegrama:

«Depositado en Toluca el 21 de julio, y recibido en México el mismo día a las 8 y 15 minutos de la mañana.

C. coronel Vicente Villada:

Son muy exageradas las noticias que respecto del acontecimiento que tuvo lugar el sábado publica el Monitor de hoy.

Escribo a usted sobre el particular, como me lo pide, lo que en realidad ocurrió.

No hubo debilidad ninguna por parte del gobierno.

Los que tomaron parte principal en la salida de la procesión fueron castigados con una multa de 200 pesos.

Hasta que la pagaron no han sido puestos en libertad. Por carta le doy pormenores.»

Esperemos, pues. No disculparemos una concesión imprudente a la plebe que sirve de instrumento a nuestros constantes enemigos: no juzgaremos tampoco de antemano, por lo que una narración interesada dice, acerca de materia tan delicada como la reputación de energía y buena fama de un hombre.

Revista Universal, México, 23 de julio de 1875

Escasez de trabajo. Raza indígena. Hay mal accidental y esencial. La prisión de Cortina. Porvenir de México

El trabajo escasea: la plata decae: la agricultura no adelanta: no excitaciones ligeras, atención grave, empuje formal han menester los que en algo pueden remediar los males que amagan al país.

Más que otra alguna reclama cuidados esa raza olvidada y sin ventura, masa humana de tal manera viva, que no pueden los que la forman hacer oficio y obra útil de hombres.

No les permite su vida gran número de necesidades: la aspiración es para ellos afán desconocido e inútil: la indolencia en el trabajo es natural consecuencia de la indolencia en el espíritu: un peligro grave es el resultado de este abandono, de este extravío, de esta pequeñez de tantos seres.

El ahorro es inútil para quien no conoce los placeres que produce el capital, el ahorro inteligente, honrado y acumulado. Nada tiene porque nada desea. No trabaja por su bienestar porque no quiere hogar más amoroso, lecho más blando, vestido más valioso, mesa mejor provista que los que tiene ya. El hombre inteligente está dormido en el fondo de otro hombre bestial. La raza no ve más que hoy: nada más que para hoy trabaja; trabaja lo que necesita, hace producir lo que cree que consumirá: su inteligencia es estrecha, estrecho es todo lo que concibe y lo que hace.

La raza imbécil: he aquí a nuestro juicio la explicación de la raza miserable. Sufren hambre en distintas comarcas, porque la Naturaleza ha afligido en distintos lugares de la República a la tierra con imprevistas escaseces. Nada había guardado la infeliz hormiga en el granero: ¡cuán sola, cuán abandonada, cuán amarga está siendo en el invierno rudo la existencia de la hormiga mísera!

Dos males hay que piden remedio urgente y práctico: es él uno la necesidad inmediata y accidental; el otro, el mal en la esencia, la constitución de la raza, el sacudimiento vigoroso de esa existencia aletargada.

Tienen hambre: redímaseles el hambre. No sea vana la enseñanza del demócrata romano; ábranse al pueblo los graneros, cuando el pueblo no tiene granos en su hogar. Piense cada Estado en la manera de remediar el grave daño en sus comarcas; cree trabajo para los que sin él perecerían; den los que tienen sobrado a los que tienen la mesa vacía y el lecho sobre la tierra: permita el Gobierno, transitoriamente como las conveniencias futuras reclaman, libre la introducción y el tráfico de todos los artículos que tiendan a aliviar el mal; puedan los comerciantes de Acapulco introducir sin derechos la harina con que en un tanto remediarán la apremiante escasez de los habitantes de aquella región. El hogar está sin granos: ábranse al pueblo los graneros públicos.

Permite la naturaleza del boletín que de un daño pase la pluma a hablar de un bien. Nunca hubieran permitido los sucesos que la prisión de un hombre hubiese de ser motivo de regocijo para una nación.

Regocijase, sin embargo, justamente México con la prisión del general Cortina; sin embozo aplaude este acto desusado de energía con que el Gobierno actual ha librado al país de un gravísimo conflicto; sin embozo lo aplauden los periódicos de la Unión Americana, y cartas, conversaciones, particulares informes, juicio de la prensa, crédito público, todo anuncia que en la República vecina ha logrado notable altura el buen nombre de México, por tantos años tenido como pueblo de nada capaz más que de extraviar el valor y la inteligencia de sus hijos en luchas devoradoras y mezquinas.

La paz se afianza: los problemas se asientan: las inteligencias se aplican: venturoso porvenir espera a México, si dan sus hijos en desviar la mirada ávida de la perniciosa vida pública, y convertirla al seno de la tierra, donde espera la riqueza honrada; a lo largo de las costas, donde brinda copiosísimos frutos el alentado y ansioso comercio exterior.

No es por fortuna el espíritu mexicano de tal naturaleza, que olvide por las holguras materiales, las venturanzas y excelencias del cultivo del arte y del espíritu. Pero la imaginación cumple en la tierra la sentencia que la vida le impone de estar unida a ella: mucho ha de haber pecado antes, puesto que tanto sufre la imaginación aquí. México no morirá de la terrible muerte que el olvido del sentimiento prepara a otros países:

el oro no pesará tanto sobre nosotros que ahogue con su peso los latidos de nuestro corazón. Amaremos y trabajaremos: soñaremos y tendremos vida práctica. No haya miedo de que sean nuestros hombres los mineros de don Francisco de Quevedo. En México los mineros que se encorvan sobre la tierra, tienen viva en el alma la imagen de la patria, perpetuamente vuelta hacia la alteza, hacia la honra, hacia la vida noble, hacia la gloria.

Se amará y se trabajará. El sueño redime del penoso deber diario, y de la ruda cuanto necesaria obra práctica.

Revista Universal, México, 29 de julio de 1875

La Sociedad de historia natural. Fiesta solemne. La memoria de Barcena. El señor Jiménez. La planta de quina

Dados los unos a infructíferas querellas, dados los más a esta mortificante vida pública diaria, que tiene de encarnizada todo lo que de escasa y monótona tiene, apenas si alguna vez hallan cabida en las columnas de los periódicos, las solemnes palabras de la ciencia, madre amorosa que descompone, elabora, estudia, crea en pro de tantos hijos que la desconocen, la desdeñan o la olvidan. Cúmplese ahora en la tierra la época del dominio de la brillantez; la cosa fugitiva y brillante vence ahora a lo modesto y a lo sólido. El paganismo se rejuvenece, y hay perpetuamente algo de epicúreo en el sensual y movible ser humano. Tienen los sentidos ahora el señorío exclusivo del teatro, y es meta y punto feliz de la actual literatura, la descripción voluptuosa y amena de los fenómenos psicológico-sensuales. Los romanos cayeron sobre su manto de riquísima púrpura, comprimiéndose en el pecho los restos de honra que avergonzados de su cárcel se salían, extendiendo el cuerpo vil sobre el hermoso lecho de oro, hendida la crispada mano en el pardo, en el sombrío, en el mortuorio manto de la usura.

Cubre así hoy la bella forma el espíritu disgustado y fatigado: y no es que en todas partes el espíritu humano se fatigue: no es que en marcha uniforme todo camine a una pérdida inevitable y general: el libre albedrío está sobre la fatal ley del progreso. En lo material todo marcha y se desenvuelve. En lo moral marcha todo y se desenvuelve como el azar, la libertad de la fuerza, el vigor del elemento esencial independiente, quieren. La voluntad es la ley del hombre: la conciencia es la penalidad que completa esta ley.

El ser tiene fuerzas, y con ellas el deber de usarlas. No ha de volver a Dios los ojos: tiene a Dios en sí: hubo de la vida razón con que entenderse, inteligencia con que aplicarse, fuerza activa con que cumplir la honrada voluntad. Todo en la tierra es consecuencia de los seres en la tierra vivos. Nos vamos de nosotros por inexplicable lucha hermosa: pero mientras en nosotros estemos, de nosotros brota la revelación, la enseñanza, el cumplimiento de toda obra y ley.

La Providencia para los hombres no es más que el resultado de sus obras mismas: no vivimos a la merced de una fuerza extraña: el hombre inferior inteligente no puede concebir torpeza en una inteligencia superior: el justo de la tierra no comprende la injusticia en quien ha de encaminarlo y dirigirlo.

Theos vive, como fuerza impulsiva, pura, magna: bien saben los que estuvieron presos en las cárceles de los hombres, cómo la prisión entre hierros se asemeja a esta manera poderosa con que se sacude y se debate, y se levanta, y se angustia, y cae herida y forcejea esta hermosa humanidad nunca vencida, simpática hasta en sus errores, bella como todo enfermo, siempre en lucha potente con la miseria y el reposo.

El libre albedrío está sobre la ley de progreso fatal: la voluntad es la ley del hombre: la conciencia es la penalidad que la completa.

Y esta vez, como tantas otras veces, de un pensamiento sencillo se ha ido la inteligencia a lo pleno y a lo amplio.

Hablaba el boletinista anoche con un hombre modesto y eminente, tanto por la solidez de su saber como por el saludable temor de saber siempre demasiado poco. Describía con entusiasmo el narrador la sesión que en honor de dos útiles ingenios acababa de celebrar la Sociedad de historia natural; departían boletinista y geógrafo sobre esta indiferencia triste con que en la prensa y en lo común se miran los adelantos y trabajos de la ciencia, y era para el que escribe cosa bella el entusiasmo del que le hablaba por las áridas y poco tratadas materias científicas.

Y se tiene en verdad con ese estudio placer nuevo y extraño; cada verdad parece un hijo; se la ama con extraordinario y hondo amor.

Bella estuvo, al decir del geógrafo, la sesión en honor de Nieto y de Jiménez. Disponían a la solemnidad ciertos preparativos desusados, ciertas formas severas, cierta conciencia de lo solemne que hace a lo solemne más hermoso.

Conócese por algunos de los que leen, la belleza del salón en que celebra la Sociedad sus sesiones: la ciencia tiene a mano todo lo que ha sido objeto de su estudio: Goethe contemplaba durante muchas horas una piedra: el presentimiento de los mundos palpitaba debajo de la frente ancha de Goethe. Así la ciencia ha tenido hijos gloriosos y oscuros, como la literatura sus Balzac no descubiertos, porque no supo la codicia dónde podría hallar Hadas nuevas vestidas de oro.

Cubren las paredes del salón vastos estantes llenos de muestras mineralógicas de no común valor.

Los retratos de Nieto y de Jiménez, obras bellas del hábil Cordero, estaban colocados al uno y otro lado del dosel presidencial, y enfrente de ellos en el extremo opuesto del salón, el retrato de Bustamante y el de Ocampo, el alma enérgica y viril que halló en la contemplación de la tierra el secreto de la juventud y la ternura. El amor palpita en cuanto vive: rebosa el ser de amor cuando contempla lo existente.

Allí estaban en el salón los que son causa justísima de orgullo para la ciencia mexicana; allí Jiménez, el médico sabio e infalible; allí Barreda, el loable mantenedor del método de educación racionalista. Notábase la ausencia de Río de la Loza y de Mendoza; pero estaban en cambio García Cubas, el geógrafo modesto, Herrera, Alcaraz, Arriaga, sabedor de tantas cosas útiles en las ciencias físico-matemáticas, y con ellos el señor Tomás Garbida, representante en la sesión de la familia del ilustre Nieto, dedicado con fruto no común al estudio y mejoramiento del cultivo, que ya ha logrado adelantar con la aclimatación de la uva moscatel de la oca del Perú, del rico y sabrosísimo tabaco. Y departían con estos que recordaba el geógrafo, otros cuyos nombres le negaba la memoria infiel: ingenieros inteligentes, naturalistas jóvenes, entusiastas amantes todos del lustre y adelantamiento de la ciencia.

No se hizo esperar el presidente de la República, y comenzó a su llegada la sesión. No habrá en verdad muchas sesiones con comienzo mejor: Mariano Bárcena le dio principio leyendo una reseña de los trabajos realizados por las diferentes secciones de la sociedad en el espacio de dos años. Valiosa en sustancia y forma fue la memoria del ingeniero paleontólogo: dijo en ella cuanto de bueno han hecho los miembros de la útil asociación: habló especialmente de los estudios geológicos de Castillo: no pudo pasar por encima de los suyos propios, en verdad muy honrosos para quien en tan temprana edad los lleva a cabo:

citó los botánicos y médicos del señor Lauro Jiménez: no olvidó el interesante estudio sobre colibríes de México, obra del observador naturalista Villada: encomió con justicia las laboriosas investigaciones de Herrera y el químico Mendoza: nada calló, en fin, de cuanto en pro de la ciencia han hecho los individuos prominentes de la Sociedad de historia natural.

A la memoria de Mariano Bárcena, oída por los concurrentes con agrado verdadero, siguió un discurso leído por su autor, el señor Cordero, abundante en rasgos biográficos curiosos del señor Apolinario Nieto. Se oyó después una palabra elocuente y simpática: la del joven y casi desconocido ingeniero Peñafiel: bien hizo en honrar la memoria de Jiménez como entendido profesor: hombre es el maestro que da de su ser propio a los demás; el maestro es meritorio y generoso padre de muchos.

Hablaron luego los representantes de casi todas las sociedades que residen en la capital mexicana: dijo el doctor Morón un discurso corto y bello en nombre de la sociedad «Pedro Escobedo»; Guatáparo habló en nombre de la Sociedad de geografía; por la de la Escuela de Medicina, Labastida; por la sociedad «Andrés del Río», un alumno aprovechado de Minería, en quien pudieron estimar los concurrentes dicción galana y entendimiento sólidamente pensador.

Y otros más hablaron: ninguno tan conmovido y elocuente como el señor doctor Jiménez: respetable era aquella palabra entrecortada, que honraba doblemente la memoria del deudo muerto: hondamente conmovieron las muy sentidas palabras de Jiménez a la noble concurrencia: un tanto alivia del dolor la simpatía con que se le mira y se le acoge.

El presidente Castillo dio gracias por su asistencia a los concurrentes: ¿a qué decir más, aunque hubiera de la memorable sesión mucho más que decir? No era solo que se honrase la memoria de dos hombres ilustres: era que allí vivían sentimientos y afectos generosos: era que allí se congregaban los que oscura y meritoriamente labran la buena fama de la patria, apreciada ya en el extranjero, más que por sus desventuradas convulsiones políticas, por las muestras que allá se reciben de los que apartan los ojos de la vida diaria y enojosa y los convergen adonde les aguarda, como recompensa única, el misterioso placer dulcísimo del sabio.

Disculpan los inconstantes su frivolidad con que es, éste, defecto esencial de la raza latina, y, como si fuera glorioso desviarse del obstáculo, esquívanlo en vez de vencerlo, y tienen a mal de raza lo que es solo insuficiencia o pereza suya.

Véase cuánto hacen esos hombres apenas conocidos: véase cómo prosperan esas sociedades silenciosas, abrigo de espíritus altos, desconsolados del fútil y veleidoso carácter general: échanse en esos salones casi abandonados los cimientos de nuestra historia primitiva: reconstrúyese la vida antigua con osarios que comienzan a ser piedra: quiere el hombre ver antes de sí y después de sí.

Honra es para los que se emplean en este trabajo desusado: época es la de ahora en que cautiva la forma a los sentidos; mas no por eso olvidan los buenos hijos de la patria a aquellos de sus hermanos que con la oscuridad de sí mismos, reconstruyen la tierra, rejuvenecen la memoria, animan el esqueleto, regeneran la patria, y esparcen de su ser, oscurecido por el carácter de la época, luz vivísima que a ésta y a épocas venideras habrá de alumbrar.

Se habían colocado en el salón de entrada, plantas frondosas y bellas. Distinguíase entre todas la vigorosa planta de la quina: sabían los que allí fueron, que aclimatar la quina en Córdoba fue el trabajo más útil y difícil del sabio Apolinario Nieto.

Bien se hizo en traer allí la planta aquella: muerto el que la introdujo, ella extenderá perpetuamente sus hojas verdes y pomposas, imagen de que no mueren los que a la ciencia y a la patria hicieron bien.

Al fin Nieto hizo algo de lo que el árabe recomienda: «Planta un árbol: escribe un libro; crea un hijo».

Y Nieto plantó su árbol en la tierra.

Revista Universal, México, 31 de julio de 1875

El proyecto de Guasp. Teatro y literatura. Medio de aplicación. Teatro mexicano

Pílades está enfermo: tocábale hoy responder a algo poco lógico que en un remitido del Correo del Comercio se le dijo, y Orestes se ve, mal de su grado, en el deber de llenar con sus indecisiones y cosas abstractas el espacio que su muy querido compañero sabe ocupar tan bien, al decir de los que por acá le queremos, y de la entusiasta y afectuosa Sociedad de California.

Viénele por fortuna a mano el último número del Federalista, oportuno y agradable, y dado con frecuencia a cosas nuevas y útiles.

Utilísima es una que se propone en él hoy, y Orestes la aprovecha para decir, más al volar que al correr de la pluma, lo que las cuartillas vacías piden, y el buen público que lo sufre tiene derecho a esperar.

Guasp es un actor simpático, lleno de fuerzas activas, de inteligencia fértil y de nobles y loables deseos. Ve él en México una especie de patria querida, y el afecto le crea aquí ese bienestar en unas tierras, ese moverse en ellas con desembarazo y con fijeza, que solo en la patria propia parece fácil aplicar y conseguir: ve Guasp en México inteligencias fertilísimas, por falta de vida literaria oscurecidas e infecundas; sabe él que el genio mismo se desarrolla con el provecho y el estímulo: atiende, más que al provecho, a despertar el estímulo no habido, y dice entusiasta y bellamente lo que sobre estos decaimientos piensa, lo que para remediarlos podría hacerse, y lo que para realizar este intento se propone. Escribe todo esto en una exposición que presenta al ciudadano presidente de la República, y que en el preferente lugar que merece, reproduce el Federalista de ayer.

Es el documento en sí cosa buena y notable. No desdeñaría las razones con que comienza un aventajado discípulo de Krause, y tal parece que han vuelto a Guasp krausista aquellos inteligentes madrileños, tan dados a dejar correr las horas alrededor de una mesa del Suizo, como a hojear con detenimiento y cuidado el Ideal de la humanidad, que tan bien tradujo y comentó el maestro Julián Sanz del Río.

Es común entre los literatos nacientes en Madrid un entusiasmo bello por los estudios y teorías diferenciales de la Estética, y Guasp ha hecho bien en aprovecharse de aquellas simpáticas ideas, que al fin el contacto de bellezas ennoblece y mejora el concepto propio. Mas no termina con frialdad el que empezó con razonamiento. Arranques verdaderamente americanos ha sabido hallar el actor español al fin de su trabajo laborioso, feliz en lo que tiene de honrado en el intento, de bello en la forma, y de fácil y fructífero en su inmediata aplicación.

Cuanto propone es hacedero; cuanto allí se dice, está bien dicho: esto expresa en síntesis lo que esta hermosa exposición y este buen proyecto valen.

Es imposible tratar en este boletín de todo aquello en que la exposición de Guasp hace pensar; perderíase con gusto Orestes en las abstracciones e idealidades a que el asunto convida; pero trátase aquí más de realizar un proyecto útil, que de encomiar bondades en cosa cuya necesidad y conveniencia son de todos conocidas. Vive un pueblo, y vive sin teatro: ¿vive un pueblo acaso sin sociedad propia? ¿No incita la naturaleza a imitarla? ¿No exaltan los vicios a los espíritus nobles? ¿No rechazan los honrados las costumbres que dañan en su constitución al pueblo, y en su crédito y porvenir a la nación? ¿No son acaso inteligentes los espíritus que esto rechazan? Porque sabe que lo son, imagina Guasp que darían al aplicarse, resultados abundantes inteligencias dormidas ahora porque no se les pone a mano el medio de aplicación. He aquí el secreto de numerosas vidas infelices: mucho harían en verdad; pero no saben estos espíritus, por su naturaleza poco prácticos, manera ni lugar para hacerlo.

Publica la Revista en otro lugar, las bases que el actor español propone para el establecimiento de una escuela dramática, y fundación de un teatro nacional.

Muchos pensamientos nacen con la enunciación sencilla de este plan. Trabajarán todas estas inteligencias, vagabundas las unas, empleadas las otras en trabajo servil diario y daño suyo. Ahoga la vida diaria política a los que dotó la naturaleza de miras elevadas: habitúase el ánimo con el contacto a las cosas personales y pequeñas: adormécese el ingenio, el mismo genio se adormece por falta de cultivo y desarrollo, y así viven en la tarea de inutilizarse los que pudieran dar, a sí mismos, la satisfacción de su trabajo; a la literatura, fama; al pueblo, ejemplos; lustre y nombre de culta a la nación.

Bate el ave las alas en la región poblada por los aires: ¿dónde las bate esta pobre ave herida, aletargada en el fondo de cada inteligencia pensadora y de cada noble corazón? El ser duerme en sí mismo: antes que en su envilecimiento, consiente en su olvido y en su sueño.

Pobres en lo común los más inteligentes; errantes y perezosos por esencia los espíritus más altos y serenos, dánse todos ellos en sus albores al estudio de una carrera literaria, harto numerosa en adeptos y en la práctica entre nosotros muy frecuentemente improductiva. O perezas de espíritu, o desalientos misteriosos que son, antes que vergonzosos, respetables, apartan a casi todas estas imaginaciones vivas de la vía real y sólida. Pésales el estudio, y gústales el vagar e ir descuidado de los sueños.

Vivos así, no tienen en lo práctico manera de vivir. Muérense de sobra de inteligencia, porque no han tenido en la voluntad constancia para educar la inteligencia necesaria. Necesitados de medios de existencia ¿quién sabe cuántas veces se pierde con el pedirlos, el hábito de la dignidad? Hay algo en los hombres que se parece al pudor en las mujeres: hay un concepto del deber, hay una fuerza de decoro que honra al que la alimenta, que el hombre olvida, y que lleva por camino de muerte a la inteligencia que no se apoya bien en ella.

Dan los talentos imaginativos en pensar que poeta es algo como oficio. Poeta es algo como relámpago: se enciende a instantes; pero los campos de la tierra no se cultivan sin que el Sol dore por la tarde las amarillas copas de las mieses. La vida práctica necesita un hombre práctico. Duro es traer a la tierra la imaginación que vuela a lo alto; pero así lo dice el deber: así lo entiende el que sueña: así lo sabe el que vive. Y puesto que vivir no es placer: puesto que para llegar a todo es necesario andar por lo que lleva a ello, cúmplase el deber, vívase la vida, ándese.

Esta muy notable ventaja traería entre otras con el correr de algún tiempo la realización del proyecto de Guasp. Aquí se vive una existencia, si no completamente típica, indudablemente mexicana. Pues si el teatro no es más que el conjunto de algunos sueños y el reflejo de algunas ideas, ¿cómo no habría aquí el teatro idealista, igual en todas partes, y el teatro realista, mexicano por esencia?

Hay entre los poetas de México soñadores de vuelo poderoso: hay entre los jóvenes que viven hoy en los periódicos existencia infructífera, detenida, amarga y oscura, talentos fáciles en crear, y aun algunos felices en su talento imitativo. Aquéllos serían los autores dramáticos: éstos los cómicos. Sepan ellos que el renombre premiará su trabajo: estimúlense en pulirlo y acabarlo por temor de que el público no premie su abandono y desaliño: sea cosa cierta que la obra escrita no será trabajo vano, porque, en vez de empresa individual y caprichosa, habrá empresa nacional, interesada en el adelanto de la nación, indulgente con los escritores que comienzan, que trocará en facilidades para las representaciones los que antes eran obstáculos que un espíritu de cierto modo educado no vencía sin repugnancia y sin trabajo: ábranse, en fin, las vías: la labor comprimida se lanzará a las vías abiertas.

Revista Universal, México, 4 de agosto de 1875

La República de Guanajuato. Gobernador y creyente. La función del teatro nacional

He aquí que cuando el boletinista andaba mohíno en busca de materia para sus cuartillas, viénele a mano un número de La República de Guanajuato, en que el periódico oficial se defiende de los cargos que, celosa por la observancia de nuestras leyes capitales, le hizo un mes ha la Revista, fundada en noticias dignas de fe, y en la decisión de censurar cuanto conduzca al olvido de nuestros principios fundamentales.

No emprenderemos polémica con el periódico guanajuatense, porque ha llegado ésta a un término difícil, ese enojoso término en que por la una parte se afirma y se niega por la otra, sin que nada más que negaciones o afirmaciones estériles puedan resultar de la discusión.

Fue el caso que la Revista culpó al gobernador Antillón por sus aficiones clericales, expresas en los días del cargo por la fundación de una capilla católica, por la asistencia a actos públicos religiosos, y por otros detalles que en las cartas que nos enviaron de Guanajuato venían, y que acogimos con reserva, pero a los que prestamos atención, por cuanto la merece preferente cuanto de la violación de nuestros principios fundamentales trata.

Pretende La República hacer caer en contradicción a la Revista porque, al decir del diario oficial, concedimos al general Antillón el derecho de asistir a un acto religioso, y en un artículo posterior le negamos este derecho concedido primero. Se equivoca el periódico del Estado. Nunca concedimos, antes condenamos, antes condenaremos siempre, que la mirada impasible de la ley se vuelva con más favor hacia uno que hacia otro lado. Tolerancia no quiere decir simpatía: quiere decir miramiento en todo igual a uno y a otro punto. Pues, ¿cómo puede olvidarse lo que la Constitución de 1857 significa? Es en sí un código templado, moderado, justo: pero ¿quién puede desconocer cuántas heridas están abiertas, cuántos males están palpitantes, cuántos elementos dañosos hay en la constitución de nuestro pueblo por el dominio y afán absorbente de la doctrina católica? La Constitución de 1857 fue, más que una creación, una reacción. Manchada por las manos que la vendieron al rey extranjero, redimida está ya de sobra con la generosa sangre de sus hijos que la han traído de nuevo a los altares de la ley.

Los odios han muerto; pero las susceptibilidades están vivas. La intolerancia, ejercida por la libertad como por la religión, exalta a todo ánimo justo: pero también merece sus censuras la tolerancia que puede tenerse como especial predilección y simpatía. Tolerar es permitir que se haga; pero de ningún modo es hacer lo que se tolera.

Un gobernador puede tener simpatías íntimas por un culto determinado; pero cuando acepta el cargo de gobernador, sobrado difícil para que todos lo entiendan y lo cumplan, acepta con él la Constitución y leyes adicionales que el cargo representa: prohíben estas leyes la contemplación predilecta a culto alguno: la ley no asiste a los actos religiosos, porque la ley es el Estado; el Estado no puede tener principios religiosos, porque no puede imponerse a la conciencia de sus miembros, y el funcionario que lo representa, que es el Estado en cuanto es su funcionario, como el Estado ha de ser indiferente, como él no puede expresar determinada tendencia religiosa; porque no cabe la atención especial a una en aquel que tiene el deber de atender de igual manera a todas.

Y el que acepta la función pública, no puede aceptarla para violar su espíritu. Crea en lo íntimo, pero no viole en lo externo. La conciencia es libre: el acto legal, y más en su más alto representante, debe estar perfectamente ajustado a la prescripción terminante de la ley.

Bella, bella noche va a ser aquella en que se celebre en el Nacional la función con que la ciudad de México contribuye en favor de las víctimas de la inundación en Francia. El pueblo apartado ama y ayuda al pueblo hermano. No es la hora del favor el momento en que éste debe encarecerse: hacer bien es un deber sencillo, que la beneficencia ostenta y alardea, pero que la caridad cumple en silencio. Se irá al teatro Nacional porque se debe ir. Se dará el óbolo modesto, porque se debe dar. Si en días de igual desgracia para México, los pueblos socorridos hoy, olvidasen la obligación que impone este, más que otro alguno hermoso, cariño de la gratitud, no es la nobleza de corazón cosa exigible: harta pena tiene con olvidarlo aquel que olvida su deber.

Bella, bella noche va a ser la del Teatro Nacional. Cuanto de bueno tiene el arte en nuestra ciudad tomará parte en esta noble función, sumamente honrosa para los que la iniciaron, y con empeño y buen gusto ejemplares, llévanla a cabo. Y resplandecerán en aquella noche más que los ojos de estas muy bellas mujeres que la naturaleza puso en México, esa alegría bulliciosa, ese contento puro que produce en el ánimo honrado la satisfacción de estar haciendo un bien.

¡Ah! ¿Cómo no se hace siempre, cuando se goza tanto haciéndolo? Brillarán prendas en los vestidos de las mujeres, y ternuras y simpatías generosas en todos los espíritus allí congregados.

Se sentirá el espíritu común, padre de todo bien y el bien en suma: maravilla y consuela esta unión espontánea de todos en la realización de esta obra buena.

Revista Universal, México, 7 de agosto de 1875

La Magdalena. San Ángel. Padierna. Las fábricas. La escuela. Las palabras de Lerdo. La cañada

«El día 8 del presente, a las once de la mañana, tendrá lugar la inauguración de los Establecimientos de primeras letras de esta población, apadrinando el acto el señor presidente de la República. Los que suscribimos rogamos a usted se digne honrar con su asistencia esta solemnidad.

La Magdalena, agosto 14 de 1875. P. Vidal. M. Ruiz. J. M. Ruiz.»

Esto decía una cortés invitación que en las últimas horas del sábado recibió de mano noble y amiga el humilde Orestes. Iba el domingo por la mañana camino de San Ángel; vio cosas bellas; observó entusiasmo espontáneo; tuvo para ideas simpáticas movimientos justísimos de afecto, y antes que darse a enojosos juicios sobre la actual vida política, quiere dar contento a su memoria y solaz a sus lectores, con la narración, siquier precipitada, amena, de lo que el domingo vio y sintió.

Escaso era el número de invitados, como si se fuera a alguna fiesta de familia. Esperaban a la sombra de un árbol en San Ángel el diligente e incansable Romo, prefecto bien querido de toda aquella bellísima comarca; José María Baranda, orador oficial en la ceremonia, siempre afectuoso, cumplido y llano; el buen don Anselmo de la Portilla, en quien la bondad corre parejas con el juiciosísimo talento; Felipe Robleda, hercúleo caballero que en verdad no desmiente su nombre, de trato afable y fácil, y entusiasta por las cosas que habíamos de oír y ver; el doctor Coronado; el juez de letras Villar; el laborioso y activo vecino de Tlalpan, señor Alfonso Labat; Francisco de Paula Gochicoa; Manuel Mercado, con tanta justicia querido por cuantos saben lo que vale; Vicente Villada, de quien he de decir a pesar de estar escribiendo en su diario, que es activo, inteligente y laborioso, y alguien más que la memoria no recuerda, pero que aparecerá de seguro en el curso de esta ligerísima reseña.

Tardaba algo en venir el ciudadano presidente; distraíanse ya los convidados con los grupos de alegres criaturas que embellecían, con ser tan bella como era, aquella mañana deliciosa: llamaba a sí San Ángel con el bullicio y regocijo especial de la concurrida fiesta de Contreras, y hubo de decidirse que emprendiéramos marcha, los unos en una bonita diligencia, los otros en un carruaje extraño y ligero, en el que se acomodaron Robleda el vigoroso, nuestro querido don Anselmo y el señor Alfonso Labat.

Lindas cosas distinguimos al pasar por las calles de San Ángel. A alguna niña vimos, criatura que al decir de Mercado, se está desprendiendo de la tierra y a quien algún hombre joven y generoso se hubiera regocijado de ver. Es ella blanca y rubia, como allá en las locuras escondidas se imaginan el candor y la pureza. Y vestía, sin embargo, de negro aquella purísima alma blanca.

Aquí tiendas ligeras, y allí frutas, juguetes, y cosas de feria: blando el Sol, bulliciosa la gente, animadas las calles, ligero el coche, pronto salimos de San Ángel, y se extendieron las miradas por la vasta campiña, alegre con ese Sol de la mañana que dora y que no quema.

¡Hermosísimo paraguas rojo cobijaba a los del coche de don Anselmo! ¡Oh, buen Quevedo! ¡Y que no vivieras ahora para decir de aquel paraguas lo que dijiste de aquella nariz superlativa! Y a fe que no se necesitaba mucho allí, que con el sombrero de Maracaibo de Robleda, hubieran tenido sombra todos los que en el ligero carruaje iban con él. Ello es verdad que presentaban con su paraguas un aspecto raro y pintoresco, y que nosotros nos dolíamos de males con el voltear y magullar y sorprender de nuestra presurosa diligencia.

Alcanzábanse a ver cosas bellas por el largo camino: aquí, en la cumbre de una loma, una familia contenta, y entre ella y como luz de ella una criatura vestida de blanco y rosa en que el gracioso desaliño realzaba el gusto del vestido: cubríala sombrero jorongo adornado de recién cortadas rosas, y tenía, como Ofelia, el blanco faldellín lleno de flores.

Más allá, y departiendo de seguro querellas amorosas, dos limpios campesinos hablaban con las manos enlazadas, hermoso matrimonio que tiene en su candor su día de fiesta, que el de la ciudad ve con envidia, y que bendice y ama el Sol. Brillan en el campo los enamorados: seduce y consuela esa cándida y fácil ventura de los otros.

Disertaba a este tiempo Baranda sobre el Pedregal que dejábamos a la izquierda: él también cree que es aquello lava petrificada del soberbio Ajusco, que habla a la imaginación el lenguaje imponente de los siglos: divisábase a lo lejos el malhadado campo de Padierna, donde tan alta puso México su fama, y tantos héroes dieron con sus cadáveres en tierra, y con su alma en el cielo de la gloria.

—Aquí —decía Baranda— murió como bravo aquel heroico coronel Frontera.

—Allí —decía Villada— comenzaron a abrir su camino los americanos.

—Por cierto —añadió Mercado—, que el general Mora y Villamil aseguraba que no pasarían por allí pájaros.

¡Y pasaron por allí para México la derrota nobilísima y la muerte! ¡Y ahora, donde Valencia fue vencido, vense a lo lejos los derruidos muros de aquel rancho! ¡Y donde murieron tantos hombres, pacen tranquilamente los descuidados brutos, brota la hierba, crecen las plantas, fecúndase la tierra y brilla el Sol! Vida incansable y perpetua: nace más potente de la muerte: crecen sobre los sepulcros las rosas más bellas, y en los campas fertilizados con cadáveres, álzanse árboles vigorosos abundantes en riquísimas frutas.

El periódico es pequeño, y la voluntad y la memoria larga: aligeremos, aligeremos esta crónica.

Al fin llegamos al pueblo de la Magdalena: desde lejos se veían las eminencias de aquel terreno accidentado cubiertas de gente: esperaban en el camino los operarios de las fábricas: allí estaban unidos los del Águila, Bermejillo, Santa Teresa y Contreras: vistosos y altos arcos embellecían el camino desde la fábrica primera: colgaba de los unos el verde tule; adornaban los otros rosas y palmas: dos había vestidos de lienzo blanco y de colores: larguísimo trayecto recorrimos bajo los arcos numerosos, andando con dificultad por la vía atestada de aquella simpática gente. ¡Cómo agradaba verlos con sus vestidos pobres y blanquísimos; a las mujeres con su rebozo nuevo, y a los hombres con sus sarapes de colores!

El trabajo se ponía contento y el espíritu desolado se reconciliaba con aquella agradable forma de la vida.

Oyense músicas; agólpase la gente; vemos al dar una vuelta que se ha cerrado el paraguas de don Anselmo: detiénese el carruaje; es que hemos llegado a la puerta de la escuela. Agradabilísimo en verdad era el conjunto. ¡Cómo convida a cantos y a pensamientos de grandeza aquella falda vestida de espléndido follaje, en cuyas alturas vagaban como puntos hombres y mujeres, que por ellas iban y venían!

¿Cómo decir deprisa todo lo que allí esperaba? Está la escuela casi frente a la iglesia del pueblo, también adornada el domingo con tules, rosas y palmas: una alfombra de flores llevaba a la puerta de la amiga: alzábase en ella un modesto dosel: la envidiable sencillez de los poblanos había adornado el salón con cuanto allí pudieron su inteligencia y su buena voluntad acumular: ¿quién ha de olvidar aquellas frutas presentadas por una araña cubierta de verdura, colgada de los frutos de la vid, llena de plátanos sabrosos, y de aromosas limas? A fe que admiraron bien la araña Villada y Labat.

¡Y tan corto como parece el boletín cuando en él ha de decirse algo en que tuvo el ánimo alegre esparcimiento!

Campanas, cámaras y cohetes añadían bullicio al entusiasmo popular: tenía la música alzado un templete en uno de los ángulos del patio de la iglesia: había, más a lo lejos, otro templete y otra música: besabais manos y saludaban harto humildemente los indígenas, en lo que hubo sombras y tristeza para los que aman esta hermosa idea de la altiva dignidad personal.

El movimiento del gentío anunció a poco la llegada del ciudadano presidente: saludaron las músicas: repicaron las campanas: en tanto número rodeó la gente el coche que no sin dificultad pudo al cabo bajar de él: había un arco a la entrada de la escuela, bien nutrido de césped y de flores: lo había hecho espontáneamente aquel pueblo que espontáneamente ha hecho su escuela: el arco decía con letras formadas con flores: Viva el C. presidente. La alegría tiene formas: los vivas hablados completaron aquel sencillo y elocuente viva escrito.

Una niña puso la llave de la escuela en manos del señor Lerdo, diciendo con despejo simpático un discurso que no pudimos oír, pero que debió ser bello puesto que una niña lo decía. Entró el presidente: entramos todos: una música esperaba en el salón, y a los pocos momentos hubo de interrumpirse para comenzar aquella modesta, aquella sencilla, aquella para nosotros agradable y para el pueblo de la Magdalena inolvidable ceremonia.

Leyó Baranda el discurso que la Revista publica. Fue breve y concienzudo, mérito éste y condición aquélla que revelan fe inteligente y discreto juicio en el laborioso educador. Dijo después de Baranda buenas cosas un empleado de la fábrica del Águila, en verdad notable por la entereza y vigor de su lenguaje, y por lo sano y generoso de las ideas de su discurso: hubiera querido éste para sí la Revista, pero no podo hallar luego al modesto empleado.

Con el señor Lerdo habían venido el señor Ignacio Mejía, el prefecto Romo y el licenciado Gordillo. Este último dijo con palabras galanas cosas prácticas. Hubo en su discurso citas de Johnson, Sarmiento y Madame Carpentier; pero en verdad que los nombrados tenían allí oportuno lugar. Excitó al pueblo de la Magdalena a terminar la obra comenzada: «Haya mobiliario —dijo—, y maestro bueno. Haga la Magdalena cuanto pueda por dar a su patria honrados ciudadanos».

Dijo versos un niño de notable memoria: los versos eran del inteligente maestro de la escuela, y sentirá la Revista no tener espacio para ellos en sus apuradas columnas.

No sabe Orestes si alguien dijo más, aunque a última hora recuerda que leyó un discurso un joven Hoyos, de seguro obra de toda su inteligencia y buena voluntad.

Y apremian tiempo y espacio, y todavía hubiera mucho que decir.

No dieron tiempo al ciudadano presidente para declarar abierta la escuela: lleváronlo a la mesa, ingeniosa y cuerdamente preparada, y a ella fueron ganosos, y en verdad que con justicia, los invitados por el pueblo y algunas de sus autoridades principales. ¿Qué decir de la familia Ruiz? Son valientes sus hijos en la hora de la independencia y de la guerra; son laboriosas sus mujeres, y todos ellos amantes de cuanto da a la Magdalena prez y lustre. Ellos mismos servían la bien dispuesta mesa: departíamos nosotros en tanto, de agradables cosas: burlábase cariñosamente de Portilla el señor Felipe Robleda: atraía a sí las fresas el contento Villada: hablaban Manuel Mercado y don Anselmo de cosas, como de ellos, bien dichas y serias: tenía a su lado el presidente al señor Mejía y a Gochicoa: el diligente Romo animaba a todos con su regocijo justo y entusiasta: horas, en fin, fueron aquellas en que la fiesta de la casa echó de sí por completo lo grave y enojoso de la fiesta oficial.

Y acábase el espacio y yo no acabo.

Habló Lerdo. Bien se sabe cómo habla el ciudadano presidente. Dijo breves, sencillas y útiles palabras. Es raro talento el suyo de allanarse a la situación modesta, sin empequeñecerla por ello. A fe que todos lo entendieron, y que no dijo nada común ni habló de manera vulgar. Es lenguaje sólido: es palabra fácil: el boletinista calla lo que México conoce bien. Encomió el presidente las ventajas de la instrucción primaria: dijo, con razón, que propagar ésta es deber esencial en los gobiernos: observó que la enseñanza secundaria pudiera no deber ser tan atendida como aquélla, pero que sin la primaria, base de hombres, no puede aspirar el país a enorgullecerse y honrarse con sus hijos, y terminó felicitando al pueblo, y a los maestros que con nosotros estaban en la mesa.

El presidente hubiera hablado sin excitación alguna: mas no dio lugar a esto un concurrente, y no de los invitados de México, que se levantó con calurosas frases a pedírselo.

No es cosa esencial, ni recuerda Orestes el orden de aquellos francos y sencillos brindis. El ministro de la Guerra brindó por la prosperidad moral y material del país: Gochicoa dijo algo oportuno: el maestro respondió conmovido a la salutación del presidente: don Anselmo de la Portilla dijo frases, como suyas, sentidas y buenas: el señor Alfonso Labat llamó, con un cuidado que le honra, la atención acerca de los servicios y merecimientos de la familia Ruiz: brindó Romo con palabras sinceras por el señor Lerdo: alguien dijo algo más:

no hubo tiempo ya para que Manuel Mercado dijese algo que pensaba decir en honor del muy activo prefecto Romo; y henos aquí a todos en camino de la bellísima Cañada, donde a la sombra de aquellos árboles espléndidos, al rumor de aquella corriente accidentada y rápida, azul el cielo sobre nosotros, y en nosotros satisfecho algo rudo y severo que raras veces se contenta, esperaba sobre limpias mesas aromático y gustoso café. Allí estuvimos brevísimo espacio: alguna de las músicas del pueblo estaba allí también: leyó José María Ruiz al presidente un brindis elocuente y caluroso que la Revista hubo de Gordillo, y que publica hoy: era sencillamente grande aquel magistrado, entre aquel pueblo y entre aquellos hombres: era simpática rudeza la de aquel hombre sincero, conmovido en sus palabras y satisfecho y entusiasta. La hacienda hermosa acaba de ser adquirida por Gallegos, hombre honrado e industrioso emprendedor. Por él brindó el ciudadano presidente; porque como él se rompa con la situación estrecha y se asalte la esfera mayor, porque la fortuna premie al mérito, y no sea el loco acaso ciego para quien se emplea honrada, valerosa y útilmente. Fue noble en el señor Lerdo aquel modesto brindis. Y con sus últimas palabras vese Orestes obligado a terminar precipitadamente su enojoso y cansado boletín.

Volvimos a San Ángel presurosos, muy cariñosamente despedidos por aquella gozosa y agradecida gente: no sabían ellos cuánto de gratitud les adeudábamos, los que merced a la escuela de la Magdalena, vimos correr olvidados de todo un bello día; ya que el olvido es la única buena y no lamentable manera de vivir.

De nuevo resonaron campanas, cámaras, cohetes, músicas y vivas; de nuevo asaltaron el coche del ciudadano presidente; en brazos sacaron a Romo de la diligencia en que veníamos: allí quedaron dando vivas y abrazándolo, y nosotros en el incómodo carruaje, sintiéndonos mejores por haber visto algo noble y espontáneo, tristemente alegres por haber gozado tanto todo un día. Aún vimos cosas tristes: el campo de Padierna hablando con el crepúsculo de sus soledades y sus muertos.

Aún vimos bellas cosas: criaturas blancas y puras, con el cielo en el alma, la ternura en los ojos, y el color negro y sombrío en el vestido elegantísimo.

Revista Universal, México, 10 de agosto de 1875

La ley de la veneración. La juventud descuidada. El liceo Hidalgo. Prieto y Ramírez

Ejemplo de novicios, báculo de principiantes, orgullo de la patria, y motivo de culto y veneración: tanto es, y aun esto es poco, la canosa ancianidad.

Mal que pese a la rebelde juventud, la veneración es una ley; busca el humano espíritu algo que lo fortifique y lo consuele; cobra ánimo para lo venidero por lo que en lo pasado tuvieron ánimo los otros; tiene el ser de hombre dos activas fuerzas, de las que nacen el propio mejoramiento y la ajena estima: —el respeto y el amor.

Vagabundo y como sin objeto anda el ser vivo por la tierra si no tiene, en cada encuentro rudo, para su frente sudorosa y herida, asilo en algún seno de mujer; como desorientado y triste se anda, como sin todo el calor que habría menester y que quisiera, sin memorias consoladoras y abundantes de quien con sano consejo, ejemplo puro, canas paternales y enamorado corazón, guió por camino honrado al indeciso ánimo naciente.

¡Oh, cana cabellera, vida tan cierta por ser el punto y cabo de esta vida, imagen de lo perpetuo y de lo eterno que vas hacia lo que es llamado muerte vertiendo dones que fortalezcan al que aún tiene este pesado y necesario trabajo de vivir! ¡Oh, hombres ancianos, regocijo del espíritu, gusto de los ojos, orgullo para los que nacemos, y gala y lustre rica de las copiosas remembranzas de la patria!

Así se piensa y se ama, cuando de un cuerpo viejo y abrumado, se ve brotar ciencia gustosa por los labios trémulos, confianza en las miradas vivas, entusiasmo consolador en los ojos perpetuamente juveniles. Rejuvenece esa vejez; nace algo en esos cuerpos que van ya camino del yacer aparente del sepulcro.

No se siente completo el ánimo sin algo que respetar y venerar: no es que se explique con razones: es que se siente, con afectos: es que se tiene la necesidad de algo inenarrable y puro: de algo claro, luminoso, sano e infalible. Es una forma del ansia perpetua: se necesita lo intachable: se desconfía de hallarlo en lo que viene, vuélvense los ojos a lo pasado en demanda de lo que se quisiera encontrar. ¡Y es tan bello poner lo puro de espíritu en lo que excita a los ojos a amor y a respeto!

¡Hablan tan bien las cabelleras blancas! ¡Miran con tanto cariño los ojos de los ancianos! Dilátase el espíritu en contento: intégrase el ser con esta vida ajena; como que se vierte uno de sí mismo en una atmósfera de extraña alegría: —al fin en irse de sí mismo consistirá en su día todo el vivir.

Escasísimas de gentes se celebran las sesiones del que no por lo olvidado es menos valioso y meritorio Liceo Hidalgo. Como que huye esta generación naciente de toda instrucción sólida y adelantamiento laborioso: como que lo ligero la fascina por lo fácil, y lo imaginativo por lo fastuoso y lo brillante. No han de asentarse sobre idealidades, en pocos sublimes y en casi todos frívolas, las venturas y progresos de la patria: no es el progreso político término de toda aspiración: es cimiento necesario, pero no es más que buen cimiento: ello es sólido, pero no es más que el asentar y principiar. Dícese, con decir progreso, que ha echado de sí la patria vestiduras que la sofocaban y oprimían: verdad es que así termina el señorío del dueño; pero aún queda el vasallaje que la preocupación, la frivolidad y la holganza ponen en el ánimo. Al fin, de la esclavitud brotan los héroes; pero de la infructífera libertad brotan solamente los inútiles. Buena sombra da a la tierra el árbol vigoroso de la libertad: mas no la da para que sus hijos duerman descuidadamente bajo las ramas protectoras: muérese todo árbol sin cuidado y sin riego, y éste más que otro alguno quiere que sus hombres constantemente fortifiquen y robustezcan su savia. Triste suerte la de los pueblos que duermen descuidados a su sombra: abatidas las ramas, el tronco seco, extenuadas y perezosas las raíces, vacilará el árbol, dormirán los hombres, la tierra abandonada no tendrá fuerza para sujetar el tronco, y caerá con estrépito tremendo sobre los viles babilonios el que en cambio de labor honrada habríales dado perpetuamente sombra y robustez. Enojoso espíritu el de este pobre Orestes, que en vano quiere sujetar a una idea práctica lo que en él hay de sueño, de pensamiento doloroso y de afín vago. Oía hablar ayer a un hombre en quien sorprenden el vigor inacabable y el entusiasmo elocuentísimo: dolíase con él Guillermo Prieto de que asistiese menguada concurrencia al Liceo Hidalgo, —y querer hablar de estas cosas sencillísimas, ha llevado a Orestes a decir cómo son venerables los ancianos que trabajan, y cómo excitan a tener pena de ellos los jóvenes, más que a estudio fructífero, dados a vano empleo y a futilezas.

Quiere cada ramo estudio peculiar, y la lucha en que se cobra fama necesita del combate diario y del estimulo; no es vergonzoso caer venido en la liza de hoy, cuando esto aviva la inteligencia, exalta el ánimo; y lleva a vencer con más brillo en el combate de mañana. El que cae luchando es tan valeroso como el que lo vence, si el que cae dio muestras en la lid de esfuerzos briosos. ¿Por qué está desierta la sala del Limo, allí donde unas veces se dilucidan cuestiones graves actuales, y otras se departe amigablemente de agradables materias literarias? Hay un individualismo pernicioso en la juventud dada en México, no al cultivo, sino a la brotación de la literatura; porque, con excepciones muy escasas, déjase aquí crecer el ingenio a su sabor y voluntad, sin cuidarse de encaminarlo y dirigirlo: gallardísima es la palma y habla amores con la brisa y con el cielo, —y se ven palmas innúmeras con el tallo doblado y torcido y las ramas raquíticas y escasas.

La sociabilidad es una ley, y de ella nace esta otra hermosa de la concordia. Los que se ven todos los días, se ven luego con cariño. Los que discuten frecuentemente, se temen primero, se estiman luego y quiérense después con imborrable y buen afecto. Andan nuestros jóvenes inteligentes como esquivándose de lo que los reúna en común, y recatándose los unos de los otros: son como plantas aisladas, ellos que diariamente encomian las venturanzas de la fraternidad. No se buscan, no se quieren, no se aman: ellos no quieren saber cuántas cosas dulcísimas encierra esta comunidad de los nacidos para gemir, mirar al cielo, cantar y soñar.

La amistad es tan hermosa como el amor: es el amor mismo, desprovisto de las encantadoras volubilidades de la mujer.

¿Que no ven nuestros jóvenes cómo se quieren los que en otros tiempos anduvieron juntos en empeñadas y muy reñidas lides literarias? ¿Que no ven con cuánto cariño hablan los vivos de aquellos contendientes suyos que ya han muerto? Es la ternura hermosa consecuencia del hogar, y todos esos altos y celosos espíritus tuvieron en sus buenos días hogar común. Crecieron todos a una: alimentábanse con sus derrotas y victorias mutuas: es buena la lucha literaria: es muy hermosa la vida dentro de ella: es muy duradera y muy pura la amistad que de ella nace.

El Liceo Hidalgo vive, merced a los esfuerzos de los que sinceramente aman el buen nombre de las perezosas letras patrias. Allí están siempre dispuestos a la discusión Ramírez y Prieto; allí está siempre con ellos el muy erudito Pimentel: a ellos están casi por completo encomendadas las discusiones del Liceo. Es Guillermo Prieto poeta fecundísimo, y a vueltas con la constancia y el estudio, economista claro en el decir, y en la exposición y deducción, mesurado y sensato: esto es más repetido que creído, y en verdad que no ha de tener dificultad para asentarlo quien sepa algo de cosas económicas y hable luego de ellas, siquiera sea someramente, con el desaliñado Fidel, que así dirige huelgas como peina las canas de México en sus charlas, y así conoce a Chevalier como vierte sabrosísimas letrillas, cuando algún fraile malhadado olvida por las revueltas y las iras, lo celestial y lo evangélico. Envidiable es de veras el poeta mexicano; vienen por lo común frialdades con los años, y desalientos y desengañadas quietudes con la edad: él se levanta con las del cada día, y entre suculentas sopas de chocolate y abundantes sorbos de agua, da a las mientes fáciles ameno empleo, y al papel carga agradable, con versos, como de Prieto, fluidos, abundantes y sonoros.

Y ¿no excita a nuestros jóvenes a quererse, ver como aún se quieren Prieto y Ramírez? Más diría del Nigromante Orestes si lo conociera mejor, por más que para sí le baste con saber cuánto hay en él de conocimiento en la literatura, aliñado lenguaje y gracia ática. Parece que en esa naturaleza inteligente, ha habido un choque luminoso: otra vez se dijo en la Revista y es verdad: han hecho en Ramírez extraño consorcio lo nuevo de esta inteligencia creadora americana, obrando sobre las escolásticas tradiciones, y trato diario y asiduo con la Literatura e historia clásicas, reflejo de naturalezas y carácter en un todo distintos de los nuestros.

Y acábase el espacio, cuando tanto gozaría Orestes ahora diciendo bien de los demás. De veras se siente uno mejor haciendo justicia y venerando. Daba pena el domingo leer en un periódico extraviado, lo que escribió una mano juvenil, que no conoce, en malhora para ella, los placeres de la veneración y del respeto.

Revista Universal, México, 12 de agosto de 1875

Graves cuestiones. Indiferencia culpable. Agricultura, industria, comercio y minería. Economía propia

Se ciernen sobre México gravísimos males; la escasez aprieta; las industrias no se desarrollan; los artefactos extranjeros llenan el mercado; el país no descubre fuerzas nuevas y descuida las que tiene; la vida apura; —y el deber dice ya alto que esa indiferencia a lo esencial y muy urgente, comienza a ser no ya perniciosa, que esto lo es siempre no incomprensible y culpable.

Aquí todo descansa; nadie mueve su propio ser; vívese al día y como al descuido; ahí está el Gobierno que salvará toda dificultad.

La plata baja; la plata extranjera lucha en los mercados con buen éxito; México se sostiene a pesar de su dislocado sistema hacendario, por la riqueza de sus entrañas fecundísimas; —pero no haya miedo; si algo grave sucede, ahí está el Gobierno que evitará todo lo grave.

La industria nacional anda perezosa; débil en el emprender, y en lo de fabricar apegada a costumbres añejas, y en malhora para ella, rutinaria. La industria extranjera produce los efectos que la nuestra tardía e imperfectamente elabora; la diligencia y la gran fabricación abaratan lo que en los pueblos extraños se fabrica; viene a nuestros puertos lo necesario para nuestra vida mexicana y vémonos todos precisados a haberlo del comercio exterior, porque por su bondad y baratura son sus efectos mejores que los nuestros; —y en esta muy difícil situación, en que todo amenaza y nada promete; en que todo pasa y nada libra de la creciente pesadumbre, de fijo que el pueblo vuelve los azorados ojos al Gobierno, especie de universal curamiserias que ha de verter vigor en los miembros desalentados y dormidos, y alzar con vida a los que entienden que es el vivir hábito sabroso y carga ajena.

Sacúdanse y reanímense. No se extiendan sobre la tierra feraz; álcense sobre ella para ver y prevenir lo que desde lejos amenaza. Y en cuanto a vida material, por lo irregular del comercio, por lo lento del adelanto agrícola, por las perezas y malhadadas confianzas de la industria, por la general incuria del país, preñado está lo porvenir de conflictos graves en suma, y de verdaderas amenazas para México.

Vive un pueblo de lo que elabora y de lo que extrae. México es en la fabricación trabajosísimo; en el cultivo, desarreglado y escaso; en cuanto a lo que extrae, extrae en verdad mucho, y esto lo compensa en parte de no extraer siempre bien.

Pero es la riqueza minera bien que pasa o disminuye; y el pueblo, vidas que han de quedar y que constantemente aumentan. Lo permanente no puede confiar en lo fugitivo. Es la riqueza minera tal, que enriquece sobre todo encomio a algunos, sin que estas súbitas exaltaciones de los pocos, favorezcan y se distribuyan bien entre la masa común: vive ésta de lo sólido e inmediato: el labrador, de los dones de la tierra; el costeño, de la navegación que mantiene el tráfico.

Dícese antes, y es verdad cumplida. México se sostiene merced a los metales protectores que conserva dormidos en su seno: solo esta riqueza accidental equilibra la pobreza creciente de los medios de vida que le restan, y el metal decae, y la industria no crece, y el comercio favorece más al extranjero que a nosotros, y el mal sube y aprieta, y los dormidos no se despiertan todavía.

El gobierno guía, encamina; pero ni crea hombres, ni despierta soñolientas aptitudes. Salva conflictos entre lo que existe; pero para ello es preciso que exista algo. Asienta reglas; pero es fuerza para esto que haya algo que dirigir y regular. Contiene y maneja las fuerzas; pero no puede hacerlas surgir de un pueblo vagabundo y perezoso.

Se vive de las minas: la plata decae.

Se vive de la agricultura; la escasísima agricultura de México en nada progresa: cigarra imprevisora, a menudo sorpréndela el invierno, y extenúanla hambre y desnudez: trabaja lo diario: ¿qué hará cuando lo diario falte? Consúmese sobre esta tierra mucho más de lo que la tierra produce —única riqueza real—: ¿qué compensa este exceso de consumo?

Hoy, las minas, lo eventual perecedero. Pero ¿qué lo compensará de aquí a algunos años, si la plata continúa decayendo? Fuerza es, pues, prevenir la situación peligrosísima que se adelanta, y para que la producción baste al consumo, ir pensando que este equilibrio es necesario, que esta armonía no puede alterarse, que esta riqueza existe siempre, que la tierra produce sin cesar.

Si los que en ella viven quieren librarse de miseria, cultívenla de modo que en todas épocas produzca más de lo necesario para vivir: así se basta a lo imprescindible, se previene lo fortuito, y, cuando lo fortuito no viene, se comienza el ahorro productivo que desarrolla la verdadera riqueza. Siempre vive el vivo, y siempre produce y fructifica la generosa madre tierra Fluctúa y vacila el crédito, y síguelo en sus decaimientos el comercio: la tierra nunca decae, ni niega sus frutos, ni resiste el arado, ni perece: la única riqueza inacabable de un país consiste en igualar su producción agrícola a su consumo. Lo permanente bastará a lo permanente. Ande la industria perezosa: la tierra producirá lo necesario. Debilítese en los puertos el comercio: la tierra continuará abriéndose en frutos. Esta es la armonía cierta. Esta es previsión sensata, fundada en un equilibrio inquebrantable.

¿A qué encomiar las fuerzas con que la tierra mexicana brinda a loa que a ella acuden? Puso la naturaleza oro acabable en sus altísimas montañas, y riqueza imperecedera abundantísima en la feraz superficie de sus campos. Blando el clima, dócil la tierra, rico el fruto, ¿por qué la mano perezosa no acaricia este seno materno, que le ofrece esas venturas materiales, sin las que nada se goza bien ni saborea? Si la tierra espera y oye, ¿por qué no hemos de bajar la mano amiga hasta la tierra?

Fueran arados y voluntad cada una de las palabras nuestras: es el consejo estéril, cuando no resulta del práctico ejemplo; mueren estas tristes verdades en los dobleces del periódico, que por la miserable condición de nuestras masas no llegará ciertamente a ser leído ni entendido por ellas. Miran el daño los pocos que leen; pero fíalo todo a la fortuna el muelle espíritu de México; sábelo y no lo evita: míralo, y no se levanta. No estriba el amor patrio en afianzar la libertad: estriba en labrar un pueblo en que la libertad se afiance.

Imaginativo por esencia, más crea nuestro pueblo en la fantasía que en lo real: la raza madre está bruta, y la raza occidental tiene hábitos mortales de señorío y de pereza, sin pensar que radie está más cerca de lo servil que el que tiene la costumbre de ser dueño. La esclavitud contagia: hace sus siervos la miseria a costa de la olvidada dignidad.

Se elabora, se extrae y se cultiva.

Lo que se extrae, va decayendo; lo que se cultiva, no va aumentando; lo que se elabora, sofócase y debilítase en la competencia que lo extranjero viene a hacerle, y que por sus timideces o impericias no puede nuestra industria sostener. La Economía ordena la franquicia; pero cada país crea su especial Economía. Esta ciencia no es más que el conjunto de soluciones a distintos conflictos entre el trabajo y la riqueza: no tiene leyes inmortales: sus leyes han de ser, y son, reformables por esencia. Tienen en cada país especial historia el capital y el trabajo: peculiares son de cada país ciertos disturbios entre ellos, con naturaleza exclusiva y propia, distinta de la que en tierra extraña por distintas causas tengan. A propia historia, soluciones propias. A vida nuestra, leyes nuestras. No se ate servilmente el economista mexicano a la regla, dudosa aun en el mismo país que la inspiró. Aquí se va creando una vida; créese aquí una Economía. Álzanse aquí conflictos que nuestra situación peculiarísima produce: discútanse aquí leyes, originales y concretas, que estudien, y se apliquen y estén hechas para nuestras necesidades exclusivas y especiales.

Revista Universal, México, 14 de agosto de 1875

Francisco de Paula Vigil. El cristiano y la curia. José de la Luz y Caballero

Hay allá en el Perú una bellísima comarca, lozana y exuberante, llena de árboles y flores, que los antiguos naturales llamaron Tacna, y que con este mismo nombre fue, feliz cuna primero y luego ascético regazo, del muy grande y muy ilustre Francisco de Paula Vigil.

Apartados en México de aquellos lugares que debieran, por la comunidad en el origen y semejanza en el desarrollo y el objeto, estar unidos a nosotros con apretada amistad, acontecen en las Repúblicas del Sur trascendentales sucesos, llegan éstos a nosotros en forma lenta y descuidada, y en el olvidar de cosas útiles y darse a diaria vida, no nos parece tan grande el suceso, ni aquí podemos conocer su justa importancia y cabal medida.

Vigil acaba de morir en el Perú, y con él vase de la tierra un cuerpo, mas no la doctrina de razón y de luces que` conoce y ama su patria afortunada. Es la de Vigil vida extrahumana y mística, vivo que tuvo siempre puestos los ojos en el fondo puro de sí mismo, la mano caritativa en la mano de los menesterosos, la previsión en la fortuna de su patria, y el pensamiento en las altezas presentidas que miden por nuestra pequeñez la grandeza y excelencia posthumanas.

Vigil tuvo desde niño gustos de soledad. Su ánimo grande necesitaba un grande espacio. Es vivir andarse perpetuamente preguntando sobre cómo el ser íntimo augusto se acomoda a los ajenos extravíos y dirige los suyos propios. Pasan los años en querer pasar rápidamente sobre ellos. Examínase todo: descontántase el ánimo noble de sí mismo y de lo que ve: necesita lo ilímite invisible y lo busca en lo visible ilímite: tiene ansia de lo extenso, y satisface un tanto su ansia con la contemplación y con el culto. Hay una religión: la inconformidad con la existencia actual y la necesidad, hallada en nosotros mismos, de algo que realice lo que concebimos. Hay muchas religiones: las formas de estas inconformidades y necesidades vagas, perpetuas y sublimes. En la única amó y pensó Vigil. El necesitó el culto, y se hizo tempió en Tacna. El justificaba la religión, y la hubiera creado, a no haberla ya impura e imperfecta.

Va diciéndose con todo esto —que no quiere dar más que idea brevísima de lo que fue— que era Vigil muy amante de la ciencia y del estudio, del que hizo hábito tal, que llegó a extenuar sus fuerzas y a ocupar todas las horas de su vida.

No era extraño oír a las buenas y hospitalarias gentes de Tacna, cosas raras y maravillosas de aquel joven melancólico y austero, a quien tenía toda la comarca como santo. Imaginaban ellos que la santidad es el colmo de la humana perfección, y así llamaban sin duda a las virtudes y al dominio misterioso que aquella alma pacífica ejercía. La Curia, en tanto, lo lanzaba de su seno, y tenía como mal hijo de Dios al que los habitantes de su comarca tenían como augusto enviado suyo.

Y es que rechaza las miserias temporales el que en sí siente estos afanes puros que se informan en el ansia de morir y en el deseo de otra vida, y con más fuerza las aleja de sí el que tiene para ellas culto sin tacha y sin error, culto vago y tenaz de suave esperanza y de resignado sufrimiento, y a estas nobles altezas ve mezclado, como cabeza y corazón de ellas, el hábito del dominio, mantenido por errores, ambiciones y soberbias. Esto es lo católico de Roma y Vigil era lo justo y lo cristiano. La forma atrevida y corrompida desconoce la esencia pura que ha abrumado y ha roído. El cristianismo ha muerto a manos del catolicismo. Para amar a Cristo, es necesario arrancarlo a las manos torpes de sus hijos. Se le rehace como fue; se le extrae de la forma grosera en que la ambición de los pósteros convirtió las apologías y vaguedades que necesitaron para hablar a una época mitológica Jesús y los que propagaron su doctrina.

Perseguido tenacísimamente por los secuaces de la doctrina ultramontana, tomó la contemplativa vida de Vigil hábitos más prácticos: volvió los ojos hacia su pueblo engañado: lo vio en manos de los sacerdotes católicos: lo veía abatido y extenuado por la costumbre del servilismo y la obediencia: sintió herida en sí la independencia humana, y ni a su pluma ni a su palabra dio descanso en la dificilísima tarea de devolver a todo un pueblo abrumado el respeto y la conciencia propia. Como Lázaro, está muerto un pueblo que por sí propio no vive: recuérdase a un Mesías cuando hay alguien que lo sacuda, lo conmueva, lo anime y lo levante. ¿Hizo más alguien que Vigil? Vigil hizo en el Perú toda esta obra.

Difícilmente podía atacar la Curia aquella vida sin manchas. Todo crece con el cultivo, y la razón llega con el ejercicio a punto de lucidez y lógica invencibles: en vano luchaba el clero contra aquel espíritu clarísimo, entregado a la inquisición y predicación de la verdad. Hacían los católicos víctima al Perú de sus soberbias excitadas; escribió Vigil La defensa de los gobiernos contra las prescripciones de la curia romana, libro en toda la América leído, lleno de raciocinio vigoroso, de intento honrado, y de inflexibles deducciones, que a los hombres de ánimo liberal fortalecieron en sus doctrinas, y a los católicos hicieron dudar y vacilar.

Y así anduvo el justo de Tacna por la tierra: reanimando a los débiles, despertando a su pueblo, dando ejemplo con sus virtudes, dando vigor con su palabra. Con sus caridades consolaba a los pobres: con su predicación tenían también consuelo los pobres de espíritu. Ha muerto ahora, y Lima entera ha acompañado a la tumba a aquel que vive más después que ha muerto. Un pueblo era su cortejo fúnebre: todos allí se sentían hijos del que había animado aquel cadáver.

Murió hace algunos años en La Habana un hombre augusto. El había dado a su patria toda la paciencia de su mansedumbre, todo el vigor de su raciocinio, toda la resignación de su esperanza. También iba allí un pueblo a consagrar un cadáver.

Los niños se agruparon a las puertas de aquel colegio inolvidable; los hombres lloraron sobre el cadáver del maestro: la generación que ha nacido siente en su frente el beso paternal del sabio José de la Luz y Caballero. Muere ahora en Lima otro espíritu puro, más ascético, no más sabio; más activo, no más abnegado. También su patria siente vivo en sí al ilustre hombre que ha muerto: también los hombres que nacen se sienten guiados de la mano por el que acaba de morir: también oirán los niños hablar de un hombre salvador: también veneran allí la casa solitaria de la hermosa Tacna, donde en perpetuo trato con el cielo adquirió un justo las fuerzas y la luz. Así se es hombre: vertido en todo un pueblo.

Revista Universal, México, 26 de agosto de 1875

El libro de Lescano. Sentimiento y forma. Rudezas y ternuras. Recuerdos de Horacio. Romances buenos

A Pepe Martí,

A Lescano

México, agosto de 1875

Así dice al comenzar un elegante libro, con cuyas breves palabras da su autor a todos muestra de originalidad y sano gusto, y al boletinista ocasión de apartarse de las cosas monótonas del día, y distraer con algo abstracto y bello la atención de los lectores, harto ocupados por otros en emociones y cosas de política. Tiénelo además Orestes ofrecido en su pasado boletín, y por más que el espacio escasee, él ha de hallar manera de cumplir con obligación que le es querida y agradable.

«Antenor Lescano: Páginas de Versos.»

—Abrase el libro, ya no común con esta manera de empezar, y pregúntese si hay en él conjunto de rimas caprichosas anudadas por un espíritu tranquilo, o historia accidentada y cierta de amores y dolor de un corazón. Son los unos poetas por el afán de hacer versos y soplo otros porque los accidentes de la vida les van poniendo espontáneos versos en los labios: es aquella poesía, como poesía del cerebro, vaga y hermosa a veces, con la hermosura del follaje; es la otra manera, como poesía del corazón, savia vital, robusta como el árbol que se levanta desde los senos de la tierra, ruda a las veces como el tronco que en sí mismo se enrosca y se envuelve. Aquello fatiga: esto cautiva: cansa al cabo la miel, siquiera sea siempre la misma miel de Himeto.

Deja, lector, sin desconsuelo un libro de versos que no ha movido en ti idea de pena, grandeza o amor: si movió tu corazón, vuelve a leerlo: no le preguntes qué es: adivina qué lo ha hecho y qué ha querido ser. Feliz el que pensó lo bello, sintió lo grande, amó a mujer, sirvió a la patria, habló su lengua, escribió un libro, y con pasadas soledades recuerda a los que leen las propias, y con presentes dichas enamora y canta agradecido la buena forma y buen empleo de la existencia: es todo esto, y lo es con inteligencia, gusto clásico y modestia suma el valioso libro de Antenor.

Poesía es, ora inconformidades fieras con estrecheces irremediables de la vida, ora forma delicada de los bellos y puros sentimientos. De aquélla, Shakespeare y Leopardi: de ésta, simpáticos espíritus que tienen siempre un beso casto que poner en una frente pura, unas cuantas lágrimas que verter sobre el perpetuamente enamorado corazón: pasan aquéllos la vida, como arrancándose la carne que los envuelve y aprisiona; páranla los otros sonriendo o llorando en el fondo de su mismo ser. Son los unos los ángeles rebeldes: son los otros aún los ángeles que no conocen la terrible envidia de su Dios.

¿Son todas las épocas en que se han hecho versos, la época de la poesía del que los hace? ¿Tiénese derecho a descontentarse de todo cuando todo no se ha gozado aún? El libro de Lescano tiene un valer rarísimo: no hay en él un solo sentimiento falso. Tienen estos versos una seductora cualidad, una ternura exquisita, no extraviada con alardes imaginativos, sencilla en la forma escrita, como fue suavemente sentida en el afectuoso corazón. La ternura es el germen del libro de Lescano: es la época de su poesía, no aquella en que anduvo buscando hogar bueno y caliente para su ternura solitaria, sino esta época de ahora en que ya la puso toda en mujer noble, y en que ya sabe cómo crece en el corazón el hijo que la esposa amada pone en él. La inspiración no va huyendo de Lescano con los años: viénele, por lo contrario, con ellos: tráenle ellos la plenitud de la poesía, porque le traen con los afectos la plenitud de la ventura.

¿Qué versos valen más en este libro? No son los que se hicieron en extrañas tierras, hijos de diarias soledades, y traídos de la patria ausente por las mensajeras blandas brisas: valen más esos tranquilos cantos, esos recuerdos perfumados por el ambiente del amor tranquilo.

También ahora recuerda el patrio caserío, donde ya no pace contento el ganado que lo animaba en días de paz; también cuenta ahora a Carlos Mola Varona lo que fue en tiempos idos Aquel hogar; mas cuando quisiera alzarlo de nuevo con sus lágrimas,

Y sufre, y pide a la suerte
Que al terminar su jornada,
Toda esa vida pasada

Sea la vida de su muerte:
Y la cruz de aquel santuario.
Que a cada recuerdo nombra,
Cubra con su augusta sombra
Su sepulcro solitario,

vuelve los ojos a la joven esposa queridísima, mírala inclinada sobre la cuna de ese primer hijo por cuya vida se teme y se ama tanto,

Y resucitó aquel muerto
Corazón; y fueron bellas,
Pobladas de luz y estrellas
Sus horas en el desierto.

Y muérese a julio Zárate, espíritu amante y delicado, hija que era como germen de amor para su hogar, y el padre gime en el poeta y pone en verso este latido de su corazón:

Desde que. Dios me dio un hijo
Que a todo mi amor prefiere,
Por cada niño que muere
Tiemblo de miedo, y me aflijo.
Hoy de tu niña la muerte
Lloro en tus mismos dolores.
Que el amor de mis amores
Puede sufrir igual suerte.

¿No confirman estos versos lo que ha un instante se decía? Distingue a Anterior Lescano una exquisita ternura: y es esta cualidad historia y resuman de su libro. Reúne éste lo que él hizo, allá en tierras lejanas donde trocaba por ciencia útil las ausencias de la patria; amó, como se ama en tierra extranjera, con la mitad del corazón; el amor, a la manera de las plantas se desarrolla con la atmósfera; y allá en las tierras frías, muérense sin ella los pobres corazones tropicales. Volvió hombre a la patria el que había salido de ella ardiente y joven, besó a su madre, la amó aún más, amó el trabajo, abrió la libertad campaña heroica, y fuese él a las llanuras y a los bosques, donde la libertad se refugia cuando la desconocen los hombres malvados. ¿Por qué lloraba en los campos aquel valiente corazón? Amase entrañablemente el amor luego que se gustó y sintió una vez; solo estaba en la lucha el amador poeta solitario. Accidentes lo trajeron a esta tierra de México, donde el cielo es azul, la tierra virgen, y la mujer americana. Amó Lescano en ella: el amor de mujer vistió la forma noble del amor de esposa: la casa está contenta con el hijo que la embellece y le sonríe, y este poeta que había comenzado a serlo por el amor que presentía y que le faltaba, acaba de serlo ahora con la certidumbre del soñado amor. ¿Es poeta Lescano? Hacen al poeta el sentimiento bello y la bella forma: es poeta, sin duda, el que une en sí las dos. Y este padre feliz que ama tan bien, es en el hablar castizo: en la rima fácil; en la buena literatura buen discípulo; en la forma —en fin— algo parecido a quien la maneja con magistral familiaridad.

¿Es poeta Lescano? Ha amado mucho con un corazón noble; ha escrito poco en rimas sonoras y fluidas; tiene delicadeza en el sentir; tiene galanura y hábito literario en el hablar. Es decididamente Antenor Lescano poeta notable, porque dice bellamente el pensamiento bello: poeta no común porque se aleja de la gastada forma ampulosa e imaginativa; acostumbrado al buen decir; rimador muy distinguido de romances; traductor fiel y concienzudo; conocedor, en suma, de su lengua, y espíritu en trato constante con bondades, bellezas y noblezas.

No es de los que luchan por desasirse de sí mismos: es de los que sienten en la vida necesidad afectuosa de ir perpetuamente apoyados en el deber y en el cariño: son almas apacibles y serenas: no son espíritus terribles, devorados, desesperados, tormentosos. Sería más el Adán de Milton que el Fausto de Goethe. Alma serena, gusta de la paz. Alma la de Fausto fiera, ¿quién sabe lo que adivina, lo que anhela y lo que busca? Dios caído, tiembla y ruge. Los otros son hombres buenos que van yendo apaciblemente hasta Dios.

Y no quería Orestes terminar sin decir cómo tiene Antenor en más de una de sus Páginas sabor verdaderamente horaciano. No ha pretendido el poeta de Cuba crear escuela como el latino, ni decir cosas por sus tiempos nuevas en los metros antiguos del perseguidor de Lycambo, de Safo y de Alceo: recuerda a Horacio, Lescano, en la manera puramente clásica con que ha sabido describir cosas de hoy y muy locales. ¿Quién había de sospechar en un poeta americano galas académicas que envuelven la pintura de las cañas de azúcar? Lea el que guste de saborear la bella forma una composición del libro de Antenor que se llama «Debajo del Sicomoro»: lea otra en igual metro que se llama «Consejo a Haydee»: véase y estímese cómo supo realizar en la primera la obra de Andrés Bello, con más vigor de expresión y menos esmerada pulcritud que el hablista de la República de América; véase en la segunda, cómo, a la manera de los maestros latinos y de los clásicos franceses del siglo antepasado, pinta en versos de riguroso giro castizo que recuerdan los buenos tiempos de nuestra habla, las veleidades y tristezas de los días de engañosa forma en que vivimos.

¿Podría decirse alguna frase más? En el libro de Antenor Lescano hay tristeza; no amargura.

¿Algo más todavía? Difícil fuera encontrar quien entre los rimadores modernos de América, aventaje a Lescano en la fluidez, gracia y sentimiento del romance.

Y dejo aquí por cumplida esta agradable ocupación, pidiendo perdón, por mis errores al poeta, y por mi plática enojosa a los lectores pacientísimos.

Revista Universal, México, septiembre 2 de 1875

El ayuntamiento. Sus deberes especiales. Los barrios pobres. Buenavista

Fuerza es apartar los ojos de las bellezas que ofrecen los libros de poetas; fuerza es también demorar lo que de algún libro de ciencia recientemente publicado pudiera decirse para ocupar, si no el ánimo, el espanto en considerar el estado tristísimo de la insalubre y abandonada ciudad de México.

Cosa extraña parece que haya poetas en nuestro imperturbable municipio: es poeta algo como alma limpia y blanca, y pudiera imaginarse que por esencia rechaza cuanto de infecto, desaseado o repugnante le rodea. Agapito Silva publica en *El Porvenir* «Pensamientos Poéticos»: y ¿cómo puede pensar poesía en esta atmósfera inficionada y mefítica? Y Eduardo Zárate ¿cómo no se espanta de que las alas puras de su musa, gallardamente abiertas en el libro de poetas americanos que ha publicado en París José Domingo Cortés, se arrastren y se enloden por esta cenagosa superficie de las calles míseras de México? El limpio pensamiento ha menester de una atmósfera limpia: siéntese el espíritu delicado mal con todo lo que en sí lleva grosería de forma o concepción. Y yendo de individuales entidades al impasible municipio, bien hubiera razón para hablarle el lenguaje rudo y exigente del derecho. No van al ayuntamiento los ediles para hacer gracia a la ciudad de la calma de sus magníficas personas. Porque el ayuntamiento es una especie de prueba de hombrea públicos; porque el manejo de fondos impone deber de hacer de ellos aplicación útil, visible y clarísima; porque la torpeza no es ya un derecho en quien ha tenido concepto suficiente de sí mismo para aspirar a un cargo popular; porque al ayuntamiento está encomendado el medio de hacer respirable la atmósfera densa y perniciosa de México, está la corporación municipal muy obligada a velar por loa intereses primarios de que se hizo cargo, tanto más cuanto que ha de cuidar especialmente de que no se diga abandonan el cumplimiento de la misión por lo infructífero y gratuito del empleo.

Una ciudad pide a sus munícipes algo más que la vanagloria fútil de llamarse ediles suyos; pídeles con imperio pulcritud y aseo; pídeles para los paseos, elegancia; para los lugares de tránsito, vía fácil; y para las calles apartadas y pobres, no descuido grave que aumente las desdichas de tanta criatura miserable, sino empeño tenaz e insistente, por lo mismo que de este bien que se hace no ha de resultar provecho alguno, y porque no es lícito a quien estime su buen nombre aceptar encargo cuya misión alta no cumple, y cuya trascendencia no alcanza ni entiende.

No es clamor vano y fútil el que la prensa eleva, ni es bueno que el ayuntamiento desdiga a los que le recuerdan su deber. Es que en los barrios pobres, en que la muerte vestida de miseria está siempre sentada en los umbrales de las casas, la muerte toma ahora forma nueva; se exhalan miasmas mortíferos de la capa verdosa que cubre cenagosas extensiones de agua; respírase como cuando el aire pesa mucho, o cuando falta mucho aire, y este pobre pueblo nuestro, tan débil ya por su hambre, su pereza y sus vicios, todavía sufre más con los estragos de esa muerte vagabunda, que vive errante y amenazadora en todas las pesadas ondulaciones de la atmósfera.

No es que la prensa se querella por hábito o manía; es que mueren más los pobres por el descuido incomprensible del ayuntamiento. No es ésta cuestión fácil que puede desatender el municipio: es cuestión de vida, gravísima, inmediata, urgente, tanto más precisa en su acusación cuanto que pudiera decirse que se la desoye, porque de oírla no habría el municipio provecho alguno. Pues, ¿por qué tardan tanto loa munícipes en hacer el bien, cuando es hacerlo deber suyo, y cuando, para cumplirlo en su parte principal, si no les sobra y abunda, no es menos cierto que no les escasea? Si por la calzada de Buenavista han de pasar los carros que importan o extraen objetos en México, ¿ha de ser la calzada vía inservible, en la que incesantemente se ocupa multitud de hombrea en hacer andar los carros detenidos o caídos? Si es el camino único, ¿cómo desatiende el ayuntamiento el único camino? ¿Por qué, en el Dentro de la ciudad, donde los aires puros no corren fácilmente, repugnan a los ojos y estorban la respiración y se aspiran elementos dañosos en los miasmas que se desprenden de las extensiones de agua estancada, cubiertas por una capa verdosa de sustancias corrompidas? Daña tener que ocuparse en esto, como daña a la reputación del ayuntamiento no haberse ocupado en ello ya. No es que hace la corporación municipal favor gratuito con reparar las calles, cuidar los paseos, y favorecer empeñosamente las condiciones higiénicas de la ciudad; es que para esto fueron loa miembros de la corporación ensalzados al puesto que ocupan; es que hacen el doble mal del que no cumple su deber, e impide con su presencia en el municipio que lo cumplan otros, más inteligentes b más concienzudos que los munícipes actuales.

Por lo mismo que el cargo no es retribuido debiera ponerse más cuidado en atenderlo cumplidamente.

Porque la población entrega fondos cuyo empleo no ve luego fácilmente, debieran los de la corporación municipal, árbitros y manejadores de estos fondos populares, cuidar de que por todos pudiera verse cómo con su interés y con su celo, respondían a la confianza de que en el día de la elección pretendieron ser dignos. Y ¿cómo volverían a aspirar al puesto honroso, los que por indolencia no quisieron, o por torpeza no entendieron todo el bien que podían hacer desde él?

¿No es verdad que los munícipes entienden cómo por lo mismo que no se les retribuyen sus servicios, deben cuidar de hacer ver que no es la falta de retribución lo que los hace en el trabajo difícil, olvidados y lentos? Pues ¿no solicitaron ellos el puesto a que los ha llevado el voto público?

¿Cómo han de dar a entender que la censura popular no los inquieta? Podrán las almas blancas de los munícipes haber dejado holgar la inteligencia:

no sabrían ellos de seguro la manera de ser conscientemente indignos del puesto honroso que aún ocupan.

Revista Universal, México, septiembre 4 de 1875

El proyecto de Guasp. Literatura dramática, filosofía y literatura. Derechos de los traductores

Diligente Guasp, atento el Conservatorio, solícito el gobierno, está ya aprobado y va por vías de hecho el utilísimo proyecto que para reanimar la literatura y arte dramáticos, concibió y presentó al presidente el joven y aplaudido actor español.

Bien hizo el señor Lerdo en aceptar con alegría, en vencer los obstáculos, en facilitar la realización del proyecto útil; ha dicho con esto cómo ama a la generación que entra de un modo débil y raquítico en días de adolescencia; cómo le preocupa su holganza; cuántos males ve en ella para los días futuros de la patria, y cuántos bienes adivina en que se dé a la dormida inteligencia, con el estímulo, actividad; con beneficio práctico, aliciente; con la literatura dramática, glorioso y buen empleo.

Tiene esta literatura en beneficio suyo la rápida manera con que premia a los talentos: no es como la ciencia, muro de roca escarpadísima, en que el renombre viene cuando la vida se va ya: cautívase en el teatro rápida y memorablemente: el aplauso allí obtenido, no es ya por nadie olvidado: ¿quién ve sin alegría, y vuelve a ver sin placer, al que conmovió su corazón, precipitó sus latidos, halagó su buen gusto, o preñó de lágrimas sabrosas los ojos atentos, nunca más hermosos que cuando se dilatan y lloran?

Fraternidad seductora ésta del autor con su público. Oyese por muchos lo que escribió el uno: viértese un espíritu en muchos espíritus ajenos, y muchos labios repiten con aplauso lo que una mano tímida escribió con susto en el papel. Da de sí el autor a los que le oyen; hace su obra en la vida, vertiendo e inculcando sus buenas fuerzas: la imaginación está siempre ganosa de bellos tipos que amar; y se estima y se quiere al que un instante al menos llenó de cosas bellas nuestra imaginación loca y avara. ¿Cómo no seduce este divino premio a nuestras inteligencias perezosas? ¿Quién rehúsa un nobilísimo combate en el que si se cae vencido, ya fue victoria haber intentado vencer? Resucítanse épocas; revívense héroes; incítase a las lágrimas; domínase y arrástrase a todo un auditorio conmovido. No hay más que un corazón en los que escuchan: s la par y sumisos laten los que oyen con el que creó: se dilata, se esparce, se crece con este noble dominio en las almas que el sentimiento o la beldad cautiva.

Hay obras elegantes y tranquilas que convidan a estrechar la mano de su autor. Hay obras graves y sombrías, no entendidas por los unos y censuradas de otros por severas. Hay obras vivas de alma, en las que se envía al que las crea, abrazo que nació en el corazón. ¡Quién diera a la escena Ofelia rubia y pálida, Hamlet fiero y doliente, algo así como imagen de pureza suma, o de mal implacable de vivir! ¡Segismundo, encadenado y poderoso; Fausto, amador perpetuo; Demos, el viejo de la Grecia; algún héroe de Esquilo, algún dolor de Byron, una fiera rudeza de Shakespeare, o un sueño hondo y osado del nunca muerto Calderón!

¿Quién rehúsa la lucha? Intentar noblezas es ser noble: embrazar la adarga es prueba de valor. Y si cae en la lid la adarga rota ¿quién mató al espíritu, cuna siempre nueva y fecunda de grandeza, vigor y beldad?

Y no es fácil tarea trabajar para la literatura dramática en México. Domina a buena parte de nuestra juventud una sistemática filosofía práctica, que tiene de errónea todo lo que tiene de sistema filosófico. No puede haber una filosofía, como no puede haber una religión: hay la filosofía y la religión: aquélla es el volver constante de los ojos del hombre hacia las causas de lo que en sí siente, y en torno suyo y más lejos muévese y ve: ésta es la aspiración de todos los seres, idéntica en todos los pueblos, común a existencia en que sea cosa real lo que aquí vagamente se concibe, poéticamente se exagera e inflexiblemente se necesita. Hay límite para la razón: tiene el hombre imaginación e inteligencia, y aquélla comienza su obra donde ésta la acaba. No es que no haya más allá: es que no podemos ir. ¿Y por qué, si concebimos lo vago, o nos detenemos cobardemente ante ello, o queremos sujetarlo a una potencia de razón que precisamente allí termina? No se asiente lo dudoso; pero confiésese que existe.

Y dábase ya Orestes a pensamientos que no están ahora en su cabal lugar.

Acostumbrada una parte de nuestra juventud a una filosofía poco imaginadora; habituada a hacer brotar el pudor de la sístole del corazón, y todo sentimiento —alteración moral— de una sensación —perturbación en el orden físico—, no es para esta parte de nuestra juventud, numerosa y entendida, cosa fácil crear seres bellos en una atmósfera distinta de esa fría y práctica atmósfera en que ella se mueve. Sucede que la naturaleza mexicana es esencialmente imaginativa, y que ella hará en el espíritu su obra, mal que pese a la opresora razón. Pero no será Coto lo común. Trae cada sistema filosófico una literatura, consecuencia suya; y a la manera práctica de ver las cosas, ha correspondido esta literatura dura y extraña, triste y dolorosa, que se llama escuela realista. No se limita a copiar lo que ve malo: exagera e inventa mayor maldad. No presenta con el mal su inmediato remedio: cae en el error de creer que el mal se cura con presentarlo exagerado. Disculpa extravíos y los santifica: hace regla de una libertad de pasiones, que es en muchos casos lícita, pero que es a la par casi siempre vergonzosa y esencialmente inmoral.

Pues ¿qué ventajas hay para el vivo en la contemplación de un esqueleto? ¿La convicción de la muerte? Antes fuera bueno presentarle, no aquello que ha de ser cuando se muera, sino la manera de realizar noblemente en vida su misión. Así la escuela realista pone especial empeño en presentar descarnadas y rudas todas las fealdades del ser vivo. ¿Será por eso completamente mala la escuela? Nada es malo ni bueno en absoluto. Si por escuela realista se entendiese la copia fiel de los dolores sociales, no para justificar errores, no para darse el placer de presentar heridas que perpetuamente vierten sangre, sino para aislar y provocar antipatía a los errores que se presentan, y ver cómo se contiene la sangre que brota sin cesar de los míseros vivos, fuera la escuela nueva racional y justa, y cumpliría en el teatro su obra de hacer bien. Porque no es el teatro solamente la presentación y desarrollo agradables de un pensamiento bello: han de llevar en sí el precepto bueno, no a manera de plática enojosa, ni de predicación cansada e infructífera. Está la moralidad en el correr de la acción: en atraer toda la simpatía sobre el noble: en distraerla toda del malvado: en compadecer la impureza sin elevar la impureza a un derecho, que para ello fijan loa autores en sus personajes magnanimidad de corazón que no tendrían.

¿Ha de ser la del teatro obra estéril? Esto sería, si la obra escénica fuese el desarrollo ameno de una acción estética inútil.

¿Es la obra del teatro mejorar amenizando? Parece que es ésta, y a ello tiende buen número de obras de todas las edades. Ni cátedra enojosa, ni lección estéril. Que la belleza de la forma envuelva el buen precepto: que la alteza de loa personajes envuelva el ejemplo bueno.

Es la cuestión ésta: si con ser como somos necesitamos ser mejores ¿mejoraremos algo copiando lo que somos? He aquí el error de la escuela realista, elevada a inflexible sistema.

¿Somos lo que debiéramos ser? La manera de mejorar por el teatro es presentar en una forma amena, no el ser de hoy sino el deber ser que nos mejorará.

El teatro tiene un hermoso privilegio: hace amena y gustosa la enseñanza. Verdad que hay que añadir que su enseñanza no es ya fructífera, si en el ánimo del espectador queda, y a su amor propio hiere, la idea de que se le ha querido enseñar. Enseñe bellamente: he aquí la máxima.

Y de cosas más prácticas se pensaba hablar en este boletín, de algo así como de la inconveniencia de pagar crecidos derechos a los traductores. Ideas son que el boletinista no abandona, y que apuntará gustosamente en día de turno.

Revista Universal, México, septiembre 10 de 1875

Los indios. La lonja. Los dos franceses. Los traductores. Boletín del Eco. Juan de Dios Rodríguez

Sea este boletín en su principio término del boletín anterior. Díjose en él algo sobre derechos de traductores en las obras que se presenten e la comisión necesaria para, la realización del proyecto de Guasp, y mal que pese a las apatías y perezas que trae consigo el lunes, algo es fuerza decir de lo que se tiene prometido.

No quiere el boletinista hablar de cosas tristes, por más que sea para él día oscuro el día en que ve vagando por las calles grupos acusadores de infelices indios, masa útil y viva, que se desdeña como estorbo enojoso y raza muerta. Y es que hacen dolorosísimo contraste la mañana, nacer del día, y el indio, perpetua e impotente crisálida de hombre. Todo despierta al amanecer, y el indio duerme: hace daño esta grave falta de armonía.

¿Qué ha de redimir a esos hombres? La enseñanza obligatoria. ¿Solamente la enseñanza obligatoria, cuyos beneficios no entienden y cuya obra es lenta? No la enseñanza solamente: la misión, el cuidado, el trabajo bien retribuido. En la constitución humana, es verdad que la redención empieza por la satisfacción del propio interés. Dense necesidades a estos seres: de la necesidad viene la aspiración, animadora de la vida.

Entristece menos al que escribe, y cansa menas al que lee, hablar de cosas más fútiles. Se tiene la amenaza sobre sí: ¿no es verdad que es bueno y prudente descuidar la amenaza? Se tiene en gran parte un pueblo de bestias: ¿no es verdad que es bueno, agradable y útil no pensar en que puede bajo el peso de estas bestias morirse súbitamente ahogado?

La avalancha crece, y el valle está tranquilo. Los pastores prudentes deben huir el mal con que los amenaza la montaña.

Así, en las apatías del lunes, es justo hacer memoria de una obra buena de Julio Ituarte. Dio un concierto en la Lonja a beneficio de los que vieron devorado su hogar por la irritada corriente del Garona, y fue la fiesta de la caridad, escasa en concurrentes, notable sin embargo por la concurrencia distinguida.

Tienen las fiestas de la Lonja algo de convencional y de tibio. Decía bien Michelet: es triste esta separación tácita de hombres y mujeres. Parece que los dos sexos no tienen nada que decirse. O hablan de futilezas o no se hablan. Un salón moderno es una cosa dolorosa: se pensaba en esto ante un tanto de innecesaria gravedad y escaso desembarazo que eran muy de notar en la concurrencia de la Lonja. Distinguido no es escogido: pudiera ser que dependiese esto de la escasez de fiestas semejantes.

Hubo en el concierto una rudeza conmovedora, tal vez para todos desapercibida y para Orestes bella y buena: fueron a la fiesta dos fornidos franceses, limpia y burdamente vestido el hombre, limpia y a manera de normanda aderezada la mujer. Tenía ella la cofia del país: él la chaqueta ribeteada y los zapatos gruesos del trabajador. Vale mucho un hombre rudo que ama desde muy lejos a su patria: era hermosa la honrada pareja.

Al terminar el concierto llegó el que escribe a la Lonja. Todavía oyó muy buenos versos a Alberto Ituarte; aún se escuchaban celebraciones de la potente voz de Felisa Stáboli; todavía pudo aplaudir Orestes a las señoras Reyes de Ramiro y María de los Ángeles González. Tocó Morán una bella pieza y terminó la función con una notable obra alemana muy bien interpretada en dos pianos por cuatro hábiles y elegantes señoritas.

Bien hacía Calderón en gustar tanto de esta sencilla palabra mujer. Es bella, es mucho más bella que señorito y señor a. Se estrenaba un salón nuevo, amplio y blanco. Consagra bien un salón esta fiesta de caridad que lo inaugura.

Vuelven los traductores a las mientes y es ya necesario decir algo de ellos. Fija el proyecto aprobado un derecho de 25 % a los autores mexicanos de obras originales que se estrenen en la temporada teatral que el diligente Guasp promete; el mismo proyecto fija el derecho de 15 % a los traductores.

¿Se quiere crear arte dramático propio? No se recompense mucho la traducción de obras del arte dramático extranjero. Son comúnmente pobres los poetas, y el resultado práctico animará al trabajo a muchas buenas inteligencias perezosas. Es cosa difícil crear para el teatro una obra buena, a la par que es muy fácil empresa traducir o arreglar una obra buena extraña. De esto no nacerá ciertamente escuela propia; prémiese poco para que se trabaje poco en ello. Establézcase diferencia sensible entre la recompensa de la obra creada, y la de la obra traducida. Esta destruye con la imitación el sano gusto original, e introduce en la vida mexicana la contemplación y el trato de costumbres que para su bien le fuera bueno no sospechar ni conocer.

El escritor inteligente se dará con más empeño, puesto que con trabajo menor alcanza recompensa casi igual, a acomodar a nuestra escena lo que se ha escrito y aplaudido en otras. No es la buena manera de crear lo original favorecer la introducción fácil de lo ajeno, ni conviene a la constitución social la representación de las actuales obras francesas, que casi por completo cautivan a inteligencias que todavía no conocen su obra bien.

El autor necesitado hará mejor una traducción buena que ha de producirle el 15 %, que una difícil obra propia, cuyo aumento de producto no es, en relación con el trabajo, mucho mayor. Rebájese mucho a este derecho de los traductores: así hay mayor garantía para la originalidad de las obras presentadas.

Bien ha hecho el presidente de la República en proteger el proyecto de Guasp. Tiende a dar vida noble y propia a la triste juventud inteligente mexicana. La juventud rica no es aquí simpática, y la pobre se ve tristemente obligada a las veces a ser servil.

Luce el Eco boletines nuevos, y ya ha comenzado a decir en ellos estimables cosas Gustavo Baz. Tiene el joven escritor talento propio, costumbre de estudiar, y trate útil con los ilustres manejadores de nuestra habla. Hace gallarda profesión de boletinista; y tiene oportunas frases a propósito de la naturaleza de los boletines. Es bueno sobre todo encomio este párrafo con que de boletín ajeno engalana Orestes el débil suyo propio: En primer lugar, cosa rara en los azares de la vida del que ha hecho una profesión de hablar sobre los acontecimientos del día, yo nunca he escrito boletines. Comprendo, sin embargo, que son una de tantas formas con las que se disfraza el periodismo para propagar las ideas, sin profundizarlas nunca, para registrar los acontecimientos con cierta ilación, para compendiar, por decirlo así, las impresiones de un día, comprendo también, que las declamaciones, las frases estrambóticas, las elucubraciones de los cerebros nebulosos y fantásticos, están excluidos de esta forma y de esta tendencia, y que el público aprecia más que se le hable a su sentido común que a sus oídos y mucho más un lenguaje llano y liso, que enfadosas disertaciones o armoniosos períodos de lo que ha dado en llamarse prosa poética.

Es Gustavo Baz buena promesa para los días futuros de la patria: claro en el estilo, juicioso en el pensar, franco en la forma, en buena voluntad tan abundante como en años aún escaso: es ley que se feliciten sus lectores porque al sensato criterio de Agoytía haya sucedido la pluma fácil y gallarda del boletinista nuevo.

Va de vencida en Michoacán la malvada guerra, que arrastra la cruz por las cenizas de los míseros pueblos que quema, roba y tala. Ha muerto Juan de Dios Rodríguez, —que no hace bien en vivir el que en la hora de paz ensangrienta y perturba la patria. La vida se hace para algo más noble que para hacer oficio de quitarla a los demás.

Revista Universal, México, septiembre 14 de 1875

El artículo de Gostkowski. La juventud buena y la torpe. Páginas de filosofía

Gustavo Gosdawa, barón de Gostkowski, está apesadumbrado porque no se ha entendido bien lo que él quiso decir. Habló en una de sus Humoradas Dominicales de vicios de la juventud, y de sus deficiencias lastimosas. Un diario descortés respondió al artículo, invitando a Gostkowski a salir de México, y otros escriben y piensan que Gostkowski ha dicho que todos los jóvenes son malos. El escritor francés dijo lo cierto, a una juventud aletargada que se cuida poco de sí misma: lo dice un escritor que ama a los jóvenes y que ha vivido siempre entre ellos. Antes que impugnar, debe amarse al que nos dice rudamente la verdad. El barón polaco pidió a Orestes que hiciese algunas declaraciones en su nombre, y Orestes las hace con placer. Gostkowski quiere que se diga aquí cuán bien sabe él que hay en México muchos jóvenes estimables: pero los buenos no han menester ser flagelados. ¿A qué medicinar al sano? Se examina y se ataca el mal en el enfermo. ¿Es nuestra juventud iniciadora? No: vive demasiado aislada para crear. ¿Es escasa de conocimientos y de fuerzas aprovechables? No: es fecunda en ellos; fáltanle solo cohesión en sus facultades, concordia en los espíritus, atmósfera propicia, unión en la marcha.

Hay en México una pléyade de jóvenes brillantes: son talentos fértiles; pero se incuban separadamente: por eso tardan tanto en producir. Ahora se les invita a un certamen amplio: una compañía dramática tiene el encargo de poner en escena obras nuevas de autores mexicanos: nadie rehúse el combate: caer vencido en buena lid es ya victoria.

Otras cosas pudieran hacerse, que harían bien a la juventud inteligente. Hay Liceo Hidalgo: ¿por qué no convoca a certamen, en que hayan de premiarse buenas obras cuya materia fije? Hay sociedades científicas, ¿por qué no estimulan con certámenes también? Parece que loa jóvenes no se quieren; y es que no se ven. Andan solos: la patria se levanta sobre los hombros unidos de todos sus hijos. No se tiene el derecho del aislamiento: se tiene el deber de ser útil.

Gostkowski no hablaba de esta juventud. Esta no enciende; pero al fin relampaguea. Habla de otra crapulosa, corrompida, torpe. Es una juventud que tiene algo de simia; hace todo lo que en otras tierras hacen: se viste bien y obra mal. Son los sepulcros de la Sagrada Escritura; pero ni aun la blancura exterior tienen estos jóvenes sepulcros.

Las mujeres que se unirán a ellos no los amarán bien, porque no tendrán en ellos nada que respetar. He aquí un daño grave en una sociedad: que las mujeres no puedan amar a sus maridos.

De matrimonios débiles nacen hijos malos. Con hijos malos no se reconstruye un pueblo. Quien piensa en esta: cosas no puede amar a la juventud rica de México. Se es hombre para serlo. Hombre es algo más que ser torpemente vivo: es entender una misión, ennoblecerla y cumplirla. Puesto que en México es don común la inteligencia, es más culpable el que envilece la suya o la descuida que el que no la usa porque no la tiene.

¿Por qué se tiene a mal que se digan estas cosas? El que no ama a un pueblo no le dice sus vicios: lo lisonjea y lo adula. Merece gratitud el que observa el mal, lo indica y lo combate. Muchos jóvenes sensatos agradecen su cuadro al escritor Gostkowski. Las heridas despiertan; bueno fuera que en vez de defender a los extraviados, se unieran todos para señalarles los peligros del camino.

Gostkowski quiere que se diga que él conoce y estima a una buena parte de la buena juventud de México, llena de vigor y de promesas. No ha hablado de ésta: ha hablado de la descuidada y la raquítica.

Son debatidas perpetuamente las cuestiones filosóficas, y no viene mal de vez en cuando encaminar la inteligencia a esta clase de sana y natural ocupación. Se busca hoy una filosofía clara, que concilie todas las fuerzas, que no tenga la soberbia de la infalibilidad, ni la pretensión de la supremacía. El hombre tiene una fuerza de conocer: la aplica observando: he aquí lo que se llama ciencia filosófica. Y no debiera llamarse así, porque ciencia es lo inmutable e innegable, y la ciencia filosófica es distinta en cada sistema. Observar con juicio desapasionado, y escribir las observaciones en lenguaje claro, son dos deberes difíciles de la potencia de filosofía. Hay quien confunde el lenguaje claro con el lenguaje vulgar: ¿es lenguaje claro el que entienda todo el mundo? No: el que entiende la gente sanamente educada en buena literatura. ¿Por qué torturar al que se siente ascender?

El boletinista ha pensado y escrito todas estas cosas porque a las reces se escriben rápidamente cosas extrañas que no se sabe dónde se piensan —a propósito de unas páginas sueltas que ha encontrado entre viejos papeles. Estas páginas son de una inteligencia extraña, a veces muy confusa y a veces muy clara. Este hombre suele tener un gran sentido práctico y suele carecer de él completamente. Es extremado en todo: no concibe la cosa sin la plenitud de la cosa; plenitud en todo. Parece un espíritu sereno: por lo menos, es un espíritu interesante: he aquí algunas de sus páginas.

«Filosofía es el conocimiento de las causas. Y si no es esto, esto debe ser.

Es indudable que existe en el hombre una tendencia natural a explicarse la causa de todo: el ejercicio de esta tendencia produce el conjunto de observaciones que forman la filosofía.

Hay cosas claras y cosas vagas. La filosofía debe limitarse a establecer y clasificar las claras. Las vagas son el dominio de la poesía. La filosofía es el ejercicio de la inteligencia. La poesía es el ejercicio de la imaginación.

La filosofía no es precisamente una ciencia: es una potencia, es una condición del ser humano, es una fuerza.

Hemos establecido leyes para nuestro ser; pero es indudable que sin nuestro ser, no hubiéramos podido deducir las leyes. Siempre el ser inexplicable es lo primero. Aquí está lo vago: la metafísica hace mal en sujetar lo vago a reglas: la presunción haría mal en negar lo vago, porque no puede explicarlo.

Se siente bien lo ilímite, dentro del cuerpo limitado: cómo se ven cosas extrañas cerrando los ojos. Con los ojos cerrados veo; y, encerrado en mí, concibo lo que no se cierra. ¿Puedo fijar sus leyes? No. ¿Tengo derecho para decir que existe? Sí, puesto que existe en mí.

La experiencia es la base más firme del conocimiento: ¿cómo me he de negar el derecho de conocer de una experiencia que siento en mí propio? No todos experimentan en sí cosas iguales. ¿Querrá esto decir que estas cosas no sean ciertas? No: quiere decir que no todos las experimentan.

¿Puedo explicármelo todo? No puedo. ¿Negaré lo que no me explico? No tengo el derecho de negarlo, como no tengo el derecho de asentar un sistema metafísico sobre imaginaciones. No es palabra castiza; pero expresa bien la idea.

La inteligencia es esencialmente activa. ¿La obligaré a no pensar en lo que no ve claro? No: todo debe hacer su obra, y la de la inteligencia, de intelligo, es procurar entender. La conjetura es uno de los medios del conocimiento: la lógica natural dirige bien la conjetura: ésta, guiada por la lógica, se llama raciocinio. Pues tengo la facultad de conjeturar, la ejercito. Deduzco, pues, que no debo oponerme a la obra natural de la inteligencia, y que tengo el derecho de buscar la razón de lo vaya por un camino racional. No fijaré lo que no sepa, pero investigaré lo que no sé. La razón buena no conoce la cobardía filosófica: analiza todo lo que siente: estudia todo lo que ve.»

Estas líneas sencillas dan idea del carácter de la filosofía de mi amigo.

Revista Universal, México, septiembre 21 de 1875

La polémica económica. A conflictos propios, soluciones propias. La cuestión de los rebozos. Cuestiones que encierra

La prensa está haciendo algo digno de ella: el país pregunta a sus hombres inteligentes por qué se muere de miseria sobre su tierra riquísima, por qué la industria extranjera vive en México mejor que la industria mexicana: escritores jóvenes y entusiastas toman a su cargo la respuesta, y de aquí ha nacido una polémica notable, que, aunque no tuviera otro buen resultado, tendría el muy importante de haber ocupado notablemente la inteligencia de nuestros escritores. Hace a la larga daño hablar incesantemente de cosas vanas y fútiles. Se siente uno mejor cuando ha dicho sinceramente un pensamiento que cree útil. Esta satisfacción del bien obrar, cabe a los que briosamente han empeñado en la prensa de la capital esta cuestión.

No queremos añadir nada nuestro aún, a las prácticas verdades que se están diciendo. La cuestión se ha hecho cuestión de apreciación, puesto que todos están conformes en unos mismos hechos. Para apreciar con fruto, es necesario conocer con profundidad, y aún no conocemos absolutamente bien los problemas a que se busca solución. A esto debe sujetarse la polémica, no a encomiar determinada escuela económica; no a sostener su aplicación en México porque se aplicó con éxito en otra nación; no a ligarse imprudentemente con las exigencias de un sistema extraño: —debe la polémica ceñirse —según nuestro entender humilde— a estudiar los conflictos de nuestra industria; a estudiar cada ramo en su nacimiento, desarrollo y situación actual; a buscar solución propia para nuestras propias dificultades. Es verdad que son unos e invariables, o que deben serlo por lo menos, los preceptos económicos; pero es también cierto que México tiene conflictos suyos a los que de una manera suya debe juiciosa y originalmente atender.

La imitación servil extravía, en Economía, como en literatura y en política.

Un principio debe ser bueno en México, porque se aplicó con buen éxito en Francia. Asiéntase esto a veces, sin pensar en que esto provoca una pregunta elocuente. ¿Es la situación financiera de México igual a la francesa? ¿Se producen las mismas cosas? ¿Están los dos países en iguales condiciones industriales?

Debe haber en la aplicación del principio económico relación igual a la relación diferencial que existe entre los dos países.

Así con los Estados Unidos, con Inglaterra y Alemania.

Bueno es que en el terreno de la ciencia se discutan los preceptos científicos. Pero cuando el precepto va a aplicarse; cuando se discute la aplicación de dos sistemas contrarios; cuando la vida nacional va andando demasiado aprisa hacia la inactividad y el letargo, es necesario que se planteen para la discusión, no el precepto absoluto, sino cada uno de los conflictos prácticos, cuya solución se intenta de buena fe buscar. Vienen rebozos extranjeros que se venden en México un 50 % más barato que los mexicanos. Estúdiese exclusivamente la cuestión de los rebozos. No es útil ni práctico, discutir sobre el caso urgente el precepto vago capaz de idealizaciones.

Examínese el caso concreto. ¿Hay derecho para obligar a la gran masa de consumidores, a que compre por 5 pesos un rebozo mexicano, cuando puede comprar por 2 pesos y medio un buen rebozo extranjero? No hay derecho para privar de un beneficio a la gran masa, sobre todo, cuando recae en un objeto de uso indispensable.

¿Qué se quiere cuando se protege una industria nacional? No se quiere precisamente que gallardee y compita como la mejor entre las industrias extranjeras. Esto sería lisonjero, pero fuera loco y ridículo aspirar demasiado pronto a ese gran resultado aún imposible. Protegiendo una industria nacional, se quiere dar ocupación a una masa de trabajadores y lanzar al mercado un elemento más de vida que ha de redundar en provecho general. De estos dos resultados, uno no deja de realizarse con la introducción del efecto extranjero: el efecto continúa en el mercado, y aun con vida más amplia, favorecido por su bondad y baratura. Pero viene el problema grave, con el resultado que queda por realizar: ¿qué se hace con la masa de trabajadores mexicanos, ocupados antes en la industria que muere vencida y absorbida por la extranjera? He aquí el error del precepto económico demasiado libre, que quiere vencer atropellando, cuando debe vencer y conciliar.

No es que sea malo el precepto económico: es que no ha previsto todo lo que tenía que prever. Debe permitirse la introducción de los rebozos extranjeros, puesto que de ello resulta un gran beneficio para la masa consumidora. Debe buscarse al mismo tiempo la manera de que no perezcan sin trabajo los operarios de las fábricas de rebozos mexicanos, porque no sin miseria y rudas transiciones van los obreros habituados a su oficio, de un oficio a otro. Conviene, además, que las fábricas de rebozos no se extingan; porque siempre conviene tener industria propia. Deben buscarse, por tanto, no solamente las razones que aboguen en pro de uno u otro sistema debatido, sino las soluciones fijas y concretas para este caso especial. Sentado como principio que es justo permitir la introducción de rebozos extranjeros, porque de ello aprovecha la masa común y no perjudica al comercio interior, debe buscarse al mismo tiempo la manera de conservar las fábricas mexicanas de rebozos, para que no queden sin trabajo los operarios que trabajan en ellas.

No es buen sistema económico el inexorable e inflexible; el que, porque atiende al bien de muchos, se cree dispensado de atender al mal de pocos. Es verdad que aquél es preferible a éste, en último e irremediable extremo; pero es verdad también que debe procurarse, en tanto que se pueda, la situación igualmente benéfica, igualmente previsora para todos.

No terminamos aquí nuestras muy humildes observaciones; repetimos que nada nuevo hemos querido añadir a lo que se está diciendo por muy notables escritores en la prensa: para ello fuera preciso un conocimiento exacto de los problemas del trabajo en México, que el boletinista Orestes no cree tener. Puesto que la solución es el resultado del problema, es preciso conocer éste bien, para que sea respetada y estudiada aquélla.

Regocijado por el ennoblecimiento diario de la prensa; contento porque comienzan a discutirse cuestiones verdaderamente interesantes para el país; orgulloso de escribir al lado de los que aspiran de buena fe, conocen lo que tratan, y escriben con buena voluntad y con talento, el más oscuro de los que escriben envía a los contendientes en la polémica económica su pláceme sincero, y deja para su boletín próximo la tarea agradable de terminar las ligerísimas observaciones que ha comenzado a apuntar hoy.

Resista Universal México, septiembre 23 de 1875.

México, antaño y hogaño. Libertad para el fundamento; trabajo para la conservación. Juventud activa. Algunos jóvenes

México, el olvidado o desconocido, el escondido, calumniado, el romancesco México, va aprisa por el camino del adelanto sólido; despierta y atrae sobre sí la atención de los extraños; alimenta en el poderoso país vecino un sentimiento paternal, y del pueblo de la tradición y la leyenda, truécase en pueblo respetado, abierto a la industria, útil al comercio, querido por la libertad, débil por ella, que vacila porque comienza, pero que afirmará porque lo quiere.

México era antes la tierra del cielo azul y de los bandoleros legendarios, de las montañas en la tierra, y de las rebeldías y abismos en lo humano. Decían que no tenía puertos, porque el mar se negaba a proteger una tierra soberbia y salvaje. La mexicana era desconocida; el mexicano era el atrevido lazador.

Vienen hoy lentamente las ondas de dos mares a refrescar con auras de comercio la tierra fértil y amiga: ve ya la gente extraña buques en el seno de los puertos, arados en el hogar del campesino: deleita al extranjero el misterioso jugo del café: saborean propios y extraños el producto agradable de la caña: se va de la ciudad al puerto por camino de atrevimiento y maravillas. La mexicana es estimada, y el mexicano es el labriego, el minero, el industrial, el productor.

En pueblos como en hombres, la vida se cimienta sobre la satisfacción de las necesidades materiales. La tierra se hunde bajo el peso de los hombres que no le piden sus vitales secretos. No está ya México en peligro inmediato de ajenos desafueros ni de extranjera esclavitud. La sacudió firmemente; y cuando se haya extinguido en sus minas la última veta de oro, aún habrá oro en México con los pedazos del cetro que rompió y aventó.

La libertad es la atmósfera, y el trabajo es la sangre. Aquélla es amplia y generosa: sea ésta benéfica y activa.

México, sacudido hoy con vigor por la imaginación potente de sus hijos, y las luchas constituyentes de la política, se alza robusto sobre las libertades que se ha dado, envía a apartadas regiones mensajeros de amor y de paz, abre al extranjero laborioso su tierra fértil y riquísima, muestra a los pueblos extraños el espectáculo de un pueblo civil, prepara para sí sólida vida y envía con sus productos alimento a otras tierras y mercados, y con sus hijos simpatías a las naciones que en época de dolor lo sofocaron.

El lazador es Covarrubias. El bandido es la «Academia mexicana».

¿Débese esto principalmente a los esfuerzos de gobierno alguno? Débese al cansancio de la guerra, a la tranquilidad del deber cumplido, a la modestia de la victoria, a la sombra del árbol de la paz.

La política ha servido para afianzar la libertad: sirva el trabajo ahora para robustecer y enaltecer la patria.

Los sacudimientos serían inútiles, porque no hay derecho que no esté conseguido y puesto en práctica. Seríamos malvados porque pondríamos elemento de rencor donde las industrias y la vida práctica están poniendo germen robustísimo.

¿Cuándo fue México en lo interior más próspero, y en lo exterior más respetado? ¿Cuándo tuvo como ahora de extraños pueblos, consideraciones y miramiento de nación?

Hacen mal los hombres jóvenes que se entretienen en morder con dientes envenenados el virgen seno de la patria: esa prensa es la impotencia de espíritus ambiciosos y pequeños: mueven la lengua, porque les cuesta menos trabajo que mover los brazos. No es una indignación sincera: es una lamentable deficiencia en las perezosas fuerzas del ánimo.

La juventud tiene más noble empleo. Los indios esperan su Mesías. ¿Está entre los que se indignan por hábito, por rencor o por sistema? Villar ha descubierto un aparato, y todavía hay muchos aparatos que descubrir.

De esos que murmuran, ¿qué es más capaz de hacer el que más censura? Se hace todo lo que se puede: censuran porque no saben hacer más.

Y ¿en esto se malgastan estas nobles fuerzas vivas; en deshonrar con su extravío la tierra que no tienen capacidad ni valor para ayudar?

La juventud es feliz porque es ciega: esta ceguedad es su grandeza: esta inexperiencia es su sublime confianza. ¡Cuán hermosa generación la de los jóvenes activos!

Unos irían ahora alas entrañas de Guerrero; otros buscarían con el arado el secreto de la felicidad americana: unos emprenderían, otros guiarían; a través de la tierra cultivada cruzaría silbando la locomotora; atracaría el vapor al puerto; llevaría el ferrocarril bronces y hierros desde la abundante mina madre hasta el vasto y fragoroso taller. Aquí el cantar de los labriegos, allá el crujir de ruedas y el humo de la alta chimenea. La libertad en la atmósfera, la riqueza en el hogar; en el alma la conciencia del trabajo, y en el pueblo la sólida ventura.

Así se sueña imaginando el despertar de un campo alegre y de una ciudad trabajadora, en tanto que la mirada entristecida se detiene en extraviados diarios de la capital.

Con el sueño, la juventud nos honraría; con la verdad, se desmorona y se degrada.

Revista Universal, México, septiembre 29 de 1875

El ferrocarril de León. El contrato terminado. Querétaro, San Juan del Río y León

¿Qué noticia tiene mejor derecho para ocupar hoy las primeras columnas de la Revista, que la muy fausta que nos ha traído el último paquete inglés? Es cosa consumada la reunión de los capitales necesarios para emprender y llevar a buen término la construcción del ferrocarril de León.

Espíritus malévolos hubieran deseado, para contentamiento de sus rencores y daño de la patria, que el éxito y el crédito no hubiesen querido responder a las hábiles gestiones de los empresarios en las tierras europeas. México comienza, por fortuna, a ser tenido en lo que es, y adivinado en lo mucho que valdrá: una compañía de Londres tiene más confianza en la Empresa que los que desde aquí malignamente la combaten, y ya que es un hecho que los capitales se han comprometido, que los materiales se están comprando, que los raíles han comenzado a colocarse en buques veleros, y que ya vienen camino de Veracruz, empresarios, materiales, raíles, agente, y cuanto es necesario para comenzar aquí sin demora la útil construcción. Espéranlos en México bien acabados planos y proyectos que podrán enseguida realizarse.

Y ¡cuántos bienes habrá de tener con la vía nueva la comarca que enriquecerá y animará! Despertará trabajador y contento el abatido Estado de Querétaro; tendrán mercados sus granos, y exportación los frutos de su abundante agricultura. Irán rápidamente fuera del Estado sus tejidos, y fortalecidos los pueblos con el nuevo elemento de vida, y abierta vía rápida a la salida de todos sus productos, crecerá el estímulo de los fabricantes, y la actividad en el comercio, y el empeño en los hacendados; sembrarán más porque lo venderán todo; tejerán mucho porque tendrán las fábricas mayor demanda de México, y de una región fructífera, pero por su situación geográfica enclavada y débil, se hará un Estado activo, laborioso, fuerte y próspero. De los dormidos, bien despiertos; y de la tierra perezosa, una riqueza.

Y ¡cuánto no ganarán San Juan del Río y León! Saldrá San Juan de su quietud, y andará aprisa León por la senda que ella misma se abre. Es esta última población, sobre todo encomio activa. Distraída cuerdamente de políticas luchas, más dada a la vida real que a esta otra vida turbulenta de vacilaciones y escasez, León teje con empeño los vestidos que los descuidados han de usar, y curte, prepara pieles, hace jarcia, se cimienta en el sólido trabajo y domina a la frívola fortuna, no sorda, sin embargo, a quien animado por la voluntad, la quiere y la busca.

Con la prosperidad de este pueblo rico, ganarán las poblaciones que le circundan. Querétaro, como centro de la vía; Guanajuato, como término suyo, cobrarán súbitamente los elementos vivificadores que brotan con la comunicación y con el tráfico. Nacerán en el camino los pueblos que ha hecho nacer el ferrocarril de Veracruz, y cuando de Veracruz vengan los productos a México, de México vayan a León, y de León siga aún para la costa alejada del Pacífico, sobre el abrazo de dos mares, con la insistencia de la paz, con las satisfacciones del trabajo, se alzará vigorosa y potente esta nación mexicana, no degenerada ni caída, pero mal hallada y vacilante en el comienzo de su obra, con tristes reminiscencias que vencer, con generaciones de combate que imitar, pero sin precedente todavía para hacerse, de pueblo de guerrilla y de camino, tierra trabajadora e industrial. Las crisis de los pueblos duran largo tiempo. México se sacude; pero todavía no se establece. Los raíles dominan a la tierra y con sus brazos de hierro la obligan a conducirse mejor.

El ferrocarril de León cuenta ya con dos millones de pasos: los facilita y asegura, como resultado de diversas operaciones privadas, «The London Bank Association». No decimos operaciones privadas para que estas palabras se olviden: gentes poco cuerdas publican que esta negociación particular ha venido a ser objeto de difíciles operaciones internacionales sobre deuda, y no está de más desvanecer el malicioso rumor desde el principio.

Algunos dueños de capitales, convocados por el banquero Laskai, aprontan la suma necesaria para la construcción del camino de México a Querétaro: acreditada así la vía con la terminación del primer tramo, no ha de serle difícil hallar crédito para la construcción del camino hasta su término. Estudiadas y decididas ya las bases del contrato, ha salido de Inglaterra, o saldrá pronto, el representante de los capitalistas interesados, para dirigir en México las negociaciones en la forma convenida. Ya se han comprado 7.000 toneladas de raíles de acero; ya han comenzado a cargarlos en distintos buques de vela que sucesivamente las irán trayendo a Veracruz. Por diciembre ha de llegar la primera remesa, y ya para entonces estarán concluidos los trabajos de terraplén, y con ellos todas las obras preparatorias, detenidas hoy solamente por los rigores de la enemiga estación.

Va a ser verdad la vía nueva; va a ser rico Querétaro; animado San Juan del Río; prósperos León y Guanajuato, y redimidos de su pobreza los numerosos pueblos del tránsito. El hombre vivo se aboba sin aire: los pueblos se ahogan sin vías de comunicación. Con ellas crece el consumo de productos, porque crece el abaratamiento de los precios; se desarrollan las aptitudes trabajadoras, porque se las remunera y emplea bien; cultívase con más empeño la tierra, porque no será, como otras veces, inútil el exceso de cultivo. Se venderá todo lo que se coseche, porque podrá salir con ligeros fletes del Estado. Ganará la riqueza pública, porque fructificarán los elementos dormidos, y se vigorizarán con elementos nuevos; ganará la riqueza moral, porque del hábito del trabajo, mantenido por su fácil remuneración, dependen exclusivamente, y sobre todos otros gérmenes de vida, el buen concepto y venturoso porvenir de la nación.

Y habría, sin embargo, quien quisiera quebrar a su llegada los raíles del ferrocarril Central.

Revista Universal, México, octubre 6 de 1875

El proletario de Castillo Velasco. El papel barato. La utilidad del sistema prohibitivo. Las cuestiones graves no se resuelven con teorías preconcebidas. La conciliación es garantía

Se ofrece en la cuestión de libre cambio un problema preciso: 1 introducción libre del papel. ¿La conveniente? ¿Aprovecha a muchos? ¿Dalia a alguien? Examinémosle un instante, sentado antes un principio. Los intereses creados son respetables, en tanto que la conservación de estos intereses no daña a la gran masa común.

Y otro principio deducido de éste, y afirmado como verdad axiomática. Es preferible el bien de muchos a la opulencia de pocos. Veamos ahora si es conveniente la introducción libre del papel. Un caso concreto. Castillo Velasco, claro en la inteligencia y probo en la conducta, publica el Proletario, periódico que destina a la educación moral de la clase obrera. No a lisonjearla servilmente: a educarla en principios sanos y severos.

La publicación de Castillo Velasco es sumamente necesaria, porque tiende a explicar a la clase obrera la verdadera igualdad. Se dice a los obreros que su libertad consiste en ejercer un dominio vengativo sobre sus patronos. Castillo Velasco va a explicarles que ser hombre es algo más que ser siervo de aduladores de oficio; va a predicarles con su hermosa palabra la doctrina de la digna conciliación.

Y ¿a qué expresión raquítica no está reducida esta inmensa idea? A una pequeña hoja diaria, no agradable a la vista, estrecha para contener cuanto en ella se hubiera de decir.

La idea es grande, y su realización es necesaria. De necesidad imprescindible. Apliquemos al caso los dos sistemas económicos que luchan, y veamos cuál aprovecha más al progreso patrio: éste nos dirá si es conveniente o no la introducción libre del papel.

—He ahí lo que produce el proteccionismo —decía Guillermo Prieto hablando de esto—. Un hombre como Castillo Velasco no puede imprimir su Proletario sino en una hoja miserable.

Veamos si tiene razón Guillermo Prieto.

Entre el sistema prohibitivo y el librecambista, será mejor naturalmente el que produzca mayor suma de bienes.

El papel obedece hoy al sistema prohibitivo.

Con él resulta que el Proletario no puede publicarse en papel mayor, porque ocasionaría crecidos gastos, la suscripción se haría más cara, y el alto precio no podría ser pagado por los pobres. La hoja actual no responde a la magnitud de la idea. La obra tiene que ser demasiado lenta, porque el espacio es demasiado pequeño.

El sistema prohibitivo obliga a que este sano pensamiento, o viva raquítico, o muera porque la carestía del papel encarezca la suscripción y haga imposible el periódico.

Apliquemos ahora el sistema liberal. Introduciendo el papel libre de derechos, el papel sería más barato. Siendo el papel más barato, el periódico sería mayor y quizás menor el precio. El periódico mayor haría más bien: los obreros tendrían barato un periódico suyo, en el que no se violentan sus intereses con pocos cuerdos consejos, sino se les atiende de manera sólida. El hombre tiende a ennoblecerse y se enorgullece por su ennoblecimiento. La patria no está en el círculo administrativo consumidor: está en el labrador y en el industrial contribuyentes. El papel sería barato, y todos leerían. Leyendo todos, disfrutarían todos del bien.

Si el papel no baja, la obra de Castillo Velasco se interrumpirá o vivirá estrecha.

Si baja el papel, circulará el periódico, y con él la plática sana de igualdad juiciosa.

La circulación no será mayor hasta que el papel no sea barato.

Es indispensable la circulación de este periódico:

—¿Convendría, pues, abaratar el papel?

No salimos del caso del Proletario.

Con el sistema de hoy, o muere o no cumple bien su obra.

Con la introducción libre del papel abaratará su precio, porque el papel abaratará; se suscribirán más obreros porque el precio estará al alcance de todos; el pensamiento se realizará e irá convidando al, reposo, la palabra honrada, y serena, del propagandista digno.

¿Qué conviene? ¿Procurar la circulación del Proletario o contribuir a su vida azarosa y a su muerte?

Matarlo, impedirlo, ahogarlo, abandonar al obrero a sus resentimientos y alejar de él las palabras de paz; dejar que en él fomente la soberbia, y mantener dormida a la concordia; mantener a los obreros, torpes, por favorecer a una decena de fabricantes de papel.

¿Cuántos obreros hay en el Distrito? 14.000.

¿Cuántos fabricantes de papel hay? Uno.

¿A quién debemos atender más? A uno: el proteccionismo así lo quiere: así sirve a la patria el sistema prohibitivo.

Revista Universal, México, octubre 12 de 1875

Progreso de Córdoba. Agricultura, industria y comercio

Córdoba prospera; aumenta su cosecha; tiene para sí y le sobra para la exportación; no hay miseria en sus habitantes; mejora sus edificios: todo en aquel cantón privilegiado revela una suma mayor de bienestar.

A faltar otras muchas, el adelanto de Córdoba sería prueba bastante para demostrar de qué manera dependen de la agricultura los intereses de nuestras dormidas poblaciones.

¿Que ha tenido la población de las casas blancas y de los pobres bien vestidos, para progresar así? Campo, brazos y ferrocarril; el trabajo y el camino; la agricultura y la vía de comunicación. Y ¡cuánto más rico no es ahora este cantón, que muchos cantones mineros!

Porque en las minas, especie de trabajo de azar, sujeto a continuas mudanzas e incidentes, aprovechan los productos extraordinariamente a pocos, como que se estanca la riqueza, y se aumenta este desequilibrio económico de las fortunas mexicanas: excesivamente ricos los unos, los otros excesivamente pobres. Como se ve, este desequilibrio no redunda en beneficio de la nación: la ciudad donde hay muchos ricos es, sin embargo, miserable, y son en ella, el comercio débil, los cambios difíciles, la atmósfera densa, e inextinguible el odio que despierta en los cuerpos vestidos de harapos, la presencia continua de los desocupados vestidos de riquezas.

Este Sol del trabajo, esta paz del bienestar, esta alegría de la limpieza, esta amenidad y contento de una población laboriosa, tan simpática a la vista y tan sabrosa para el corazón, lógranse solo con la armonía de las fortunas, con la satisfacción de las necesidades por la propia labor, con las fortunas pequeñas vertidas entre todos que, pensando en la manera de gozarlas y acrecentarlas honradamente, no exprimen odio de sus harapos redimidos, ni tienen tiempo para fomentar el rencor a los que poseen más bienes que ellos. Sol vivo del trabajo, a cuyos rayos la paz ara la tierra con frutos de riqueza y de concordia.

En cuanto a fuentes de riqueza, la mejor es la más permanente; la que reparte mejor sus productos, y la que está sujeta a un número menor de fluctuaciones. Hay tres medios de bastar el mantenimiento nacional: la agricultura, la industria y el comercio.

El comercio consiste en el cambio de productos extranjeros por nuestros productos; no en la introducción de efectos extranjeros sin salida de los nuestros, porque esto mejoraría la situación ajena y perjudicaría la nuestra fatalmente.

Para que el comercio, pues, sea fructífero para México, hemos de tener productos que exportar. Limítase la cuestión a si han de ser industriales y agrícolas los productos que exportamos. Hoy no tenemos ni unos ni otros, en cantidad suficiente para la exportación: por eso nuestro malestar es tanto, difícilmente compensado con la accidental riqueza en las minas.

No hablamos, pues, de lo que exportamos hoy, sino de lo que debemos exportar para asegurar nuestra riqueza sólida.

Los productos industriales no podrán salir de nuestros puertos sino cuando sean producidos en cantidad mayor de la que baste a nuestras necesidades, y en calidad mejor que la de los productos extranjeros, para poder concurrir con ellos en los mercados donde ellos están.

¿Es racional siquiera tener esta esperanza? Nuestras industrias están en el estado de germen, y se necesita toda clase de esfuerzos, y aun creen algunos necesario recurrir a toda clase de violencias económicas, para mantener los productos de algunas fábricas aisladas, en nuestras plazas mismas.

Nuestra industria no puede sostener a nuestro comercio: veamos si nos puede sostener en nuestro interior.

La industria se mantiene por el consumo de sus productos. Los que viven directamente de la industria son los industriales, con la venta de los efectos que elaboran. Pero para que vivan muchos industriales ha de haber muchos consumidores. Luego para que la industria prospere entre nosotros, es necesario que haya una gran masa consumidora que la pague. Por tanto, esta gran masa que ha de sostener la industria, no puede vivir de ella. Nuestro comercio de productos industriales es imposible, porque no los tenemos en cantidad ni calidad suficiente para exportar y concurrir.

Nuestra industria no puede vivir sino merced a una gran masa consumidora.

Esta gran masa consumidora no puede vivir de la industria que paga, y del comercio que no tiene. Su subsistencia depende de lo único que posee: la agricultura. He ahí nuestro verdadero porvenir.

Revista Universal, México, octubre 16 de 1875

Un artículo indigno. Donaire y desvergüenza. Artículos con firma

Pílades no viene y Orestes ocupa su lugar. ¿De qué hablar en este momento, en que hay en la redacción más concurrencia de la que para escribir con calma fuera menester? Hace un instante censuraban un vergonzoso artículo que vio la luz no ha muchos días en un periódico de la capital.

No es mexicano, decían todos, y tenían razón. Aunque hayan nacido en México, los que se han puesto error voluntario en el pensamiento y lodo en la pluma, no son mexicanos.

He ahí los verdaderos extranjeros; los extranjeros al decoro; los que en vez de prestar a su patria el apoyo útil de un hombre honrado, desconceptúan y desprestigian la tierra en que nacieron.

¡Oh, desvergüenza! ¡Oh, imprudencia! ¡Cómo te toman a las veces por galas del ingenio cerebros mal educados y erróneos!

No frases vanas e innecesarias del boletinista, hubieran de ser el castigo de los que, en México nacidos, asientan que no hay en México honra ni virtud. Una pena sola necesitan: la que Víctor Hugo pedía para todos los delitos; la que en español se llamaría «sacar a la vergüenza»; la que quería el Congreso de Ginebra: la notoriedad.

«Ese ha sido»; he aquí el mayor castigo al delito mayor para quien tuvo alguna vez noción ligera de decoro.

Quiérese por algunos tener ingenio a costa de la buena fama, sin saber que la honesta decencia es la condición primera del donaire.

Fácil sería ahora retratar a un número, corto por fortuna, de escritores que no la tendrán buena, si es que el precio del escritor ha de ser la estima y el buen concepto público. Mas no sería cuerdo descender hasta quien lleva deplorables manchas.

Se ha leído a Voltaire, que era infame; a Balzac, que hizo autopsias; a Sandeau y a Feydeau, literatura mesalínica, y ha creído el inexperto lector buen medio de lograr nombre, hacer conjunto de modelos de semejantes entidades dolorosas.

Se tiene el talento para honrarse con él, no para deshonrar a los demás. Declamar no es ya curar, porque los incrédulos sonríen con las declamaciones. Fuera, sí, conveniente que no se permitiera dar a la prensa nada que no se publicase con la firma del que escribe, para que luego, si ponía fango en la punta de su pluma, oyese perpetuamente, como un golpe en la conciencia y una herida en el decoro: «Ese, ése ha sido».

Revista Universal, México, octubre 21 de 1875

El proyecto de instrucción pública. Los artículos de la fe. La enseñanza obligatoria

Ayer debió abrirse en la Cámara de Diputados una hermosa campaña. El diputado Juan Palacio se preparaba a exponer los fundamentos del proyecto de instrucción pública que viene desde hace dos años preparando y estudiando. La inteligencia y la imaginación tienen cualidades de esencia distinta; el estudio reflexivo, que dañaría a la imaginación, a la inteligencia es necesario y aprovecha.

La comisión ha leído mucho, ha discutido, ha madurado su proyecto. Podrá ser, y es de seguro, falible este proyecto, pero será siempre respetable. Viene a trastornar el orden actual de enseñanza, pero trastornar este orden quiere decir: establecer el orden. Conmueve rudamente al sistema actual, pero lo conmueve en bien del país y bajo el amparo de la lógica y de la práctica en otras naciones.

No quiero fijarme en los defectos del proyecto. Creo que los tiene, pero son mayores y más importantes sus bondades.

Establece dos grandes principios: aunque todo el proyecto fuera inaceptable, se salvaría por estos dos principios que lo sostienen y que lo han engendrado: libertad de enseñanza, y enseñanza obligatoria. O mejor, enseñanza obligatoria y libertad de enseñanza; porque aquella tiranía saludable vale aún más que esta libertad.

¿Cabe aducir una razón en pro de la enseñanza obligatoria? No: no cabe aducir más que un pueblo: Alemania. Y un propagador: Tiberghien. Toda idea se sanciona por sus buenos resultados. Cuando todos los hombres sepan leer, todos los hombres sabrán votar, y, como la ignorancia es la garantía de los extravíos políticos, la conciencia propia y el orgullo de la independencia garantizan el buen ejercicio de la libertad. Un indio que sabe leer puede ser Benito Juárez; un indio que no ha ido a la escuela, llevará perpetuamente en cuerpo raquítico un espíritu inútil y dormido. Hasta estas palabras me parecen inútiles: tan invulnerable y tan útil es para mí la enseñanza obligatoria. Los artículos de la fe no han desaparecido: han cambiado de forma. A los del dogma católico han sustituido las enseñanzas de la razón. La enseñanza obligatoria es un artículo de fe del nuevo dogma.

Aquí es necesario interrumpir estas reflexiones, y consignar con regocijo un hecho que es una verdadera garantía. En sí es ligero, y en sus resultados será fructífero. He querido hacer reminiscencias de los artículos de fe católicos: mi memoria, con la contemplación de todas las religiones, se ha olvidado de las formas de una. He preguntado a corredactores, a empleados, a sirvientes, a cajistas. La Voz va a sufrir con esto; pero los que aman bien a México, habrán con ello contento: no hay un solo individuo en la Revista que sepa los artículos de la fe. Saben un artículo, el generador y el salvador; el que nos reconstruye y nos vigoriza; el Mesías de nuestro siglo libre: el trabajo.

Este hecho llevaría a consideraciones distintas de las que han comenzado este boletín.

Se hablaba de la enseñanza obligatoria. La brutalidad de Prusia ha vencido; porque es una brutalidad inteligente. El ministro lo ha informado al Parlamento: todo prusiano sabe leer y escribir.

Y ¿qué fuerzas no se descubrirían en nosotros, arrojando los montones de luz de Víctor Hugo sobre nuestros ocho millones de habitantes? Y como en nosotros en toda la América del Sur. No somos aún bastante americanos: todo continente debe tener su expresión propia: tenemos una vida legada, y una literatura balbuciente. Hay en América hombres perfectos en la literatura europea; pero no tenemos un literato exclusivamente americano. Ha de haber un poeta que se cierna sobre las cumbres de los Alpes de nuestra sierra, de nuestros altivos Rocallosos; un historiador potente más digno de Bolívar que de Washington, porque la América es el exabrupto, la brotación, las revelaciones, la vehemencia, y Washington es el héroe de la calma; formidable, pero sosegado; sublime, pero tranquilo.

¿Qué no hará entre nosotros el nuevo sistema de enseñanza? Los indígenas nos traen un sistema nuevo de vida. Nosotros estudiamos lo que nos traen de Francia; pero ellos nos revelarán lo que tomen de la naturaleza. De esas caras cobrizas brotará nueva luz. La enseñanza va a revelarlos a sí mismos. No nos dará vergüenza que un indio vena a besarnos la mano: nos dará orgullo que se acerque a dárnosla.

Esto no es un sueño; éste es el resultado positivo de la ley. ¿Con qué medios, se pregunta, se hará cumplir la obligación? Con la prisión o la multa.

El hábito crea una apariencia de justicia: no tienen los adelantos enemigo mayor que el hábito: una compasión es a veces un gran obstáculo.

—Y ¿cómo han de payar la multa esos hombres del campo que ganan tan poco?

—La pagarán, porque preferirán esto a dejar de trabajar algunos días; y como no querrán pagarla más, enviarán sus hijos a la escuela. Se explota lo único sensible: el interés diario, el alimento diario. El indio los verá amenazados y hará lo que le manda la ley.

Un proyecto de instrucción pública es una sementera de ideas: cada mirada al proyecto suscita pensamientos nuevos. Pero los tiempos clan enseñanza, y yo, boletinista novel, he aprendido que los boletines deben ser sencillos y ligeros. Obedezco a la práctica, y dejo para boletines próximos las reflexiones que me irán despertando las discusiones del proyecto en el Congreso.

Revista Universal, México, octubre 26 de 1875

La escuela de sordomudos. Los exámenes. El niño Labastida. Ponciano Arriaga. Buen profesor

Las sombras tienen sus poemas, el espíritu sus conmociones, y la compasión sus lágrimas. Todo esto se siente, y muchas cosas se aman, ante esos seres abrazados por su propia luz, sin sentidos con que transmitirla, ni aptitudes para recibir el calor vivificante de la ajena. Nacidos como cadáveres, el amor los transforma, porque la enseñanza a los sordomudos es una sublime profesión de amor. Se abusa de esta palabra sublime; pero toda ternura es sublimidad, y el sordomudo enseñado es la obra tenaz de lo tierno. La paciencia exquisita, el ingenio excitado, la palabra suprimida, elocuente el esto, vencido el error de la naturaleza, y vencedor sobre la materia torpe el espíritu benévolo, por la obra do la calma y de la bondad. El profesor se convierte en la madre: la lección ha de ser una caricia; iodo niño lleva en sí un hombre dormido; pero los sordomudos están encerrados en una triple cárcel perpetua. Inevitablemente las lágrimas se agolpaban a los ojos en el examen de sordomudos de antier.

Hay en la escuela un niño, Labastida, de cabellos negros y brillantes, con los ojos vivaces de candor, la frente espaciosa, la boca sonriente, la expresión dócil y franca. Escribía con notable rapidez definiciones de ciencias; llenaba su pizarra velozmente; pedía más que hacer cuando los demás no habían concluido todavía.

Labastida tiene doce años, y como la luz de su alma está comprimida, lleva toda la luz en su rostro, y su cara infantil es hermosa, animada y brillante. Seduce ese niño: invita a abrazarlo.

A su lado trabajaba Ponciano Arriaga, hijo del hombre ilustre que incrustó principios de oro en la hermosa Constitución mexicana. Arriaga cumplirá pronto dieciocho años. Tiene todos los conocimientos de la instrucción primaria; expresa fácilmente los pensamientos que concibe; estudia botánica bajo la hábil dirección de Mr. Huet; resuelve problemas complicados de aritmética superior; dibuja con pureza de contornos, y con delicadeza y morbidez de sombras. Tiene la frente espaciosa, y como que desciende en ademán pensativo sobre sus ojos pequeños y animados: su nariz aguileña y sus labios finos revelan una distinción natural. Dicen que Arriaga tiene una extraordinaria facilidad de comprensión; y en verdad, aquella frente parece hecha para soportar graves pensamientos.

Otro niño resuelve al lado de éstos, problemas de aritmética, con rapidez que aun en niños dotados de todos sus sentidos llamaría la atención. Es Luis Gutiérrez el alumno más aventajado en cálculo. Su frente voluminosa se levanta en curva desde sus ojos investigadores y severos hasta su cabello abundante y rizado. Es un niño grave, en que se presiente al hombre.

Sin quererlo, somos injustos. Habrá otros alumnos que merezcan especial mención: en el examen del domingo solo alcanzamos a ver a éstos.

En aquellos instantes, el segundo aspirante, Dámaso López, les hacía preguntas por medio del sistema dactilológico: uno de los tres que emplean en la escuela para la enseñanza. El sistema más rápido es el mímico; el más difícil, el gramatical; el más sólido, el dactilológico. Los alumnos escribían inmediatamente en sus pizarras la pregunta que se les hacía y su respuesta. No faltaba un acento, un signo ortográfico, una partícula. Entienden el valor de todas las palabras; tienen nociones elementales y claras de geografía, de historia, de historia natural, de aritmética y de gramática.

Escribía el profesor un problema: todos los alumnos lo escribían al mismo tiempo. Labastida hacía números con una rapidez extraordinaria, y Ponciano Arriaga explicaba en tanto la clasificación y nominación de las flores.

Y en el fondo del salón, veíase a las niñas que se habían examinado el día anterior. Mayor es la desdicha de estos seres, dotados de una belleza inútil, y de tesoros de candor que el amor humano no tendrá el valor de aprovechar. Seres de desventuras son en todo las mujeres, pocas veces felices, y capaces siempre de hacer la felicidad de los demás. Estas niñas son luces perpetuamente encendidas en lámparas perpetuamente cerradas, que ninguna mano piadosa se acercará nunca a abrir. Tendrán la compasión, que se sufre; pero no tendrán el amor, que vigoriza, enciende y fecunda.

Los boletines de periódico no quieren esta clase de reflexiones, que son, más que pensamientos, penas. Aquel espectáculo es triste, y sin embargo, se sale de él con un extraño regocijo: es que se acaba de asistir a una redención. La creación produce al hombre, pero el hombre va siendo fuerte contra su madre la creación. Esos vivos nacen muertos, y la enseñanza los revela a la vida, y fructifica en ellos la obra de la paciencia y la bondad.

Nos decían allí que los sordomudos cultivan una huerta y un jardín: nueva fraternidad que hace pensar. Todo hombre está sujeto a la tierra con terribles raíces; somos arbustos que arrastramos nuestras raíces por la tierra: los sordomudos, más sujetos que nosotros, aman mucho a las flores, tan arraigadas y esclavas como ellos.

Hay un profesor en esta escuela, joven y lleno de abnegación. Todos allí son buenos y merecedores de respeto, pero el primer aspirante, Luis Jiménez, merece mención especial. Tiene el hábito de la benevolencia; ama a los que enseña; se complace hablando de ellos. Antes lo hemos dicho: más que la enseñanza, en esta escuela ha de profesarse el amor.

La escuela está bien atendida: Mr. Huet la dirige bien. Tienen su huerta, y su clase de dibujo; ejercitan su cuerpo en el gimnasio; los alumnos están robustos, y parecen contentos. La naturaleza sola no es nuestra madre: ¿quién quiere tener una madre injusta, criminal, torpe y loca? ¡Benditas sean las manos que rectifican estas equivocaciones, y endulzan estos errores sombríos de la ciega madre creación!

Revista Universal, México, noviembre 30 de 1875

Alea Jacta Est

¿Conque al fin es verdad? ¿Conque se vuelven a matar los mexicanos? ¿Conque se ha violado una tradición, derrocado a un gobierno, ensangrentado un año a la patria, para volver de nuevo a ensangrentarla, para desacreditarnos más, para ahogar en germen el adelanto que alcanzábamos y el respeto que se nos iba teniendo, para hacernos más imposibles a nosotros mismos todavía?

¿Y qué mueve esos ejércitos? ¿Quién carga esos fusiles? ¿Quién lleva a la muerte a esos hombres robustos que van a campaña del brazo de sus mujeres, indiferentes y serenos, con sus hijuelos palmoteando y meciéndose sobre las mochilas?

¿Quién desangra a este pueblo todo vida? ¿Quién pervierte a esos hombres todo amor? No es la generosa sangre azteca, caída como rocío sobre la tierra y trocada luego en activo espíritu de mártires en la guerra de Hidalgo y de Morelos; no es la dignidad humana, lastimada en tiempos de vergüenza por una insolente dictadura y vejada en la voluntad de cada hombre por la voluntad nerviosa y exigente de un autócrata; no es la conquista de un principio, Jordán de los pueblos que han sufrido las ingerencias mortíferas del coloniaje español; no es la sagrada era patriótica, que convertía en muros los pechos de los hombres, y en dardos flamígeros sus brazos para arrojar con la fuerza de su aliento la invasión que humillaba el suelo patrio; no es una guerra de independencia, una conquista de principios, una desamortización de la conciencia, una resurrección de la dignidad.

Es que una facción quiere a toda costa levantar a su caudillo a la presidencia definitiva de la república; es que una falange de partidarios azuza a su jefe y le extravía; es que un grupo de voluntades desordenadas han hecho garra en el corazón destrozado del país.

Treinta mil hombres, acaso más, combatirán en la próxima campaña; rodarán de una montaña, se extenderán en un llano, se cruzarán los ayes con las balas, los pensamientos de los hombres morirán bajo los cascos de los caballos, los hombres se encontrarán como las olas, y se extenderán luego en espuma y en círculos de sangre; y después del fragor, de los infernales gritos, de la matanza bárbara, de las sangrientas olas, ¿flotará solo sobre el mar de oscura púrpura un hombre triunfador y sonriente, feliz estatua en pedestal de mexicanos?

Reina el descontento en toda la ciudad: se censura y se conduele; miradas de compasión reciben en su tránsito a todos esos autómatas vivientes, que van a ser un espantoso pie —¿para qué estatua? México es un pueblo libre, laborioso y pacífico: estas luchas nos cansan: ese militarismo nos irrita: esa falta de respeto a la patria exalta nuestra indignación. Tenemos leyes hechas, caminos precisos, vías directas para venir al Gobierno de la patria: como los grandes afectos, nuestro amor a la ley no se ha hecho sentir aquí sino en el momento en que la hemos visto irrespetada y vulnerada; cada hombre es un sacerdote de esa religión que no hemos querido respetar. ¡Ah! no volveremos a perderla luego que la volvamos a recobrar. Una revolución es necesaria todavía: ¡la que no haga presidente a su caudillo, la revolución contra todas las revoluciones: el levantamiento de todos los hombres pacíficos, una vez soldados, para que ni ellos ni nadie vuelvan a verlo jamás!

En tanto, allá van, espíritus que no lo han sido nunca, carne que dejará pronto de serlo, esos infelices defensores de la voluntad de un hombre solo, con sus mujeres a su lado, con sus hijuelos palmoteando sobre la mochila.

El Federalista, México, diciembre 7 de 1876

Extranjero

Es conveniente que cada hombre autorice sus pensamientos. Un pensamiento y una firma son un pensamiento y un hombre. Y sin firma, es un pensamiento. Firmando lo que se escribe, se obtienen grandes ventajas; se deslizan promesas, que obligan a consecuencia; se respetan las personas, lo que ensancha el espíritu; se fortifica la personalidad, se contrae el hábito de la responsabilidad, se acostumbra el que escribe a la verdad, a la firmeza y al valor.

Y tú, extranjero, ¿por qué escribes? Valdría tanto como preguntarme por qué pienso.

El pensamiento es comunicativo: su esencia está en la utilidad, y su utilidad en su expresión. La idea es su germen y la expresión su complemento. Un espontáneo impulso, hasta por su naturaleza impalpable y etérea ordenado, lo lleva hacia fuera, fuera de nosotros, hacia arriba. No es sólido, porque no debe caer en tierra. Es incorpóreo, porque está hecho para la reflexión hacia la eterna vida, para el esparcimiento, anchura y extensión. Y si ésta es la naturaleza del pensamiento; si no da idea de sí hasta que no esté expresado; si para sospechar siquiera su existencia es necesario que se exprese, viola los fueros humanos, niega las facultades mentales, rompe las leyes naturales el que impide al pensamiento su expresión. Esto, en esencia filosófica.

En cuanto a urbanidad, que debe ser mayor para los pueblos que para los hombres, puesto que son muchos hombres los que hacen a un pueblo; en cuanto a urbanidad, que debe ser una religión en el hombre culto, hay límites que provienen de sí propio, del respeto a la familia ajena, de la repulsión a pagar la hospitalidad con turbulencias, del reproche que hace la conciencia al que sin traer nada al hogar, saborea sin derecho visible los manjares de la mesa común.

Pero estas limitaciones vienen de la propia conciencia y delicadeza, no de nadie más; son un deber de uno, no un derecho de los otros.

Ellos reprobarán esta conducta con su derecho de criterio, pero no podrán impedirla porque violan la humanidad; el gran fuero propio, germen de hombres, divinización de humanos y norma de repúblicas.

¡Qué grande es la voluntad! ¡Qué misterio tan imponente, tan consolador, tan majestuoso, tan bello, el de la personalidad! ¡Qué inmenso es un hombre cuando sabe serlo! Se tiene en la naturaleza humana mucho de ígneo y de montañoso. Hay hombres solares y volcánicos; miran como el águila, deslumbran como el astro, sienten como sentirían las entrañas de la Tierra, los senos de los mares y la inmensidad continental.

Todos los pueblos tienen algo inmenso de majestuoso y de común, más vasto que el cielo, más grande que la tierra, más luminoso que las estrellas, más ancho que el mar: el espíritu humano; esta espiritual fuerza simpática, que aprieta y une los pechos honrados de los hombres, buenos en esencia, hermanos intuitivos, generosos innatos, que más se aman cuando más se compadecen, y unos sobre los otros se levantan para que de más alto se vea majestuosa la herida dignidad.

¿Qué trae este extranjero a la mesa donde jamás probó manjar? Trae la indignación, la gran potencia; trae una fuerza interna, que ni busca vías, ni se prepara lechos, ni huronea conveniencias ni razona. Los mendigos le comparan a sí mismos: los honrados le abrazan con cariño; —al mendigo, un mendrugo de desdenes; —al honrado, el abrigo del amor.

La indignación, fuerza potente. Se levanta un hombre sobre la tiran voluntad múltiple de todos los hombres; mi voluntad ingobernable se ve gobernada por una altanera voluntad; mi espíritu libérrimo siente contenidos todos sus derechos de libre movimiento y pensamiento; la sangre de mi alma se detiene obstruida en su curso por la sonrisa satisfecha de un jinete feliz y vencedor. Y cuando yo veo a la tierra americana, hermana y madre mía, que me besó en día frío los labios, y a cambio de respeto y de trabajo, me fortificó con su calor; cuando yo veo a esta grande corriente de hombres libres, como azotados y abatidos por las calles, con su personalidad mustia y enferma, con su pensamiento flagelado y vejado, con su voluntad omnipotente y augusta trocada en sierva inerme, en empujada masa, en arena y en pasto de corcel; cuando las voluntades son burladas, olvidada la conciencia, irrespetado el propio fuero, las leyes suspendidas, las hipocresías mismas de las leyes autocráticamente desdeñadas; —la conciencia, voz alta, se sacude; la indignación, gran fuerza, me arrebata; sonrojo violentísimo me enciende, y sube a mis mejillas ardorosas la vergüenza de todos los demás. Soy entonces ciudadano amorosísimo de un pueblo que está sobre todos los pueblos de los hombres; y no bastan los hombres de un pueblo a recibir en sí toda esta fuerza fraternal. Es una voz imprudente y divina; es un mandato incontrastable y sobrehumano; es la obligación de este contrato vitalicio, firmado entre el espíritu del hombre y el espíritu inmenso de su Dios.

¡Humanidad, más que política! ¡Indignación, más que miseria! Esta es mi fuerza: aquélla es mi amor. Por eso me sentí como herido en el pecho, la tarde en que a la luz opaca del crepúsculo, porque el Sol mismo le negaba sus luces, leí aquel documento inolvidable en que un hombre se declaró, por su exclusiva voluntad, señor de hombres; por eso, cercano ya mi día de despedida, tomé amorosamente la pluma de la indignación entre mis manos, y escribí La situación, y otros artículos anteriores, y otras cosas más, —que en la vida y sobre la vida flota fiero el misterio de la humana dignidad. Eso fue mío, y sería mío cuanto flagela al que flagela, y avergüenza a los hombres mis hermanos.

Si Rioja no hubiera escrito sus tercetos, yo hubiera escrito los tercetos de Rioja.

No reclamé ciudadanía cuando ella me hubiera servido para lisonjear mejor al poderoso; no hablé de amor a México cuando la gratitud hubiera parecido servil halago y humillante súplica; ahora que de él me alejo; ahora que de él nada espero; ahora que el olvido de las más sagradas leyes suspende una amenaza sobre el que no ha de aprovechar ni hacer valer nunca estas desgracias porque no se queda en México para aguardar día de provecho; ahora, yo reclamo mi parte, me ingiero en estas penas, naturalizo mi espíritu, traigo mi voluntad de hombre lastimada, mi dignidad de soberbia de conciencia. La conciencia es la ciudadanía del universo.

Amo esta desgracia; me arrebata esta atentatoria tentación.

Esta explicación no es para los que me la piden; que los que son capaces de pedirla no merecen oírla; —hay distintas maneras de responder a las gentes; para algo hizo la naturaleza los pies diferentes a las manos. Esto explica por qué a México debo todo esto. Aquí fui amado y levantado; y yo quiero cuidar mucho mis derechos a la consoladora estima de los hombres.

Por serlo, me yergo contra toda coacción que me comprima; por serlo, me esclaviza y me sacude cuanto sea para otros hombres motivo de dolor. Y así, allá como aquí, donde yo vaya como donde estoy, en tanto dure mi peregrinación por la ancha tierra, —para la lisonja, siempre extranjero; para el peligro, siempre ciudadano.

El Federalista, México, diciembre 16 de 1876

La poesía. A Heriberto Rodríguez

Las tempranas aspiraciones literarias tienen tanto de nobles cuanto de peligrosas. La facultad de crear tiene dos potencias distintas, y a cada una debe darse conveniente desarrollo, para que no oscurezca a la otra con sus exageraciones. Entender e imaginar constituyen la inteligencia y la imaginación; una inteligencia preferentemente atendida desfigura y amanera la facultad imaginativa creadora; una imaginación desordenada confunde y extravía la inteligencia. Cultivar ésta, es sujetarse a la vida: cultivar aquélla, es estar yéndose perpetuamente del deber de existir.

Un talento joven, si es austero, debe refrescarse con la lectura de poesías bellas, dar rienda suelta a sus afectos tímidos, excitar en sí propio emociones que alejen la natural rudeza de su espíritu. Si el joven sueña, si tiene inquietas voluntades, si gusta más del devaneo que del raciocinio, si halla en De Musset más ciencia que en Pascal, de ningún modo debe ahogar en sí la inspiración incontenible, pero debe educarla hasta la solidez, debe fundarla en conocimientos que la robustezcan; sin torturar su espíritu, debe encaminarlo Constantemente al orden. El fin de la vida no es más que el logro difícil de la compensación y conciliación de las fuerzas vitales. Puesto que tenemos voluntad, criterio e imaginación, sírvannos los tres: la imaginación para crear, el criterio para discernir y para reprimir la voluntad. Los hombres son todavía águilas caídas, y ha de haber alguna razón para que aún no se nos devuelvan nuestras alas.

Y luego, con ser siempre una en esencia la poesía, va siendo con las épocas múltiple en formas. Dejan los hombres culminantes, huellas sumamente peligrosas, por esa especie de solicitud misteriosa que tienen a la imitación. Polvo de huesos y sedimento de humus habrán sido ya muchas veces los restos de Anacreonte y de Virgilio, y aún hay en la expresión rimada del sentimiento poético, tintes de aquel afecto sensual, de aquella perezosa molicie, de aquel picaresco ingenio o de aquellos conceptos sentenciosos de los dos clásicos. El estudio es un mérito; pero la imitación es un error: más que error, una dejación de la dignidad de la inteligencia: Alfred de De Musset fue menos grande porque le cegaba el resplandor de Byron, y quería copiar en sus desórdenes el teatro shakesperiano.

Es ley ya que termine la fatigosa poesía convencional, rimada con palabras siempre iguales que obligan a una semejanza enojosa en las ideas. No se hacen versos para que se parezcan a los de otros: se hacen porque se enciende en el poeta una llama tic fulgor espléndido, y enardecido con su calor, allá brota en rimas en tanto que de su alma brota amor. Que todo, hasta el dolor mismo, debe ser y parecer amor en el poeta. La voluntad no debe preceder a la composición poética: ésta debe brotar, debe aprovecharse su momento, debe asírsela en el instante de la brotación; lo demás fuera sujetar el humo a formas.

En el poeta debe haber una gran potencia observadora. Se llama ahora poeta subjetivo, y hay sobrada razón para llamarle así, al que pinta su propio ser, toma en sí mismo el motivo —sujeto— de sus inspiraciones, y no procura que del exterior —objeto vengan las inspiraciones a su alma: no es el cristal de un lago, es un tronca robusto que de sí brota ramas y follaje. Si se pinta a sí propio, mucho ha debido observar para no confundir la verdadera naturaleza de sus afectos con esa especie de forma convenida en que comparecemos en mal hora ante nosotros mismos, merced a las equivocaciones de una educación sistemática y a libros confusamente abrumados bajo el peso de una poesía y un sentimiento falsos.

Y si copia el poeta los objetos, ya materiales o morales, debe para esto observar tanto, que en sí compendie todas las formas naturales, todos los medios de expresión de los objetos que en su poesía va a reproducir.

Así, digno y libre, independiente y sabio, conocedor de los demás y de sí mismo, a la par instruido e inspirado, así ha de ser el que en nuestros días quiera robar una estrella más al cielo para dejarla en la tierra perpetuamente atada a su nombre.

El Federalista (edición literaria), México, 11 de febrero de 1876.

Manuel Acuña

¡Lo hubiera querido yo tanto, si hubiese él vivido! Yo le habría explicado qué diferencia hay entre las miserias imbéciles y las tristezas grandiosas; entre el desafío y el acobardamiento; entre la energía celeste y la decrepitud juvenil. Alzar la frente es mucho más hermoso que bajarla; golpear la vida es más hermoso que abatirse y tenderse en tierra por sus golpes.

Hieren al vivo en el pecho, y recompone sonriendo sus jirones; hieren al vivo en la frente, y restaña sonriendo las heridas. Los que se han hecho para asombrar al mundo, no deben equivocarse para juzgarlo; los grandes tienen el deber de adivinar la grandeza; ¡paz y perdón a aquel grande que faltó tan temprano a su deber!

Porque el peso se ha hecho para algo: para llevarlo; porque el sacrificio se ha hecho para merecerlo; porque el derecho de verter luz no se adquiere sino consumiéndose en el fuego. Sufre el leño su muerte, e ilumina; y ¿más cobarde que un leño, será un hombre? A él le queda por ceniza la ceniza: a nosotros el renombre, la justicia, la historia, la patria, el placer mismo de sufrir: ¿qué mejor sepulcro y qué mayor gloria? Cerrada está a las plantas la superficie de la tierra: abrirla es violarla: nadie tiene el derecho de morir mientras que para erguir la vida que le dieron le quede un pensamiento, un espanto, una esperanza, una gota de sangre, un nervio en pie. Para pedestal, no para sepulcro, se hizo la tierra, puesto que está tendida a nuestras plantas.

Yo habría acompañado al grande y sombrío Acuña, a aquella alma ígnea y opaca, cuyo delito fue un desequilibrio entre la concepción y el valor, —yo le habría acompañado, en las noches de mayo, cuando hace aroma y aire tibio en las avenidas de la hermosísima alameda. De vuelta de largos paseos, tal vez de vuelta del apacible barrio de San Cosme; habríamos juntos visto cómo es por la noche más extenso el cielo, más fácil la generosidad, más olvidable la amargura, menos traidor el hombre, más viva el alma amante, más dulce y llevadera la pobreza.

Habría en mí sentido, apoyado su brazo en mi brazo, cómo hay un amor casi tan bello como el amor, pronto siempre en el hombre a complacencias infantiles y a debilidades de mujer: un suave amor sereno que llaman amistad. Y preparados ya a lo inmenso por ese cielo elocuente mexicano –que parece una azul sucesión sin término de cielos– le habría yo inspirado la manera de acostarse, cielo y hombre, por la tranquilidad, que es una gran osadía, en un mismo lecho.

¿Tan pequeña es el alma que son límites las paredes sin tapiz, la vida sin holguras, equivocados y miserables amoríos y la fatal diferencia entre la esfera social que se merece y aquella en que se vive, entre la existencia delicada a que se aspira y la brusca y accidental en que se nace?

Yo sé bien qué es la pobreza: la manera de vencerla. Las compensaciones son un elemento en la vida, como lo son las analogías. La aspiración compensa la desesperación; la intuición divina compensa y premia bien el sacrificio.

Le habría yo enseñado cómo renace tras rudas tormentas, el vigor en el cerebro, la robustez y el placer en el corazón. Las esferas no vienen hacia nosotros, es preciso ir a las esferas. Si la fortuna nos produjo en accidentes desgraciados, la gloria está en vencer, y la generosidad en dar lección a la fortuna. Si nacimos pobres, hagámonos ricos; si nacimos abandonados, apoyemos a los demás; si sentimos el Sol en el alma, qué gran crimen echar tierra oscura sobre el Sol. Se es responsable de las fuerzas que se nos confían: el talento es un mártir y un apóstol: ¿quién tiene derecho para privar a los hombres de la utilidad del apostolado y del martirio?

Y era gran poeta aquel Manuel Acuña. El no tenía la disposición estratégica de Olmedo, la entonación pindárica de Nlatta, la corrección trabajosa de Bello, el arte griego de Téophile Gautier y de Baudelaire; pero en su alma eran especiales los conceptos; se henchían a medida que crecían; comenzaba siempre a escribir en las alturas. Habrán hecho confusión lamentable en su espíritu los cráneos y las nubes: aspirador poderoso, aspiró al cielo: no tuvo el gran valor de buscarlo en la tierra, aquí que se halla.

Hoy lamento su muerte: no escribo su vida; hoy leo su nocturno a Rosario, página última de su existencia verdadera, y lloro sobre él, y no leo nada. Se rompió aquella alma cuando estalló en aquel quejido da dolor.

El estaba enfermo de dos tristes cosas: de pensamiento y de vida. Era un temperamento ambicioso e inactivo: deseador y perezoso: grande y débil. Era una alma aristocrática, que se mecía apoyada en una atmósfera vulgar. El era pulcro, y murió porque le faltaron a tiempo pulcritudes de espíritu y de cuerpo. ¡Oh! La limpieza del alma: he aquí una fuerza que aun es mejor compañera que el amor de una mujer.

A veces la empaña uno mismo, y, como se tiene una gran necesidad de pureza, se mese uno los cabellos de ira por haberla empañado. Tal vez esto también mató a Manuel Acuña; ¡estaba descontento de su obra y despechado contra sí! No conoció la vida plácida, el amor sereno, la mujer pura, la atmósfera exquisita. Disgustado de cuanto veía, no vio que se podían tender las miradas más allá. Y aseado, y tranquilo, acallando con calma aparente su resolución solemne y criminal, olvidó, en un día como éste, que una cobardía no es un derecho, que la impaciencia debe ser activa, que el trabajo debe ser laborioso, que la constancia y la energía son las leyes de la aspiración: y grande para desear, grande para expresar deseos, atrevido en sus incorrecciones, extraño y original hasta en sus perezas, murió de ellas en día aciago, haciéndose forzada sepultura; equivocando la vía de la muerte, porque por la tierra no se va al cielo, y abriendo una tumba augusta, a cuya losa fría envía un beso mi afligido amor fraternal.

El Federalista, México, 6 de diciembre de 1876

Versos de Pedro Castera

Acabo de leer un libro simpático: un libro de querellas, de esperanzas, de desfallecimientos, de retos, de ternuras: el libro que empezó a escribir un hombre casi muerto y que todavía no acaba de escribir un hombre bien resucitado.

Se moría, amó y vivió: y como las ternuras del corazón piden ternuras en los labios, este ser redimido ha cantado sus días graves o serenos, apacibles o amargos, siempre espléndidos, de su nuevo nacer y redención.

Pedro Castera va a publicar algunos versos suyos: es cada uno de ellos memoria de un movimiento de su corazón y quiérelos por eso como a muy amado hijo: va a darlos a quien los estime: no va a hacerlos del dominio de todos. No es un libro público: es un libro íntimo. Lo amará quien lo conozca: lo leerá con merecido interés todo el que sienta: lo leerá conmovido con él todo el que ahora ama, o en algún día de luz haya sabido amar.

Ni sé, ni quiero ahora nacer juicio de libros: yo sé que no se discuten las vaguedades y las palideces del dolor: veo yo en los versos la poesía íntima y esencial: envuélvalos, en buenhora, defectuosa forma; todavía pueden ser muy bellos envueltos en una forma dura. La música es más bella que la poesía porque las notas son menos limitadas que las rimas: la nota tiene el sonido, y el eco grave, y el eco lánguido con que se pierde en el espacio: el verso es uno, es seco, es solo: —alma comprimida— forma implacable —ritmo tenacísimo.

La poesía es lo vago; es más bello lo que de ella se aspira que lo que ella es en sí.

En el libro de Pedro Castera está palpitando un corazón: tiene una historia, que se revela, aunque delicada y respetuosamente no se cuenta: una sola vez se ha escapado de los labios del poeta el nombre senado: nadie lo haya a mal: brotó formado del espíritu: el poeta no debió deshacer lo que nació de su ser íntimo.

Pedro Cartera quiere saber lo que yo pienso de sus páginas que leo: yo he de decir de ellas que las respeto, las estimo y las aplaudo. ¡Qué pequeño llega el corazón a los labios que han de decir todo lo que en él se agita, ama, llora o duerme! Esto se piensa al leer estas páginas, cormas diversas de un pensamiento dominante, tenaz, potente y único.

Toda una vida está consagrada a un amor, y todo un libro se forma de una vida. Este ser venera a otro, y está perpetua y absolutamente lleno de él. Emplea todas sus fuerzas en este cariño: convierte a él todo lo que sume de su espíritu, y a la idea señor a de su espíritu todo lo que alcanza a ver. Tiene una imagen amadísima, y en todo ve copia de su imagen: ama lo azul, porque lo azul da idea de pureza, y porque éste es el color de los ojos de su amada; ama la claridad tenue, porque esta vaga atmósfera de luz le da idea poética del exquisito espíritu por quien siente amor tan alto, que solo tiene semejante en su varonil resinación y en su respeto.

Antes decía yo que este libro era obra de un hombre redimido. Algo dejé por decir: de un hombre redimido y convertido.

Iba a la Muerte por senda de errores: va ahora a la vida por senda de honrado amor, de valer propio, de esperanza justa.

¿Es original esta poesía? ¿Es poeta Pedro Cartera?

Esta poesía no fue original en el acontecimiento que decidió su forma. La poesía es una e idéntica, y duerme escondida en el fondo del más miserable corazón, si amado y bien guiado, hay algún corazón humano miserable. Había en Pedro Cartera concepciones poéticas, como que había en él insistentes concepciones amorosas. Escribía tersos; pero el sentimiento tiene hoy una expresión demasiado lírica: la poesía imaginativa ha hecho vulgares las más bellas imágenes, y al efecto único y potente que absorbía a Castera, parecían indignas y pequeñas las formas comunes de poesía. Andaba en estas inquietudes, cuando comenzó a leer poetas alemanes, los de la poesía tierna y subjetiva, los de pensamientos breves y melancólicos. La poesía nueva se acomodaba mejor a la naturaleza delicada del afecto en Castera dominante: la fuerza poética agitada en él halló forma digna y agradable, y comenzó Castera a hacer versos análogos en la forma a aquellos que especial y puramente hablaban a la naturaleza de su amor. Porque este hombre ha querido ser poeta, como ha querido serlo todo, para consagrarse en esta forma nueva a un afecto que lo arrancó de una vida de sombras, y lo arrojó de lleno y vigorosamente a una vida de luz.

La poesía de Castera fue hija de la poesía alemana: pero esta poesía, un tacto convencional, dio solamente al poeta nueva forma sintética y sencilla: el vigor de expresión, la esperanza calurosa, el dolor sereno, la intrepidez indomable, la pasión americana, son cualidades dominantes en los versos del bardo enamorado, exclusivamente suyas, que comenzó a expresar en forma ajena, pero que con su fuerza de originalidad ni han permanecido siempre fieles a su forma, ni la han usado sin imprimirle cierta novedad y robustez. Parécenos que es ésta la naturaleza de la poesía que analizamos.

Si es poeta Castera, pregunta es que se satisfice sin duda con decir cuánto lo ocupan amores.

Pero no basta esto, que es en mucha parte cierto, a un juicio que se ve obligado siquiera sea someramente a observar y analizar. Yo creo que todos son poetas, y que Cartera lo ha sido porque hubo algo poderoso que despertó en él lo que llamo universal y común fuerza de poesía. La poesía no es más que la forma agradable de la belleza; y el sentimiento de lo bello, vive en el mismo sentimiento, belleza suma. Cartera fue poeta para cantar su amor, y como su amor es noble y tierno, amor respetuoso, delicado amor, esto dicen los versos de Cartera y es poeta por esto. Él ama y comprende todo lo bello: él se siente en sí, como alto espíritu, encarcelado y oprimido: hay en él las inconformidades incesantes que nacen del contacto con la vida, y dan la necesidad de una vida mejor. Tiene el cielo en el alma y concibe el cielo: podrá no ser poeta cuando cese de amar; pero la contemplación de bellezas lo ha ennoblecido demasiado para que deje ya de serlo: podrá no haberlo sido en los tiempos de error en que aún no amaba; pero es que lo es, y original y no común, en estos tiempos en que ama.

No ha de creérseme por lo que de esto diga yo: he aquí algo de lo que él dice. Habla consigo de ella: ésta es su más querida ocupación.

—¿Te acuerdas? ¡Ella es! —dice mi alma

Al ver sus ojos que despiden luz:

—¿De dónde la conoces? —le pregunto;

—Del cielo azul.

Es una vida que ha despertado a una mirada, y hace a la mirada salvadora objeto de la vida que creó.

—Tú vives, yo contemplo. Tú sueñas, yo te amo...

Síntesis del libro: la verdad no ha necesitado imágenes: estos versos no se hacen en los libros: vienen hechos de lo que está muy en lo hondo de nuestro ser.

Y no es este amor fascinación vulgar de forma. Tiene algo de religioso, si no es en sí mismo una religión: no quiere la belleza imperecedera, clara e íntima.

No es cuestión de una misma existencia
Ese fuego interior que me devora:
Por toda eternidad a tu presencia
Ha de volar esta alma que te adora.

¿No hay algo de solemne y de atrevido en esta promesa de un alma tenazmente enamorada?

Todavía dice otra vez:

Huirás a los abismos más profundos:
De allí te arrancaré.
En la llanura inmensa, interminable,
De los cielos sin fin,
Irás huyendo siempre;... inquebrantable,
Firme, sereno, heroico, infatigable
Allí te he de seguir.
Y en ese mar azul,
Primero que mi amor, inagotable,
Se agotará la luz.
Hermoso, realmente hermoso.

Hojéanse las páginas del libro, y vese en ellas cuán poco ha pensado el autor en vencer los obstáculos rudos de la forma. Y es que casi todas las composiciones de este libro han respondido a un dolor grave, a una alegría súbita, a una esperanza fugaz o desvanecida, a un pensamiento repentino: ha brotado perfecta la primera idea del sentimiento: el pensamiento ha querido ampliarla y explicarla, y el ejercicio escaso no ha podido vencer siempre las trabas del lenguaje. En esto habría gravedad si pudieran ser graves los defectos en lo formal y accidental. Cartera lo ha conocido, y no ha querido vencerlo; él lo dice y lo lamenta en una buena estrofa:

¡Qué triste es el lenguaje que en un acento rítmico
Estriba su valor!
¡Qué pobres las ideas que tienen que medirse
Sujetas a extensión!

Se ha amado lo puro: se ha entendido lo grande: se ha lamentado la pequeñez: se ha sido indudablemente poeta.

Este libro es la forma de un culto: es el desenvolvimiento de una idea constante. Se moría un hombre joven de males de cuerpo y extravíos del alma: lo miró una niña delicada, rubia y pálida: trabajó y amó: esperé y amó: se levantó de sí mismo: asaltó la vida, va venciéndola; ama y espera: se ennoblece y se mejora; ama y espera que lo amen. Esto es extracto pálido de lo que el libro dice: esto es lo que dice cada una de las composiciones de Cartera. Podrá parecer monótono a quien no interese esta historia: parecerá siempre simpático a los que entiendan el misterio puro de esta noble resurrección.

Revista Universal, México, agosto 29 de 1875

Luis Victoriano Betancourt

La Revista publica unos versos de este joven poeta cubano, desconocido casi por completo en México.

No hay razón para que se le conozca. Al comenzar la revolución que cumple hoy siete años de iniciada, el joven poeta abandonó La Habana, y en ella la hermosa situación que comenzaba a disfrutar. Dejó hogar, dejó ventura, dejó amor, y fue a lograr vida noble o muerte santa, en alas del amor patrio supremo. Este es el hombre: el poeta vale tanto como él. Luis Victoriano Betancourt se distingue especialmente en el género satírico. En él hiere sin ofender, corrige sin hacer daño, agrada sin atraerse rencores; sátira harto difícil.

Este poeta es hijo de José V. Betancourt, escritor de costumbres; hombre venerable y abogado no común. Murió en Veracruz, donde desempeño durante mucho tiempo el cargo de juez. Fue de inteligencia perspicaz, y de esas vidas serenas, engendradas y llevadas con honor.

Hoy, día 10 de octubre, vienen a la memoria estos dos hombres; muerto el viejo sin patria, y el joven en camino de morir. ¡El respeto a una hospitalidad que pudiéramos turbar, cierra nuestros labios; pero no haya bendición de madre, cielo de Cuba, ni calma de conciencia, aquel de nosotros que en este día sagrado no venere, no ame, no se cubra la frente con ceniza, no gima y no llore!

Revista Universal, México, octubre 10 de 1875

Felipe Gutiérrez

Hay en México un pintor eminente, cuya presencia entre nosotros regocija al escaso número de personas que le conoce, y complace a cuantos gustan de ver el arte de la pintura en manos inteligentes y vigorosas.

Felipe Gutiérrez pinta con grandes rasgos entre grandes sombras. No diluye la luz: la descompone y la contrasta: no dibuja con líneas, sino con experimentados golpes de pincel. No hay en él claroscuro; hay en él claro y oscuro: un claro luminoso y atrevido; un oscuro lleno de potencia y de vigor. Opone el uno al otro: no los concilia. Es el estilo libre y propio de un pintor que ha visto la vida en los cuadros de Miguel Ángel, Ribera y Tintoretto. Gutiérrez pinta pronto, pinta mucho y pinta muy bien. Hay en él algo de la imponente frialdad de Rosales. El artista español pintaba, más que con colores, con músculos y nervios. Gutiérrez anda aprisa por este camino.

El señor Sánchez Solís, el maestro afable, el amigo fidelísimo, el diputado juicioso, regala al Estado de Puebla una colección de retratos de sus gobernadores: tiene concluidos ya siete retratos, y el último es obra de este original pintor Gutiérrez, muy estimado en Italia, celebrado sobre todo encomio en Nueva York, en todas partes renombrado y notable.

Gutiérrez ha retratado al señor Juan Gómez, Gobernador un tiempo de Puebla, por ministerio de la ley, y hoy presidente del Supremo Tribunal del Estado.

Es enojoso describir las cosas en detalle. Gómez está sentado en un sillón que recuerda la mesa y el jarrón de flores de Murillo, no en la época segunda de su vida en que puso en su pincel los colores del cielo; en la época primera en que tuvo los tintes graves de un genio independiente, austero y melancólico.

Es fama que un pájaro fue una vez a posarse sobre la mesa ante la que ora San Antonio. Aunque los de Sevilla han tenido siempre colocado mal el cuadro, esto se explica en algunas horas, las de vigor del Sol, en que la mesa de Murillo convida con su ascética verdad a sentarse junto a ella.

Algo de eso tuvo el sillón de Gutiérrez: se refleja de tal manera la sombra oscura del brazo sobre la pierna derecha; sostiene con tanta naturalidad aquella mano magistral un libro un tanto abierto, no menos magistral que ella, que de esta oposición de luces brota una verdad pasmosa. Cautiva esta parte del cuadro las miradas: es un accidente esencial.

Del parecido, dicen que es perfecto. Gutiérrez lo dibujó con el pincel. De cerca, manchas blancas en la barba; de lejos un gris oscuro, decidido, franco, natural. Se querría más brillantez en la figura: pero no se desea sacrificar a esta cualidad la novedad de luces y el vigor de entonación que allí dominan.

Hay demasiada holgura en el ropaje; pero no es esto culpa de Gutiérrez: alcanzaría este cargo a los sastres de la angélica ciudad. Ellos lo hacen todo holgado y amplio: el pintor fiel copia lo que hacen.

En el fondo del cuadro, una columna que apenas se dibuja, y un claro extraño, un claro repleto de luz, y que pudiera, por más que extrañe, llamarse propiamente sombrío. En suma, un cuadro hermoso que revela a un artista original. No hace líneas: hace rasgos.

Es un pintor de gran manera: no complacería a todos los gustos; pero sorprenderá a los bien acostumbrados. Lo que Gutiérrez pinta, satisface en algo la aspiración humana a la grandeza. Es más hermoso que bello. No hará nunca un cuadro lindo; pero hará cuando quiera un cuadro grande y sorprendente.

El retrato de Gómez es una muestra sencilla, hecha como a la prisa y al descuido: trazó en Puebla los rasgos principales; aquí acabó este retrato de maestro.

Cuando Gutiérrez exponga sus cuadros, consistirá su mérito mayor en que disgustará a gran número de personas.

Tendrá, en cambio, admiradores muy sinceros: el más humilde de ellos será

José Martí

Resista Universal, México, agosto 24 de 1875

El pintor Carbó

El mérito modesto tiene un derecho indudable a la atención: su valer propio le hace atmósfera, y su modestia la ensancha y asegura: así sucede a José V. Carbó, dibujante excelente, muy notable retratista y pintor de buena escuela, que acaba de llegar a México procedente de Filadelfia, en busca de hombres de su raza y pueblos hispanoamericanos en que nutrir en más artísticas fuentes su inspiración.

Carbó estudió en Italia con Pina, y Pina que solo estima a quien lo merece y no es indulgente por costumbre, habla con cariño y con encomio de Carbó. Indudablemente, el pintor nuevo es un dibujante perfecto. Discípulo de Mussini, de él tiene la fidelidad exacta de líneas, la dulzura y verdad del modelado, y la real expresión de las figuras. Aún no conocemos a Carbó como pintor colorista: conocemos de él retratos, bocetos de costumbres mexicanas, cuadros cuyo pensamiento es simpático y cuya ejecución está en bosquejo; pero de lo que hemos visto, todo es bueno, bello y nuevo. Ora la hebraica fisonomía del señor don David Fergusson; ora los difíciles rasgos de una cara rugosa y maltratada por los años; ora los tonos suaves de un rostro encantador y juvenil, revelan en los diferentes retratos una precisión de trazo, un vigor de sombras, una costumbre de retratar y un dominio tal del arte, que de una vez y con la primera de sus obras, se coloca el recién llegado a la altura de nuestro mejor dibujante retratista. Y admira, a más de esto, la rapidez con que trabaja. Es cosa de comenzar y acabar un retrato en breves horas, sin que la precipitación robe en sus obras nada al mérito: se sabe ya esto, y apenas establecido en México, ha necesitado ensanchar su cuarto de estudio: el retrato de Fergusson y el de una señora bella y joven, le han dado pronta fama.

No a Mussini solo, a Overbeck recordábamos observando las raras condiciones del dibujo de Carbó. No en balde tiene diplomas de todas las cátedras de Siena; no en balde conserva cartas de sus profesores, en que todos le hablan como a su discípulo carissimo; ni en balde tampoco fue varias veces premiado por sus excelentes cartones en Nueva York y en Filadelfia.

Lápices y creyones son cera blanda en las manos del nuevo retratista, y tal es su práctica, que, como su maestro, dibuja correctamente de memoria. Así Overbeck el bíblico, el afamado pintor de líneas puras.

En punto a composición, no sabemos nosotros que tenga Carbó, ni creemos que el lo pretenda, aquellas vastas miras y atrevidas empresas de su maestro sienés. En París, está y admira a todos, la Expulsión de los mercaderes del templo. Como Paul Delaroche, también Mussini hizo cuadros de los pintores idealistas y realistas. Buen adepto clásico, inspira sus imágenes en los cuadros de oro del tierno Beato Angélico, gran cristiano enamorado del amor y del cielo: e imita en sus pies y en sus manos la gigantesca incorrección del Giotto. Los árboles de Mussini son rígidos y secos, sus rocas son abruptas, sus torsos son enérgicos, como los de un discípulo del que amó tanto y tan bien a la honestísima Victoria Colonna.

No alcanza esta altura, ni se ha educado para ella, el artista que encomiamos; pero digno y amado discípulo de su maestro, tiene de él las condiciones raras que han hecho de Mussini uno de los dominadores del dibujo italiano. Como la del maestro en Inglaterra y Francia, esta valiosa cualidad del discípulo será admirada entre nosotros.

Carbó idealiza en la concepción, pero se ajusta a la naturaleza al darle forma. Copia, nunca finge; esto, que será tal vez un inconveniente en la pintura al óleo, es la mejor condición de este artista para sus retratos. Fidelidad, suavidad, corrección y hábito: esto es todo lo que necesita un retratista: esto es todo lo que el pintor recién llegado tiene.

Séale Anáhuac favorable: no ha de ir al artista en la tierra del arte, menos bien que le fue en la tierra, para el arte árida, de Hamilton y Penn.

Revista Universal, México, agosto 18 de 1876

Una visita a la exposición de bellas artes

Estamos en la Academia de San Carlos: el buen gusto ha acomodado en el patio blancas estatuas, hermosa fuente, elegantes canteros de césped, exquisitas flores, embellecido todo con la luz llena de vaga claridad que recibe el lugar de entrada, por el vasto lienzo que a manera de techo lo protege y lo cubre. Ya convida al arte este atrio del templo: las flores vivas preparan a los ojos para las sensaciones del bello color, las mujeres que suben a visitar las salas de pinturas, nos dan la forma previa de belleza que hemos menester para juzgar bien de los cuadros que vamos a recorrer ligeramente, a manera de ojeada rapidísima, y sin hacer gala de críticos, ni intención de decir la última palabra en lo que no queremos que sea más que un reflejo de la primera impresión.

Subimos, y dejamos en el piso bajo las salas de Escultura: otra vez las veremos detenidamente. Ya en lo alto, la vista alcanza una serie de elegantes salones, dispuestos todos con intachable buen gusto. Extiéndense por un lado las miradas a lo largo del corredor engalanado con hermosos dibujos de ornato; vese en el otro extremo el salón de dibujos de estampa, y, adelantando un poco más, distínguese en el límite de salas de brillante aspecto algo como una figura de Echave, llena de robustez y de vigor, buena madre de la naciente y ya original Escuela de Pintura Mexicana. Ya original: haremos con más tiempo análisis y comparación de los cuadros, y deduciremos que aquí apunta una manera propia, tanto más valiosa cuanto que se revela entre las opresiones de una enseñanza y una costumbre de color que se avienen mal con las libertades y vuelos artísticos del espíritu.

Pero esto es prejuzgar, y nosotros debemos ver para juzgar después.

Comienza la visita.

Un alumno de la sección de grabados nos lleva a ver los trabajos de su condiscípulo Miguel Portillo, que expone una buena copia de Richard, y el hermoso retrato de aquella alma taciturna y pálida que se llamó en la tierra Manuel Acuña.

Pasamos por el departamento de grabados en madera, y aquí nos llaman la atención los trabajos de Agustín Ocampo: es bueno el Galileo y de Parra. Se nos hace recordar que suelen verse muy bellas cosas en la sala de grabados en hueco; vamos a la sala, y nos alegramos de nuestra visita. Esto es sin duda notable: Alberto Montiel trabaja con gran delicadeza; estos paños de la Vestal son naturales y claros; este Belisario es hermoso; este Pirro y este Cristóbal Colón, honran al artista.

José María Martínez expone a su lado muchos trabajos, otro Pirro, otra Vestal, y un Hernán Cortés, que están poniendo en manos del artífice un premio que por el número de sus obras y por el mérito de éstas, tiene visiblemente merecido.

Se hace notar por la figura del grabado, la fachada del Colegio de Minería, una obra de Jesús Torres.

Aquí hay un retrato de la señora Josefa Ocampo de Mata: ¿quién es el distinguido autor de este bello objeto? El que ha hecho una buena copia de Arquímedes y otra de Minerva; el alumno que no tiene más que un año de estudio en el ramo: la señorita Josefina Mata y Ocampo, aventajada discípula del profesor Navalón.

Navalón expone por su parte los grabados para la medalla de la Ristori, y el anverso y reverso de la medalla de premios de la Exposición Municipal: buenas cosas: son bien conocidas la maestría y ejecución correcta del artista.

No nos fijemos ahora en la galería de dibujos de yeso, ni en la sección de copias de personas extrañas a la Escuela, ni en los dibujos del yeso y del natural: lleguemos de una vez a la sala de cuadros originales de autores que no pertenecen a la Academia.

Veamos por el orden del catálogo: es bueno ese cuadro de costumbres de Manuel Chávez; quizá está poco tendido el suelo; pero hay frescura y propiedad en la ejecución de este agradable asunto.

Don Juan Gómez está aquí retratado por Felipe Gutiérrez. Otra vez se ha dicho en la Revista qué extraño vigor, qué soberbia manera, qué brío desusado distinguen las obras de este pintor potente, que no ha querido presentar al certamen su palpitante Rebeca, sus cabezas soberbias, sus estudios de desnudo, sus abundantes cuadros de costumbres, pintados recientemente, con este aumento de amor con que a la vuelta al país en que se nace, producen en un ánimo leal las cosas de la patria.

Aquí hay un retrato del señor Matías Romero. Es obra de José Vargas, la mejor de cuantas ha enviado esta vez al concurso.

Obregón nos da fecundas muestras de su talento con estos difíciles retratos, tan correctos y tan parecidos, pertenecientes todos a la colección con que honrando a otros se honra a sí mismo el respetable y empeñoso señor Felipe Sánchez Solís. El señor Sánchez ha querido que Puebla tenga una colección de retratos de sus gobernadores; ha reunido a algunos diputados del Estado; ha contribuido con considerables sumas; ha dado ocupación fructuosa a nuestros artistas notables, y ya tiene concluidos todos estos retratos que vamos a ver: el del gobernador Romero Vargas, de semejanza exactísima, aunque todavía capaz de recibir mayor delicadeza en el conjunto; el de Múgica y Osorio, en el que no hay un detalle que no revele a un artista concienzudo; el de Gómez Pedraza, tan notable por la expresión de la fisonomía, por el sabor de época, por la entonación y disposición nuevas con que el pintor ha realzado la figura: el de don Ignacio Mejía, retrato perfecto, cuyo rostro sorprende y arranca elogios a los menos inteligentes en cosas pictóricas; y, en suma y como digno remate de esta colección, el retrato del señor Rafael García, de cuyos hombros pende una capa que ha llegado a ser característica, cuyas manos se cierran con verdad pasmosa y cuya fisonomía robó s la naturaleza en un instante de vigor artístico nuestro notable Obregón, tenido ya de antemano por honra de las artes mexicanas. Y aún hay algo suyo que elogiar: ese retrato de cuerpo entero de Romero Vargas, si bien no tiene toda la corrección que a Obregón hubiera sido fácil obtener, se hace notable por la expresión del rostro y por el estudio de muebles de que se ha hecho elegante uso en este lienzo.

¿Por qué se aleja la gente de ese cuadro pequeño y pálido de color? Para gozar de la buena perspectiva que ha conseguido en él Agustín Ilizalituzri. Es uno de los patios interiores del Colegio de lis Vizcaínas.

Henos ahora enfrente de la Virgen de Primitivo Miranda. ¿Caben juicios ligeros hablando de tan estudioso y experimentado pintor? He ahí una correcta figura que se destaca sin necesidad de claroscuro de un caliente fondo amarillo, contraste de colores de realización difícil que el pincel del celebrado artista ha vencido y hermoseado. Ese fondo poblado de figuras angélicas, y como envueltas en celajes y en nieblas es completamente original: esos ángeles estéticamente colocados a los pies de la ideal figura de la Concepción, son de una gracia exquisita: el dibujo es excelente, y el colorido animado, vivo y natural. En suma, este cuadro es la obra correcta de un pintor notable, pura en el dibujo, valiente en el color, nueva en la composición: ella demuestra que no están en los pinceles del artista las canas que son ya noble corona para los años que pesan en su frente.

Y ¿este cuadro pequeñísimo, que ostenta una sola figura de mosquetero, y que denuncia al instante una mano bien acostumbrada, y la juguetona inspiración de Meissonier? Dícese con esto el autor: esto es obra de Alejandro Cassarín. Es un mosquetero perfecto, que distrae sus soledades brindando solo, cosa un tanto rara que merece excusa por la gracia y corrección de la figura. Pero Cassarín, que puede más, debió hacer más. ¿Qué ha hecho el joven pintor de su don Quijote en la niebla? ¿Ha temido acaso que no supiesen entender la originalidad de su idea, y las dificultades que ha tenido que vencer en su ejecución? Deben los talentos tener confianza en sus fuerzas; que cuando la patria crea un hijo, el hijo tiene el deber de mostrar todos sus adelantos, todas sus obras, todas sus esperanzas a la patria.

Petronilo Monroy presenta dos retratos notables: es exacto el parecido, buena la figura y agradable y adecuada la composición en el de la señor a de Manuel Romero Rubio: creemos que hay una sobra de color en el rostro de la señora Satur López de Alcalde. Pero se ve en uno y otro la mano hábil, y ese mismo retrato de la señora de Alcalde, se sale de lo común por la pureza de líneas, perfección de las ropas, realidad del fondo, y belleza general.

Es tibio de color, y enteco de figura, ese otro retrato de Juan José Baz, que presenta Francisco Mendoza.

En cambio ¿de quién son estos dos retratos que ostentan al pie tal novedad de fondo, tal morbidez de líneas, tanta expresión tranquila en el rugoso rostro de la anciana, y tanta suave languidez en el rostro meridional de la joven? Esa mano es ejercitada y atrevida: veamos el catálogo: ambos retratos son de una mujer: su autora es esa misma joven retratada, y sus dos nombres denuncian procedencia de tierras catalanas: esta notable artista se llama Palmira Borrás de Coll. Obsérvense estos retratos: véanse las arrugas de la frente, la apacible mirada, y las sombras de la barba de la anciana: véanse con más cuidado aún ese fondo logrado con el verde, esa cabeza elegante y aristocrática, esos ojos grandes como los de las árabes, y dilatados con suave sombra en las mejillas, como se dilatan los de las mujeres bellísimas de Italia y los de las animadas hermosuras de Génova y Marsella, de las costas del Mediterráneo, de Nápoles —por la cercanía de los volcanes—, de Valencia y Málaga y Cádiz, por el predilecto amor del Sol. Esos dos cuadros llaman con justicia la atención de todos los concurrentes a San Carlos.

El nombre de mujer obliga a una natural preferencia, y en vez de censurar al paisajista Coto por el color desapacible y falso, y por las fajas paralelas de amarillo con que ha dañado su poética concepción del Nevado de Toluca, gustemos de esas fresas exquisitas que nos brinda la mano delicada de la señorita Elena Barreiro. Dos obras presenta: la una es este delicioso cuadro de frutas; la otra es un correcto estudio, imitando un modelo de cera, que se hace elogiar por la novedad de la idea, por el oscuro bien logrado, y por la distinción y buenas líneas del dibujo. La justicia no necesita esta vez ceder sus elogios a la cortés galantería: el maestro Pina nos presenta una discípula notable.

Velasco: Valle de México. Detengámonos; detengámonos y admiremos ese notabilísimo paisaje, tan bello como la naturaleza, espléndido como nuestro cielo, vigoroso como nuestros árboles, puro como las aguas apacibles de nuestra majestuosa laguna de Texcoco. Esas nubes son el bello cielo: se extienden, se transforman, están allá a lo lejos y, sin embargo, están delante de nosotros; estas breñas están cubiertas de las plantas de nuestro Valle; esa agua azul se turba con los celajes pasajeros que copia: este hombre se ha colocado en la eminencia del genio para ver bien desde allí toda la extensión arrogante, todo el vigor soberbio, todo el cielo de ópalo, toda la tenuidad de atmósfera y la riqueza de montañas y las magias de luz con que en el centro del continente abrió su seno la virgen madre América, esfuerzo de la creación envejecida en las tierras sin savia del Caucazo y en la cansada región del Himalaya. El Valle de México es la belleza grandiosa: imponente como ella es el hermoso paisaje de Velasco.

Y aquí descansa admirada la fantasía del visitante, y deja para mañana el dulce trabajo y la continuación de su visita.

Revista Universal, México, diciembre 28 de 1875

Una visita a la exposición de bellas artes II

Hay siempre en el ánimo disposición secreta a hablar de cosas bellas. El espíritu se regocija con todas las producciones del espíritu, y es que la fuerza animadora es una, y hay fraternidad oculta en todas las formas de expresión del ser. Más puede la simpatía que la envidia, porque hay sobre la tierra más flores que serpientes, y en el cielo más nubes azules que oscuridades anunciadoras de huracán: volvamos a la academia de San Carlos, que es bueno olvidarse de pequeñeces diarias en los lugares donde con forma y color están impresas tantas esperanzas juveniles, tanto atrevido sueño, tanta descuidada confianza de la juventud que aspira, en el horizonte que ve claro porque en los delirios del espíritu se quiere ignorar que desde la caída de Luzbel las alas voladoras se trocaron en clavos que sujetan y pies que arraigan y espesas nubes que sofocan el germen infinito de la vida, que no cabe en nuestra modelada y permanente estrechez.

El color tiene más cambiantes que la palabra, así como en la gradación de las expresiones de la belleza, el sonido tiene más variantes que el color. Como la belleza es la conformidad del espíritu con todo lo indescifrable, lo exquisito, lo inmedible y lo vago, lo bello se expresa mejor en tanto que tiene más extensión en que expresarse, menos trabas para producirse, más medios con que reflejar la abstracta necesidad, la mórbida concepción, las combinaciones tempestuosas o apacibles de esta presunción de lo venidero, religión de la soledad, propio hogar del hombre, que llaman caprichosa fantasía.

El alma gusta más de la música que de la pintura, y tal vez más de la pintura que de la poesía: ¡triste aquel que delante de un cuadro hermoso no haya sentido en sí como el crecimiento de una fuerza extraña, y en su garganta como amontonadas sin salida las palabras de contento y conmoción! Son las leyes de lo eterno, que escapan a los legisladores de lo físico.

Mas vuelva, vuelva el ácimo extraviado a las salas de la Academia de San Carlos.

Decíamos ayer que Velasco había puesto colores de genio en su paisaje del Valle. ¿Por qué están al lado de este cuadro bellísimo los retratos de Escudero y Espronceda? No quisiéramos nosotros tener palabras de censura, y callamos nuestro juicio cuando algo no nos lo merece bueno, que harto elocuente es el silencio y harto severa es de suyo la opinión general. Mas hay tal número de retratos del pintor Escudero, y se ha dicho tanto de él, y esperábamos ver de su mano tales cosas, que nos sorprendieron poco agradablemente las muestras fecundas que de su extraña manera de copiar nos da en la Exposición el renombrado artista. Sucede siempre que el desmedido elogio empequeñece lo que pretende ensalzar, y débese tal vez a exageraciones importunas la impresión que nos hicieron los numerosos retratos de Escudero. La novedad en la pintura no debe llegar nunca a la completa falsedad de color, a la incorrección del dibujo, a la dureza de las ropas, a la carencia de expresión en las fisonomías y de gracia en la colocación de las figuras. Estudie mucho ese pintor; vea en la naturaleza el colorido real; no dañe a sus obras con esa sombra vaga en que envuelve sus retratos; no se limite a lograr alguna exactitud en el parecido, porque el pintor que quiere ser algo más que retratista, debe acostumbrar su pincel a las riquezas, movilidad, golpes luminosos y contrastes del color. Dé a su inspiración vuelo distinto, o reprima el que hoy tiene extraviado, el pintor Escudero y Espronceda; pinte menos para pintar más: tal vez la incorrección de esas obras depende de la precipitación con que las hace: tal vez un deseo loable de crear le ha llevado demasiado pronto a apartarse de las buenas reglas de pintura, que no obligan a la servidumbre, pero que merecen, sin duda, general observancia y respeto.

Entre los retratos de Espronceda, se destaca la Virgen de Cordero, que llama desde el primer instante la atención por su originalidad de colorido. Caen las miradas, más que sobre la figura principal, sobre el ángel robusto que hiende el espacio tendiendo rosas a sus pies. El mérito y el nombre del artista ordenan el respeto; pero no quiere el orden de nuestra vida que dejemos de hacer observaciones generales. Hay sobrado vigor en todas las líneas de este cuadro. Una virgen obliga a la claridad, a la nebulosidad, a la ternura: debe haber en el dibujo pureza exquisita; en las ropas transparencia, en la fisonomía angélica expresión; debe sentirse en la realidad de la figura la vaguedad de la ideal concepción. La Virgen de Cordero es hija de una inspiración más atrevida que tierna; su rostro no es bastante delicado; sus extremidades no son bastante perfectas; los pliegues de su manto son demasiado bruscos. Más vigoroso que celeste es también el ángel hermoso que cautiva las primeras miradas: respetamos y amamos la inspiración propia, y esta figura la tiene, y este noble deseo apunta en los dos cuadros que presenta Cordero. Es completamente suya la manera rojiza con que ve el color. Pero no es tampoco tan delicado en la ejecución como la creación exige, ese ángel de brazo fornido, de ropaje verde, iluminado por luz más propia del infierno que de los puros espacios celestiales.

Pudo ser así Luzbel; pudo ser así Miguel cuando doma y tritura a la serpiente; pero el ángel anunciador no fue jamás así. En las concepciones todo debe ser análogo: el Creador puede estar rodeado de ángeles varoniles: una virgen, producida como imagen de amor en medio de los cielos, quiere a su lado como conjunto de pureza, ángeles que tengan algo de amor, de pensamientos y de forma de mujer. No está principalmente el defecto de este cuadro en la dureza del ropaje, en la imperfección de las extremidades, en la luz impropia, y en el grosor de las líneas: es un defecto de esencia: está en que la ejecución no realizó la creación: está quizá en la creación misma. No se concibió celestial a la mujer del cielo; no creó esta concepción el misticismo de un pintor místico; un pintor demasiado humano no podía concebir ni ejecutar bien una figura que no está probablemente en su corazón, y que no está seguramente en la atmósfera que respira, en la sociedad en que se mueve, en las necesidades por completo distintas de la vida actual. ¿Por qué esta violencia de la aptitud artística? ¿Por qué huir del medio en que se produce la inspiración real? Cuando había muchas opresiones en la tierra, el espíritu volaba más a las imágenes del cielo: hoy las libertades vienen, y las vírgenes católicas se van. Si la religión no está en el alma ¿cómo ha de estar la unción religiosa en el pincel? Y aunque la creencia del dogma se produzca por la sobreexcitación de un carácter tierno, o por las imborrables costumbres de una educación católica, no se detiene el espíritu en su carrera uniforme y análoga, por los esfuerzos de los que por respeto o exageraciones de una naturaleza amorosa hallan un vago placer de gratitud en quedarse en las soledades del camino. Todo anda y se transforma, y los cuadros de vírgenes pasaron. Imagínese y créese; que en todas épocas existe lo fantástico; pero no se ate la imaginación a épocas muertas, ni se obligue al pincel a mojarse en los colores del siglo XI y del XIV. Hoy poblamos nuestra alma de fantasmas: realicémoslos y produzcámoslos. ¿Cuándo se extinguen en el rostro humano las delicadezas del amor, el ceño de la ira, las contracciones del espanto? Ni en el alma se acaba la luz; ni en los ojos las expresiones nuevas.

No vuelvan los pintores vigorosos los ojos a escuelas que fueron grandes porque reflejaron una época original: puesto que pasó la época, la grandeza de aquellas escuelas es ya más relativa e histórica que presente y absoluta. Copien la luz en el Xinantecatl y el dolor en el rostro de Cuauhtemotzín: adivinen cómo se contraen los miembros de los que expiraban sobre la piedra de los sacrificios; arranquen a la fantasía los movimientos de compasión y las amargas lágrimas que ponían en el rostro de Marina el amor invencible a Cortés, y la lástima de sus míseros hermanos. Hay grandeza y originalidad en nuestra historia: haya vida original y potente en nuestra escuela de pintura. ¡Pinte Cordero, ya que tanto ama las tintas rojas de la luz, cómo al pie de las espitas de maíz quebrantadas por los corceles del conquistador, lloraba al caer de la tarde amargamente un indio sobre la vestidura ensangrentada del hermano que pereció en la pelea, armado de piedra y lanza contra el jinete cubierto de acero, ayudado por el trueno de Dios, y favorecido todavía por los acerados dientes de un mastín!

Interrumpamos aquí nuestra visita hoy; detengámonos un momento en este hermoso patio en que se ha hecho artística la luz, y abandonemos hasta mañana la Academia de San Carlos, diciendo que nada tiene que envidiar en estos días de fiesta a la Exposición de pinturas de Madrid, en el año de 1371, allí donde hubo todavía un cuadro nuevo de Rosales, con quien no tardaremos en hallar en algún pintor mexicano favorable semejanza.

Revista Universal, México, diciembre 29 de 1875

Una visita a la exposición de bellas artes III

El arte es una forma de la armonía. A veces, es artística la irregularidad; pero esta irregularidad en pintura, debe ser lógica entre sus accidentes, como deben ser consecuentes y agrupados en unidad los caprichos de la fantasía poética. La monotonía es fiera, porque lo extingue todo, como que hasta extingue las santidades y costumbres del amor; en pintura, las líneas paralelas, los puntos simétricos, las líneas iguales y alternas, geometrizan la figura, vician el conjunto, destruyen con la dureza de las rectas, la gracia y las ondulaciones de la obra. No hay belleza en la rigidez; la vida es móvil; desenvuelta, abandonada, muelle, activa; se ha de sentir la carne; se ha de palpar el nervio en el ademán del movimiento; si se ha copiado el dolor, debe haber lágrimas suspendidas en las pestañas suaves y sedosas; si se ha imitado la fiereza, debe haber iras amontonadas en el ceño rugoso formidable. En pintura no existe lo sencillo: el primer grado es lo bello: el grado inmediato es lo sublime. No debe decirse de un pintor que es correcto; debe decirse que es soberbio, innovador, brioso y grande. ¿Por qué, si ha concebido Cordero estas verdades, ha reducido hasta el amaneramiento lo que pudo llegar a ser en él propia inspiración? ¿Por qué agrupa paralelamente en este cuadro de familia esas cuatro cabezas, tan pura alguna de ellas en el dibujo; tan bien iluminada la otra por el reflejo del rojo, muy amado por Cordero; tan brusca la de la joven vestida de azul, y tan privada de expresión la de esa otra joven en cuyo traje blanco puso tanto esmero y conciencia el pintor? Falta perspectiva a este grupo; falta verdad de color a esas hojas de plátano; faltan términos en la colocación de las figuras. Un cuadro no debe echar de sí por su estrechez a los seres que en él tienen vida: debe dilatar el espacio para que se destaquen de él; debe dar techumbre de cielo a sus paisajes; extensión relativa al número y tamaño de las figuras que en el cuadro se crean. Sea incorrecto el detalle; pero sea armónico el conjunto. Pudiera perdonarse la falta de proporción de ese vestido de tela blanca transparente; podría perdonarse la dureza de esas manos que sostienen el sombrero lleno de flores; podría pedirse para todas las figuras la elegancia y la corrección que tiene sin disputa la de la joven de ropaje negro, que es en sí notable por su colocación, detalle y acabamiento; pudiérase, en fin, olvidar el completo descuido o la premura con que se dibujaron y terminaron ese tronco y ramas de árbol; todavía podíamos no fijar la atención en ese borde de agua importuno y raquítico con que innecesariamente se hizo adornar un término del cuadro. Pero no haya perdón para ese cielo encendido en luces que no ha tenido nunca el Sol, el que ha sabido lograr esos reflejos del rojo, y hacer con ellos transparente un rostro humano, diluyendo una luz falsa, tiene el deber de reformar su manera, y emplear sus fuerzas y su modo de ver original en los cambiantes ciertos y en los múltiples secretos de la luz: el que ha sabido embellecer lo falso, hubiera realizado y animado bien lo verdadero. Diera el pintor mayor gracia y colocación natural a esas figuras; agrupáralas de manera que no presentaran una monótona simetría, diérales color real, proporciones ciertas, suelo esmaltado de flores, aire y espacio, transparencia de verdad y perspectiva de horizonte.

Agregarían entonces méritos a este espléndido conjunto esa mano que sostiene elegantemente la sombrilla; ese vestido tamarindo que comprime un seno lleno de verdad; esa corbata de perfecto encaje; esa otra mano que esta joven de aristocrático perfil, apoya en la bien acabada mejilla. Pero, aun en estos detalles ¿quién copió figuras de mujer sin ponerles en los ojos almas, y en los labios gracias y sonrisas? Esos labios son duros, esas fisonomías son austeras: en este cuadro hubo retoques y correcciones: por eso hay dureza. Hubo demasiado pensamiento: en los cuadros no debe haber más que inspiraciones y casualidades de color. En suma, se ha trabajado mucho en una obra que pudo ser muy bella; se ha trabajado demasiado en un cuadro que debió ser, por su asunto, grupo gracioso y ligero en hermoso modelo de paisaje.

Se produjeron figuras grandes en espacio reducido, se insistió en el uso de dantescas combinaciones de color, se pensó más en la fiel imitación de las telas que en la movilidad juvenil y expresión y vida de los rostros. En este cuadro hay un pintor amanerado; pero hay un pintor: faltó la proporción, pero hay la idea; se hizo algo bello en el detalle; pero no hubo la esplendidez, realidad y seductora gracia en el conjunto. Queden dicha la verdad, tranquilo el ánimo, y respetado el nombre de un pintor que debe sus defectos a un loable, aunque equivocado, empeño de creación.

Tristezas súbitas envuelven el alma atribulada del visitante. Un espíritu opaco ha dibujado un paisaje débil: German Butze ha copiado con verdad de semejanza y tibieza de color, árboles de Chapultepec a cuya sombra nacieron y crecieron sueños en afina candorosa que alzó ya sus raíces de la opresora superficie de la tierra. Vagos como las ramas de esos árboles eran los sueños en aquella alma pálida y blanquísima: cierto es ese paisaje, cuando tan de súbito trae a la memoria imágenes de amargura que el olvido no podrá nunca profanar. Porque es profanación el vergonzoso olvido de los muertos.

Alemán como su nombre debe ser el autor de ese paisaje: su composición hermosa y tenue es una fantasía de la tristeza sobre un asunto lleno de verdad.

Hay algo de las nubes de Germanía en este azul celeste; algo de vaporosa dilatación en el color verde de estas hojas; albo de las nieblas del Danubio en la velada superficie de estas apacibles y melancólicas aguas del gran bosque. El pintor dio a la forma real las vacilantes tintas de su espíritu: tal parece que se ha tendido sutil velo sobre las vigorosas riquezas de color con que la ardiente vida americana tiñó el cielo g vistió las ramas de estos testigos de los tiempos que dan aspecto de solemne ancianidad a las calles de nuestra selva sacratísima.

Concepción Rosas expone cerca del paisaje un cuadro de naturaleza muerta, con tal perfección ejecutado que honraría a una mano de maestro.

El cuadro es tan pequeño como valioso, porque es ley esta vez que no haya en la Academia obra de mujer que no merezca señalada mención; ya aquellas fresas que perpetuamente nos incitan en el lindo estudio de la señorita Barreiro; ya aquella dulcísima mirada que copió de sus ojos la señora Palmira B. de Coll, gala del pincel, y prenda de un delicado corazón; ya este cuadro sencillo y acabado en que se dio cuerpo y forma cierta a lo que en manos no inspiradas hubiera sido ocupación pasajera o copia escasa de valer. Hay buena luz y atrevido estudio de sombras en el cuadro de esta artista concienzuda.

Retiénense con gusto las miradas en los tres pequeños paisajes que presenta el pintor Ilizaliturri, completo el uno y un tanto débiles los otros de color.

Primitivo Miranda ha colocado aquí su buen retrato de Morelos. Severa figura, adecuado conjunto, buen estudio de ropas y verdad en los términos, son cualidades que recuerdan a la memoria cariñosa el retrato de Hidalgo, aún más bello que éste, que a manera de sombra venerable tiene en su sala de estudio Guillermo Prieto, buen hijo de la libertad, y favorecido hermano de las Musas.

El vigor y el atrevimiento han hecho ese retrato que presenta Urruchi: acredita a un pintor: ha retado a la luz, y le ha arrancado su brío y sus contrastes. Tal vida hay en el rostro, que debe parecerse a la persona allí copiada; pero aunque careciese de este mérito, el cuadro de Urruchi presentaría siempre una cabeza notable, y un fondo que no hubiera podido realizarse sin dominio del arte y osadía. Cada línea es un rasgo, y cada sombra una verdad: ese cuadro es atrevido, nuevo y bueno: se ha visto en él la luz de una manera original.

Termina ya esta sala, y una galantería del azar ha querido que acabe con otra obra de mujer: la señorita Francisca Campero presenta en un lienzo de vivísimo color diversas copias, que agrupa con arte y que llama el catálogo El Quetzal.

Un alma pura debía verlo todo claro: por esto quizá hay sobra de claridad, sobra de colorido en el cuadro de la señorita Campero; pero a la par se ven en él recomendables condiciones: ¿no se siente acaso el deseo de aspirar el aroma de estas flores? ¿No se destacan llenas de verdad de ese jarrón perfectamente hurtado a la naturaleza? Y esa jarra elegante que está a su lado, ¿no tiene gracia en la forma y mérito indudable en las sombras y el color?

Algo bueno tiene sin duda este ensayo lleno de promesas: ¿hubo nunca obra de mujer que no tuviese recomendable condición? Son deliciosos sus errores, tiernas sus creaciones, siempre tierno y entusiasta cuanto produce, más que el cerebro, el corazón femenil: consiste la excelencia de la mujer en esta superioridad del sentimiento.

Y contento el ánimo por el trato constante de estos días con obras de inspiración y de belleza, aquí descansa nuevamente de su tarea agradabilísima, en tanto que para pronto examen y obra mayor prepara sus imparciales y débiles fuerzas.

Revista Universal, México, diciembre 31 de 1875

Una visita a la exposición de bellas artes IV

La pintura, noble señor a del espíritu, puso colores de genio en los pinceles de Santiago Rebull. Concibió en su fantasía y realizó en el lienzo cuadro tal, que hace por sí el orgullo de una escuela, la reputación de un nombre, y la vida ilustre de un pintor. Así se obra, asombrando: así se conquistan voluntades, se imprime admiración, se suspenden los ánimos. Un hombre enfermo ha producido un lienzo vigoroso he ahí cómo las debilidades corporales en nada empanan ni perturban las creaciones del dolor y del amor. Dolor fiero, y amor fiero, y el espanto en los que asoman en la sombra, y la energía vigorizada por la luz, todo acumuló y dispuso en conjunto rico de detalles, el autor de la Muerte de Marat.

Había de pintarse un homicidio hermoso, y un homicidio cometido por delicada mano de mujer. Esta delicadeza añadía dificultad; bien es que tiña la sangre la cutis ruda y trabajada de los hombres; pero ¿quién contiene un estremecimiento involuntario, cuando ve enrojecidas, siquier sea por un crimen heroico, manos blancas y suaves de mujer? Dos malvados hicieron sufrir dos heroínas, producidas en época distinta con esta semejanza que prueba la identidad del espíritu humano. El clavo de Judith es el puñal de Carlota Corday:

Holofernes murió porque era tirano único; pero en Francia, como a la exageración del dominio corresponde la exageración de la rebeldía, no murió Marat con morir, porque la tiranía de muchos produjo en la explosión muchos tiranos. Cada odio era un despotismo, y cada pecho francés era altar de odio, si el odio merece alguna vez culto ni altares. Es sombra que vela la razón y oscurece la ventura. El amor de Vergniaud hubiera salvado a Francia: el odio de la plebe le atrajo una reacción de desgracias, que todavía no libran a su sangre del germen corrompido del imperio: por ley de historia, un perdón puede ser un error, pero una venganza es siempre una infelicidad. La conciliación es la ventura de los pueblos.

Mas éstas son ideas tranquilas, y cuando la patria era una hoguera, un pensamiento no podía ser un raciocinio. Era una llama, y debía serlo: quemaba con la Montaña, e iluminaba con la Fronda. La Lironda era el cielo azul, y la Montaña la nube preñada de tormentas: verdad que había en la nube vapor de siglos de oprobio. El ascetismo del espíritu había de concretar en una mano firme, el horror de lo delicado a lo grosero: la forma ejerce en gran número de almas, invencible dominio; y un alma de mujer que había debido a accidentes extraordinaria energía, debía sentir conmociones trágicas, repulsiones soberbias, majestuosos desdenes hacia los que ornaban con los pámpanos de la vida y precipitaban con el impulso de la ira la imagen pura de la libertad francesa, empujada, engañada, aturdida, que tendía los brazos con angustia a los hijos del noble Mediodía, sin que pudiera ver nunca sin sangre, la túnica que otros hijos furiosos desgarraban con ciego rencor.

Eso pensó, y con ese horror contrajo, y con esos pensamientos iluminó la figura de Carlota Corday el eminente pintor Rebull.

No en vano conserva la Francia meridional los dólmenes galos: así conservaba en la Revolución las sacerdotisas que animaron a sus padres al combate. La heroica Carlota fue con la heroica Vetella. Vestía de blanco; pensaba castidades; animaba en sí grandezas; si su alma hubiera sido el cielo católico, Carlota no hubiera estado bien en el trono de «mores de María». María es lo tierno, y Carlota era lo enérgico y sublime: espíritu puro, había ascendido hasta la abstracción por las soledades del convento; fue ascética en sus concepciones de la libertad; leyó con amor al fogoso Reynal, y con entusiasmo al descontento Rousseau. La emigración de sus hermanos; el asesinato de un hombre a quien tal vez amaba, y, sobre todo, el horror de un alma exquisita a los desórdenes feroces de los movimientos populares, se acumularon en su alma, se unieron en un acto de volición, y decretaron su terrible acto heroico.

Tal vez no anduvo por la tierra en su viaje de Caen a París: entreveía ella con placer extraños secretos, cielos de martirio. Y ya vamos llegando al extraordinario cuadro de Rebull.

¿Cabían en una misma atmósfera la expresión de la libertad pura y el predicador de la libertad feroz? Un alma de amor excluía a un seno devorado por serpientes de odio, de rencor, de envidia, y de fierezas: Carlota Corday había llegado a París: ella no comprendía la atmósfera envenenada por la víbora.

Allá estaba Marat, el médico que no curó jamás a un noble, el pelo de barba de la República, peregrino de Escocia, vendedor de plaza en Francia, caudillo de confinados, tal vez sabio, nunca loco, siempre cruel Quiso ser monstruo, y llegó a serlo: fue lo grosero y lo espantoso, pero fue lógico; siglos de esclavitud habían de echar de su seno de cadenas un hombre semejante. Tenía la hipocresía de la virtud, y hasta su concepto; pero no tuvo nunca su valor: no en vano su terrible nombre pugnaba sin hallar salida en los honrados labios de Loubet.

Músculos encontrados, arremolinados, rudamente atados, constituían su forma exterior. Como el fuego central obliga a bruscas rupturas a la superficie de la tierra, así debió haber en Marat un volcán interno que contrajese y tendiese a sí la envoltura de aquel hombre fatal.

Como lo grande es relativo, el gran pintor concibió el gran instante: unió a la energía la hermosura femenil, y creó a Carlota. Sin modelo, porque Marat no se reproducirá hasta que no se reproduzca la historia de la esclavitud europea, reguló los músculos, dio belleza artística a un torso de fiera, inclinó hacia atrás una cabeza en el momento de una suprema maldición, y contraído en el baño, comprimiéndose el corazón partido, con el tronco de encina a un lado, con la tabla mal cepillada sobre la bañadera, vertidos los papeles por el suelo, escritas unas líneas sobre un número del Amigo del Pueblo, cumplió el pintor en esta figura la verdad histórica, asombró con su armonía de detalles, acabó sin desagradable pulimento un perfecto conjunto, y en un término de su lienzo, copió el instante en que el tribuno acaba de recibir la puñalada de Carlota Corday. No apartemos todavía los ojos de estas maravillas del pincel: Marat ha recibido el golpe; se ha alzado sobre un brazo cuya mano crispada, que habría menester algún golpe definitivo del maestro, se clava en un extremo de la bañadera; inclina hacia atrás la cabeza, y presenta en todo su vigor los músculos del pecho, y se cubre con la mano derecha la herida que acaba de recibir. La actitud es cierta: si la herida se da en ese lugar, la contracción ha debido ser así. Y así era la figura del tribuno: su cuerpo desnudo copiaba las tremendas desnudeces de su alma: así descuidaba su cabello: así lo ceñía con desaseado pañuelo en el momento de su muerte. La fidelidad histórica hubiera querido algo mayor la cabeza de Marat; pero la concepción estética hizo bien en desviarse en este pequeño detalle de la realidad. Ese torso sorprendente ha obedecido a todas las indicaciones del pincel: se levanta hacia los hombros: como que se arranca en curva de las caderas: tiene la verdad de la piel, el color del cutis en el baño, el tinte azulado de la sangre que acaba de recibir una brusca alteración. Es verdad que para Marat no puede haber modelo; pero tal vez debieran ser más señalados los músculos del hombro izquierdo y de la región torácica cercana. Esa es la figura, producida con todo su salvaje vigor.

Olvidemos la perfección de cuanto la rodea: veamos esa otra figura luminosa que está dando un paso y que va a dar otro, que no ha perdido su belleza de mujer, para unir a su varonil majestad las señales de un augusto espanto. Aquí se obliga a toda admiración: después de dar el golpe, no pudo ser otro el movimiento de Carlota Corday. Cumplió y se aterró. Hundió y retiró el puñal; se llevó Marat la mano al pecho, dio un paso hacia atrás la joven, derribando una silla perfectamente colocada, y abriendo la mano derecha deja caer el puñal lleno de sangre, y levantando el brazo izquierdo inclina hacia un lado el cuerpo como defendiéndolo de enemigos invisibles sin apartar los ojos del herido, ni detener la precipitación de sus pasos: que ésta ha sido la magia del genio, sorprendiendo a la naturaleza en el difícil momento del horror. ¡Hermosísima cabeza, copia fiel de aquel severo rostro! Tiene la contracción de sus cejas, la griega corrección de su perfil, los varoniles rasgos de su barba. Intentaría en vano Meissonier producir con más belleza los vigorosos toques de la cofia. El pintor ha vencido las leyes de la composición: daña al conjunto todo brazo que corta la figura, y éste la corta y la realza. Se dio a la heroína la clase de belleza que le era necesaria: la belleza trágica; la hermosura de Medea, sin ninguno de sus rasgos antipáticos. La estatura es elevada, ancha la espalda, delicada la cintura. La cabeza se levanta por un movimiento nobilísimo del cuello. Esa mujer está temiendo, está espantándose, está andando: se sale del cuadro, como se ha salido de trabas mezquinas y de enojosas tradiciones de escuela, el genio del pintor. Es tan bella la figura de Carlota Corday, que si se devolviesen los brazos a la Venus del Louvre, se diera a la morbidez de sus contornos la rigidez animada del terror, y se la vistiese con esas ropas intachables que animan esta creación de Rebull, no hubiera sido de otra manera, ni más correcta, ni más majestuosa, ni más bella que la figura del pintor mexicano.

Veamos ahora todo lo que rodea a esas dos concepciones culminantes en la obra. Es verdad que el puñal salió del pecho de Marat teñido todo en sangre; pero la sangre humana no tiene un rojo tan vivo, ni unos puntos rojos deben distraer la mirada de la figura principal que está a su lado. La silla caída es verdadera; hay perfección en la distancia, porque en este cuadro en todo hay perfección. Sorprende la verdad de los papeles que han caído en todas direcciones por el suelo: hay un hermoso estudio de grietas y sombras en el tronco y en el madero que lo sostiene, muy bien alzado del pavimento, porque la perspectiva ha empleado en La Muerte de Marat todas sus leyes. Tal vez no debe ser blanca, ni fue nunca tan blanca, la pluma en las manos de Marat: ni parece posible que al caer una pluma de ave, caiga en la situación en que ésta ha caído. Rebull la colocará tal vez de otra manera. ¿Por qué ha de dañar tan sencillo detalle una concepción en que hay a la par suficiente verdad histórica, disposición perfecta, ejecución sin tacha, animación, colorido, inspiración y perspectiva irreprochables?

No cabía mayor verdad en esos zapatos de época, de los que pudiera decirse, haciendo exacto esfuerzo de lenguaje, que están llenos de vacío, pues tanto imitó en ellos el pincel a la realidad. Y en aquel hueco oscuro, en que se adivina una ventana, ¡qué riqueza de detalles, todos ajustados al carácter del sombrío hombre a quien rodean! Cuelgan de la agrietada piedra dos pistolas; en tabla mal unida a la pared desnuda hay un pomo de medicina que revela al enfermo: el pincel ha rastreado por las sombras de estas paredes, como rastreaba y mordía la ira en el pecho de aquel hombre. Aquí hay una mancha de color, y es un detalle; allí hay una línea, y es un término. En ese Marat, ¡qué estudio de los músculos del cuello! En el traje de Carlota Corday, ¡qué altiva elegancia; qué naturales pliegues!

Si en la sorpresa cupiese la crítica, diríase aquí, como gala de erudición inoportuna, que en el momento en que entraron gentes a la habitación, escondíase Carlota tras una cortina que en este cuadro no se ve; pero no quiere el buen gusto que se sacrifique así a la certidumbre histórica la creación estética. Diríase también que Carlota llevaba vestido blanco cuando dio golpe de muerte a Marat; pero esta fidelidad hubiera creado al artista invencibles dificultades de color: ¿cómo quitar dureza al contraste entre lo sombrío de la habitación y lo blanco de la figura? Se necesitaba un color tenue, luminoso como el alma de la heroína, para realzar en lo externo su carácter íntimo.

El pintor no lo pensó tal vez; porque las grandezas brotan de lo escondido sin elaborarse en el cerebro; pero lo realizó como cumplía.

Aun de esta manera la claridad de la imagen heroica ha comprometido algo la verdad de la luz. Alejándose un tanto del cuadro, resulta tal vez demasiado luminosa la figura de Carlota Corday. Si ella recibía tanta luz, debía haber más claridad en la habitación. Pero este exceso era también necesario para destacar más señaladamente la creación principal. La realidad es casi siempre monótona, y la fantasía tiene como buen defecto el que una crítica recelosa tendrá nimio escrúpulo en perdonar.

Obligada nuestra atención por la parte más animada del lienzo, olvidamos esas mujeres perfectamente francesas que asoman por la pueda de la habitación. Aquí está la falta histórica: cuando acudieron gentes a los clamores del herido, la heroína se ocultaba tras la cortina aquí invisible. A la animación del conjunto ¿qué falta hacía aquel detalle? Verdad es que compone bien, y añade un accidente más al cuadro.

Esta obra seduce las miradas, cautiva la voluntad y comprime la crítica en los labios. El es terrible como la facción que encarna: más músculos en el brazo y el monstruo está perfecto. Se le comprende como necesidad histórica; se le abomina como entidad humana; se le admira como realización artística. Tanto ha podido el pintor: ha hecho admirable a Marat. Y ella es Victoria, la madre de los campamentos: ella es Vetella, la sacerdotisa de los galos; así debió ser la esposa del guerrero de Vercingetorix, que cortó a su esposo la mano para aparecer ante César buena traidora, y conducir a la muerte por engaño a las bárbaras huestes romanas.

Amamos sobre todo esa exquisita cabeza, con su golpe exagerado de luz y su hermosísima cofia, y esa mano que ha dejado caer el puñal abriéndose tan bien, y esa otra mano que el espanto no ha acabado todavía de cerrar: alabamos y gustamos de ese torso encorvado y membrudo contrapuesto a ese otro talle aéreo y fieramente elegante de mujer: lo que a él lo contrae, es la muerte: lo que a ella impulsa, es el horror: en la cabeza de Marat, en ese dificilísimo escorzo, la muerte imprevista está pintada hasta en un punto de color que este pincel siempre feliz ha sabido colocar en la línea del ojo que se ve. Ella se va, y él se muere: ella interesa, y él espanta: él merece su muerte, y ella debe salvarse: él es nervudo como la tierra, y ella es nebulosa y clara y transparente y tenue como el cielo. Si así fue en la verdad el suceso, si así es la justicia en el comentario, si con la pintura del hecho se está desprendiendo el carácter, histórico de los personajes, y el juicio de los hombres venideros, ¿qué más podría pedirse al que reunió en un lienzo toda la barbarie de un partido, toda la pureza de un alma, las dos exageraciones del espíritu, el hecho y la consecuencia, la animación de la verdad y las páginas futuras de la historia? Así es lo grande: comprensivo, perfecto y sintético. Ese es el cuadro: place a los ojos, cautiva el deseo, se explica con la razón, se le siente y se le guarda en el alma.

Salga de México esa obra maestra de uno de sus pintores más ilustres: la tierra de las eminencias en su superficie, debe ser ya para los pueblos la tierra de las eminencias en el talento y en el arte. Honraríase un Museo de Europa con un cuadro como éste. Seduce a todo el mundo, admira a los que se admiran pocas veces. Ya vivió el que pintó ese cuadro, en las figuras, imponente; en el colorido, real; en los detalles, rico y exquisito. En cada línea hay una verdad, y en todas, la severa impresión del genio a las enemigas o rencorosas voluntades.

Ese es el cuadro: el que ata voluntad y miradas, el que pone en el alma alegrías y seducciones, en los brazos deseo de abrazar, y en la memoria instantes de ventura indelebles. Cada obra bella, cada obra grande, redime de un momento de amargura.

Revista Universal, México enero 7 de 1876

La Academia de San Carlos

En general se sabe que en el gran concurso americano, han llamado poderosamente la atención nuestras pinturas de México: se señalan en ellas dos condiciones sobresalientes: pulcritud en el dibujo y viveza de color. Teniendo esto en cuenta, parece que los jurados han acordado medalla de oro a nuestra Academia de San Carlos.

Disertaremos otra vez sobré esto. ¿Tampoco —excitado ya el apetito americano— tampoco se animarán ahora nuestros pintores a copiar nuestros tipos y paisajes, que serían oportuno alimento s la curiosidad vivamente excitada de nuestros vecinos?

México les parece un país de oro, y todo les sorprende en nosotros: nuestra historia, nuestras revoluciones, nuestras riquezas, tan mal aprovechadas; nuestras minas, que no cuidamos; nuestras poblaciones de temporada, que no embellecemos; nuestros tipos y vestidos originales, que hieren vivamente su atención.

Esto es una gran fuente de riquezas. La curiosidad tiende siempre a saciare; y la curiosidad rica satisface prontamente su tendencia. ¿Qué hace Ocaranza que no anima sus composiciones delicadas y picarescas con tipos de México? ¿Por qué no hace Parra episodios de nuestra historia? ¿Por qué Tiburcio Sánchez y Rodrigo Gutiérrez no dan vida, aquél con su costumbre de copiar tipos, y éste con su colorido y dibujo envidiables; a nuestro Mercado de la Leña, a nuestras vendedoras de flores, a nuestros paseos a Santa Anita, a nuestras chinampas fértiles, perpetuo seno preñado de flores? ¿Por qué, para hacer algo útil, no se crea en San Carlos, olvidando las inútiles escuelas sagrada y mitológica, una escuela de tipos mexicanos, con lo que se harían cuadros de venta fácil y de éxito seguro?

Sin querer se nos ha ido la pluma; es que de veras queremos a la Academia de San Carlos, y nos duele que se dé razón para decir una verdad que no es más que aparente: que la pintura en México no tiene porvenir.

En México, puede ser cierto, por falta de educación artística, amor patrio y buen gusto entre los ricos; pero fuera de México, sí tiene gran porvenir la pintura mexicana. Ávidos de nuestros cuadros de costumbres estarían Schauss en Nueva York y en París el benévolo Goupil. ¿Ni la seguridad del bienestar hostiga a nuestros excelentes y apáticos pintores? ¿No les sonríe un viaje a Italia, una meditación en el Cementerio de Pisa, un asombro ante el Giotto, una contemplación ante Angélico, un paseo por la costa malagueña, un peligro en los ventisqueros suizos, una noche de Luna en el lago de Ginebra, donde iba a naufragar Lord Byron, una mañana en la Catedral de Sevilla, y un crepúsculo en la Alambra de Granada?

Todo esto podrían procurarse ahora fácilmente con el producto de sus cuadros.

Revista Universal, México, octubre 24 de 1876

Francisco Dumaine

Está de luto la Academia de San Carlos: no ha muerto un maestro, pero todo alumno que progresa es un maestro que nace: de estos niños del arte se hacen luego varones vigorosos y robustos.

Ha dejado la tierra Francisco Dumaine, autor del grupo de Las Huérfanas, estatuario notable, artista que sentía el mármol como los buenos pintores sienten el color. ¿Qué mejor lauro fúnebre que la enumeración de sus no comunes cualidades?

La fama suele ser tan vocinglera y caprichosa como esquiva e injusta. Siempre es difícil la existencia, y más difíciles son las que están destinadas a ser más gloriosas. Nada hay tan sencillo y tan amargo, tan desconsolador y tan lleno de creencia, tan ejemplar y tan simpático como la vida del artista, en que la decepción engaña tantas veces los más acariciados devaneos, en que el celoso sinsabor está siempre cerca del difícil premio. Su imaginación realiza en la esperanza los misterios que crea el color en su paleta; y más cambiantes hay en los desfallecimientos y resurrecciones de su espíritu, que combinaciones pueden hacer con los pintorescos elementos de la luz.

Y debe ser inmensa, y fiera y soberbia en sus sacudimientos íntimos, el alma de los escultores. Ese combate diario con la inercia resistente de la piedra; esa lucha del sentimiento animado golpeando rudamente la materia sin animación; la pereza pétrea frente a la labor humana; esa imposición del alma bella a los rigores sordos de la masa ruda; esa fatiga de titán por animar la muerte, la más implacable de todas las perezas, deben enardecer y acrecentar todas las fuerzas del espíritu, deben fortificar con la energía el alma consagrada a esta perenne lucha, deben dotar de robustez increíble al que transporta a las frías vetas marmóreas los fuegos de la vida y el calor animante de la sangre.

Y ¡qué placer con la victoria! Y ¡qué victoria ésta humana de crear un hijo bello en los informes y duras masas de la tierra! En esa materia ¡cuánto espíritu! En esa piedra ¡cuánto hombre! En ese combate aparentemente inútil ¡qué grandezas de la perseverancia, qué burlas a la muerte, y qué fecundidades y solicitudes del amor!

Esta fue sin duda la vida silenciosa del artista que hubiera muerto, si en un grupo inolvidable no dejara para largos tiempos escrito un nombre amado con justicia por sus compañeros en el taller; por los que con él dividieron fraternidades, amarguras y sueños; por los que saben que los pueblos latinos se salvan por el arte, como los sajones se salvan por el libro, y en la religión de la belleza fían, como auxiliadora de toda virtud, mejoradora de espíritus débiles, y creadora fecunda de grandezas.

Dumaine pertenecía, sin saberlo él quizás, a la escultura nueva; no a la copia, inútil aunque correcta, inútil tal vez por su misma fría y convencional corrección, que nos legó la escuela griega; tal vez hubiera imitado mejor una Bacante de Carpeaux que la Venus del Louvre. Si hubiera hecho una Venus, habría hecho la de Canova, tan bella en escultura como en pintura la encantadora Magdalena de Correggio.

Hay en Francia una escuela escultural propia, pero el mal de esta escultura es ser demasiado francesa; hay en ella más amor al desorden de la forma, que a la castidad de la expresión; copia mejor el lirio dado el amor loco de los vientos, que el lirio erguido con la tímida frescura del pudor; hay en esta escuela más sensualidad que sentimiento. Y Dumaine ha sabido reflejar en la piedra la soledad y la amargura; sus Huérfanas enamoran los ojos del alma y del cuerpo; sorprenden por su corrección de dibujo, y entristecen por la doliente verdad de su expresión. En este fuego no encendió sus estatuas la sagrada Grecia: el pueblo de los amores corporales no pudo copiar bien un espíritu cuya extensión y soberano origen no sospechaba todavía. No era posible que el arte dijese sus palabras últimas en el pueblo en que Venus era un culto. Se ame la belleza, pero la belleza de María, amada a la manera de Platón: la mujer desnuda no es indudablemente la forma más bella de mujer.

Es muy difícil esta laboriosa vivificación de lo insensible. Esta escuela naciente, esta escultura mórbida, esta estatuaria espiritual, no han hallado todavía los modelos claros, las líneas fijas, la vía marcada que han de imitar y seguir los que se emancipen de la inexpresiva, aunque admirable, escuela antigua. Acabó para loa lienzos la época de los Santos tétricos de Zurbarán y de loa sombríos ascetas de Ribera; acabó para los mármoles la copia tibia de guerreros nervudos e incitantes Venus. Por sentidor, por estudioso, por original, por correcto, por delicado artista, bien merece el infortunado Dumaine las muestras de sincero doler con que sus compañeros, nobles hermanos, lamentan su muerte, y los aplausos póstumos que tributan a su talento enérgico los entusiastas amantes de la libertad nacional, animadora de todas las creencias del moderno espíritu y todas las formas de la nueva vida.

Revista Universal, México, julio 16 de 1876

Eloísa Agüero de Ossorio

El nombre de la joven actriz no es desconocido para nuestro público. Desde su llegada a México, los periódicos de la capital comenzaron a hacerse eco de los recuerdos agradables de quienes a su paso por La Habana, han —tenido ocasión de aplaudirla en sus dos principales teatros, o de los que por los periódicos de aquella ciudad tenían noticia de los elogios que merecen bien su gracia y su talento.

No es un juicio exagerado ni prematuro lo que ocupa estas líneas: quien las escribe no ha visto trabajar aún a la actriz cubana; augura bien de su mirada viva e inteligente, de sus maneras distinguidas, de su conversación afectuosa y no vulgar, de su simpática modestia; y se limita a recoger de un libro henchido de juicios y de elogios, aquellos que le parecen más justos por lo que tienen de menos laudatorios.

¿No serán acaso importunas antes algunas noticias de la vida de la joven actriz?

Nació en el Camagüey, tierra de Cuba donde todas las mujeres son trigueñas y todos los ojos son hermosos. Eloísa Agüero no se opone a que se diga que tiene veinticinco años, y aun quiere que se diga que tiene veintiséis.

Pertenece a una familia siempre distinguida y notablemente acomodada hasta hace algunos años. Desde los primeros años de su niñez se tenían en La Habana noticias de las sorprendentes condiciones para el teatro que mostraba una linda niña camagüeyana; los poetas le hacían versos, y aun es fama que ella los hacía también; verdad que una mujer hace versos con solo ser mujer. La llevaba al teatro una decidida vocación, alentada en su niñez por su familia satisfecha, contrariada luego fuertemente cuando comenzó su adolescencia. O en el alma de la joven camagüeyana ardía algo hermoso, o la contrariedad acreció y avivó sus deseos. Eloísa Agüero contrajo matrimonio, vino a La Habana, se presentó en el Liceo, y la aficionada sencilla e inexperta fue solicitada y contratada como primera actriz por don Joaquín Arjona, para compartir en primera línea sus trabajos en su inolvidable y muy sabrosa temporada del teatro de Tacón.

Otros dirán si aquel público la estima: todo juicio en los labios del que escribe fuera indudablemente prematuro, y quizá sin justicia, por cierto motejado de pasión.

El Liceo era el lugar de reunión de los hombres más inteligentes y las familias más distinguidas de La Habana.

Deseaban los habaneros que Eloísa Agüero se presentase en el Liceo. He aquí cómo apareció por primera vez al público la niña aficionada del Camagüey.

«Aquella ocasión por nosotros deseada no se nos hizo esperar mucho tiempo: la tragedia Otelo verificada en el Liceo de La Habana en la noche del sábado, vino a presentárnosla, y confesamos con toda la sinceridad que nos distingue, que la amable camagüeyana, en el dificilísimo papel de Edelmira excedió a nuestras esperanzas.»

«Secundada por distinguidos aficionados, Eloísa se mantuvo desde el primero al último acto a una altura envidiable. Sus elefantes maneras, su pronunciación clara y precisa, y más que todo su conocimiento de la escena, arrancaron a la numerosa concurrencia que llenaba los salones del Instituto de la calle de Mercaderes, numerosos aplausos, y por último, a la conclusión de la tragedia, el director de Declamación ornó las sienes de la distinguida aficionada con una corona de laurel, modesta ofrenda consagrada a su talento.»

Y dice luego el periódico mismo:

«Por lo que toca a nosotros, podemos decir que sentimos con la artista de una manera tal que aún resuenan en nuestros oídos muchos de los versos de la tragedia, muy particularmente aquel que dice:

Pero Otelo me ama, y yo... ¡le adoro!

Situación en nuestro concepto vencida por Eloísa de una manera inimitable.»

¿Verdad que la actriz empezaba su carrera de un modo atrevido y brillante? Y aún no tenía sus dieciocho años por entonces.

Dice otro periódico:

«La distinguida camagüeyana interpretó a la apasionada Edelmira, con voz ya tierna y melodiosa, ya enérgica y robusta... Hoy que esta joven ha desplegado tan grandes facultades en el más difícil de los géneros dramáticos, en la tragedia, nos atrevemos a augurarle el más glorioso porvenir en su carrera artística.»

Dijo El Siglo:

«La señor a Agüero de Ossorio, hoy con tanto acierto elegida como primera dama del teatro de Tacón por el inteligente señor Arjona, mereciendo la aceptación de las personas capaces de comprender su mérito naciente, nos prueba en su mismo atrevimiento, al salvar las distancias de tiempo y estudios, que posee las condiciones que constituyen la verdadera artista.»

Hela ahora ejecutando en el beneficio de Arjona, Bienaventurados los que lloran.

«La señora Agüero de O., bella, modesta y simpática, ha estado muy bien en todo el papel de Juana, y en algunas escenas del cuarto acto, tan tierna, tan sentida en su dolor, que el público le mandó repetidas veces sus aplausos, que con tanta justicia merecía.»

Los lectores de la Revista no saben de seguro que forma el periódico el señor Cirilo Rodríguez, artesano tan distinguido como formador exigente. Me dice que apenas hay espacio para las cuartillas que estoy escribiendo, y heme aquí obligado a cesar contra toda mi voluntad en la agradable tarea de dar a conocer a una actriz americana, modesta, joven y notable.

No será, sin embargo, sin copiar algunas líneas más.

«La señora Agüero tiene en la escena las delicadas y naturales maneras de la buena sociedad a que pertenece en el mundo, sin necesidad de fingirlas ni estudiarlas, sin hacer gestos ni contorsiones inadecuadas. Dice bien, con intención y sentimiento: su pronunciación es perfecta: su voz es un poco opaca, y aun pudiera decirse que es algunas veces apagada; pero creemos que esto no constituye defecto en ella: su fisonomía es simpática y la juega con oportunidad y acierto.»

Hay en el libro que leo muchas cosas agradabilísimas para Eloísa Agüero. Canta, y de esto puedo dar fe, con gracia inimitable, nutras dulces y sentidas canciones americanas, ramo de adorno para ella un día, y luego motivo de aplausos constantes. Eloísa Agüero no es cantatriz, pero canta sumamente bien.

Dice un diario:

«Lo más notable fue la canción "La Paloma", desempeñada con mucha gracia por la señora Agüero de Ossorio, que se vio obligada a repetirla entre atronadoras palmadas.»

Todavía gracia para algunas líneas más.

«La señora Agüero de Ossorio, esa joven que no tiene sino buenas cualidades que la recomiendan, ese ser que tiene una historia cuyas páginas contienen muy bellos rasgos de caridad y de virtud, nos ha dado prácticamente el ejemplo.»

Eloísa Agüero es, pues, inteligente, bella y buenas tres muy hermosas formas de un alma de mujer.

Y todo quisiera yo copiarlo; pero no lo quiere así el implacable C. Rodríguez.

Con unas bellas palabras de la actriz, terminaré estas líneas.

—Tengo una pena, me decía hace dos noches en el teatro Principal: los periódicos dicen que soy una actriz excelente...

—Y lo ha de ser quien tiene excelentes ojos.

—Bueno: a pesar de mis ojos, yo sé bien a dónde llegan mis fuerzas: es verdad que yo procuro hacer mis papeles con conciencia, pero esos elogios son exagerados, y el público va a encontrar luego un verdadero desengaño en mí.

Las lisonjas son ciertamente de mal gusto. ¿No es verdad que todo anuncia que el público desmentirá los simpáticos temores de la actriz?

Mañana se presenta por primera vez en el teatro Principal. ¿No es verdad que está ya curioso de verla el buen público de México?

Revista Universal, México, 6 de junio de 1875

Pilar Belaval

La muerte no es verdad cuando se ha cumplido bien la obra de la vida; truécase en polvo el cráneo pensador; pero viven perpetuamente y fructifican los pensamientos que en él se elaboraron. Son los tiempos como ondas del aire que entre sí se comunican y extienden las glorias de los que se cobijaron a su sombra.

Es una manera de honrarse, y no la menos generosa, honrar a los demás; así lo ha entendido el Liceo Hidalgo, benévolo para los ingenios nacientes, justo para los talentos que han desaparecido de la tierra, porque hay en los espíritus solicitud misteriosa de lo que aquí es grande y bello, como si no fuera ésta la patria de la belleza absoluta; como si lo grande terrenal no fuera más que presunción de una grandeza abstracta, potente como la soberbia del humano, y extensa como la imagen vaga de su Dios.

Hay en el alma como otro ser dormido, fiera cuando lo mueve el espanto o la venganza, llanto cuando lo agita el duelo o el amor. Ora es melancolía insensata: ora es ave oprimida que nos rompe el pecho con el mover inquieto de sus alas.

Vive en esas regiones, que todo alienta y vive, el espíritu superior de una artista ilustre, rica en talento, dueña de alma noble, justamente afamada en la tierra de amores en que serpentea el Guadalaviar, y no menos querida en la tierra de México, gala y lujo de la naturaleza, en esta obra de sacudimiento y resurrección que en la espléndida América ha cumplido. Me llaman para honrar a una artista y para celebrar a una mujer: diera mi mala fortuna que no hubiese palabras en mis labios, y este motivo de loor pondría en ellos palabras a raudales.

Es mujer, copia feliz de cuanto hay de animado y de bello, y artista es el realce del entusiasmo y la grandeza. Dícese mujer, y se adivinan ternuras, abnegaciones, divinas locuras y promesas.

Dícese arte, y siéntese la voluntad encadenada a extraña y poderosa fuerza, y levantada la inspiración, y como cumplida una alegría, y regocijada y agradecida una ventura. Arte es huir de lo mezquino, y afirmarse en lo grande, y olvidarse, y enaltecerse, y vivir, porque olvidarlo es la única manera de perdonar al Creador ese don pesado, incomprensible y loco de la vida. Hay locuras eternas: también es cierto que toda redención y toda alteza nacen en forma extraña de locura.

Era la que ahora celebramos, mujer bella de cuerpo, y elevada de talento, maestra en la interpretación de la comedia, dueña y señor a del drama, y tan presto mujer donairosa en el decir de alguna sátira festiva, como doliente Alicia o fiera Adriana en aquel monumento del teatro que se llama Drama Nuevo, y en esta obra notable, que tan bien acomodó a la escena castellana el gran lector, gran traductor y gran poeta, hijo de las Américas y muy amado en España, fecundo e inolvidable Ventura de la Veda.

Dicen que no hubo nunca mayor gracia cómica, ni pasear más picaresco, ni más intencionado mirar que aquellos con que regocijaba a su auditorio Pilar Belaval, cuando con rara inteligencia unía a la altivez y ceño de una dama; el donaire y peculiar gracejo de las hijas de aquella Andalucía, tierra amada por el Sol, madre de flores y mujeres bellas, donde las blancas casas de los pueblos como que dan idea agradable de las blancas almas de sus hijas. Sevilla parece, vista desde lejana altura, como lecho de dormidas palomas; México copia bien los negros ojos, animada expresión y gracia singular de las mujeres de Sevilla: y era el tipo sevillano, español, bohemio y árabe el que en la escena cumplía y embellecía la actriz amada por el público.

Y en los instantes en que la agitaban emociones dramáticas, ¡cómo se erguía robusto su talento! ¡Cuán celosa dicen que era en Adriana Lecouvreur, y amante en Piedad, y angustiada en la gran obra de Tamayo, y llorosa y sublime en la Eugenia infeliz del gran Acuña! Ella fue la que realizó en el teatro la obra generosa de aquella alma pálida, perpetuamente inquieta por diversos devaneos, y que estalló en su cráneo, más que por obra de una mano loca, por fuerza del cerebro poderoso que dentro del cráneo se ahogaba y oprimía.

Ella, espíritu culto, debía entender las exaltaciones de Acuña, gran espíritu. Y bastan para la comedia los talentos, mas quiere el drama fuerza de propio valer y de arrebatada inspiración. Pinta un afecto el poeta, y crece y entusiásmase con él; mas llega un instante en que termina la obra del lenguaje para ceder a los impensados movimientos de la acción. No solo es útil el actor: es complemento y apoyo de la grandeza del poeta, porque cuando llega la pasión a un alto extremo, no hay versos en la lira, ni frase en el lenguaje, ni en lengua alguna palabras que copien los bruscos arranques, salvajes gritos; airados movimientos, expresiones terribles con que en sus horas de tormenta se sacude la enérgica naturaleza de los hombres.

Se cumple el arte, despierta la fiera, llora el llanto, muévese con más vigor dentro del pecho el ave inquieta y sorprendida.

Estos triunfos alcanzó la Belaval, triunfos siempre pasajeros por injusticias de la memoria o apetito de novedades, nunca saciado en los humanos.

Bien ha hecho el Liceo Hidalgo en remover su tumba; que es noble sacrilegio el de cubrir los cadáveres con flores. Bien ha hecho en tejer coronas nuevas para la que fue en vida mujer amantísima del arte, y supo cautivar a altos espíritus, y encarnarse en la obra de un poeta infortunado y memorable, y dejar tras sí admiradores numerosos, entusiastas amigos, doliente amante, y hombres de letras ilustres, que tuvieron en alta estima sus talentos, y por ellos la encomian y la ensalzan.

Arbusto solitario es el alma del hijo enamorado de la patria que lejos de su amada sufre sin consuelo: manera de morirse es ésta de vivir alejado de la patria: celebre un muerto de ausencia a la que, por bien suyo, y mal de los que quedan, murió ya: viértanse sobre la tumba las flores tristes de este solitario arbusto, y asciendan en aromas hacia la que adelanta por las sendas de la muerte, que es una forma de la vida, en tanto que aquí se encomian sus excelencias en el arte, que es una forma del amor.

El Federalista, edición literaria, México, 5 de marzo de 1876

Hasta el cielo. Por José Peón Contreras

Cuando nos cautiva una grandeza, cuando el corazón se mueve de regocijo, cuando muchas bellezas nos deslumbran, se siente amor, y esperanza, y orgullo por los demás, y fe en la gloria. Las pasiones malas huyen, los brazos se mueven inquietos por el deseo de abrazar, y la pasión buena, la fraternidad hermosa, hace nido y morada de nuestro corazón, no en balde llamó Hasta el cielo a su drama losé Peón Contreras; cielos hubo en la noche de promesas en que este drama se dio al público.

Noche de promesas. Lo naciente con debilidad, acababa allí de nacer con vigor. ¿Cómo acabará lo que ha nacido así? Es mejor pensar que no acabará nunca; porque ni mueren las obras del talento, ni el espíritu, el espíritu humano, el espíritu americano son cosa pasajera. Si Europa fuera el cerebro, nuestra América sería el corazón. Otros pensarán más, nadie sentirá mejor. En Hasta el cielo las palabras brotan de los labios, pero el cerebro obró poco en la elaboración.

El drama es bello, porque es espontáneo; tuvo éxito, porque se identificó con el público; se hablaba el lenguaje de las almas y éstas están siempre despiertas.

Es eso hermoso; uno sufre; y todos lloran: un pecho se desgarra y todos sienten oprimido su corazón. La desventura de un hombre es sentida por cuantos lo ven desventurado: el dolor de una mujer arranca a todas las mujeres emociones y sollozos. No serán malos los hombres mientras aplaudan esa clase de dramas. Dominan al incrédulo, y encadenan un instante al extraviado; serán una locura, pero nadie prescinde en aquel momento de ser loco. El escepticismo es una fantasía del pensamiento, y las emanaciones del espíritu ahogan allí el escepticismo. El germen impalpable ha caído en los corazones: el ángel de alas blancas está agitando el aire; la situación del personaje se hace nuestra propia situación; allá vamos, arrastrados: allá vamos; seducidos.

Y si alguien piensa que fue inútil ir al teatro a llorar ¿cuándo fue un hombre mejor que después que lloró mucho? ¿Cuándo hubo alguien que no sintiese placer de orgullo en haber sufrido? ¿Dónde hubo nunca redención más hermosa que el dolor?

La belleza, por sí misma, es un placer. Hallamos algo bello, y hallamos algo de nosotros mismos. Cuando en alguna de las artes del espíritu, ora el ritmo del sonido en la palabra extensa —poesía— o en el eco sin extensión —música—; ora el atrevimiento del pincel sobre el lienzo a que se da color de carne y forma corporal; cuando en alguna de estas artes bellas, se ha actualizado en sus evoluciones un sentimiento, se ha creado un cuerpo, se ha realizado un personaje o un conjunto estético, buena es la obra del pintor, buena es la fantasía del poeta, porque con cumplir la belleza ha cumplido toda su obra. Poetas, músicos y pintores, son, esencia igual en formas distintas: es su tarea traer a la tierra las armonías que vagan en el espacio de los cielos, y las concepciones impalpables que se agitan en los espacios del espíritu. Formalizan lo vago: hacen terreno lo divino. Es mejor el que más cantidad de cielo alcanza.

Presenta Peón en su obra un buen conjunto estético; conmueve sin lastimar la razón; las pasiones que pinta son reales. Habrá algo que advertir a su drama en la trabazón de los sucesos, y hasta en lo esencial de su concepción; no hay nada que observar a aquel castellano bien hablado, a aquella poesía, usada siempre, viva en todo el drama, pero no exagerada un solo instante. Peón ha tenido un talento difícil con los poetas: no ha sido pródigo de bellezas; y no hay, sin embargo, en su obra, nada que no sea bello.

El entusiasmo excluye la reflexión, y aún no hemos tenido tiempo para reflexionar en el drama Hasta el cielo.

Un virrey de México amó a una mujer y pagó a un malvado para que diese muerte a su esposo: el secretario del virrey, que sabe el crimen, pero no es conocido del alto personaje, ama a una joven que se educa en un convento, por el virrey cuidada y protegida. El asesino, ya Marqués, ha exigido al virrey la mano de la joven, que pasa por su pupila y es su hija.

El secretario ha de estorbar el matrimonio: sabe que el pretendiente es el que mató a su padre: logra de Blanca una cita en su aposento: obsérvalo el Marqués, y entra tras él: vase Blanca con Sancho y el escudero de éste, mata en riña de espadas al malvado.

Así pasan los dos actos primeros, y llega con el tercero un acto tal, que aquí acabó toda crítica y comenzó toda alabanza.

Blanca está en casa de Sancho, y el virrey viene a dolerse con su secretario de su pérdida. El hijo quiere vengar al padre muerto, y hay en el amor de Blanca pretexto de venganza. Con enunciar la situación, se da a entender lo que ha hecho en ella el talento de un hombre que no sabe escribir sin poner en cada frase un latido de su corazón. Blanca oye que no es amada: el virrey declara que los amantes son hermanos: él tuvo a Blanca en la madre de Sancho: todo dolor estalla; toda desventura es cierta: ya no han de verse nunca: ella irá a un convento: él no sabe dónde irá: adiós se dicen... Hasta el cielo.

En este acto el ánimo suspenso pende de cada palabra de los personajes: crece el interés por la proximidad del desenlace: se ha sospechado éste quizá en los dos primeros actos, pero en el tercero se le olvida: a una escena bella, sucede otra más bella: el amor es allí dolor: la venganza es fiera e impotente; la desgracia irremediable despierta simpatías hacia aquellas dos nobles criaturas. Tan hermoso es este acto, que el público no siente la repugnancia instintiva que inspira el amor entre dos hermanos. Se ha vencido a la verdad; se ha cautivado completamente a la razón.

Corre el primer acto fácil y galano, por más que parezca un tanto violenta una situación entre el virrey y Sancho, que no está justificada aún.

Enrédase la trama en el segundo; hay situaciones vivas entre el asesino y el amante; buena escena de pasión, sobrio todo, todo rápido, y concluye el acto con un artificio que acrece en gran manera el interés. Bótense el Marqués asesino y el escudero de Sancho, y el telón importuno no deja adivinar quién de ellos muere.

Y en el tercero, todo admira. Hay en labios de Sancho un sueño, cuya descripción hubiera enorgullecido a don Manuel Tamayo. Hay maestría en los detalles; hay rapidez en la manera de llevar la acción; tal vez se conoce el desenlace final; pero sorprenden los resortes sencillos y nuevos con que se llega a él. Entra por puerta y ventana un oportuno frío: óyese en la habitación de al lado un ¡ay! doliente como la verdad; fía la mujer amada, con nobilísimo arranque, en la generosidad de su amador; dícense las palabras que en aquella exaltación deben decirse; en suma, siendo los dos primeros actos bellos, el tercer acto es grandioso. Algunos notan violencia en el final: no así nosotros, que creemos que la violencia está en la esencia de la concepción. O es repugnancia de la razón, o es repulsión del espíritu educado; pero ello es que letrados y palurdos tienen como cosa lastimante y dura la pasión de amantes entre dos que nacieron de una madre misma. Un buen poeta, que es a la par hombre bueno, no podía hacer antipático ese amor: de ahí la falsedad del sentimiento. Quien esto escribe ha visto casos de esas aficiones terribles: mas nunca, aun en personas estimables, han dejado de tener toda clase de caracteres repulsivos. No amor conociendo su parentesco, que, si se sabe, no se dice: Amor de hermanos que aún no sabían que lo eran.

Si a pesar de esto es bueno el drama de Peón, calcúlese por qué hace olvidar esta solución de la obra, aun a los más pulcros en morales repugnancias. La hace olvidar y la hace aplaudir: asienta siempre errores el que enamora y cautiva con ellos.

En los dos actos primeros, como que tropieza el poeta con las pequeñeces del enredo y de la intriga: aquí hace falta un detalle: allí está justificado, pero oscuro, el fundamento de una situación. Caen y tropiezan siempre en lo pequeño los espíritus altos.

Pero en el acto tercero; cuando ya nada ha de hacer el ingenio; cuando las situaciones finales resultan de las anteriores, cuando la urdimbre dramática ha cesado para dejar vuelo a la inspiración y al sentimiento, tan vigoroso es el drama que no deja lugar a observaciones: seduce, encanta, obliga. El corazón sigue en el pecho los movimientos de los actores en la escena.

El lenguaje es siempre hermoso; y presenta una atendible novedad: es a la par clásico y romántico. El poeta americano ha roto a menudo una red de giros castizos, y los olvida embelleciéndolos. Ese lenguaje se hablaba cuando el ingenio tenía más admiradores que el sentimiento: ahora, que han pasado los tiempos del retruécano ingenioso, podrá hablarse éste en los momentos de calma; pero se habla otra lengua más espontánea, más fiera; más bella; en los momentos de pasión.

Y hay en el diálogo facilidades, repeticiones elegantes: giros e interrupciones de maestro. Los adjetivos son conceptuosos y poéticos. No recargan, realzan. En Peón rebosa el talento descriptivo. Cada idea le trae un recuerdo, y cada recuerdo le da ocasión de describir. Parco en esto, como en todo el curo de su obra, no hace, sin embargo, fatigosa esta poética afición.

Para cronistas, nos sobra entusiasmo, y para críticos nos ha faltado esta vez voluntad.

Tenemos para las bellezas abierta toda el alma, y para los defectos, cerrados los oídos. Se ha puesto en escena una obra que compite en mérito con las más aventajadas en su género: nace por un camino de laureles un poeta dramático. Puede adquirir perfección mayor en la inventiva y novedad de sus recursos, no en el temple de su inspiración, no en la brillantez de sus imágenes, no en la delicadeza del lenguaje.

A la medianía, se la tolera. A la primera fuerza, se la admira. Cuando un hombre modesto atrae a un público, y lo cautiva, y lo encadena; cuando con algunas frases y la disposición de algunas escenas hace estallar en unánimes aplausos; cuando con la ficción de un sentimiento se hace sentir a todo el mundo, en esta ficción y en este hombre hay indudables y no comunes grandezas.

Hasta el cielo es obra bellísima; vivificada por una sensibilidad exquisita, producida por una aptitud dramática sobresaliente. Es tal la sensibilidad de Peón, que anima con ternura, calor y vida nuevos, la dulce lengua en que habla: concibe con delicadeza, habla con elegancia, desarrolla con talento y siente con pasión. Si faltaron detalles en su obra, sobran en cambio extraordinarias cualidades. La obra nueva es cimiento, gala y honra del naciente teatro mexicano.

Revista Universal, México, 15 de enero de 1876

La hija del rey. Por José Peón Contreras

Conmover es moralizar: ¿quién era malvado anteanoche en la representación de La hija del rey? Músicas y vítores acompañaron a Peón hasta su casa, y los que no llevábamos flores en las manos, volvíamos los ojos a los papelea azules de Calderón como demandando al cielo estrellas para la frente del poeta esclarecido, que en ella encontrarían hermanas espléndidas de gloria.

Irán en este artículo mezclados la reseña y el tributo; la impresión y el juicio; la obra del criterio y la del regocijo por el ajeno bien, que no es más que una forma del bien propio. Peón ha vencido, ha puesto alegría en los ánimos, se ha hecho aplaudir de las mujeres, ha exaltado a los hombres de entusiasmo: allí vencíamos con él cuantos sabemos que la gloria solo ama a los que la temen al mismo tiempo que la buscan, y la esquivan como desesperando de merecerla. No van, por desgracia, unidas siempre tanta bondad de belleza en la inteligencia, y tanta bondad de cariño en el corazón: Yucatán debe amar el día en que produjo a este poeta, ilustre por inspirado, y por modesto, más ilustre.

Tres actos tiene el drama; acabado el uno, extraordinario el otro; el otro naturalmente opaco y débil, con el suave desfallecimiento del crepúsculo, bello en sí, sin poder compararse en belleza con la tierra encendida en luz de Sol.

Vino a México en años ya olvidados el arzobispo Moya de Contreras, y trajo consigo una niña, que no justificaba por su edad los desusados respetos que merecía visiblemente al arzobispo. Albergaron a la misteriosa criatura los muros de las Concepcionistas, y dio ella luego con su raro influjo, toda clase de preeminencias al convento nuevo, viejo para nosotros y desde entonces tenido y respetado por real. Corrían años, y a los catorce de edad, murió privada de razón aquella niña, motivo de duda para los curiosos, para todos de hablillas y asombro, y para el malicioso cronista que esto dice, hija bastarda del rey. Fue infortunada aquella pálida belleza, que no se hizo Felipe II para engendrar vida próspera y feliz. Su alma potente pudo ser sombría; pero la noche se ha hecho para el sueño, y la hora del trabajo quiere vigor y claridad.

De esta crónica sencilla hizo argumento el ingenio de Peón, dando, por permisible licencia poética, más años a su Angélica que los catorce autorizados por la crónica. Esclava en el convento, como en regios salones lo era en este siglo un duque rey infortunado, vivía bajo la custodia paternal de un Santoyo, fidelísimo escudero, y una Guiomar, madre a la par que dueña y a quien no quisiéramos ver tan fácilmente dominada por el temor en el tercer acto: que la que tuvo cuidados de madre, no puede adquirir de repente carcomidas entrañas de traidora. Cuidan de Angélica Sor Isabel, la abadesa del convento, e Migo de Peralta, que tiene más de vil que de tutor de la doncella. Ama ésta con amor tenazmente alimentado por recuerdos, a don Lope de Mendoza, galán voluble y generoso, tan apuesto como esta vez sinceramente enamorado. Solicita por otra parte a Angélica, y ya la tiene apalabrada con Peralta para esposa, otro Mendoza, don Gaspar, padre de don Lope, de quien el vehemente anciano recata sus amorosas intenciones. Mas contenemos el entusiasmo que en nosotros produjo la perfecta exposición de caracteres y sucesos, para dar rápida idea del inspirado conjunto de la obra.

No ya en la calle, y al pie de una reja, muda testigo de arranques de ingenio y de nobleza, sobresaltos, duelo y amores, sino en lujosa sala del convento, continúa el acto segundo.

Allí aguardan todos, presa de variadas emociones, el instante de firmar los esponsales y para el acto de la firma, allí vienen don Lope, ya seguro de las solicitudes de su padre, y decidido a sofocar su afición, por estas contrariedades levantada. Aventura reflexiones el doncel, y no las oye en calma el padre airado; esfuérzanse en obtener de Angélica un consentimiento que aun en estos instantes rehúsa; quédase don Lope lamentando en inolvidables versos sus desdichas, y allí va Angélica, ignorante hasta del doble linaje y parentela de don Lope. Concibe la fantasía escenas bellas, no más naturales ni conmovedoras que ésta en que el hijo cumple su sacrificio, sin hacer alarde de él —muestra de buen gusto no siempre por los dramaturgos ofrecida—, y en que Angélica se pregunta con espanto cómo pudo amar a tan menguado caballero. Veíamos vagar entonces por la escena algo como dos sombras enamoradas, algo de Hamlet y de Ofelia, como Angélica querida, y como ella rechazada de extraña y cruel manera por su amante. Y hay semejanza en la esencia y alteza de aquella y esta escena, sin que tengan nada de común en la situación y en la forma.

Van a firmarse los esponsales y se espera con agitación este momento, conmovido ya el ánimo con aquella reina que llora su esclavitud, con aquella mujer que aboga por su amor, con el hijo que en silencio ahoga el suyo, con el padre que no cede en su empeño, con la amante que se avergüenza de su confianza, con el dolor nobilísimo de Lope, porque para enlazar episodios tiene la musa de Peón privilegiados dones de alto vuelo. Así, poniendo en contraste tantos afectos combatidos, llégase a la escena final con una ansiedad incontenible. Firman todos, con su mano airada don Gaspar, con la suya vil Peralta, con la suya movida de despecho, Angélica, con la suya trémula don Lope de Mendoza. Y no vio más la amante reina: rasgó el contrato, entendió el sacrificio, confundió a sus guardianes, y pidió libre el paso para la hija de Felipe II. Los personajes se arrodillan: los espectadores van a dar abrazos al poeta.

Levantada así la acción, no hubiera sido a nadie fácil continuarla levantando: harto ha hecho el autor con mantenerla a dramática altura. Sabe don Gaspar que alguien le roba el amor de Angélica, mas no sabe que es su propio hijo: solicita éste de la doncella que huya en su compañía, y ella le escribe con Guiomar para verle y concertar la fuga. Viene don Lope, y en tanto que habla con Angélica en escena que ganaría en efecto, ganando en rapidez, espérame al pie de una torre derruida del convento hombres de la justicia, arteramente movidos por don Gaspar, visitador de Nueva España, y en sus iras obedecido por don Iñigo. Rodeado está el convento y dentro de él don Lope: rudos golpes en la puerta interrumpen su enamorado coloquio: no huye pronto el mancebo porque quiere llevar consigo a Angélica; prométele ésta que irá, a tiempo que Lope huye y don Gaspar entra; chocan espadas, y el visitador da a los suyos la orden de muerte: Angélica le revela que es su hijo: espántase Mendoza, viene Lope herido, mueve el heridor ante don Gaspar la orden filicida; hiere el terror la excitada razón de Angélica, y terminan acto y drama con una escena de dolor y de locura. Era fuerza obedecer la historia, y la fantasía se sintió visiblemente oprimida ante esta traba.

¿No resultan del argumento, bello el primer acto, excelente el segundo, y el tercero violento y débil? Así se alzan las montañas por el centro, con esta eterna solicitud que todo lo terreno tiene al cielo.

Hay en el primer acto riqueza de episodios, medida y propiedad en las escenas, ingenio en las de amor, y nobleza en las de caballería, relaciones que recuerdan a Alarcón, y tanta novedad en los efectos como sencillez en la exposición y fácil galanura en el lenguaje.

Maravilla en Peón su fecundidad en incidentes. Enlázanse siempre sus dramas con otros anteriores, bellamente narrados al público, que se interesa a la par por la belleza del cuento, y por la cantidad de afectos puestos en acción.

No cabe, pues, monotonía en un drama de Peón, por cuanto, por natural revelación del talento, se obra en él lo que otros con detenido estudio no conciben.

Trae este poeta un elemento nuevo al género caballeresco, y por si en otra ocasión lo hemos dicho, aquí lo repetiremos con placer. Bien pudiera decirse que La hija del rey pertenece a este género, más porque los tiempos que copia eran tiempos de damas y galanes, que porque ciña en algo su fantasía a modelos que el autor no tiene por fortuna suya bastante manejados.

Domina en aquellas obras la fuerza del ingenio, y en éstas la fuerza de la pasión. El amor era en aquella época un concepto, y en Peón es una ternura, un sacrificio y una demencia. Lo sensible es aquí lo generador: allí generaba lo conceptuoso, lo superficial y formal, lo bello de lo frívolo, disimulando las deficiencias de la concepción.

Es Peón ingenioso cuando lo ha menester, y da de ello muy sabrosa muestra en el diálogo de amores, no recargados por cierto de convencional lirismo, con que se captan voluntades desde el acto primero Angélica y Lope.

Aflígese el ánimo observador cuando se desnudan las espadas, pensando que va el autor encaminado a trabar por fútiles razones duelos de usanza, y ve con alegría que no se saca el arma de la vaina sino para decir con ella en la mano que se debe respeto y honra a la vejez.

Y si la espada queda fuera, dando obstáculos al aire, mantiénese por un duelo racional, y para efecto tan dramático como la lucha de amores entre un hijo respetuoso y un padre que tiene más de fiero que de cuerdo. ¡Bien hayas: las reminiscencias de la caballería, cuando fortifican el espíritu con la contemplación y admiración de las bellezas!

Bien es que en el teatro se enseñe; mas hay forma divina y humana de enseñar; queda esta última encargada a la comedia, y aquélla a las exaltaciones de la fantasía, locura para los que no la alcanzan, y revelación y religión para los que en sí la acarician y la sienten. ¿Quién niega la cumbre de un monte porque sus ojos débiles no lleguen a la cumbre? Belleza y bondad van en sus obras tan unidas, que nunca se realiza la una sin producir inmediatamente la otra. Y si no es esto lo cierto, ¿qué enseñanza ha habido que conmoviese nuestro espíritu tan hondamente como esas de éxtasis extraño, que nos dejan más grande el corazón y fatigado y abrumado nuestro cuerpo? Porque tanto fatiga a veces la alegría.

Son los versos de este drama elegantes y fáciles siempre, frecuentemente enérgicos, en todos los momentos apasionados, y alguna vez interrumpidos en su propiedad por el uso de palabras, para nosotros naturales, mas no usadas por los tiempos en que las cosas que se relatan sucedían.

La conocíamos y la amábamos, pero no muchas veces hemos apreciado tan de cerca la secreta potencia de los versos, este arrobamiento de la melodía, esta delicia del oído que, como solicitada por voces misteriosas, estremece y arrebata el corazón. Siente el cuerpo la obra del alma y se disfruta una ventura semejante a la que nos embarga en las horas del amor, porque oír bellos versos es una noble manera de amar. Así, entusiasmado el público, saludaba con salvas de aplausos las floridas y perfectas quintillas de don Lope en el acto segundo, y aquellas inspiradas redondillas, forma ternísima y poética de un dolor inmenso. Es que hay en el espíritu cielos dormidos, y se despiertan a la voz del cielo.

Con mucho contribuyó la belleza de estos versos a la poderosa y unánime impresión que dejó el segundo acto. Termina éste con unos versos valientes, pero a nuestro juicio poco naturales; ¿por qué ha de ocultar su amor Angélica? ¿Cómo un corazón no avezado al disimulo puede responder con un grito de regia soberbia a una revelación que debe exaltarla de regocijo y de amor? Después de haber leído la firma de don Lope, no cabe en Angélica más que llorar, caer anonadada y amar. Amar con explosiones, no con palabras. Así es como el alma humana se levanta de la desconfianza a la creencia.

No hubiera habido drama entonces. Si lo hubiera habido: ¿cómo no pudiera hallar Peón una frase que fuese al mismo tiempo una respuesta a la agitación trágica de Angélica y una ocultación, necesaria para el drama, a don Gaspar? Los momentos supremos son siempre parcos en palabras.

Tal pudiera decirse del final del drama, que a algunos hizo ver en La hija del rey, algo de otra reina enamorada y sin ventura: indudablemente hay la semejanza: mas ¿cabe en dos situaciones idénticas hablar de una manera completamente distinta? ¿En momentos parecidos, no son naturales parecidos sentimientos? Cierto es que también anhela el sueño con su amado la Juana la loca de un autor italiano: cierto es que algo nos trae esta situación a la memoria otra de un drama de Tamayo y Baus; mas si La hija del rey murió loca, y la crónica lo dice así, y Peón justificaba su locura, y Angélica amaba, de amor había de ser esta demencia, y en esto se fundó la semejanza. Va todo el acto tercero como deseoso de llegar al fin, siempre abundante en bellezas, pero ya no tan espontáneo como en el extraordinario acto precedente. Muy bello acto pudiera ser el último si no cediese aquella dueña con tanta premura a las exigencias de

Mendoza, si durase menos el coloquio de amor de los jóvenes, si no insistiese tanto el poeta en la locura de su enérgica, apasionada y bellísima heroína. Los dramas deben acabar con una conmoción: nunca con la repetición o prolongación de un pensamiento.

En suma, obra de genio. Los caracteres son naturalmente caballerescos, no creados por una pretenciosa voluntad de hacerlos tipos de hidalga caballería: el sentimiento arrastra al poeta, sin que una preparación que le es muy difícil, logre contener los movimientos fecundos de su musa. La versificación es tan hermosa, que por sí sola arrancó vítores y era interrumpida con aplausos: la trama es abundante, y si se nota defecto al desatar, es porque al unir hubo exceso de creación dramática.

Pasiones naturales, acción posible, historia patria, arrobadores versos, conveniente uso del lirismo, magistral disposición en las escenas, fuerza de revelación, y obra espontánea, tal es este nuevo drama de Peón, rico en episodios, deficiente por sobra de vida, comparable a obras muy altas, sancionado por el entusiasmo de los hombres, y todavía realzado por los aplausos que le tributaron las mujeres.

Blando eco tendrá esa noche en numerosos corazones: coloquios tiene la gloria con el ilustre poeta yucateco.

Revista Universal, México, 29 de abril de 1876

Luchas de honra y amor. De José Peón Contreras

El público es honrado y oye siempre bien cuando se le habla de conciencia y de deberes: si lo cautivan, a más de esto, una acción que seduce por su sencillez, y una versificación que enamora el oído por su espontaneidad, vigor y corrección, bien se explica el memorable éxito que ha alcanzado la última obra de Peón, que en lo poeta rivaliza y en lo fecundo vence a cuantos en tierras, de hoy o de antes hispanas, mueven la lira armoniosa en que ha dado la lengua de Castilla tanta armonía a la décima árabe, al endecasílabo italiano, y al romance gallardo y donairoso, hijo de la heroicidad, criado a los pechos de la vehemente fantasía.

Muy buena es la última obra del que en México da celos a la memoria de aquel ingenio perpetuamente joven, en quien los años no agotaron la frescura y la gracia del espíritu, con tal belleza dadas a la escena en la gustosa «Niña de plata», y en las siempre perfumadas «Flores de don Juan».

Hay algo informe en la literatura dramática española, que todavía no alcanza su grado de perfecta concreción, y en esto al fin ha aventajado la escena francesa a la de España, que fue tantas veces y por tanto tiempo alimento único, y el mejor alimento, de los entecos teatros de París: lección casual que enseña cómo no hay señorío, por firme que parezca, que sea congénito y esté adscrito a un pueblo único o a una privilegiada generación.

Esta forma de la obra dramática que los franceses realizan y que no han alcanzado aún los españoles, es lo que aquéllos llaman drama social, y en habla castiza se llama sencillamente comedia, entendiendo por teatro cómico, no el que rechaza el buen gusto, reñido con pueriles y risibles partos de la mente, sino el que concienzudamente observa y en forma literaria copia los caracteres de la época en que se escribe, colocando a estos caracteres de manera que demuestren un pensamiento real y actual. La comedia es la obra de accidente y de enseñanza humana, como el drama es la obra esencial que revela y prepara lo divino; aquélla es de una época, y el drama es de todas. El drama es lo bello constante, y la comedia es lo verdadero accidental.

Comedia es, pues, la última obra de Peón. Hay en México, como en todas partes, gentes apegadas a viejas tradiciones, que creen cosa honrada dar hijos al mundo con placer para sí, e infausta suerte y olvido vil para los hijos; hay madres de carne que creen que para sus hijas son buenas todas las situaciones que les den holgura material, con mengua y tortura de los supremos amores del espíritu; y no falta amante generoso y sobrino pensador que hable a un tío el lenguaje de la conciencia satisfecha, que enfrente del blasón manchado, vale tanto como el oro puro frente al dorado fútil y deleble. Esto hay, y tales cosas se discuten en Laos luchas de honra.

Halló un rico mexicano a una criatura débil y de este devaneo de pus mocedades, tuvo a una niña bella, de tal manera por el rico abandonada, que un sobrino de él, médico estudioso y alma buena, hubo de llevar al hogar miserable de aquella huérfana sin padre, medicinas del alma y del cuerpo. Así vivían la niña y el médico en amores, cuando fue por tres arios a Europa el amante bondadoso; volvió, cumplido el plazo, y halló que el ruido del piano reemplazaba en aquella casa, antes pobrísima, al de la máquina de coser, y que ofuscaba la seda la memoria de las que antes vistieron de algodón y lana honrados. Pregunta a un portero cariñoso, y sabe de él que visita la casa, siempre a hora adelantada de la noche, un hombre un tanto anciano. Halló a su tío el amante junto a la casa sospechada: mas ¿cómo el rico erguido, predicador de toda austeridad, y hombre que no entiende que los hombres usen de su voluntad ni que los jóvenes fumen, había de ser el que visiblemente llevaba a aquella casa la deshonra? Porque cabe desventura en ceder locamente a un amor; en vender deliberadamente el cuerpo, sin disculpa y sin causa, cabe infamia.

Aligerando la narración, de suyo corta, las airadas preguntas del amante le hacen saber que aquella niña vive honrada, que aquella fortuna le viene de un pariente de la que ella tiene por su tía, y que ella misma ve sombras que su alma sencilla no había sabido hasta entonces observar. Se dicen esto en un instante en que tía y pariente han salido de la casa. El noble amante quiere que su amada viva, en tanto que a ella se una, en la humilde morada del portero, que es más que criado amigo solícito y agradecido al joven médico: llegan los ausentes: reconoce el amante a su tío, en el que cree seductor tenaz de la doncella; vuelve ésta, débil para cumplir los deseos justos de su amante, y allí se declara que el visitante tenebroso es padre de la joven, lo que él afirma con un grito de su alma y con otro honrado niega el sobrino severo, a quien no quita lo liberal la fuerza y virilidad de pensamientos y costumbres.

Sábese ya el nudo, y viene natural el desenlace. Desatado al terminar el acto segundo el capital misterio de la trama, era difícil, no ya aumentar, mantener el interés en el tercero. Y se mantiene, y se aumenta. Allí el sobrino dice en enérgicos versos que «para Dios no hay una planta sin nombre»; allí insiste el tío en que es acción de noble blasón, la que envilecería a un noble de alma; allí oye el amargo reproche de la que aún aparece tía de la hija infortunada; allí viene ésta a devolver al padre inclemente cuanto, robándole con sus visitas misteriosas su fama de buena, le regaló en infaustos días; vase ya la hija, y no cede el mal padre; con voces de plegaria hablan a un tiempo aquella tía extraña, aquel sobrino noble, aquel solícito portero: tantas almas vencen a una miseria; tantas nobles palabras ahogan una preocupación vil; aquella tía se justifica de súbito; aquel blasón se levanta y se ennoblece; el rico vencido corre a los brazos de su hija, su más bella riqueza.

—«¡Teresa, abraza a tu madre!»

Su madre era su tía; el amante victorioso besa al buen padre la mano.

Y todo sobrio, conmovedor, sin alardes de moral, verdadero, fluido y fácil. Hecho a manera de boceto, brilla a manera de obra maestra: así pintaba Rosales. El esbozo es saliente, las líneas son fijas, el cuadro dice lo que es. En cuanto a colores, hay en ellos oportunidad de colocación, tintas vagas y enérgicas, pincel tenue y escénico; aquí se versifica como Larra, y de súbito se asciende a Echegaray: lo de Echegaray fuera bueno para un drama, y lo de Lara suele ser belleza de abalorio. No así en Luchas de honra y amor, en que lo de Larra vive poco, y lo de Peón vivirá siempre.

Como la obra está en verso, como se pinta una situación diariamente posible, como se realizan en la escena caracteres en el mundo reales, hay algo de inconformidad entre el lenguaje versificado y la vida práctica; hay esa pequeña falta de conjunto indefinible, ese vacío que produce un ligero malestar literario, por lo que de melodrama y de antirreal tiene siempre toda comedia dramática, mezcla de dos géneros que exponen invariablemente a caer en falsedad.

Pero esto sucede en Luchas de honra, en grado menor que en otras obras de este género; aquí hay más drama actual que comedia dramática, habla más el amante, noble encarnación del pensamiento, que el portero, personaje auxiliar y un tanto cómico. Consiste la comedia en enclavar las alas en la tierra, y lo bello y notable de ésta es que batiendo las alas inquietas hacia el cielo, ha herido un mal real.

Son, pues: el pensamiento oportuno, los caracteres posibles, la acción natural y bien sostenida; los efectos lógicos con algo de tentativa al melodrama, producto tal vez de lecturas y educación románticas de su autor; los versos siempre buenos y, cuando es necesario, excelentes; buena la idea germinadora, y el ropaje bello; sobria acción, bella idea, versos hermosos. Tal es la última obra de Peón.

Pudiera ser que el diálogo político, a pesar de cumplir con la regla de retórica que exige la perfecta delineación de caracteres, no fuera, sin embargo, completamente necesario ni oportuno; porque antes que la retórica oprimiese al talento, el talento fue el creador de la retórica.

La regla no es más que el resultado de la observación entre talentos eminentes; luego, con talento nuevo, ¿no han de venir nuevas reglas? Las leyes son indudablemente respetables; pero, aunque parezca precepto revolucionario, no deben serlo tanto para quien sabe hacerlas.

Y pudiera ser también que, por afán de conservar hasta los últimos instantes el misterio, dieran lugar a confusiones las frases de amor demasiado vivo que en el segundo acto dice el padre; pero en cambio, ¡qué original y delicioso modo de concluir el primer acto!

Y tal vez podría ser que el regalo de la sortija de brillantes, usanza de vulgar seductor entrado en años, contribuyese a dar idea de un amor más activo que el paterno, facilitando poco la verosimilitud de la declaración de que depende la comedia; pero, en cambio, ¡qué vigorosos versos, qué buena escena entre los dos amantes, qué bella la escena de la reja, qué brío y qué nervio en la manera de recordar al pertinaz anciano su deber!

No hubo el jueves corazón que no latiese, ni manos tibias y tranquilas: mostrábase el agrado en las severas caras de los literatos y en la cara leal de las mujeres; allí aplaudían las que calzan delicado guante, y los que se sientan en estrado humilde; allí mostraban contento los amigos regocijados del poeta; los poetas, que son todos sus amigos; los críticos graves, los eruditos verdaderos, los petrus in cunctis; cuanto había en el teatro estaba alegre; que exaltar el ánimo a esta ventura fraternal, unánime, tan franca cuanto misteriosa, es privilegio exclusivo de los arranques de lirismo que engañadas escuelas censuran y de los movimientos del corazón a que rebeldes blasonados nobles se resisten.

Peón hizo dramas caballerescos y les dio una sensibilidad exquisita, una ternura vehemente, una morbidez de sentimiento que no supieron hallar en el pomo de las tizonas de sus héroes, ni en los encajes del negro rebozo de sus tapadas, los ingeniosos tramoyistas del fecundo y magistral Siglo de Oro. Ha hecho ahora una comedia, fácil como su vena poética, bella y generosa como su corazón, y perteneciente a un género confuso y mal delineado; y tratando un pensamiento estudiado en la escena numerosas veces, ha obrado como desprovisto de trabas, como superior a ellas, como ligeramente innovador y mejorados dentro del género. Hay libertad en la manera de hacer, verdad en la composición, riqueza en los colores. Es, pues, Luchas de honra y amor, un cuadro bello, que confirma el vasto talento, la fecunda vena y la loable originalidad, —robustos aquéllos e incipiente y constante ésta: que embellecen y dan valer desusado a las rápidas, buenas, útiles e inolvidables obras de Peón.

Revista Universal, México, 9 de julio de 1876

Juan de Villalpando. De José Peón Contreras

Juan de Villalpando es un personaje imaginario, hijo noble y vehemente de la fecunda vena de Peón. Hubo en México, un Carlos y un Cristóbal, pero no fue ninguno de ellos tan buen pintor como el drama de Juan dice, ni a ninguno de ellos convendría la época del drama, porque del creador aunque incorrecto Cristóbal, hay cuadros que alcanzan los años borbónicos de 1713, en tanto que el héroe del poeta vive en los funestos tiempos de la soberbia y malaventurada privanza del vanidoso conde duque. Es resorte de la obra la insurrección del Portugal y ésta alzó su enérgica cabeza allá en la mitad primera del siglo XVII, época en verdad fecunda para galanteos, desastres, desafíos, sátiras y dramas.

Se sabe, pues, de Villalpando, que el que valió fue Cristóbal, que inventaba mejor que pintaba, y que no se llamó Juan, ni pudo ser, por tanto, el protagonista del drama de Peón.

De Lope se decía todo lo bueno, en los tiempos en que fray Félix alcanzaba su mayor fortuna, y Cervantes gloriosísimo la muerte, que en toda condición de la vida y templanza del ánimo es fortuna aún mayor que la de Lope. Pues de Lope sería la obra última del poeta médico, si no fuese calderoniana en símiles y empuje, y en versos y en imágenes buena hija de Juan Pérez Montalbán.

¿Quién niega esta doble paternidad de gloria al drama nuevo, si escucha atento la sonora silva en que pinta su amor de sueño la interesante María, la magnífica metáfora de las aves del acto segundo, y aquel peso abominable del romance de este bello acto mismo, romance que podría estar bien en el afamado Mágico prodigioso? De Montalbán parece la silva del acto primero, y de Calderón las redondillas y el romance.

En cuanto al tercero, la ingeniosa rima antigua no nos da ejemplo de novedad y arranque de pasión, que asemeje a aquel símil hermoso con que termina, señalándose por bello sobre toda otra belleza, la escena de infortunados amores que entre el pintor perseguido y María generosa se mantiene.

¿Es esto decir que un drama de nuestro poeta vale uno del admirable Calderón? Todavía no lo vale, y el desmedido elogio quitaría apariencia de justicia a esta alabanza. Sí, ha alcanzado ya a Lope nuestro Peón, en el perfecto acto primero de La hija del rey, celebradísima, pero no alcanza aún, ni es ésta tal vez la naturaleza de su genio, a pintar una época, dar forma en Segismundo al alma humana, dar vida en Cipriano a la católica creencia, e idealizar y hacer robusta aquella poesía de encaje y de valona, como sus héroes, sus poetas y su tiempo.

Es Calderón en el ingenio humano cima altísima, y allá en el cielo alto se hallan juntos, él y Shakespeare grandioso, a par de Esquilo, Schiller y el gran Goethe. Y a aquella altura, nadie más.

Es ahora dicha cierta la de las letras mexicanas, y de ella y no de otros tiempos cumple hablar. Juan de Villalpando es obra hermosa, y como se habló ya arriba de amores e infortunios, que es, a nuestro ver, un grande amor, es hora de decir que en 1640 finge el drama un virrey bueno, padre de una María bella y gallarda. Hay en México un capitán don Suero de Molina, que dio con sus hazañas prez al mismo valor. Quiere a María por esposa y el virrey se la concede. Ama la doncella, a manera de plácido recuerdo, a un hombre generoso a quien vio, años hacía, salvar a un niño de las aguas; da su mano a don Suero, que el sueño es amor lánguido y no puede tener para su espíritu la ardiente seducción de forma humana. Solicita una madre afligida amparo para un hijo suyo, que huyendo vino de Flandes porque mató allí en buena lid a un noble villano, y con sentencia mortal es perseguido. María ofrece su intercesión, y es oída. Llega el mancebo de la muerte, avergonzado de la súplica; sabe el virrey ofrecerle asilo en su propia casa, acto por cierto generoso de sobra en el virrey, y a tiempo que llega María, en son de albricias por su buena acción, detiénese de súbito, y dice que no puede ser ya para don Suero, que aquel que ve ante sí es Juan de Villalpando, el salvador del niño, y es su sueño. Y con ésta que es en la obra una salida magistral, dio punto el dramaturgo a la primera y feliz parte de su drama.

Recomiendan este acto primero la naturalidad en los afectos, claridad extremada, aquella silva a la manera de las de Cumplir con su obligación, y el nuevo y brillante rasgo con que termina esta galana exposición.

Dice el virrey a don Suero que su hija no es ya para él; un bravo de oficio, el vil Rugiero, ofrece al capitán que dará muerte a Villalpando, porque el hombre a quien éste mató en tierra de flamencos fue don Luis de Molina, padre de don Suero: trábase duelo a pocos instantes entre el capitán y el pintor, mas oye aquél que su adversario mató a su padre por villano, detiene la ira del acero y escucha, mal de su grado, cómo, estando el matador y el muerto en la misma hostería, oyó el mancebo desesperados gritos de mujer: no merece llevar espada quien no sabe defender con ella a niños, damas y viejos, y el pintor corrió a la alcoba donde en fiero lance un hombre huía por el balcón, dejando mal herida a una mujer hermosa. Cegado de ira noble, tras el fugitivo fue don Juan y dio en él fieramente, y con su espada le arrancó la vida. De la jornada memorable, guarda solo el valiente un trozo de carta que halló rota: ¡qué mucho que en el drama la conserve todavía, si por el suceso le sentenciaron a muerte, y del papel pende tal vez su vida!

Enfrena el rencor don Suero, que antes de matar a don Juan quiere arrancarle a toda cota la prueba de aquella villanía. El virrey quiere que el retrato de su hija sea don de bodas, y en la original escena en que el retrato se termina, comienza en lindos versos la confesión de un bello amor. Mas entra la madre de don Juan a avisar que el paje Ordaz, aquel niño salvado de las olas, ha matado a Rugiero, porque supo que la mana de éste atentaba a la vida de su salvador. De la burda ropilla le extrajo una carta sin fecha y dirección en blanco, en la que se da cuenta a un ignorado conspirador de cómo adelantan por tierra portuguesa los trabajos en pro de la olvidada casa de Braganza. Don Suero, que llega por el fondo a tomar sin duda noticias de la muerte de su infame bravo, oye, sin que a él le vean, leer la carta que queda en manos de don Juan. Corre, que presta alas increíbles la venganza, y viene seguido de un oficial acusando a Villalpando de traidor. Viene don Suero con orden de prisión del virrey, María hace entrar a Villalpando en la cercana cámara, y llegan guardias a tiempo que huye el pintor por un balcón, y la hija del virrey defiende la fuga con su cuerpo. Gran movimiento de escena, notable efecto y briosa acción. Criticar es, sin embargo, ejercer el criterio, y el criterio no halla ajustado a la verdad ese precipitado recurso que acelera el fin del acto; porque no se busca al virrey, se le habla de un grave suceso que debe causarle admiración, se le arranca una orden y se mueven oficiales en el brevísimo espacio en que todas estas cosas suceden en el drama. En cambio, sorprende por lo repentino y agrada por lo nuevo este dramático recurso en cuya precipitación pecó el poeta, si bien es ése menudísimo pecado.

Como que se encariña uno con la narración de este bonito drama. Ello es que don Suero obtuvo del bravo moribundo declaración firmada por testigos en que consta la inocencia de don Juan: intima matrimonio a María, a trueque si no de clavar la cabeza de su amante en la picota, o declarar su inocencia si consiente ella en ser suya. Y consiente la heroica criatura correctamente delineada por Peón. Don Juan ha andado huyendo y por el balcón por donde huyó sube a ver a su amada. Háblale ésta con misterio de dolor, y déjale asombrado con el arranque vigoroso con que pone punto a sus palabras. Reconoce don Juan en un retrato a la dama a cuyo asesino hirió y mató: viene el virrey en el instante del reconocimiento, y olvida al preso fugitivo por escuchar al vengador generoso, que aquella dama era la infortunada esposa del virrey. Don Juan quitó al muerto la carta de que habló a don Suero: en el marco del retrato, recurso un tanto gastado, aunque no inverosímil, guarda el esposo que se creía manchado el resto de la carta. Únense los trozos y se ve por ellos que el matador de la mujer fue don Luis, el padre de don Suero de Molina; se oye en ese instante el órgano que anuncia que María y don Suero están ante el altar. Acude el padre a estorbar el sacrilegio: viene don Suero ansioso de venganza; más oye las iras que las razones; es herido y desarmado por don Juan: entra la madre del pintor libre, presa al final del segundo acto; muévese al fin la nobleza extraviada de don Suero, entrega la declaración que prueba la inocencia de don Juan, ¡lástima grande! con la muerte del capitán concluye el drama que como empezado y anudado por amores de Villalpando y María, con palabras y acciones de estos principales personajes debiera concluir.

De Villalpando no hay, pues, en la obra, más que el nombre y la cualidad de ser pintor: con esto huyó el poeta la historia enfadosa, y pudo imaginar intriga y desenlaces suyos por completo.

No es ya ocasión, que enoja hablar de lo sabido, de encomiar las dotes de versificador del dramaturgo. Eslo aún, en cambio, de averiguar si sus recursos son tan verosímiles como dramáticos, y de hacer notar cómo ha adelantado Peón en la manera de urdir y disponer sus dramas, porque en cuanto a exponer, expuso siempre con claridad y novedad muy dignas de un maestro, a reconocer ni sufrir maestros el genio verdadero. La independencia es condición de esencia de la vida: todo sea libre, sin más esclavitud que la de la lógica en la vida literaria y en la vida real la del deber.

¿Cabe para el Juan de Villalpando celebración mayor que la exposición, fiel en cuanto lo quiere la memoria, que de su natural asunto, varios accidentes y originales recursos hemos hecho?

La culpa de precipitación del recurso final del segundo acto, pudiera deberse tal vez al rápido matrimonio de don Suero.

En punto a acción, la obra es correcta, abundante de trama: recoge al terminar todo lo que esparce, justifica lo que hace, y hace lo que es lógico.

En punto a caracteres, vemos en la amante María la que pudiera llamarse, haciendo serio estudio, la mujer de Peón. No es la de Lope en la que el ingenio sutil iguala a las virtudes conyugales y a las veleidades del amor. No es la de Calderón, mujer apenas, porque aquella alma vasta sentía la esclavitud humana del espíritu más que el estrecho yugo de la amante, y amaba más el venidero cielo que el cuerpo de mujer bello y presente. No es la de Tirso, honrada y donairosa, como la gentil villana de Vallecas. Ni la de Vélez de Guevara, para quien fue la mujer espíritu secundario y llevadizo, alimento del chiste y fácil envoltura del donaire.

Más sería la del giboso extraordinario, el primero entre los españoles en sentir la idealidad y abnegación de la mujer: tal podría decirse que todos los poetas españoles habían besado a las mujeres en la boca, y que fue Ruiz de Alarcón el primero que supo que podía besárseles la frente. Así, impregnada de casta tenuidad, es la mujer celeste de Alarcón.

Pero a Peón tocaba darnos en forma nueva esta mujer de la edad caballeresca. Siente el alma americana a la manera del raudal y del torrente, y la llanura sembrada de trigales —por más que el Sol los dore— y la amapola humilde y escondida —por más que brille roja— no copian bien esta ardentísima manera con que en los hombres del Nuevo Continente se engendra y desarrolla la pasión. Los ventisqueros helados de la Suiza no alcanzan la imponente grandeza del Ajusco, el venerable y el canoso. Así es la mujer peoniana, palabra nueva que se introduce en nuestra lengua apadrinada por el aplauso y por el genio. Esta María, de Villalpando, es la heroína de La hija del rey; esta amante que protege con su cuerpo al esposo de su alma fugitivo, es aquella bastarda majestuosa que tenía en las venas sangre de mujer hermosa y alto monarca. Y aquella amante regia, es la víctima de aquel fatal amor que embarga la voz que lee, y suspende el oído que oye en Hasta el cielo.

Una es la mujer enamorada de Villalpando y Gil González: una la hija de Felipe, y la del buen virrey de México; solo en Cortés y en Sacrificio de la vida se oscureció y cambió un tanto esta unidad de amor en el poeta vertida naturalmente en unidad de forma y expresión. Así hablaba potente el viejo Demos en las tragedias de la Grecia; así fueron siempre uno mismo los galanes de las comedias españolas. Uno el tiempo, uno el carácter de los hombres que lo pintan. Y uno y grande el poeta, grande y una la personalidad en que encarnó. ¿Acaso es esto por la bondad y la ternura, condiciones dominantes en el espíritu apacible de Peón? No ciertamente, que su Cortés supo ser fiero, y el Conde del Sacrificio es un personaje nobilísimo, y el Villalpando de su drama es, si menos señalado que su María, caballeresco y lidiador, y honrador y honrado, y en México y en Flandes alma de gran temple. Hay, pues, dos caracteres que Peón ha concebido de una manera acabada: la mujer amante, tierna, resignada, enérgica y heroica; el amante galán, batallador, ardiente, incapaz de innobleza y por su amada dispuesto a arder de amores y a morir. Y su mujer es suya: en esa forma, con tal unidad, con tanta pasión, tendrá en la literatura española quien la exceda, pero no tiene sin duda antecedentes.

No podemos decir hoy cuanto sobre la obra de Peón —que así llamamos a la colección de sus dramas— nos ocurre. Querríamos analizar su ciega creencia en los premios y castigos del destino; querríamos ensalzar la nobleza con que siempre hace cumplir el sacrificio; querríamos decir de él cómo es el poeta de la fe, del valor y del amor. Es rudo el tiempo, y vario en sus materias el periódico, y ni apuntar nos deja que no estuvo bastante sostenido, en su doble difícil carácter de caballero y de celoso, el valiente don Suero de Molina. Ni el que es buen caballero paga un asesino, ni el que de veras ama, por el orgullo mismo de su amor, insiste en poseer como esposa a la que a sus ojos defiende con su vida la vida de su amante. Por lo demás, buen virrey, buena madre y buen paje.

Precisamente porque Peón ha revelado en Villalpando mejores condiciones de dramático que en todos sus dramas anteriores; precisamente porque de rápida manera vemos cómo atilda su ingenio y sazona su rica inspiración; justamente porque ya hemos visto al constructor juicioso en el fondo de la composición exuberante, hemos de decir con amor de hermano al poeta cómo quisiéramos nosotros, ya que a la altura de eminente dramático ha llegado, que sus personajes se trocaran de figuras simpáticas en caracteres indelebles; que su inspiración vistiera, no solamente las seductoras luchas del amor, sino sucesos imponentes y hechos robustos de heroicidad y de grandeza; qué de tal manera escribiera sus obras, que él, que lo puede, hiciera todo un drama con la silva de Montalbán del primer acto, las redondillas deleitosas del segundo y el magistral arranque del tercero; que concibiendo, en fin, un alto asunto, trocara sus argumentos siempre poéticos en argumentos memorables, fieros y grandiosos. Anímanos en esta esperanzó, que ya asoma este desenvuelto brío en Juan de Villalpando hay en él más sólida estructura, más dominio de los efectos, más grandeza, en suma —cualidad sin la que no quisiéramos la vida— que en las obras anteriores, todas inspiradas, todas geniosas de Peón.

Juan de Villalpando es un buen drama. No es grandioso; pero es bello. No es la robustez, es el amor. Con que al final no fuese de manera que el accidente que acaba la obra no estorbará la unidad y debido término del acontecimiento principal, se trocaría el drama de bueno y bello en bello y excelente. Tengámoslo por esto, y celebrémoslo por obra desosada, en tanto que, calentada en más sólida gloria el alma de Peón, arrebate a la historia o a la fantasía algún hecho admirable, alguna pasión fiera, algún carácter durable e indeleble, y para él arranque sus ideas de nuestras altas cumbres montañosas, y una vez más copie en sus versos el sonoro rumor de ondas y el copioso caudal de nuestros ríos.

Revista Universal, México, agosto 23 de 1876

Impulsos del corazón. Drama de Peón Contreras

Hay naturalezas para quienes la maldad y la fealdad son imposibles: así Peón: Podrá producir algo menos notable que otras producciones anteriores, pero todo lo suyo será sano, y como condición característica; bello.

La comedia de antenoche es una obra delicada, del género mixto de Luchas de honra y amor, ego es, no la copia de caracteres humanos, tarea imposible para las almas vueltas permanentemente al cielo, sino la presentación en forma corpórea de un pensamiento noble, más cantado que expuesto; más que probado, sentido. Para ser Moliere, se necesita ser capaz de saberse engañado por su mujer, y olvidarlo. Sobre Aristófanes, Eurípides.

¿Es un defecto no poder descender? En este caso, la desventaja realza el valor del espíritu poético que ha tendido a hacerse humano: he aquí el único defecto de la obra de antenoche, nueva comedia dramática de un poeta que con excelencia y exclusivismo siente el drama. Y hay en la vida la comedia dramática; pero no es la de García Gutiérrez, ni la de López de Ayala ni la de Larra, hijo; es la que en vano buscan los franceses, literatura compuesta de exageraciones, hondos exabruptos y fenómenos; es la que nunca alcanzarán los españoles, pueblo demasiado imaginativo para que llegue a ser pueblo real; es la desconocida en Alemania, nación de ríos brumosos e inteligencias brumosas; es la expresión fiel en lenguaje y esencia de las vacilaciones indignas y sublimes, de los pensamientos monstruosos y honrados, de las miserias redimidse y altezas caídas, que en revolver caótico elaboran al mundo. Hay en el hombre errores, que son humanidades; y abnegaciones, que son divinidades intuitivas; no se limite la comedia s copiar defectos superficiales; copia infructífera, porqué va siempre envuelta en exagerado ridículo: copie la honduras de las almas, las gravedades del pensamiento, en forma bella, en forma de salón, francesa en la cultura, ateniense es la incisión nueva en la esencia. La verdadera comedia encierra una inevitable cantidad de drama; porque en el corazón, a la puerta del rincón de las sonrisas, está siempre esperando el robusto esqueleto del dolor. San Agustín no dijo su frase para la poseía; hay novedad perpetua; la poesía es panforme; hija de Fénix y Proteo, cumple sus épocas diversas, y en la inmensidad del conjunto análogo, se desarrolla ampliándose, como todo lo que vive, y cada alma nueva trae a su arpa sonidos suaves y no oídos de penas, de revelaciones y de amor.

Falta hace lo nuevo. En el erotismo faltan dignidad y fe. En el teatro falta —y ha de venir— la exacta copia, la natural presentación, la predicación consoladora, el realismo real.

Pero hay entidades poéticas, cantores de lo venidero, arúspices divinos de una religión vasta y azul. Si no supiera yo que andan intencionalmente, diría que estos poetas andan equivocadamente por la tierra. Si los espíritus tuviesen forma, se diría que unos tienen forma de terruño; y éstos de nube. Viven entre claridades opacas, realzan lo que tocan, embellecen lo que miran, purifican donde hablan. Como es la ley venidera, sus mensajeros no son aún bien entendidos. Se les oye, no atentos, estáticos. Hay obras que requieren el examen, y otras la contemplación. Es un lenguaje rumoroso, una cadencia tenue; algo de amanecer y de gorjear lejano de aves.

Y cuando los talentos de este género invaden el medio en que viven, el medio humano se hermosea, y el talento celeste se humaniza. Plegando sus facultades, quedan ellas las mismas, pero en su forma visible son mejores.

He ahí el defecto de esencia de Impulsos del corazón. Esta obra no fue concebida por el placer de producir; la contemplación de la fealdad es útil, porque irrita la bondad, y la bondad irritada hace cosas muy bellas. Peón sabe que la maldad es un accidente, y que la bondad humana es esencial. Se nace siempre bueno; el mal se hace después. Concibió una acción en que aparecía malvado un justo, y bueno un pequeño malvado; y él ha hecho que, por irresistibles impulsos del alma, una mujer amante crea a ciegas en la nobleza del justo a quien ama, y el culpable arrepentido devuelva espontáneamente el honor que manchó. Magnífica escena.

Hay tal vez en algunos momentos poco cuidado en los detalles: el ave de lo divino tiene siempre las alas muy inquietas. Pero es natural la acción, hay frescura y novedad en la disposición de la obra, hay versos eminentemente dramáticos que van tomando asiento en la memoria y en el corazón.

Entre las pasiones que ha pintado el poeta, hay una poco usada en el teatro, la fe intuitiva, la íntima creencia que tiene la delicada mujer joven del drama en la lealtad del hombre acusado de ladrón. Y hay un acto noble, a más de los constantes que engendra esta fe, germen filosófico de la obra: hay la revelación del delito, provocada en el culpable por la generosidad del acusado. Y tal es el poder de las almas buenas, y tal las ha reflejado el poeta Peón, que aglomerando cualidades repugnantes sobre el verdadero culpable de su obra, lo embellece con el arrepentimiento, lo ilumina con un perdón absoluto, apaga con gritos del alma el ruido de los rencores, y en el ánimo mismo del espectador no queda memoria de que ha visto un carácter despreciable vivo en la escena: Impulsos del corazón se llama la obra; y logra que los malvados se hermoseen, y los espectadores se convenzan de esta iluminación de la bondad. Impulsos se llama, y los despierta. Obtuvo, pues, lo que filosóficamente se propuso.

La acción, un tanto melodramática, corre fácil y justificada; su estructura rápida, brillante, en la que se mezclan las incorrecciones de un boceto a pinceladas magistrales, revela el talento nuevo y vario que con tan buena fortuna presenta caracteres puros en la escena, y viste con la gallardía de la pasión lecciones morales saludables. No la moral catequista, vulgar reglamento del espíritu; sino el espíritu mismo, irradiados de lealtades y noblezas.

Abocetada la estructura, un tanto descuidados los detalles, dramática y rápida la acción, el mayor mérito de la obra nueva está en la pasión vehemente, en la fluidez correcta, en el seductor encanto del lenguaje. Arrastra aquella manera de decir. Y no es el arrebato lírico inoportuno en las pinturas de la vida real; es el lirismo en cada frase, la dulzura suave en cada palabra del amor.

Concluye uno involuntariamente las quintillas; saborea el romance; descansa complacido de sus briosos arranques de energía. El oído se encadena, y el cuerpo del espectador se yergue y se inclina contraído, para aproximarse más hacia el actor. Aquel lenguaje juega, se desliza, corre manso como el arroyo, crece como el río, y se extiende y se encrespa y se irrita como el mar.

Más que un lenguaje sentido, es un lenguaje sensible: el lenguaje es un verdadero personaje en las obras de Peón.

Aman aquellas palabras, se espera oír llorar a aquellos versos. ¿Qué pedir a la obra en pasiones, cuando trae a la escena la de la fe conmovedora y entusiasta, vestida de alma de mujer, disentimiento de la vulgar propaganda de fealdades de un teatro enteco y nauseabundo? La pasión irracional no es digna de los hombres; se ama apasionadamente lo que ha de ser siempre rectamente justo.

¿Qué pedirle en estructura? Mayor fijeza en los detalles, más humanidad, ya que el poeta se empeña en ser humano. Y elogios a su dramática manera de tramar, al muy bello acto segundo, a la noble y levantada escena, a la muy alta escena con que acaba la obra.

Y ¿qué pedir a aquellos caracteres sanos, a aquel romance conmovido, a aquel lenguaje gemidor de la doncella enamorada? Claridades de tarde llenan después de la obra el alma dilatada en blando y generoso esparcimiento. Y para honra del poeta, una frase última: le ha costado trabajo ser- humano.

Revista Universal, México, octubre 12 de 1876

Los Maurel

Acaba de nacer un autor dramático: es autor dramático el que concibe, desarrolla y resuelve en forma racional y por accidentes lógicos una acción puramente estética o humanamente viable.

Roberto Esteva ideó un asunto, urdió una trama; apuntó caracteres y dio cima a su empresa con lenguaje fácil, forma que se resiente de falta de hábito y visibles muestras de talento qué hacen de su primera obra lo que toda primera obra debe ser: una promesa más que un éxito; un anuncio, más que un término. Se comienza y se yerra; pero el camino brinda flores cuando a su entrada en él recoge la inteligencia miradas de Afecto y aplausos espontáneos.

Es bella la fraternidad humana: es conmovedora; es pura, es necesaria: la simpatía es su forma, la unión su resultado, la grandeza común su espléndida creación.

Todo ama y todo crece: todo se acerca y todo se comprende; se entienden los brazos y se unifican voluntades fuerzas de entusiasmo, pensamientos de ternura y sentimientos de amor. Todo hombre es simpático en los momentos de alegría: siente en sí a los que lo cercan; ha crecido en bondad; la indulgencia de los demás lo hace indulgente; ¿quién piensa en los venenos de la envidia cuando aspira las flores del amor? Cuando el autor es llamado a la escena, tanta luz le ciega, y tanto cariño le extravía: emanaciones de su alma perturban y oscurecen su cerebro; el pensamiento necio huye y se oculta; gratitudes y armonías celestes rebosan. Es el enamorado corazón:

Y ¿quién hace crítica en noches de ventura semejantes? La felicidad es el olvido, y esa emoción sagrada hace olvidar de todo: envanece al torpe, y obliga al agradecido. Ha sido un favor: no ha sido un derecho: ese amor impone la obligación dulcísima de amar.

Dejad que el autor se turbe cuando el silencio se ha turbado: si las manos ofrecen flores, dejad qué asciendan los aromas del corazón al rostro conmovido. Y quien censure esta pérdida de calma, busque ocasión de hallar la ventura de amar y agradecer.

¿Debe hacerse juicio de la obra de Roberto Esteva? No: es una muestra notable de una disposición no común: anda con alguna novedad por una escuela usada y gastada: ama por error el melodrama, pero deja entender que tratará un día bien la útil comedia. Tiende a los efectos, y llegará a abundar en ellos: no ha hecho bien en poner el pie en senda ya hollada, y hemos de reñirle cariñosamente por esta dejación de su inteligencia y de su edad. Cuando se es joven, se crea. Cuando se es inteligente, se produce. No se adapta; se innova: la medianía copia; la originalidad se atreve. Si cae, todo ha caído: en Madrid, silbaron el Hamlet de Shakespeare, traducido tal vez con fiel malicia por el celoso Moratín.

Hay un México: inspire México a los claros ingenios mexicanos. Pues ¿qué falta aquí para formar un teatro bello? No se aspire a una forma nueva: sean nuevas las inspiraciones y los motivos del teatro. Hay historia que llorar, heroísmo que recordar, dolores que compadecer. Hay educación literaria abundante, y con esto pueden hacer drama y poetas brillantes vestiduras. Hay innumerables hechos propios y de ellos pueden hacerse bellísimos cuerpos que vestir. Si alguna fantasía potente vuelve a sí las miradas descontentas de la vida, ¿qué azul no reflejará en los versos el cielo inmaculado del seductor Valle de México? Ni torpes ni malvados caben debajo de techumbre tan hermosa. Las alturas se reproducen en las entrañas: el ónix copia el celaje; y ¿será menos que piedra el generoso corazón humano? Porque todo hombre es bueno: falta solo producirle en medio de bondad.

Y si no quiere Roberto Esteva volver a imaginario espacio ojos que todavía no están cansados de las estrecheces del vivir ¿qué vigor y qué esplendor y qué martirio no encontrará en las tradiciones de esta tierra majestuosa en que nació?

Todavía presta campo a su ingenio, ya que a la comedia no sientan los arrebatos de la inspiración; algo de cata vida social débil de que por vacilaciones de su constitución política no se atreve a desprenderse México aún.

Mas ésta sería de todas, la escuela menos original. Las virtudes tienen siempre nuevos heroísmos; pero los vicios y los defectos son siempre monótonamente deformes. El avaro griego es el avaro de Moliere: el advenedizo de Aristófanes es el Rabagas de Victorien Sardou. Lo feo se reproduce sin variantes; en cambio, nunca acaban las combinaciones de la luz, las seducciones de la ternura, las nubes en el espacio, y los matices multiformes del color. La tragedia engrandece, el drama agrada, y la comedia da tristeza. Mas es fuerza reconocer que tiene la inteligencia grados y formas diferentes, y que la comedia presta servicios y quiere buena suma de habilidad, elegancia e ingenio.

A este género muestra tendencias, más en sus conversaciones que en su obra, el escritor Roberto Esteva. Quiere herir para curar, y gusta a lo que parece de proponerse y resolver problemas. Mas si ha de ser original, emplee todo el talento que indisputablemente tiene, en copiar lo escaso nuevo que en la constitución social de México pueda encontrar.

No creemos que haya llegado para México la época del teatro cómico.

El perfeccionamiento de la sociedad provoca sus imperfecciones; las imperfecciones producen la reacción, y la forma de ésta es la comedia. Nacen los pueblos en la sombra y producen titanes vigorosos, bruscos como sus accidentes primitivos, soberbios como toda expresión de la creación; ésta es la época maravillosa cuya forma de portento y de concreción es la tragedia. Va operándose el desarrollo, y la transición no produce género propio. Luego el cuerpo social se establece; el respeto a las virtudes pasa: de la inteligencia generalmente educada viene la rivalidad, la envidia, la holganza y la soberbia; los vicios exaltan a los hombres puros: la censura nace originada por lo censurable, y el teatro cómico es entonces la forma natural de la saludable y honrada revolución.

El teatro ha de ser siempre, para valer y permanecer, el reflejo de la época en que se produce. ¿Es mexicana por completo la actual época de México? ¿Sin sociedad enteramente propia, puede haber teatro cómico propio que refleje un cuerpo que no existe? Lo que es en sí abigarrado, no puede ser original en el reflejo.

Pero prejuzgar no es alabar, y este artículo ha de ser de salutaciones y alabanzas. Se ha puesto en escena una obra buena, más por lo que revela que por lo que exhibe: se aplaude lo futuro en lo que se está ofreciendo de presente: Los Maurel no serán estériles: en cada parlamento, siquier sean los suyos un tanto rebuscados y extensos, muestran las primicias de una inteligencia suficientemente poseída del espíritu moderno, que desea reflexionar y reprimir. Apunta originalidad en esta pieza de trama, disposición y ejecución francesas: ascienda este espíritu, vigorícese este autor, búsquese en sí, y hallará más natural, más sentimental, más laudable y provechosa inspiración.

Unos esposos están arruinados y una mujer va a morir: ellos anhelan su herencia y necesitan precipitar su muerte por un crimen: cúmplese la maldad, y el homicidio es inútil: la enferma había testado en forma legal en beneficio de persona extraña. El hombre arruinado y ambicioso pretende arrancar a un médico honrado el testamento que lo destituye de las riquezas que esperaba: inventa un asesinato: un encargado judicial se lo impide: ordénase su prisión, y él se suicida. La esposa cómplice cae de rodillas, no tiene una palabra de amor, y acaba con esta frase la obra: —¡Y arruinada!

No: esta frase no es verdad. La mujer siente primero y piensa después. Esa tentativa de asesinato es innecesaria: el crimen quedaba castigado con la apertura del testamento, la maldad aparecía inútil, el suicidio se consumaba, y terminaba racionalmente la obra sin necesidad de una situación que añade efecto, pero que quita delicadeza literaria y verosimilitud. En cambio ¡qué notable escena en el final del segundo acto!

En ella se encarnaron dos eminentes actores: aquello no fue ya la reproducción del pensamiento del autor; fue la revelación, la inspiración, otra creación. Se les dio un pensamiento criminal, y lo convirtieron en un crimen cierto. Se escribió una escena, y la animaron, la realzaron, la hicieron conmover, estremecer y palpitar: —glorias tiene el arte, no mayores que las que en aquellos momentos bajaban a dejar lauros en la frente de los dos inspirados artistas. Crecieron, admiraron: no hubo mirada perdida, palabra débil, ni movimiento fuera de lugar: aquello era la vacilación, la convicción, la última repugnancia, el primer temor. Habla aquí ahora un alma agradecida, pero aquel mérito fue superior a este agradecimiento. Los que han aplaudido otras veces a eminencias del arte en apartadas tierras; los que han visto a la anciana Matilde Diez convertir sesenta años devastadores en florida mansión de primaveras; los que han aplaudido el vigor trágico en Teodora Lamadrid, acatan sorprendidos y ensalzan entusiastas el valer extraordinario de la joven actriz que de los escondidos hogares de su genio arranca tintes de verdad para pintar pasiones que su ánima apacible no pudo soñar nunca, ni entrever en sus exaltaciones tormentosas.

¿Qué luz interna enciende de amor esos ojos que no se han empañado todavía? ¿Qué latidos levantan de temor ese pecho que aún no ha tenido nada qué temer? Cuanto se concibe, eso realizó: cuanto cabe, y más, eso hizo: fue escena bellísima, timbre de honor para la más celebrada y afamada artista.

Y todo es fuerza de revelación, brío de genio que vence sin turbar las dificultades y las ignorancias —de los divinos años del candor. Estimación, admiración y respeto, envían en estas palabras, flores al extraordinario talento de la actriz. ¡Y cómo completó esta escena el no menos inspirado Guasp! Persistente, insinuador, amenazador, tenaz; vivo lo que se pensó; cierto el tipo imaginario, sin exageración ni tibieza, sin que cupiera más, sin que la arrebatada inspiración del momento olvidase un detalle; en el segundo acto más que en ninguna otra obra le hemos visto levantarse a altura tal, que nada tiene que envidiar en ella a los actores, que hoy son en España gala y orgullo justo de las artes. Y más sorprendente que el trabajo de cada uno, fue el trabajo unido de los dos; el temor simultáneo, la frase rápida, el movimiento preciso, la inflexión natural, todo era uno en ambos, todo cautivaba la admiración. Fue lo perfecto: así deben decidirse a matar los que se han decidido a ello alguna vez. La obra entera es rápida al lado de esta escena magistral, que a nuestro juicio salvó a la obra de todos sus defectos: acabaríamos Los Maurel en el segundo acto: de tal manera quedó la obra en ese momento embellecida, y de tal modo oscureció la escena final cuanto después de ella se dio al público. No tiene todo él drama escena semejante; es cima alta rodeada de cerros humildes. Quien escribió eso, puede escribir dramas muy bellos: se ha sorprendido la verdad; se ha hecho natural el crimen; se han movido todos los resortes verosímiles en semejante situación. Cada detalle es un estudio; no podían caber mayor tacto, mayor experiencia en la instigación, vacilaciones y realización rápida de un crimen. Tres coronas teje aquí la crítica: una de flores blancas para Concepción Padilla; otras dos de laurel para el actor sin disputa notable; para el autor que ha sabido dar a la censura más severa, escena digna de entusiastas alabanzas, y obra llena de reflexiones que anuncian un buen autor cómico, censor sin ira, dado a examinar defectos y a corregirlos con la presentación de sus deformidades. Cree obras en género distinto: sea más conciso en la exposición y más animado en el diálogo:

adivine con su talento, en vez de los inútiles accidentes del crimen, las exaltaciones reales de la pasión. Teatro y época son dos ideas análogas: a no tratar la obra de bellezas abstractas, que son de época siempre, debe conformarse el que escribe a la constitución moral de su auditorio. La identificación produce el éxito, y en tiempos de racionalismo, no cabe bien el melodrama irracional.

Goce sin amarguras el autor de estas primeras alabanzas, y pida a su activa inteligencia el secreto de dominar, entusiasmar, hacer amar y conmover. ¿No cree Roberto Esteva, que más que de la celosa urdimbre del talento, gusta el corazón de sentirse animado con las expansiones, dolores y alegrías del sentimiento en la escena? Puesto que Los Maurel con un anuncio, no tardará, de seguro, en cumplirse promesa hecha en lenguaje elegante y en situaciones preparadas con talento.

Revista Universal, México, enero 4 de 1876

La cadena de hierro. Drama de Agustín Cuenca

La grandeza, esquiva con los hombres, presidió benévola la durable creación de Agustín Cuenca. Así se conquista la gloria: asaltándola. Así nace el genio: sacudiéndose de una manera vigorosa, imponiéndose a toda voluntad, sobrepujando sus propios defectos.

El genio no es una personalidad; es una fuerza. Odia toda opresión, y la de la razón primero que todas. Se revela: no se le piensa. La idea mejor elaborada por el pensamiento es pálida y raquítica, comparada con las ideas ardorosas que nacen brotando de los labios en una fila, estremeciendo el alma a su contacto, y arrebatándonos llanto de placer. Lo que el cerebro escribe, en el cerebro es sentido. Solo lo que brote del alma es oído en el suspenso corazón.

En el drama de Cuenca hay dos distintas entidades: la una, vaga y débil, del adepto de una escuela fría y razonadora; la otra, dominante y ardiente, del creador brioso e inspirado que se abandona a su propio esfuerzo, y salva su obra de las preocupaciones académicas. La inspiración no acepta más que una ley: la falta de toda ley, la independencia.

¡Hacer un juego de ajedrez del pavoroso entendimiento humano! ¡Reducir a una fórmula matemática la divina potestad cuya grandeza consiste en el desprecio absoluto de las fórmulas! No hay cátedras para el genio: él no sigue reglas, él las crea.

Cuando desciende la Cadena de hierro a las situaciones inútiles y falsas que, en sus horas de obediencia, concibió el autor, las pasiones se agitan sin verdad, las reflexiones son extemporáneas, los caracteres se hacen innecesariamente duros. Pero en el mismo instante en que un recto criterio rechaza un amor psicológicamente equivocado en su ardiente y no simpática expresión; —a un padre monomaníaco del duelo, en cuya alma no hay un movimiento de espanto ante el hijo que empuja a la muerte con una real y conveniente idea del honor, porque en ideas de honor toda exageración es conveniente; a una madre que con el beso del hijo, apartado de ella mucho tiempo, en los labios, recibe con un misterio repugnante el beso de un amor innoble y criminal; — en el instante mismo en que se oye decir a un padre —falsedad absoluta de pasión— que ha de batirse con su hijo, y lo admite, y lo cree, y va a hacerlo, como si pudiera concebir semejante idea el infierno mismo engendrado en las entrañas paternales, —el escritor de la preocupación desaparece, surge el genio oprimido, se acaba el pensamiento lento que se arrastra y la creación como eminencia súbita se impone.

Se siente el ánimo herido por un desconocimiento de las pasiones verdaderas, y repentinamente se le encumbra a las regiones del terror donde domina pálida de espanto, trágica y sombría, la verdad. Hay montañas al lado de los abismos, y al lado de los decaimientos, fortalezas: el cariño y el entusiasmo miran siempre al cielo, y nosotros vemos al poeta, no en el abismo cuyo examen desdeñamos, sino en la montaña que presencia nuestra admiración.

Hay dos caracteres inexactos, y uno vago. Pero hay uno tan real y tan noble, tan bien concebido y tan oportuno, tan conmovedor y tan hermoso, que esta encarnación de la verdad apasionada, del sentimiento más puro herido, y del conflicto más horrendo, redime largamente, completamente, la lastimadora inexactitud que le rodea. Este carácter no entra en escena sin embellecer y levantar la acción; y cuando el drama ha llegado al defecto por la frialdad de un padre cuyo infortunio no fue bastante ennoblecido; por el amor sensual de un hombre que después de veinte años de criminales relaciones habla —repugna la moral— el lenguaje ardiente, y en su labios repulsivo, de un amor soñador y juvenil; cuando la dignidad materna se desdora hasta tocar a la cabecera de un hijo, por hijo y por entrado en años respetable, el vals de la deshonra, el reclamo impúdico con que, con todos los sobresaltos de una primera cita, la paloma sin canto y sin alas llama a su vulgar amador; la figura del hijo, clara e imponente, verdadera y dramática, libre de toda traba de secta, y arrebatada por la sinceridad de su dolor, arrastra toda la obra al verdadero drama, aparta el ánimo ofendido del falso espectáculo de un imposible y repelente amor, y del equivocado examen de un monstruoso fenómeno, lleva el espíritu suspenso a las luchas de una mortal conflagración. Y en ellas, este genioso dramaturgo se yergue y se agiganta. Grande es el obstáculo, y son mayores su fortuna y su osadía. En la conversación común se equivoca, anda lentamente, tropieza a cada instante, y a menudo cae. En las situaciones poderosas dirige con firmeza, acierta sin buscarlo, se mueve como libre, lucha con el obstáculo, y él queda siempre erguido con la altura de la inspiración sobre la dificultad. Al final de cada acto, parecía como que una sombra satisfecha se dibujaba cruzada de brazos sobre los actores trémulos de consternación.

Para un autor dramático, hay una victoria mayor que arrebatar a los espectadores con su obra: la de arrebatarlos después de haberlos lastimado. Y Cuenca lastima con su inexperiencia, hiere con la inverosimilitud de los afectos, hace daño con la presentación de fealdades morales improbables e inútiles, llega a causar con la falsedad de algún cuadro una impresión de vivo disgusto; y súbitamente, como celoso de su gloria, detiene el ánimo en su repulsión, lo admira y lo cautiva, le hace olvidar todos sus errores, le obliga a aplaudir entusiasta un instante después de haberlo oído censurar con acritud.

Esa es la escuela, la brotación. La inspiración, he ahí el realismo. ¿Es realista la obra de Cuenca? No, porque es falsa. ¿Es útil? Sí, porque es bella. No hay como la contemplación de una hermosura para engrandecer la idealidad. La crítica destruiría esta obra, y el aplauso la reharía siempre. Y es que hay algo superior al razonamiento y al criterio; hay en el pintor ciertas líneas, en el actor ciertos gritos, en el escritor ciertos lamentos, que hablan vivamente al espíritu la lengua de la fraternidad y analogía. Se es como un átomo inflamable de un espacio vasto. Un átomo vibra, y el espacio vibrante remueve a todos sus átomos con él. Hallar el grito de la naturaleza, es en el teatro el único, el verdadero y el más bello triunfo del arte.

Por esto no es completo el final de la obra; porque el autor quiso terminar su pensamiento en un instante de sorpresa tal, que para el esposo engañado y para el padre sin hijo, no cabe más palabra que un raudal desbordado de sollozos, en sus brazos más movimiento de energía que abrirlos para abrazar su desventura, y alzarse sobre el extremo de sus pies como para huir de la tierra, y caer anonadado y gimiendo en el seno de la postración o de la muerte.

El rayo hiere, pero no piensa. El corazón romperá el tórax; primero que el cerebro juzgue en calma.

Mas ¿qué vale esta tenacidad del pensamiento ante la osada manera con que Cuenca puso término al mayor conflicto de su drama? Él suicidio necesario del amante, la esposa infiel que solicita la muerte merecida, el hijo noble que no acusó a su madre criminal, y la defiende y la protege infortunada, aquellos rápidos sucesos, aquella catástrofe terrible, aquel dominio de la situación, son la fuerza íntima, la línea clara, el grito natural que, a pesar de su palabra inoportuna, no pudo oscurecer el realismo pretendido de este drama.

Cuando sirve a la escuela, la obra no es buena; cuando se sale de ella, es admirable. Hay parlamentos inoportunos: ésos son los que la escuela recomienda y el sentimiento oye con desdén. Hay situaciones poderosas: ésas son las que enaltecen el drama y subyugan la atención. Según los adeptos realistas, el doctor es el personaje realista de la obra. Es realista el que copia la verdad, el que la cumple, el personaje que la presenta en la escena intachable y movible. Y ¿hay padre que cuando con una mano señale al hijo la hora de la muerte por su honor, no se cubra con la otra los ojos, espantado de esta necesidad dolorísima? ¿Es personaje común, visible, frecuente, un fanático propagador del desafío, Abraham sin grandeza que lleva a morir a Isaac sin un gemido de dolor? Y en aquella escena final, grandiosa hasta el instante en que el doctor dice su última palabra, ¿qué hombre es ese que se arranca impasible su corazón humano, y resuelve fríamente un problema, cuando los antros de la tierra y los espantos de las sombras acaban de abrirse para él? Todo el doctor es falso, precisamente porque se quiso que fuera el personaje más real. El personaje realista es el hijo, cuya entidad no se ajustó a escuelas, cuya alta sensibilidad cedió siempre a la inspiración y al arrebato.

Aquí las dos entidades del poeta, reveladas en dos entidades contradictorias de su obra. La una, el médico, razonadora, inoportuna, débil: el público la ve pasar indiferente, y alguna vez airado. La otra, el hijo potente y juvenil, dominadora, como si el sentimiento de la verdad oprimido en los demás personajes hubiese querido concentrarse en esta entidad casi perfecta. Hay en el drama lo árido repelente, y lo real simpático: el alumno oprimido de un sistema, y el poeta creador que sube a gran altura sobre las debilidades del alumno.

Hay genio de belleza y de grandeza, como hay crítica de envidia y de lealtad. Un arroyo es bello, y un mar es bello, con su distinta a independiente clase de hermosura. Cuenca tiene el genio de grandeza. Es capaz de un gran extravío y de una gran revelación. Guiarlo será perderlo: el genio tiene en los consejos sus trabas, en sus defectos su alteza, en sus incorrecciones su amplitud. Viva la vida ardiente de los hijos de la naturaleza americana: pinte pasiones sanas, refrésquese en amores puros, eduque su alto espíritu en la contemplación de la virtud. Los cadáveres no sirven más que para abono de la tierra; los engendros franceses, el bizantinismo moral, la imitación servil de un pueblo enfermo, no convienen a una patria naciente, sin cauce ni guía fijos, que a la par habla correctamente y balbucea, donde hay hombres pansofos y hombres bestias, donde hay pasiones primitivas y refinamientos de la pasión, donde en caótica mezcla, la cuna de los indios ha ingerido sus mimbres en los ligamentos del madero corrompido que a manera de sepulcro espera a una civilización cansada y decadente. Es necesario levantar, no poetizar las caídas. El poeta debe ser Tirteo, no Tíbulo. Los placeres romanos amenazan la vida moral de la patria; los primitivos poetas griegos deben darle el concepto moral.

La enseñanza de la virtud es más noble que el examen inútil de las hondas llagas sociales. Lamartine hará un ángel de una meretriz: Sandeau y Belot convertirán en meretriz a un ángel. ¿Qué placer digno, qué satisfacción gloriosa pudiera producir a un poeta noble la repugnante psicología, la inútil fisiología moral del vicio? ¿Se es mejor por saber la manera con que son malos los demás?

No, robusto poeta; no, pensador potente; no, hermano queridísimo. El genio no es la escuela: la independencia no es la traba: la preocupación no es la verdad. Fortifica tu ánimo y desbórdalo; recoge tu inteligencia y hazla tuya; no escribas nunca pensando tibiamente; escribe estremeciéndote y llorando; canta, escribe, llora, cuando sientas latir tu corazón. Tú no ames en tu drama más que al hijo admirable que has creado; lo ames en tu potente inteligencia más que sus horas de conmoción y de arrebato. La inspiración es la anticipación de lo futuro; solo anticipándose a él se vive en él. La grandeza está en la verdad y la verdad en la virtud.

Un abrazo estrechísimo.

Revista Universal, México, agosto 27 de 1876

El tratado comercial entre los Estados Unidos y México

No ha habido en estos últimos años —si se descuenta de ellos el problema reciente que trae a debate la apertura del istmo de Panamá— acontecimiento de gravedad mayor para los pueblos de nuestra América Latina que el tratado comercial que se proyecta entre los Estados Unidos y México. No concierne solo a México, cuyos adelantos, de fuerza propia y empuje indígena, despiertan simpatía vehemente en cuantos, por ser de pueblos, de América, ven con orgullo fraternal la inteligencia exuberante, investigadora e impaciente de sus hijos, y la prisa con que —acallados ya los naturales hervores de pueblo primerizo, criado a pechos duros de madre preocupada– se dan los naturales de la tierra a utilizar y multiplicar las excelencias pasmosas de su suelo. El tratado concierne a todos los pueblos de la América Latina que comercian con los Estados Unidos. No es el tratado en sí lo que atrae a tal grado la atención; es lo que viene tras él. Y no hablemos aquí de riesgos de orden político; a veces, el patriotismo es la locura; otras veces, como en México ahora, es más aún que la prudencia: es la cautela. Hablamos de lo único que nos cumple, movidos como estamos del deseo de ir poniendo en claro todo lo que a nuestros intereses afecta: hablamos de riesgos económicos. Apuntarlos será bastante, puesto que el tratado comercial con México no está más que apuntado todavía. Acaba de ser revelado al público, cuya curiosidad atizaban principalmente, por medio de diarios poderosos, los productores de azúcares, que se creen directamente amenazados por el proyecto. El Senado ha decidido la publicación del documento, que está en camino de ser ley, luego que lo aprueben, después de escrupulosa discusión, ambas naciones.

Los artículos 1.°, 29.º, 69.º, 74.º y 89.º, son los más notables del proyecto. En el primero se establecen todos los artículos de producción mexicana que habrán de admitirse libres de derechos en los Estados Unidos, en tanto que el tratado dure. En el segundo, todos los artículos de los Estados Unidos que México se obliga a admitir libres de derechos. En el sexto se estipula que ni una ni otra nación gravará con derechos, a su paso por ella, ninguno de los productos declarados de entrada libre en el país, cuando hayan de consumirse en la misma nación; aunque por el séptimo artículo se autorizan mutuamente ambos pueblos contratantes a gravar estos productos, a su paso por su territorio, siempre que pasen por él, no para quedarse en alguna comarca de él, sino para ser consumidos en otro país. Y el octavo fija en doce meses el tiempo en que, después de la aprobación del tratado por ambos países con arreglo a sus constituciones y cambio consiguiente de ratificaciones, han de tomarse las medidas y dictarse las leyes necesarias para que el tratado entre en vigor.

Nada dará una idea tan efectiva de la magnitud del suceso en proyecto como la enumeración de los artículos que cada uno de ambos países se obliga a aceptar en su territorio libres de derechos.

Los Estados Unidos libertan de toda contribución de entrada por sus puertos o fronteras a cuanto México exporta, puesto que apenas hay producto del suelo mexicano que no quede exento de derechos en este proyecto. Y es de notar que ha puesto mano en el tratado, de parte de México, hombre previsor, puesto que en la exención se incluyen ramos que no existen aún en México sino en porción insignificante, pero que, por la obra del tratado mismo, han de cobrar pronto desarrollo e importancia. Quedan exentos de derechos los animales vivos, la cebada, si no es de la que llaman perla; carne de vaca, café y huevos, esparto y otras gramíneas, que en los Estados Unidos usan, entre otras cosas, como materia prima del papel; toda clase de flores, toda clase de frutas, las cuales son comercios llamados al desenvolvimiento notable e inmediato, no bien haya ferrocarriles que enlacen, sobre todo del lado del Atlántico; ambos pueblos; pieles de cabra sin curtir; todas las variedades del henequén y cuantos puedan sustituir al lino; cuerdas de cuero; cuero sin curtir; pieles de cabra de Angora, sin curtir y sin lana, y pieles de asno; goma de la India; el índigo tan bueno en México; el ixtle, o fibra de Tampico, susceptible de aplicaciones tan varias; jalapa, maderas de tinte y todo grano o insecto de teñir; mieles, aceite de palma y de coco; mercurio, zarzaparrilla cruda y substancias similares; paja no trabajada, azúcar que no exceda del número 16, holandés en color, tabaco en rama, no elaborado; cuantas legumbres produce el país y cuantas maderas de fábricas —aunque no han de estar trabajadas— pueblan sus bosques; exención, esta última, de marcada valía, si se tiene en cuenta cuánto abundan las costas de México en muy buenas maderas empleables en la construcción de los buques, y la posibilidad de que, cediendo al fin al clamor nacional, se deroguen pronto en los Estados Unidos las leyes que hacen ahora punto menos que imposible, por lo excesivamente cara, la construcción de buques en astilleros de la nación.

En cambio de estas ventajas, México abre sus puertas a todos los productos de hierro que por la mala obra y falaz beneficio del sistema proteccionista sobrecarga hoy a los mercados americanos, enfermos de plétora; a cuanto se necesita para levantar pueblos, como por obra de magia; para desmontar selvas, para quebrar montes y echar, por donde andaban sierpes y fieras, ferrocarriles. Sin más que pocos productos del suelo, para dar de comer a los nuevos habitantes, con lo que este artículo permite libre de entrada en México, puede construirse, como por obra de soplo fantástico, toda una nación. La lista es tan numerosa, que absorbería todo nuestro espacio; ¿qué necesitamos decir, si a lo que va dicho añadimos que el artículo permite la entrada en México de cuanto un pueblo necesita para arar toda su tierra, y sembrarla toda, y alimentar a los agricultores mientras produce, y remover y exprimir las aguas de los ríos, y penetrar y hacer saltar las ricas minas de todos sus montes?

Resulta, pues, de la primera ojeada, que el beneficio de México, inmediato en algunos casos, como el del henequén para Yucatán, es más un beneficio de porvenir que de presente, y nominal que real, puesto que, hoy y por tiempo no breve, México no puede aumentar sensiblemente la producción de los frutos naturales que hoy exporta y que coloca con ventaja y sin esfuerzo, ya en los Estados Unidos, ya en los mercados europeos. El azúcar que México produce, ni mejoraría de clase ni aumentaría en cantidad sin la ayuda de maquinarias poderosas, cuyo efecto vendría a coincidir probablemente con los últimos años de duración del tratado que se proyecta. El café mexicano, sobre que tiene asegurado su consumo, aun en años de depreciación del fruto, como éste, merced a su perfume y vigor, no recibe con el tratado ventaja alguna, puesto que todo café entra en los Estados Unidos libre de derechos. Y en general todos los productos mexicanos necesitan, para el súbito crecimiento a que están llamados, más vías por donde ser conducidos —las cuales están haciendo— y más brazos que los produzcan, los cuales no son tan fáciles de hacer. En cambio, los Estados Unidos ponen inmediatamente en circulación, con un interés subido, por lo pingüe de los frutos de la tierra y la mayor baratura de la colocación de su caudal, el exceso de riqueza que hoy dedican a operaciones agitadas y antipáticas de bolsa, por las que comienza a haber visible desgano público; se crean un cuantiosísimo mercado para muchos productos que les sobran y se ayudan a mantener, con este canal ancho del exceso de producción, el sistema prohibitivo, del que creen que necesitan aún sus industrias para llegar más tarde a competir con las más perfectas europeas. Descargan sus mercados; emplean a mayor interés su riqueza sobrada; se ayudan a esquivar, por unos cuantos años, con el nuevo mercado de los frutos sobrantes, el problema gravísimo que viene de la desocupación de los obreros por el exceso de producción de artículos no colocables —fatal consecuencia del sistema de la protección— e introducen sin derechos pueblos enteros, ciudades enteras, en un pueblo limítrofe.

Tal es la inmediata consecuencia y las ventajas que acarrea el tratado a ambos países. A México, los medios de producir mañana con exuberancia frutos de que los Estados Unidos son un considerable consumidor; a los Estados Unidos, la colocación, desde el primer instante, en condiciones ventajosas, de un exceso de riqueza que coloca hoy desventajosamente, el descargo en un mercado forzoso de sus industrias embarazadas por la sobra de productos no colocables y la posibilidad de alzar ciudades, sin más autorización ni traba que las que les otorga el tratado, en un pueblo vecino.

En cuanto a los demás países de la América, que, por su penosa condición los unos –¡los más interesados acaso!– y los otros por ese desvío fatal, falta de intercomunicación y baltasárica pereza en que viven, no parecen haberse dado aún cuenta de este importante proyecto, y no hay uno acaso que no hubiera a la larga de sentir en sí sus resultados. Cuba vive exclusivamente –dejando por un momento a un lado su tabaco, el que no cuida como debe– de los azúcares que envía, por mar y con derechos graves de exportación e importación, a los Estados Unidos. Bien se sabe cómo crea maravillas, con su soplo de fuego, la vida moderna; tabaco, no parece que pueda producirlo México tan bueno como Cuba; pero azúcar sí puede producirlo tan bueno. Con ferrocarriles, ya en construcción, que vayan, sin demora ni estorbo en la frontera, del centro de los territorios azucareros al centro de los mercados americanos; con la creación subsiguiente e inevitable de ingenios poderosos, estimulados por la baratura de la maquinaria, la fertilidad de la tierra y la facilidad de la colocación del fruto, producirá México dentro de algunos años cantidad extraordinaria de azúcar, a cuya entrada en los Estados Unidos se opondrán en vano los cultivadores de Louisiana y Estados análogos, porque la mayor suma de varios intereses que aprovecharán grandemente, por cierto tiempo, del comercio libre con México, ahogarán los clamores de la suma menor de interesados en el mantenimiento de una sola producción. ¿Cómo podrán entonces, en época que todos los datos ya hoy visibles, y producibles de ellos, hacen parecer no lejana, competir los azúcares de Cuba, que irán por mar y con derechos a su salida y llegada a los Estados Unidos, con azúcar de igual clase de México, que irá por ferrocarril, sin derechos probables de salida y sin derechos de entrada? Ni ¿cómo competirían, aun con igualdad de derechos? Comete suicidio un pueblo el día en que fía su subsistencia a un solo fruto. México se salvará siempre, porque los cultiva todos. Y en las comarcas donde se dan de preferencia al cultivo de uno, de la caña o del café, se sufre siempre más, y más frecuentemente, que en comarcas donde con la variedad de frutos hay un provecho, menor en ocasiones, pero derivado de varias fuentes, equilibrado y constante.

Como México produce todo lo que los demás Estados de Centroamérica y de la América del Sur, y tiene aún territorio inmenso donde extender sus múltiples productos, y va a recibir ahora superabundancia de medios de producir de que continuarán careciendo los demás países americanos que le son análogos en producciones, aun sin contar con la rebaja especial de derechos que conceden los Estados Unidos a México, y por más que se tuviera en cuenta la posibilidad, que no llega a ser probabilidad, de que celebrasen los Estados Unidos con los demás países de la América tratados semejantes al de México, resultaría siempre que en la competencia de frutos iguales por llegar a un mercado común llevaría la ventaja, por precios de flete, frescura del fruto y oportunidad del arribo, el país más cercano.

Tales apuntes nos sugiere hoy la lectura del proyecto. Con la costumbre, no descaminada a veces, de buscar causas ruines a los propósitos de apariencia y objeto más loable —han dicho periódicos de los Estados Unidos de tanta valía como el *Sun*, de Nueva York, y otros de no menor influencia en Washington, que como el tratado dejaría sin rentas al gobierno de México, que deriva hoy casi todas las suyas de los derechos de aduanas, —se vería el Gobierno en la necesidad de suspender el pago a poco de las subvenciones con que auxilia la construcción de determinadas líneas férreas de empresarios norteamericanos; éstas, privadas de la subvención, quedarían forzadas a interrumpir y a abandonar, acaso, sus trabajos; y entonces, sobre sus ruinas, continuaría construyendo los ferrocarriles mexicanos la poderosa compañía no subvencionada, nutrida por los magnates ferrocarrileros de los Estados Unidos, con cuyos intereses está íntimamente ligado el general Grant. Coautor, si no en la letra, en él espíritu del proyecto. Pero a este rumor, a pesar de su apariencia racional, no ha de adscribirse este proyecto de tratado, de tal alcance, de tan profunda trascendencia, de tanta monta para todos nuestros países. Cuando existen para un suceso causas históricas, constantes, crecientes y mayores, no hay que buscar en una pasajera causa ínfima la explicación del suceso. Invitamos a reflexionar sobre el tratado.

La América, Nueva York, marzo de 1883.

Libros a la carta

A la carta es un servicio especializado para

empresas,

librerías,

bibliotecas,

editoriales

y centros de enseñanza;

y permite confeccionar libros que, por su formato y concepción, sirven a los propósitos más específicos de estas instituciones.

Las empresas nos encargan ediciones personalizadas para marketing editorial o para regalos institucionales. Y los interesados solicitan, a título personal, ediciones antiguas, o no disponibles en el mercado; y las acompañan con notas y comentarios críticos.

Las ediciones tienen como apoyo un libro de estilo con todo tipo de referencias sobre los criterios de tratamiento tipográfico aplicados a nuestros libros que puede ser consultado en Linkgua-ediciones.com .

Linkgua edita por encargo diferentes versiones de una misma obra con distintos tratamientos ortotipográficos (actualizaciones de carácter divulgativo de un clásico, o versiones estrictamente fieles a la edición original de referencia).

Este servicio de ediciones a la carta le permitirá, si usted se dedica a la enseñanza, tener una forma de hacer pública su interpretación de un texto y, sobre una versión digitalizada «base», usted podrá introducir interpretaciones del texto fuente. Es un tópico que los profesores denuncien en clase los desmanes de una edición, o vayan comentando errores de interpretación de un texto y esta es una solución útil a esa necesidad del mundo académico.

Asimismo publicamos de manera sistemática, en un mismo catálogo, tesis doctorales y actas de congresos académicos, que son distribuidas a través de nuestra Web.

El servicio de «libros a la carta» funciona de dos formas.

1. Tenemos un fondo de libros digitalizados que usted puede personalizar en tiradas de al menos cinco ejemplares. Estas personalizaciones pueden ser de todo tipo: añadir notas de clase para uso de un grupo de estudiantes, introducir logos corporativos para uso con fines de marketing empresarial, etc. etc.

2. Buscamos libros descatalogados de otras editoriales y los reeditamos en tiradas cortas a petición de un cliente.

www.ingramcontent.com/pod-product-compliance
Lightning Source LLC
Chambersburg PA
CBHW060815310726
48980CB00002B/304

* 9 7 8 8 4 9 9 5 3 6 5 6 9 *